大清一統志

第二十七册

雲南

雲南

目録

雲南全圖

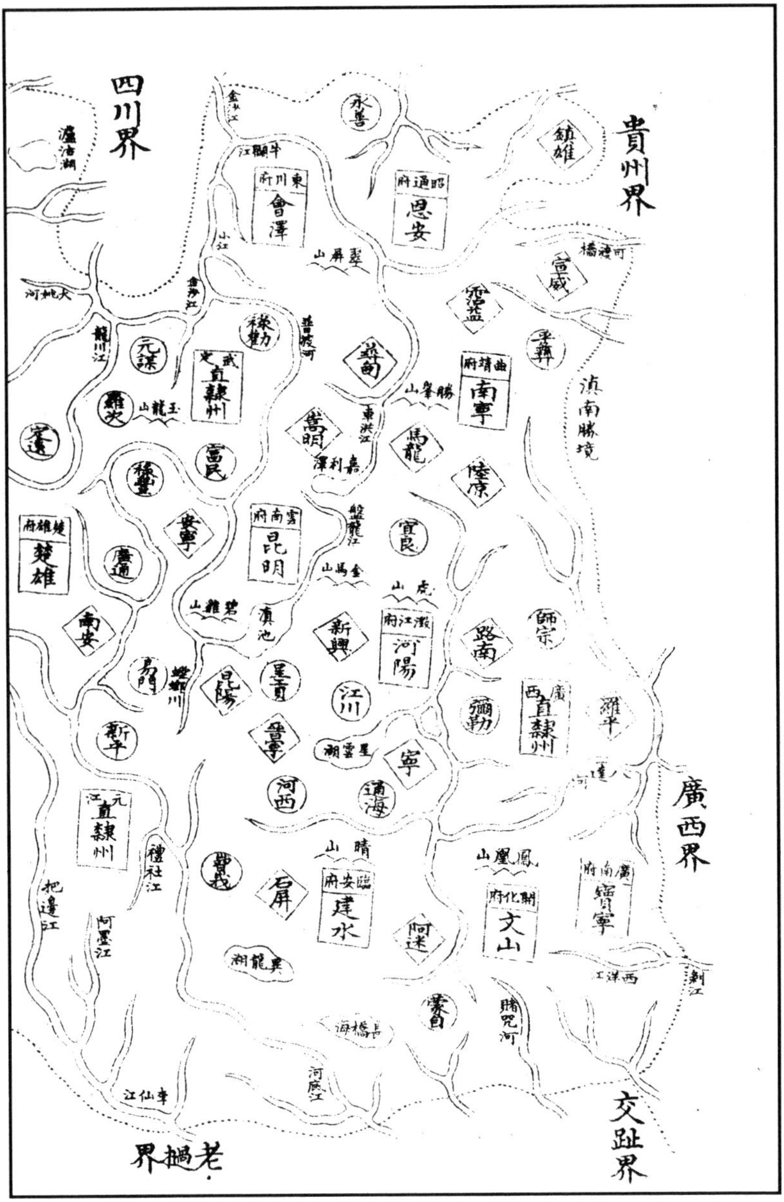
四川界
貴州界
廣西界
交趾界
老撾界
東川府
會澤
昭通府
恩安
曲靖府
南寧
武定
直隸州
雲南府
昆明
澂江府
河陽
臨安府
建水
開化府
文山
廣南府
寶寧
廣西
直隸州
元江
直隸州
楚雄府
楚雄
滇南勝境
金沙江
牛欄江
翠屏山
勝峯山
玉龍山
碧雞山
金馬山
滇池
星雲湖
異龍湖
長橋海
禮社江
把邊江
阿墨江
西洋江
鳳凰山
晴山
宣威
霑益
平彝
嵩明
馬龍
陸涼
宜良
路南
師宗
彌勒
羅平
新興
呈貢
江川
晉寧
寧
通海
河西
石屏
阿迷
蒙自
安寧
廣通
南安
易門
新平
元謀
富民
祿勸
鎮雄
永善
大姚河
龍川江
普渡河
東洪江
嘉利澤
盤龍江
虎山
螳螂川
小江
嶍峨
牛欄江
瀘沽湖

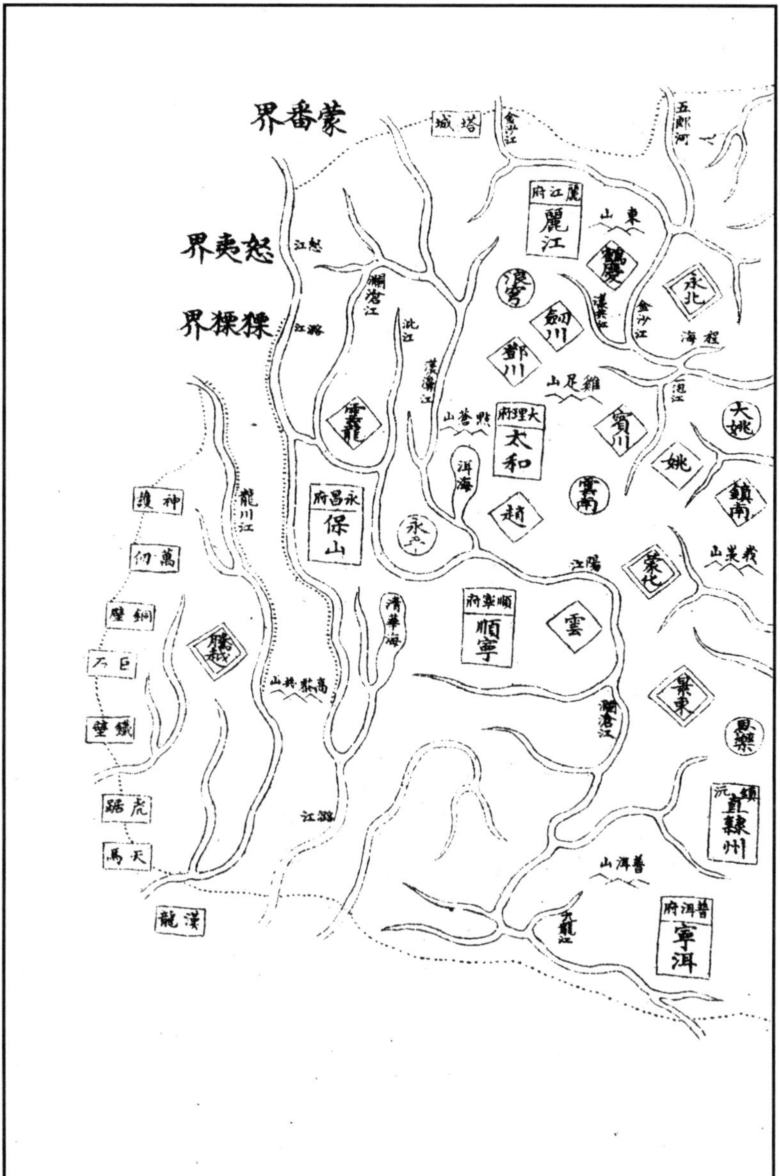
蒙番界
怒夷界
猓猓界
塔城
金沙江
五郎河
麗江府
麗江
東山
鶴慶
永北
浪穹
劍川
鄧川
程海
雞足山
大理府
太和
點蒼山
賓川
大姚
姚
洱海
雲南
趙
鎮南
永平
永昌府
保山
怒江
潞江
瀾滄江
漾濞江
龍川江
蒙化
順寧府
順寧
雲
景東
恩樂
清華海
高黎共山
騰越
神護
萬仞
銅壁
巨石
鐵壁
虎踞
天馬
漢龍
鎮沅
直隸州
普洱山
普洱府
寧洱
九龍江

雲南統部表

	雲南省	雲南府
兩漢	前漢益州郡及牂牁、越嶲二郡地，後漢增置永昌郡。	益州郡 故滇王國，元封二年開置，屬益州郡，治滇池。
三國	蜀漢建寧、永昌、雲南三郡及興古郡地。	蜀漢建興三年徙廢，爲建寧郡地。
晉	益、寧、安三州所領諸郡地。	晉寧郡 太安二年分建寧以西七縣復置益州郡，永嘉二年更名，屬寧州。
宋	益、寧二州所領諸郡地。	晉寧郡 屬寧州。
齊	寧州鎮所領諸郡地。	晉寧郡 屬寧州鎮。
梁	荒廢，爲爨蠻所據。	初置南寧州，尋廢。
隋	初置恭、協、昆三州，尋廢。	初置昆州，尋廢。
唐五代	武德初屬南寧州總管府，永徽初屬戎州都督府，天寶末没於南詔。大中中蒙氏自號大禮國，五代晉天福二年，段氏改大理國。	昆州 武德元年復置，屬戎州都督府，後南詔蒙氏置鄯闡府。
宋	仍爲段氏大理國。	段氏鄯闡牧。
元	至元十三年置雲南行中書省，治中慶路。	中慶路 憲宗五年置鄯闡萬户，至元七年改鄯闡路，十三年改名，爲雲南行省治。
明	雲南布政使司 洪武十五年置，治雲南府。	雲南府 洪武十五年置布政司治。

續表

大理府	臨安府
益州郡地。後漢永昌郡地。	牂牁郡地，古句町國。武帝置句町縣，屬之，其東南境爲益州郡地。
蜀漢雲南郡地。	蜀漢興古郡地。
東河陽郡 永嘉五年分永昌、雲南二郡地置，治東河陽縣，屬寧州。	興古、梁水二郡地。
東河陽郡	興古、梁水二郡地。
東河陽郡	興古、梁水二郡地。
廢。	廢。
屬南寧州。	
屬姚州，南詔號大蒙國，又改號大禮國。	鉤州 武德七年置南龍州。貞觀十一年改名，屬戎州都督府。後蒙氏置通海郡。
段氏號大理國。	段氏改秀山郡，後復名通海。
大理路 憲宗六年立大理上、下二萬户，至元七年併爲路，立總管府，屬雲南行省。又置大理金齒等處軍民宣慰司。	臨安路 憲宗六年立阿僰萬户。至元八年改爲南路，十三年改名，治通海縣，屬雲南行省，兼置臨安、廣西、元江等處宣慰司。
大理府 洪武十五年改置府，屬雲南布政司。	臨安府 洪武十六年改置府，徙治建水，屬雲南布政司。

續表

楚雄府	澂江府	廣南府
益州郡地。	益州郡地。	牂牁郡地。
	蜀漢建寧郡地。	
安州咸康四年置，八年廢。	建寧郡地。	
	建寧郡地。	
	建平、晉寧二郡地。	
	南寧州地。	
	昆州地。	
貞觀二十三年置傍、望、覽、丘、求五州，屬郎州都督府。後蒙氏置銀生節度。	黎州地，後蒙氏置河陽郡。	
段氏以其地屬姚州，號當筋瞼，尋改白鹿郡，又改威楚郡。	段氏爲羅迦部。	蠻名特磨道。
威楚路憲宗六年立威楚萬户，八年改爲路，屬雲南行省，後又置威楚開南等路宣撫司。	澂江路憲宗六年立羅迦萬户，至元三年改爲中路，十六年改澂江路，屬雲南行省，治河陽。	廣南西路宣撫司至元中置，屬雲南行省。
楚雄府洪武十五年改置府，屬雲南布政司。	澂江府洪武十五年改置府，屬雲南布政司。	廣南府洪武十七年改置府，屬雲南布政司。

續表

順寧府	曲靖府	麗江府
益州郡徼外地。	益州、牂牁二郡地。	越巂郡西徼地。
	建寧郡 蜀漢建興三年改置，治味縣。	蜀漢建寧郡地。
	寧州 建寧郡 泰始七年置州，太康三年省，太安二年復立。	寧州地。
	寧州 建寧郡	
	寧州 左 建平郡 改郡名，治同樂。	
	廢。	
	恭州、協州地。	巂州地。
	南寧州 武德初置。四年置總管府，八年更名郎州。開元五年復故名，治味縣，隸戎州都督府。天寶末没於蒙氏，置石城郡。	蠻名越析詔，蒙氏置麗水節度。
	段氏因之，後爲摩彌部據。	磨些蠻地。
順寧府 天曆初置，隸雲南行省。	曲靖路宣撫司 憲宗六年立摩彌部萬户。至元八年改爲中路，十三年改曲靖路總管府，二十五年升宣撫司，屬雲南行省。	麗江路軍民宣撫司 至元八年置宣慰司，十三年改爲路，置總管府，二十二
順寧府 洪武十五年置順寧土府，萬曆二十五年改置，屬雲南布政司。	曲靖軍民府 洪武中改軍民府，屬雲南布政司。	麗江軍民府 洪武十五年改置府，三十年改軍民府，屬雲南布政司。

續表

	普洱府	永昌府	開化府
		永昌郡後漢永平十二年割益州西部都尉置，治不韋縣。	句町國地。
		永昌郡	
		省。	
		永昌郡復置，治永安縣。	
		廢。	
		初爲雲南、姚州二郡地，後爲蒙氏所據。	初屬越嶲郡，後蒙氏爲强現、牙車、教化三部。
		段氏置永昌府，高氏因之。	
年府罷，置宣撫司，屬雲南行省。	大德中置撤里路總管府。	永昌府初立千户，至元十一年改置永昌州，十五年升爲府，屬大理路，二十三年改置金齒宣撫司。	仍爲强現三部，屬臨安等處宣慰司。
	洪武十四年置車里宣慰司，屬元江府。	永昌軍民府洪武十五年仍置府，又立金齒衞，二十三年府廢。嘉靖元年復置，屬雲南布政司。	置教化、王弄、安南三長官司，俱屬臨安府。

續表

東川府	昭通府
堂琅縣屬犍爲郡。後漢屬犍爲屬國都尉。	牂牁郡地。
堂琅縣蜀漢屬朱提郡。	
堂琅縣	
堂琅縣	
堂琅縣	
廢。	
南詔蒙氏置東川郡。	烏蠻居此，號烏蒙部。
段氏置東川大都督，後爲烏蠻據，號閟畔部。	
東川路初置萬户府，至元十五年改閟畔總管府，隸烏撤烏蒙宣慰司，二十八年改爲路。	烏撤烏蒙宣慰司至元十三年置烏撤路，十五年爲總管府，二十一年改宣撫司。二十四年升爲宣慰司，屬雲南行省。
東川軍民府洪武十四年置東川土府，屬雲南布政司，十六年改軍民府，屬四川川南道。	烏蒙府洪武十五年置，屬四川布政司。

續表

廣西直隸州	武定直隸州	元江直隸州
益州、牂牁二郡地。	越巂、益州二郡地。	益州郡徼外地。
蜀漢興古郡地。	蜀漢建寧郡地。	
	晉寧郡地。	
	姚州地。	蒙氏置威遠瞼，屬銀生節度。
	段氏爲羅婺部。	阿僰諸部據。
廣西路初隸落蒙萬户，至元十二年置路，屬雲南行省。	武定路憲宗七年立爲萬户，至元八年立北路總管府，十二年改武定路，治南甸，屬雲南行省。	元江路至元中置，隸雲南行省。
廣西府洪武初改置府，屬雲南布政司。	武定軍民府萬曆中改置府，治和曲州，屬雲南布政司。	元江軍民府洪武十五年改置府，永樂四年改軍民府，屬雲南布政司。

續表

鎮沅直隸州	景東直隸廳	蒙化直隸廳
益州郡徼外地。	益州郡徼外地。	益州郡地，後漢永昌郡地。
南詔銀生府地。	蒙氏初立銀生府於此。	陽瓜州蒙舍詔所居，名蒙舍城，天寶中置州。
		段氏改爲開南縣。
初屬威楚路，後置案板寨，屬元江路。	開南州至元十二年置，屬威楚路。	蒙化州憲宗七年立蒙舍千户，至元十一年改置蒙化府，十四年升爲路，二十年降爲州，屬大理路。
鎮沅府洪武三十三年置鎮沅州，永樂中升爲府，屬雲南布政司。	景東府洪武十五年改府，屬雲南布政司。	蒙化府正統十三年升爲府，屬雲南布政司。

續表

永北直隸廳	騰越直隸廳
益州郡地，後漢永昌郡地。	益州郡地，後漢永昌郡地。
南詔名北方睒，又號成偈睒，尋改名善巨郡。	蒙氏置軟化府，白蠻改爲騰衝府。
段氏改成紀鎮。	
北勝府至元十五年置施州，十七年改北勝州，二十年升爲府，屬麗江路軍民宣撫司。	騰衝府至元十一年改騰越州，又置騰越縣，十四年增置騰衝府，二十五年州廢，尋又省縣入府，屬大理路。
北勝州洪武十五年降爲州，屬鶴慶府，後屬瀾滄衛，正統七年直隸雲南布政司。	騰越州洪武三十一年改騰衛守禦所，屬金齒衛。正統九年升騰衝衛指揮使司，屬雲南都司。嘉靖二年改置州，屬永昌府。

大清一統志卷四百七十五

雲南統部

雲南省在京師西南八千二百里。東西距二千五百一十里，南北距一千一百五十里。東至廣西泗城府界七百五十里，西至神護關接野人界一千七百六十里，南至交趾界七百五十里，北至四川寧遠府會理州界四百里。東南至廣西鎮安府界一千一百四十里，西南至天馬關接緬甸界二千三百一十里，東北至貴州興義府普安縣界四百三十里，西北至吐蕃界二千里。

分野

天文東井、輿鬼分野，鶉首之次。

建置沿革

禹貢梁州南境。戰國時，楚頃襄王使莊蹻略地至滇池，遂自王。秦時通道置吏，爲西夷滇國。漢武帝元封二年，開置益州郡，屬益州部刺史，兼爲牂牁郡西境，今廣南府及廣西州地。越嶲郡西南境。今麗江府及永北廳地。後漢分益州郡西境，置永昌郡。後漢永平十二年，割益州郡西部都尉置，屬益州部。今永昌、鶴慶、大理、姚州四府州地。三國漢建興二年，改益州郡置建寧郡，又分建寧、永昌置雲南郡。今大理、姚州二府州地。分建寧、牂牁置興古郡。今廣西州及曲靖府之霑益、羅平二州地。晉泰始七年，分益州置寧州。領雲南、興古、建寧、永昌四郡，統縣四十五。太康三年，廢寧州入益州。置南夷校尉以護之，監五十八部蠻族。太安二年，復置寧州。時又分建寧以西之七縣別立爲益州郡。永嘉二年，改益州郡爲晉寧郡，分牂牁立平夷、夜郎二郡。是時其地再爲李雄所有。其後李壽分寧州、興古、永昌、雲南、朱提、越巂、河陽六郡爲漢州。咸康四年，分牂牁、夜郎、越巂、朱提四郡置安州。八年，罷併寧州，以越巂還屬益州，省永昌郡。劉宋因之，領郡十五。建寧、晉寧、牂牁、平蠻、夜郎、朱提、南廣、建都、西平、西河、東河陽、雲南、興寧、興古、梁水十五郡。蕭齊時，爲寧州〔一〕，領郡三十。建平〔二〕、南廣、南朱提、南牂牁、梁水、建寧、晉寧、雲南、西平、夜郎、東河陽、西河陽、平蠻、興古、興寧、西阿〔三〕、平樂、北朱提、宋昌、永昌、益寧。又有南犍爲等九郡，不領縣。梁大同中置南寧州，太清二年，爲西爨所據。唐書南蠻傳：自曲州、靖州西南昆川、曲軛、晉寧、喻獻、安寧距龍和城〔四〕，通謂之西爨白蠻。自彌鹿、升麻二川，南至步頭，通謂之東爨烏蠻。

隋開皇初，遣使朝貢，因置恭州、協州、昆州，尋廢。唐武德元年，復開南中，置南寧州。四年，置總管府。舊唐書志：州管南寧、恭、協、昆、尹、曾〔五〕、姚、西濮、西宗九州。又置姚州都督府。並置州十三。七年，改南寧總管爲都督。督西寧、豫、西利、南雲、磨、南籠七州〔六〕，並前九州爲十六州。八年，改南寧爲郎州。新唐書南蠻傳：爨蠻西有徒莫祇蠻，貞觀二十三年內屬，以其地置傍、望、覽、丘、求五州，隸郎州都督府。永徽初，罷郎州都督，更置戎州都督。新唐書志：諸蠻州九十二，皆無城邑，椎髻皮服，惟來集於都督府，則衣冠如華人焉。天寶末，没於南詔蒙氏。大中中，蒙氏自號大禮國。滇載記：光化四年，鄭買嗣滅蒙氏，改國號曰大長和。五代後唐天成三年，趙善政代之，改國號曰大天興。清泰中，楊干真又奪之，改國號曰大義寧，尋爲段思平所滅。石晉天福二年，段氏改國號曰大理，宋初仍爲大理國。滇載記：元符二年，段氏絶，高昇泰改國號曰大中國，既而復求段氏立之，號曰後理國。元憲宗三年滅之，收府八，郡四，部三十有七。至元八年，分三十七部爲南、北、中三路，路設達嚕噶齊并總管。十三年，立雲南諸路行中書省，治中慶路，領路三十七，府二，屬府三，屬州五十四，屬縣四十七。大德三年，罷雲南行御史臺，立雲南諸路道肅政廉訪司，領中慶、威楚、武定、鶴慶、麗江等路。又曲靖宣慰司，領曲靖、澂江、普定等路。臨安宣慰司，領臨安、廣西、元江等路〔七〕。大理金齒宣慰司，領大理、金齒等路。又金齒等處宣撫司，領柔遠、茫施、鎮康、鎮西、平緬、麓川等路。又有烏撒烏蒙宣慰司。而廣南西路宣撫司，元史闕。「達嚕噶齊」舊作「達魯花赤」，今改正。

明洪武十五年，置雲南布政使司，改中慶路爲雲南府治焉，領府十一，雲南、大理、臨安、楚雄、澂江、蒙化、景東、廣南、廣西、鎮沅、順寧。軍民府七，曲靖、姚安、鶴慶、武定、尋甸、麗江、元江。直隸州一。北勝。嘉靖元年，置永昌軍民府。本朝初因之。康熙六年，置開化府。八年，降尋甸府爲州，屬曲靖府。三十七年，升北勝直隸州爲永北府。雍正四年，改隸四川之東川府來屬。五年，改隸四川之烏蒙、鎮雄二府來屬。六年，降鎮雄府爲州。屬烏蒙府。七年，置普洱府。九年，改烏蒙府曰昭通府。乾隆三十一年，降永北府爲直隸廳。三十五年，降廣西、武定、鎮沅、元江四府皆爲直隸州，景東、蒙化二府皆爲直隸廳，省姚安府，入姚州，屬楚雄府。改鶴慶府爲州。屬麗江府。嘉慶二十四年，升永昌府屬之騰越州爲直隸廳。共領府十四，直隸州四，直隸廳四：

雲南府、大理府、臨安府、楚雄府、澂江府、廣南府、順寧府、曲靖府、麗江府、普洱府、永昌府、開化府、東川府、昭通府、廣西直隸州、武定直隸州、元江直隸州、鎮沅直隸州、景東直隸廳、蒙化直隸廳、永北直隸廳、騰越直隸廳。

形勢

東接黔、蜀，東川、曲靖二府之東接貴州，昭通府西、北接四川，東、南接貴州，又武定、姚州之北及永寧土府之東，皆與四川接界。南控交趾，臨安、開化二府與安南接界。西擁諸甸，永昌以西皆蠻甸也。北距吐蕃。麗江府及永寧土府之北與西蕃接界。其名山則有點蒼、雞足、高黎共、玉龍，其大川則有金沙江、瀾滄江、潞江、滇池、西洱河，其重險則有石門，誠梁、益之舊區，西南之重鎮也。舊志。

文職官

總督。駐雲南府，轄雲南、貴州。雍正六年，兼轄廣西省。十三年，仍改爲雲貴總督。

巡撫。駐雲南府。

提督學政。駐雲南府。

布政使，駐雲南府。經歷，舊有理問，乾隆二十九年裁。庫大使。濟用。

按察使，駐雲南府。經歷，司獄。

分守糧驛道。駐雲南府。舊爲糧儲道，乾隆三十三年兼管驛傳，轄雲南、武定二府州，改今名。

分巡鹽法道，駐雲南府。舊爲驛鹽道，乾隆三十一年兼轄雲南、武定二府，三十三年專管鹽法，改今名。庫大使。舊有經歷，乾隆七年裁。

分巡迤東道。駐尋甸州，轄澂江、廣南、曲靖、開化、東川、昭通、廣西七府州。舊轄雲南、臨安、澂江、廣南、曲靖、普洱、開化、東川、昭通、廣西、武定、元江、鎮沅十三府，乾隆三十一年，以雲南、武定歸鹽道轄，臨安、普洱、元江、鎮沅歸迤南道轄。

分巡迤西兵備道。駐大理府，轄大理、楚雄、順寧、麗江、永昌、景東、蒙化、永北八府廳。

分巡迤南兵備道。駐普洱府。乾隆三十一年設，轄臨安、普洱、元江、鎮沅四府州。

雲南府知府，同知，通判，乾隆四十八年，移駐南關。府學教授，訓導，經歷。舊有司獄，乾隆十七年裁。知州四員，嵩明、晉寧、安寧、昆陽。舊有昆陽州同，駐海口，乾隆四十三年裁。州學學正四員，訓導四員，吏目四員。知縣七員，昆明、富民、宜良、呈貢、羅次、禄豐、易門。縣丞，昆明，駐板橋。縣學教諭七員，訓導七員，典史七員。舊有昆明縣滇陽、板橋、嵩明州陽林驛丞三員，乾隆二十一年裁。

大理府知府，舊有同知，嘉慶十六年裁。通判，駐彌渡。府學教授，訓導，司獄。知州四員，趙、鄧川、賓川、雲龍。州學學正四員，訓導四員，吏目四員。知縣三員，太和、雲南、浪穹。舊有太和縣丞，嘉慶四年裁。縣學教諭三員，訓導三員，典史三員，舊有浪穹縣鳳羽巡檢，乾隆十二年裁；雲南縣白崖司巡檢，二十年裁；賓川州赤石司巡檢，嘉慶十六年裁。鹽大使。大鹽井。

臨安府知府，同知，府學教授，訓導，經歷。舊有司獄，乾隆二十年裁。知州三員，石屏、阿迷、寧。舊有建水知州，乾隆三十五年改置縣，以州學學正、訓導爲縣學教諭、訓導，裁吏目。州學學正三員，訓導三員，吏目三員。知縣五員，建水、通海、河西、嶍峨、蒙自。縣學教諭五員，訓導五員，巡檢，建水曲江司。舊有石屏州寶秀司巡檢，乾隆二十年裁；嶍峨縣興衣司巡檢，三十九年裁；寧州傍甸鄉、阿迷州甸苴關巡檢，俱嘉慶七年裁。典史五員。舊設四員，乾隆三十五年增建水一員。

楚雄府知府，舊有同知，乾隆二十一年裁。府學教授，訓導，司獄。知州三員，舊設南安、鎮南二員，乾隆三十五年，以姚安府屬之姚州一員來隸。州判二員，南安，駐碍嘉，雍正九年設。姚州，駐普淜，雍正十年設。州學學正三員，訓導三員，吏目三員。知縣四員，舊設楚雄、定遠、廣通三員，乾隆三十五年，以姚安府屬之大姚一員來隸。縣學教諭四員，訓導四員，典史四員。鹽井直隸提舉司三員，黑井、琅井、白井。白井司治舊在姚安府境，乾隆三十五年撥入曲靖府，五十二年改撥。鹽大使四員，黑井、白井、安豐井、阿陋井。舊有復隆、白石谷大使二員，俱乾隆四十二年裁；白井、安豐井，五十二年由曲靖府改撥。訓導二員。琅井、白井。

澂江府知府，府學教授，訓導。舊有司獄，嘉慶二十四年裁。知州二員，新興、路南。州學學正二員，訓導二員，吏目二員。知縣二員，河陽、江川。縣學教諭二員，訓導二員，典史二員。

廣南府知府，府學教授，訓導，經歷。乾隆三十六年，移駐普廳塘。知縣，寶寧，乾隆元年設。典史。

順寧府知府，通判，駐緬寧，乾隆十二年由右甸移駐。府學教授，訓導，經歷，駐右甸。知事，巡檢。猛緬司，乾隆十二年設。知州，雲。州學學正，訓導，吏目。知縣，順寧，乾隆三十五年設。縣學教諭，訓導，典史。

曲靖府知府，同知，舊有通判，乾隆四十一年裁。府學教授，訓導，司獄。知州六員，霑益、陸涼、羅平、馬龍、尋甸、宣威。州學學正六員，訓導六員，吏目六員，巡檢三員。舊設宣威可渡司，兼管可渡、儻塘二驛。乾隆二十年，添設霑益炎松司、尋甸易古司二員。知縣二員，南寧、平彝。縣學教諭二員，訓導二員，巡檢，南寧白水司。舊有南寧縣白水、馬龍州易龍、霑益州松林、宣威州炎方驛丞四員，俱乾隆二十年裁。典史二員。

麗江府知府，同知，駐中甸，乾隆二十一年設。通判，駐維西。府學教授，訓導。舊有知事，乾隆四十八年裁；經歷，嘉慶二十四年裁。知州二員，鶴慶、劍川。乾隆三十五年，降鶴慶府爲州，并舊屬之劍川來隸。州學學正二員，訓導二員，吏目二員。舊設劍川一員，乾隆三十五年增設鶴慶一員。鶴慶舊有觀音山巡檢，三十六年裁。知縣，麗江，乾隆三十五年設。教諭，訓導，典史，鹽大使二員。麗江井、彌沙井。

普洱府知府，同知二員，一駐思茅，雍正十三年設；一駐威遠，乾隆三十五年由鎮沅府改隸。通判，駐他郎，乾隆三十五年由元江府來隸。經歷二員，舊設府經歷一員，嘉慶四年增威遠經歷一員，駐猛猛。知事二員，舊設威遠知事一員，嘉慶十六年增設他郎知事一員。巡檢。思茅廳，兼管司獄，乾隆三十九年設。知縣，寧洱。教諭，訓導，駐他郎。典史，鹽大使。抱香井。舊爲抱母井大使，嘉慶八年改香鹽井大使，以抱母井鹽務歸威遠同知管理。十九年兼管二井，改今名。

永昌府知府，同知，駐龍陵。府學教授，訓導，司獄，巡檢三員。龍陵廳、沙木和、施甸司。知縣二員，保山、永平。舊有騰越知州，嘉慶二十四年升直隸廳。縣學教諭二員，訓導二員，典史二員。

開化府知府，同知，駐安平。府學教授，訓導，司獄。屬安平同知，嘉慶二十四年設。知縣，文山。縣丞，駐江那里，嘉慶二十四年設。典史。

東川府知府，同知，駐巧家營，嘉慶十六年設。舊有湯丹通判，乾隆三十五年裁。府學教授，經歷。駐巧家營。知縣，會澤。巡檢二員，歹補司〔八〕、者海司。者海巡檢舊駐則補，嘉慶十六年移駐。典史。舊駐者海，嘉慶十六年移駐府城。

昭通府知府，舊名烏蒙府，屬四川省，雍正五年來隸，九年改今名。同知，駐大關。通判，駐魯甸。府學教授，經歷。舊有司獄，嘉慶七年裁。知事二員，舊設一員，駐大關。乾隆四十八年增設一員，駐牛街。巡檢二員。魯甸司、大關鹽井渡。知州，鎮雄。州同，駐彝良。州判，駐威信。州學學正，吏目，巡檢。母亨司。知縣二員，恩安、永善。縣學教諭，永善。縣丞，永善，駐副官村。典史二員。

廣西直隸州知州，舊爲廣西府，乾隆三十五年降爲州，裁通判、經歷。州判，乾隆四十一年設，駐五嶆。州學學正，訓導，吏目。知縣二員，師宗、彌勒，舊並爲州，乾隆三十五年降爲縣，裁師宗州同。縣丞，師宗，駐邱北，乾隆三十五年設。縣學教諭二員，訓導二員，巡檢，彌勒竹園村，乾隆十七年設。典史二員。乾隆三十五年設，舊有師宗、彌勒二州吏目，是年裁。

武定直隸州知州，舊爲武定府，乾隆三十五年降爲州，裁同知、經歷。州學學正，訓導，吏目，巡檢。金沙江。知縣二員，舊設元謀一員，乾隆三十五年降禄勸州爲縣，裁和曲州。縣學教諭二員，訓導二員，典史二員。乾隆三十五年設，舊爲禄勸州吏目，是年裁。

元江直隸州知州，舊爲元江府，乾隆三十五年降爲州，裁通判、經歷、知事。州學學正，吏目，巡檢。因遠司。知縣，新平。縣學教諭，巡檢，揚武壩。典史。

鎮沅直隸州知州，舊爲鎮沅府，乾隆三十五年降爲州，舊有同知，是年改隸普洱府。州學學正，吏目，乾隆三十五年設。巡檢。新撫司。知縣，恩樂。縣學教諭，典史，鹽大使。案板井。

景東直隸廳同知，舊爲景東土府掌印同知，乾隆三十五年改直隸廳。廳學教授，訓導，經歷，巡檢。猛統司。

蒙化直隸廳同知，舊爲蒙化土府掌印同知，乾隆三十五年改直隸廳。廳學教授，訓導，經歷，巡檢三員。南澗司、瀾滄江、漾濞江。

永北直隸廳同知，舊爲永北府，乾隆三十五年改直隸廳。廳學教授，訓導，經歷，知事。駐金江渡口。

騰越直隸廳同知，舊爲騰越州，屬永昌府，嘉慶二十四年改直隸廳。廳學學正，訓導，經歷，嘉慶二十四年設。舊有州判，是年裁。司獄，嘉慶二十四年設。舊有吏目，是年裁。巡檢。龍川江。

武職官

督標中、左、右三營。舊設前、後二營，乾隆三十五年裁。中軍兼中營副將，左、右營遊擊二員，都司，守備二員，千總六員，把總十二員，經制外委十八員，額外外委十五員。

撫標左、右二營。中軍兼左營參將，右營遊擊，守備二員，千總四員，把總八員，經制外委十二員，額外外委六員。

提督，駐大理府，中、左、右三營。舊設前、後二營，乾隆三十五年裁。中軍兼中營參將，左、右營遊擊二員，中、左、右營守備三員，千總六員，把總十二員，經制外委十八員，額外外委十二員。

臨元鎮總兵官，駐臨安府，中、左、右三營。中營遊擊，左、右營都司二員，中、左、右營守備三員，二駐本營，一防簸巖汛。千總六員，三駐本營，三分防阿迷、一碗水、江川各汛。把總十二員，二駐本營，十分防通海、新興、曲江、澂江、路南、石屏、寧州、河西、蒙自、斗母閣各汛。經制外委十八員，十四駐本營，二防簸巖汛，二分防大石峒、斗母閣二汛。額外外委十二員。

開化鎮總兵官，駐開化府，中、左、右三營。中營遊擊，左、右營都司二員，中、左、右營守備三員，千總六員，把總十二員，六駐本營，六分防江那、牛羊、箐口關、河口、馬街子、捏結白、石頭寨各汛〔九〕。經制外委十八員，十二駐本營，六分防天生橋、六詔、八寨塘、山車塘、老寨塘、樂龍塘各汛。額外外委十二員。

騰越鎮總兵官，駐騰越廳，中、左、右三營。中營遊擊，左、右營都司二員，一駐本營，一駐南甸。中、左、右營守備三員，二駐本營，一駐南甸。千總六員，三駐本營，三分防南甸、杉木籠、大壩各汛。把總十二員，八駐本營，二防南甸汛，二分防蠻東、暮福二汛。經制外委十八員。七駐本營，四防南甸汛，七分防蒲窩、杉木籠、馬鹿、緬箐、固棟、等榜、大壩各汛。額外外委十五員。

昭通鎮總兵官，駐昭通府，中、前、左、右四營。中、前、左、右營遊擊四員，一駐本營，三分駐涼山、大關、永善。守備四員，一駐本營，三分駐魯甸、大關、吞都。千總八員，四駐本營，四分防涼山、大關、永善、副官村各汛。把總十六員，三駐本營，十三分防諸仙背、龍峒、涼山、蘇甲、魯甸、大德宏、大耆老、雄魁、豆沙關、藍田壩、米貼、吞都、檜溪各汛。經制外委二十四員，六駐本營，四防大關汛，二防魯甸汛，二防永善汛，二防吞都汛，八分防諸仙背、龍峒、查箐、涼山、黑魯機、大黑山、灘頭、米貼各汛。額外外委十八員。

鶴麗鎮總兵官，駐鶴慶州，中、左、右三營。中營遊擊，左、右營都司二員，中、左營守備二員，千總六員，把總十二員，五駐本營，二防麗江汛，五分防姜營、打鼓、觀音山、通甸、吉尾各汛。經制外委十八員，十三駐本營，五分防打金壩、松桂、阿喜、朵美、九河關各汛。額外外委九員。

普洱鎮總兵官，駐普洱府，中、右二營。中、右營遊擊二員，一駐本營，一駐思茅。中、右營守備二員，一駐本營，一駐思茅。千總四員，二駐本營，二防思茅汛。把總八員，二駐本營，二防思茅汛，四分防通關、小江邊、班鳩、那莫田各汛。經制外委十二員，三駐本營，五防思茅汛，四分防通關、西薩、鑾谷、永靖關各汛。額外外委十三員。

以上臨元等六鎮均聽總督、提督節制。

曲尋協副將，駐曲靖府。中營都司，左、右營守備二員，一駐尋甸，一駐羅平。千總四員，二駐本營，二分防尋甸、羅平二汛。把總八員，二駐本營，六分防陸涼、易羅、交水、平彝、尋甸、羅平各汛。經制外委十二員，三駐本營，九分防馬龍、功山、秧田沖、束色堡、板橋、大水井、偏頭山、恩勒村、白水各汛。額外外委八員。

楚雄協副將，駐楚雄府。舊設總兵，乾隆三十五年改副將，四十年改遊擊，四十七年仍改副將。中軍都司，舊爲遊擊，乾隆三十五年改都司，四十年裁，四十七年仍設都司。千總二員，分防妥甸、姚州二汛。把總四員，一駐本營，三分防廣通、鎮南、碍嘉各汛。經制外委六員，二駐本營，四分防南安、大姚、定遠、白馬河各汛。額外外委七員。

雲南城守營參將，舊駐楊林，康熙二十二年移駐省城。守備，千總二員，一駐本營，一防呈貢縣汛。把總四員，分防易門、禄豐、楊林、安寧各汛。經制外委六員，分防板橋、羅次、晉寧、昆陽、宜良、富民各汛。額外外委六員。

尋霑營參將，駐宣威州。舊爲遊擊，雍正七年改參將。守備，千總二員，一駐本營，一駐上下堡子。把總四員，一駐本營，三分防井田、炎方、儻塘各汛。經制外委六員，三駐本營，三分防遮雞、可渡、上下堡子各汛。額外外委三員。

武定營參將，駐武定州。守備，駐撒甸。千總二員，一駐本營，一駐撒甸。把總四員，分防撒甸、金江、雞街、大麥地各汛。經制外委七員，二駐本營，二防撒甸汛，三分防姜驛、普渡河、虛仁驛各汛。額外外委三員。

大理城守營都司，駐大理府。守備，千總三員，一駐本營，二分駐雲南縣、賓川州。把總四員，二駐本營，二分駐趙州、鄧川州。經制外委六員，三駐本營，三分防彌渡、浪穹、雲龍各汛。額外外委四員。

以上曲尋等二協、雲南等四營均隷提督管轄。

元江營參將，駐元江州。舊爲副將，乾隆三十八年改參將。守備，千總二員，一駐本營，一駐他郎。把總四員，一駐本營，三分防阿墨、馬鹿、猪街各汛。經制外委六員，一駐本營，五分防他郎、因遠、邦轟、老烏、宿南各汛。額外外委五員。

新嶍營遊擊，駐新平縣。守備，千總二員，一駐本營，一駐嶍峨。把總四員，一駐本營，三分防舍疊龍、慢干壩、揚武壩各汛。經制外委六員，三駐本營，三分防舊哈、俄爽、塔籠各汛。額外外委四員。

以上元江等二營均隷臨元鎮管轄。

廣南營參將，駐寶寧縣。守備，千總二員，一駐本營，一駐富州。把總四員，二駐本營，二分防者洪、普梅二汛。經制外委六員，分防剥隘、者賓、板蚌、命帖、彌勒灣、阿記得各汛。額外外委五員。

廣西營遊擊，駐廣西州。守備，千總二員，一駐本營，一駐彌勒。把總四員，二駐本營，二分防師宗、邱北二汛。經制外委六員，四駐本營，二分防竹園村、架哈二汛。額外外委四員。

以上廣南等二營均隸開化鎮管轄。

永昌協副將，駐保山縣。中軍兼左營都司，右營守備、千總三員，俱駐本營。把總七員，六駐本營，一駐永平。經制外委十員，六駐本營，四分防姚關、觀音山、枯柯、沙木和各汛。額外外委十員。

龍陵協副將，駐龍陵廳。左營都司，右營守備，千總二員，一駐本營，一防遮放汛。把總六員，三駐本營，三分防龍陵關、象達、芒市各汛。經制外委七員，六駐本營，一防遮放汛。額外外委七員。

順雲營參將，駐緬寧廳。左、右軍守備二員，一駐本營，一駐順寧。千總四員，一駐本營，三分防順寧、寧安、天生橋各汛。把總九員，二駐本營，七分防右甸、雲州、腊東、南柯、萬年椿、猛托、撒馬廠各汛。經制外委十三員，二駐本營，十一分防錫腊、遮撥、馬台、坡頭、棬内、寧安、分水嶺、象鼻嶺、霧露寨、丙野、三岔河各汛地。額外外委十員。

以上永昌等二協、順雲一營均隸騰越鎮管轄。

東川營參將，駐東川府。舊爲遊擊，隸四川省，雍正四年改參將，撥隸雲南。左、右軍守備二員，一駐本營，一駐木得。千總二員，分防待補、法納江二汛。把總六員，二駐本營，四分防牛欄江、陳機、木得、則補各汛。經制外委七員，一駐本營，六分防待補、牛欄江、陳機、木得、機租、法納江各汛。額外外委七員。

鎮雄營參將，駐鎮雄州。左、右軍守備二員，一駐本營，一駐奎鄉。千總二員，一駐本營，一駐牛街。把總五員，一駐本營，四分防奎鄉、伐烏關、長官司、鍋魁河各汛。經制外委八員。四駐本營，四分防洛澤河、杉樹塊、剳西、羅坎關各汛。額外外委五員。

以上東川等二營均隸昭通鎮管轄。

維西協副將，駐維西廳。左營都司，右營守備，駐中甸。千總二員，一駐本營，一駐阿墩子。把總四員，分防浪滄江、阿海洛古、中甸、奔子欄各汛。經制外委八員，分防浪滄江、喇普、魯甸、拉撇古、阿墩子、奔子欄、其宗、格咱各汛。額外外委五員。

永北營參將，駐永北廳。左、右軍守備二員，一駐本營，一駐阿喇山。千總二員，把總六員，分防北山關、蒗蕖、永寧、阿喇山、苗力、下金江各汛。經制外委九員，分防習甸、上金江、子里江、大水井、巴喇、阿喇咧、片角、南陽廠、魚乍江各汛。額外外委五員。

劍川營都司，駐劍川州。千總，把總二員，一駐本營，一防通甸汛。經制外委三員，一駐本營，二分防通甸、蘭州二汛。額外外委二員。

以上維西一協、永北等二營均隸鶴麗鎮管轄。

威遠營參將，駐威遠廳。舊爲遊擊，嘉慶十年改參將。左、右軍守備二員，一駐本營，一駐猛住。千總二員，一駐本營，一駐鎮沅。把總六員，一駐本營，五分防鎮沅、猛住、茂蔑、抱母、斗母各汛。經制外委八員，分防鎮沅、猛住、茂蔑、新撫、三家坡、斗母、課里、暖里各汛。額外外委六員。

景蒙營遊擊，駐景東廳。守備，千總二員，一駐本營，一駐蒙化。把總四員，二駐本營，二分防景谷、福都二汛。經制外委六員，二駐本營，四分防蒙化、景谷、定邊、猛統各汛。額外外委五員。

以上威遠等二營均隸普洱鎮管轄。

户口

康熙五十二年，原額人丁十八萬五千八百六十五，乾隆三十七年停編丁。今滋生男婦大小共四百四十九萬九千四百八十九名口，計八十六萬六千二百九十九户。屯民男婦共一百五十四萬八千六百二十七名口，計十七萬五千二百二十三户。

田賦

田地九萬三千一百七十七頃三十三畝一分有奇，夷田地八百八十三段，共額徵地丁正、雜銀十九萬二千九百一兩三錢九分五釐，米二十三萬三千五百四十八石八合三勺。

税課

關税無。通省鹽井二十四區，編發照票一十三萬一千四百二十七張，額徵正課銀二十六萬四千一百八十三兩四錢七分三釐。又井費經費等銀一十一萬二千九十二兩一錢三分七釐，外昭通府行四川水引鹽課載四川省税課門。

名宦

漢

張喬。安帝初爲益州刺史。元初四年，越嶲夷封離叛，永昌三郡夷應之，衆至十餘萬，破二十餘縣，詔喬選能從事者討之。喬遣楊竦擊破離等，離乞降，三十六種皆附。喬因奏長史奸猾激亂者九十人，皆減死論，諸夷遂定。

龐芝。益州刺史，熹平五年討平叛夷。

張亮則。南鄭人。牂牁太守，威著南土。永昌、越嶲夷欲叛，畏亮則乃止。

三國　漢

諸葛亮。琅邪人。建興元年，領益州牧。益州耆帥雍闓殺太守，求附於吴，又使郡人孟獲誘煽諸夷，牂牁、越嶲皆叛。三年，亮率衆南征，所在戰捷。由越嶲入，斬闓等，聞孟獲爲夷漢所服，乃募生致之，使觀營陣，復縱使更戰，七縱七擒，猶遣獲。獲止不去，曰：「公天威也，南人不復反矣。」遂至滇池。南中平，皆即其渠帥而用之。

王尋〔一〇〕。建興間爲越巂太守，哀牢王類牢叛，攻破之，類牢款服。

張嶷。充國人。延熙三年除越巂太守，以恩信結諸蠻。北徼捉馬最驍勁，不承節命，嶷自往討，生縛其帥魏狼，又解縱，聞者多降服。

晉

李毅。天水人。太康中爲南夷校尉。太安元年，毛詵等叛，討平之，以毅爲寧州刺史。

王遜。魏興人。惠帝末，西南夷叛，寧州刺史李毅卒，城中百餘人奉毅女固守。永嘉四年，治中毛孟詣京師求刺史，乃以遜爲南夷校尉、寧州刺史。遜與孟俱行，道遇寇賊，踰年乃至。外逼李雄，内有夷寇，吏士散没，城邑丘墟。遜披荒糾厲，收聚離散，誅豪右不奉法度者數十家，征伐諸夷，俘馘千計，於是莫不振服，威行南土。元帝初，累加安南將軍。遜以地勢形便上，分牂牁爲平彝郡，分朱提爲南廣郡，分建寧爲夜郎郡，分永昌爲梁水郡，又改益州郡爲晉寧郡，事皆施行。

隋

梁毗。烏氏人〔一一〕。文帝時爲西寧州刺史。蠻夷酋長以金多者爲豪儁，遞相侵奪，毗患之。後因其以金爲遺，置坐側，對之慟哭曰：「此物飢不可食，寒不可衣，汝等每以此相滅，今將來欲殺我耶？」一無所納。自是蠻夷感悟，不相攻擊。

唐

韋仁壽。京兆萬年人。高祖時，擢巂州都督府長史。南寧州納款，朝廷歲遣使撫接，至率貪沓，邊人苦之，多叛去。帝素聞仁壽治理，詔檢校南寧州都督。仁壽將兵五百人，循西洱河，開地數千里，稱詔置七州十五縣，酋豪皆來賓見，即授以牧宰，威令簡嚴，人人安悦。將還，酋長泣曰：「天子藉公鎮撫，奈何欲去我？」仁壽以池壁未立爲解，諸酋即相率築城起廨，甫旬略具。仁壽告以實，父老乃悲啼祖行，遣子弟隨貢方物，天子大悦。

趙孝祖。永徽初，以左領將軍爲郎州道行軍總管，討白水蠻大勃弄楊承顛，至羅仵侯山大破之，逐北至周近水。孝祖上言：「小勃弄、大勃弄常誘弄棟叛，今因破白水，請遂西討。」詔可。孝祖軍入，夷人皆走險，進至大勃弄，執承顛。餘屯大者數萬，小數千，皆破降之，西南夷遂定。

韋皋。萬年人。貞元間爲劍南節度使，兼雲南安撫使。説南詔異牟尋歸唐，後屢從破吐蕃兵，歲貢方物。

元

烏里特哈達。蒙古人。憲宗二年，命太弟討南蠻諸國，以烏里特哈達總督軍事。至昆澤，擒其王段興智，出師凡二年，平大理五城、八府、四郡，洎烏、白等蠻三十七部，請悉置郡縣，從之。加大元帥，鎮大理。「烏里特哈達」舊作「兀良合台」〔一二〕，今改正。

信苴日。僰人，段氏之後。中統二年，詔領大理、鄯闡等城，自各萬户以下皆受其節制。至元元年，舍利畏及三十七部諸爨叛，信苴日率衆進討，大破之，爨部平。十一年爲大理總管。舍利畏復叛，以計殺之。於是置郡縣，署守令，行賦役，施政教，與中州等。帝嘉其忠勤，累進大理威楚金齒等處宣慰使、都元帥，復拜爲雲南行省參政。

張立道。大名人。至元十年，授大理等處巡行勸農使，佩金符。地有昆明池，界金馬、碧雞之間，環五百餘里，夏潦暴至，必冒城郭。立道求泉源所自出，役丁夫二千人治之，洩其水，得壤地萬餘頃，皆爲良田。爨、僰之人雖知蠶桑而未得其法，立道教之飼養，收利十倍於舊，雲南由是益富庶。猓猓諸山蠻慕之，相率來降，收其地悉爲郡縣。

賽音諤德齊沙木思迪音。回回人。至元十一年，平章政事、行省雲南。俗無禮儀，男女往往自相配偶，親死則火之，不爲喪祭。無秔稻桑麻，子弟不知讀書。賽音諤德齊沙木思迪音教之拜跪之節，婚姻行媒，死者爲之棺椁奠祭，教民播種，爲陂池以備水旱，創建諸路學宮、明倫堂，購經史，授學田，由是文風稍興，西南諸夷翕然款附。居雲南六年卒，百姓巷哭。帝思其功，詔雲南省臣賽音諤德齊沙木思迪音成規不得輒改。「賽音諤德齊沙木思迪音」舊作「賽典赤瞻思丁」，今改正。

愛魯克。至元五年，從雲南王征金齒，諸部震服，定其租賦。平火不麻等二十四砦，閱中慶路版籍，得隱户萬餘，以四千户即其地屯田。十七年，拜參知政事。平烏蒙、蘿佐山、白水叛蠻。「愛魯克」舊作「愛魯」，今改正。

尼雅斯拉迪音。賽音諤德齊沙木思迪音長子。至元十七年，授雲南行中書省左丞，尋升右丞。建言三事，其一謂雲南省規措所造金薄，貿易病民，宜罷；其一謂行省既兼領軍民，則元帥府亦當罷；其一謂雲南官員子弟入質，惟達官子弟當遣，餘宜罷。奏可。「尼雅斯拉迪音」舊作「納速剌丁」，今改正。

齊喇。西域人。至正十八年，拜鎮西緬麓川等路宣撫司〔一三〕。時成都、烏蒙諸驛阻絶，齊喇市馬給傳，往來便之。後從雲南王入緬。統兵三千，屯鎮驃國，設方略招徠其黨，由是復業者甚衆。「齊喇」舊作「怯烈」，今改正。

多爾濟。西夏寧州人。世祖時爲雲南廉訪副使，會諸蠻叛，僚佐悉稱故去，多爾濟獨居守。後爲廉訪使。僰夷與蠻相仇殺，省臣受僰賂，誣奏蠻叛殺良民，多爾濟奏劾廢之。子仁通以伯忽等叛，歿於戰。「多爾濟」舊作「朵兒赤」，今改正。

伊克德濟。實喇妻人。至元二十一年征緬，造舟二百艘，進攻江頭城，拔之，獲鋭卒萬人。因圖其形勢，遣使詣闕，陳攻守之策，不報。後諸蠻據太公城，以阨大兵，遣使諭禍福，爲所害，遂擊之，金齒十二城皆降。「伊克德濟」舊作「也罕的斤」，「實喇妻」舊作「匣喇魯」，今改正。

額森布哈。蒙古人。至元二十三年，拜雲南諸路行中書省平章政事。時阿郎、可馬丁諸僰夷爲變，討平之。遂立登雲路府州縣六十餘所，得户二十餘萬，官其酋長，定其貢税，邊境以安。「額森布哈」舊作「也先不花」，今改正。

張萬嘉努。至元間爲副都元帥，征雲南嶲昌、多興、羅羅諸夷，民爲之立祠。後征緬，戰死。「嘉努」舊作「家奴」，今改正。

程思廉。東勝州人。至元二十六年，立雲南行御史臺，思廉爲御史中丞。始至，蠻夷酋長來賀，意甚倨，思廉奉宣上意，明示禍福，聞者懾服。雲南舊有學校，而禮教不興，思廉振起之，始有從學問禮者。

劉正。靖州人。大德元年，爲雲南行中書省左丞。雲南民歲輸金銀，甸寨遠者，秋季遣官領兵往徵，人馬費歲以萬計。所差官必重賂省臣乃得遣。徵收之數，必十加二，而折閲之數，及送迎餽賮亦如之。正首疏其弊，給官秤，俾土官輸納，其弊始革。

庫克新。賽音謂德齊沙木思迪音第三子。大德時爲雲南行省右丞，條具諸不便事，言於宗王，王不可。庫克新與左丞劉正馳還京師，有旨令宗王協力施行，由是一切病民之政悉革。豪民規避繇役，投充王府宿衛，庫克新按朝廷原額所無者悉籍爲民，減其宿衛三分之二。令諸郡邑遍立廟學，選士爲教官，文風大興。「庫克新」舊作「忽辛」，今改正。

張瑾。河南人。至正間爲雲南廉訪副使。興學勸農，鋤强旌善。常行部至澂江，辨釋禁獄五十餘人，剖決冗案三百餘事。

舒嚕。任都元帥。時朝廷遣兵討車里不利，舒嚕曉以大義，其酋寒賽感悟，願增差賦，併出黄金采女贈之，一無所受。寒賽曰：「入我土而不爲金婦餌者，元帥一人而已。」「舒嚕」舊作「述律杰」，今改正。

斡爾密〔一四〕。梁王。聞明師入滇，奉母嘉僖、率妻忽的斤等百餘人，趨昆明池，謂行省右丞驢兒達德曰：「我宗室無降理。」遂仰藥死。驢兒達德，蒙古人，亦自殺。從死者幾二百人。「斡爾密」舊作「瓦爾密」，今改正。

傅友德。碭山人。洪武十四年爲征南將軍，生擒達爾瑪，略定永昌、瀓江、臨安、元江、尋甸、楚雄等處，又取東川、烏蒙、鶴慶、麗江、金齒。其時陳桓、葉昇以隨征東川封侯。「達爾瑪」舊作「達里麻」，今改正。

王禕。義烏人。洪武時奉詔諭雲南，梁王已聽其言，會有自立於朔漠者，遣托克托索餉，迫梁王殺禕，遂遇害，謚文節。「托克托」舊作「脱脱」，今改正。

沐英。定遠人。洪武中以西平侯、征南右副將軍從傅友德取雲南，乘霧趨白石江，生擒達爾瑪回。梁王走死，屬郡皆下，遂拔大理，分兵收未附諸蠻〔一五〕，設官立衛守之。詔英留鎮。思倫發寇定邊，衆號三十萬，英大破之，諸蠻震慴，麓川始不復梗。入朝，帝親撫之曰：「使我高枕無南顧憂者，汝英也。」英後先鎮雲南十年，簡守令，課農桑，墾田至百萬餘畝。滇池隘，浚而廣之，無復水患。通鹽井之利以來商旅，辨方物以定貢税，視民數以均力役，疏節闊目，民以便安。卒之日，軍民巷哭，遠夷亦爲流涕。

梅思祖。夏邑人。洪武十五年，以汝南侯從傅友德平雲南，署雲南布政司事。思祖善撫輯，遠人安之。

張紞。富平人。洪武中雲南平，出爲右參政。歷左布政使十三年，治行爲天下第一。凡土地貢賦、法令條格，皆紞所裁定。民間喪祭冠昏，咸有定制，務變其俗，滇人遵用之。

沐春。英長子。嗣爵，鎮雲南。洪武二十七年，平越巂蠻，立瀾滄衛。其冬，阿資復叛，春擣其巢擒之，越州遂平。春在鎮七年，大修屯政，鑿鐵池河，灌宜良涸田數萬畝，民復業者五千餘户，民爲立祠祀之。

陳迪。宣城人。洪武中除雲南右布政使。普定、曲靖、烏撒、烏蒙諸蠻煽亂，迪率土兵擊破之。

沐晟。英次子。建文元年嗣爵，鎮雲南。平思倫發餘黨，以其地爲三府、二州、五長官司。永樂四年，拜晟征夷左副將軍，從張輔平交趾，晉封黔國公，予世券。洪熙初加太傅，鑄征南將軍印給之，世鎮其地。自是爲定制，子孫相承鎮守二百餘年。羣蠻服其威，無敢大肆，南服賴之。

馮貴。武陵人。永樂中征交趾，累遷左參政。莅事明決，練士兵二千人，驍果善戰，貴撫以恩義，數擊賊有功。中官馬騏奪之。黎利反，以羸卒禦賊，力屈而死。時參政侯保以黄江要害，築堡守之，拒數月，死於戰。

陳遜。浦城人。永樂間任右布政使。博學有志操，卒於官，無以爲殮。同時有周樂，吉水人。任按察使，亦以清操著名，僚友爲之殯殮。

周新。南海人。永樂間任按察使。執法公平，不畏强禦。

李任。永康人。宣德元年以都指揮從征交趾，守昌江，與指揮顧福死守九月餘，前後三十餘戰，卒以力詘，皆自刎。内官馮智、指揮劉順俱自經，城中軍民士女不屈死者數千人。事聞，贈䘏。

崔聚。懷遠人。宣德初從安遠伯柳升征黎利，升遇伏死，聚帥軍援昌江，及陷，郎中史安、主事陳鏞、李宗昉及後軍都事潘禋皆死。聚被執，百計降之，終不屈死。

張璞。江夏人。正統間按滇。時鎮守太監梁裕濫取貨物，民不堪命，璞盡革之。裕與同知敖英搆謀誣奏，逮璞下獄，卒。贈太僕寺少卿。

王恕。三原人。成化十二年，以右都御史巡撫雲南。時鎮守中官錢能貪恣甚，恕廉得其私通外國狀，劾能罪當死。恕居雲南僅九月，威行徼外，黔國以下咸惕息奉令。疏凡二十上，直聲動天下。當是時，安南納江西叛人王姓者爲謀主，潛遣諜入臨安，市銅鑄兵器，欲伺間襲臨安，微恕，事且不測。

樊英。常山人。成化間按滇，繩貪奬廉。交人越界掠殺，英移諭禍福，遂納款。

陳騏。南海人。成化間任按察副使。時錢能横甚，命藩臬官五日一謁，或令錦衣衛指揮受禮。騏正立不屈，能怒曰：「這蠻子食蛇慣了，故此大膽。」騏曰：「豈但蛇，即豺狼虎豹也要食。」能目左右欲毆之，騏趨出，執法如故。

王詔。趙州人。弘治元年，以右副都御史巡撫雲南。土官好争襲，所司入其賄，變亂曲直，生邊患。詔不通苞苴，一斷以法，且去弊政之不便民者，諸夷歸命，邊徼安戢。

林俊。莆田人。弘治元年擢雲南副使。鶴慶元化寺稱有活佛，歲時集士女萬人，争以金塗其面。俊命焚之，得金悉以償民逋。又毁淫祠三百六十區，皆撤其材，修學宫，干厓土舍刀怕愈欲奪從子宣撫官，劫其印數年，俊檄諭之，遂歸印。進按察使。

楊繼宗。陽城人〔一六〕。弘治初以僉都御史巡撫雲南。繼宗嘗爲雲南副使，三司多舊僚，相見歡然。既而出位揖之曰：「明日有公事，諸君幸相諒。」遂劾罷不職者八人。

郭緒。太康人。弘治中爲雲南參議。孟養思禄、孟養思揲搆怨不已，巡撫命緒往諭之。緒單騎從數人，行旬日至南甸，斬棘徒步，引繩以登。及至孟賴，去金沙江僅二舍，手爲檄，使馳過江，諭以招徠意。蠻人相顧驚曰：「中國使竟至此乎？」發兵率象馬數萬夜渡江，環緒數重。從行者懼，請勿進，緒拔刀叱曰：「明日必渡江。」思禄聞，遣使來聽命，禄繼至。緒先敘其勞，次白其冤，然後責以叛。諸酋聞，咸俯伏呼萬歲，請歸侵地及前所留使人。

賀元忠。吴縣人。弘治中爲金騰道兵備副使，未久即去，行李蕭然，土人聚百金於驛爲贐。元忠正色却之，送者皆號泣。後人目其亭曰却金亭。

席書。遂寧人。弘治十七年，雲南晝晦五日，敕大吏考察諸吏。書以部郎上疏言：致災之由係朝廷不係雲貴，在大臣不在庶官。正德十二年任右布政使，霑益土舍搆亂，贊勦有功。

唐龍。蘭谿人。正德時以御史巡按雲南。錢寧義父參將盧和坐罪當死〔一七〕，寧爲奏辨，下鎮撫覆勘。會遣官録囚，受寧囑，欲出和，爲龍所持，卒正其罪。土官鳳朝明坐罪死，革世職，寧令滇人爲保舉，而矯旨許之。龍抗疏争，寢其事。

何孟春。郴州人。正德時以右副都御史巡撫雲南。彌勒州十八寨蠻酋阿勿、阿寺爲亂，焚掠寧州、通海，孟春討斬阿勿，生擒阿寺，諸寨悉平。

陳察。常熟人。正德時以御史巡按雲南，助巡撫何孟春討定彌勒州。嘉靖初，疏言金齒、騰衝地極邊徼，既統以巡撫總兵，又有監司守備分轄，無事鎮守中官。因劾太監劉玉、都督沐崧罪，詔並罷還。

陳洪謨。武陵人。正德時爲雲南按察使。鎮守中官史泰、金騰分守中官劉玉，假進貢名，索金寶，洪謨檄所司毋奉行。泰縱家人横於道，洪謨執而治之。

聶賢。長壽人。正德間任金滄副使。有指揮貪虐，結貴官，賢誘使盡吐其私賄，還故主，然後繫之。

劉節。大庾人。正德時爲金騰道兵備副使，廉正有威。時兩鎮中官貪甚，節力爲裁抑，權貴側目，革鎮之議自此始。

姜龍。太倉人。正德末遷雲南副使，備兵瀾滄、姚安。滇故盜藪，龍讓土酋，酋懼，撫諭羣盜悉聽命。巨盜方定者既降而貧，爲妻妾所詬，不忍負龍，竟仰藥死。在滇四年，番漢大治。

唐胄。瓊山人。嘉靖初擢金騰副使。土酋莽信虐，討擒之。木邦、孟養搆兵，胄遣使宣諭，木邦土酋遂獻地。

顧應祥。長興人。嘉靖時以右副都御史巡撫雲南。昆陽、新興賊作亂，應祥與巡按毛鳳詔等討平之。居三年，所規畫便宜凡二十餘疏，雲南人深德之。

歐陽重。廬陵人。嘉靖六年以右僉都御史巡撫雲南。時尋甸土酋安銓、鳳朝文反，攻圍會城，重督兵擊敗之。朝文計窮，絶普渡河走，追兵至，殲焉。銓逃尋甸，爲土兵所執，賊盡平。緬甸、木邦諸酋數相讐殺，重諭以禍福，皆還侵地，供貢如故。重乃卹創殘，賑貧乏，輕徭賦，規畫鹽鐵、商税、屯田諸務，民咸便之。雲南歲貢金千兩，費不貲。大理蒼山産奇石，鎮守中貴遣軍匠鑿山，壓死無算。重皆疏論，浮費大省，山得永閉。

汪文盛。崇陽人。嘉靖十五年，以雲南按察使就拜右僉都御史，巡撫其地。時安南莫登庸篡位，朝議致討，文盛乃廣設方略，招攜懷遠，有武文淵者以所部萬人降。又詔安南旁近諸國助討，皆聽命。登庸懼，奉表請降，願修貢。文盛以聞，朝議不許。既而毛伯温至南寧，受登庸降，卒如文盛議。

鮑象賢。歙人。嘉靖十五年爲雲南副使。巡撫汪文盛受命討安南，象賢言勦不如撫，文盛然之。屢遷右副都御史，代石簡撫雲南，集土漢兵七萬，討元江土舍那鑑，鑑懼，仰藥死，擇那氏後立之。

曾鈞。進賢人。嘉靖中爲雲南副使。兩司赴黔國公率廷謁，鈞始正其禮，且釐還所侵麗江府民地。

毛鳳詔。麻城人。嘉靖間按滇，時閹鎮爲害，鳳詔抗疏斥罷。後以僉事道分巡金滄，尤多善政。

吕光洵。新昌人。嘉靖末以右都御史巡撫雲南。時苗夷阿方、李向陽等爲亂，光洵督兵討平之。武定土酋鳳繼祖叛，趣兵討擊，繼祖遂授首。黔國公沐朝弼數致厚賄，却不受，且發其罪。朝弼結權貴傾光洵，遂罷歸。

鄒應龍。長安人。隆慶時，以兵部右侍郎巡撫雲南，至則發黔國公沐朝弼罪，朝弼竟被逮。萬曆改元，鐵索箐賊作亂，討平之。又討叛番栂發，多斬獲。

蕭彦。涇縣人。萬曆中以右副都御史巡撫雲南。隴川兵大譟，兵備姜忻撫定之，而其兵素驕，給餉小緩，遂作亂。過會城，彦調兵攻之，斬首八十，脅從皆撫散。自緬甸叛，孟養、車里二宣慰久不貢，至是修貢，彦撫納之。

黄文炳。籍貫未詳。萬曆間任兵備道。時隴川多安民反，五年未平。文炳密調兵措餉，擣其巢，擒渠帥還而民不知。仁恩實洽於民心，嘗書賓館云：「求通民情，願聞己過。」

李材。豐城人。萬曆間以按察使任兵備道。正倫紀，禁浮屠，俗先恥讓，男女别途，日延紳士講修身之學。以勦阿坡、莽裕功，擢鄖陽、都御史〔一八〕。尋以御史蘇酇誣劾其不實，下獄，郡人薛繼茂訟其冤，始釋。

朱永吉。桂林人。精天文術數。客黔在傅宗龍幕，解安邦彥圍。隨宗龍至滇。崇禎間爲遊擊，屢破普名聲，後吾必奎通賊，永吉身被重傷，伏發力戰死。偏將趙能、馮忠葬於路側。能亦自刎。

沐天波。黔寧王沐英十一世孫，襲爵鎮滇。土司沙定州陷省城，走保楚雄，與副使楊畏知協力固守。李定國入滇，賊解圍走。孫可望遣人招之，天波執義不赴。乃約共討賊，圖恢復。從永明王入緬，諸臣多傲慢，天波獨事之甚謹。後緬酋謀獻永明，誘天波之木城。天波察有變，與王起隆、林旗鼓等囊石爲鎚，擊殺數十人，遂死之。其子忠亮被執，亦不食死。當沙賊陷城時，母陳氏、妻焦氏皆自焚死。本朝康熙六十年崇祀，乾隆四十一年賜謚忠節。

楊畏知。寶雞人。崇禎中爲雲南分巡金滄副使。武定土官吾必奎反，陷楚雄，畏知督兵誅必奎，駐其地。會沙定洲之亂〔一九〕，諸郡皆陷，西攻楚雄。畏知固守，賊引去。後孫可望西略，畏知懼戰敗，投水不死，踞而罵。可望素重其名，折矢誓共討賊。畏知要以不殺人，不焚廬舍。迤西八府免屠戮，畏知力也。後以忠直爲可望所殺，楚雄人以畏知守城功，爲立祠以祀。本朝乾隆四十一年，賜謚忠節。

本朝

趙廷臣。漢軍鑲黃旗人。順治十八年，任雲貴總督。兵燹之餘，繼以荒歉，廷臣調劑兵民，甚有恩惠。性不喜繁侈，每行部不過數騎，竟有不知其至者。

李天浴。漢軍鑲藍旗人。康熙七年，任雲南巡撫。廉明勤慎，屬吏凜然，無敢犯法者。吳三桂奏請徙滇民，天浴力疏止之，民賴以安。

甘文焜。漢軍正藍旗人。康熙七年，任雲貴總督。時吴三桂逆節已萌，僭侈踰法，文焜持大體，多所裁抑。及三桂叛，文焜死之。贈兵部尚書，謚忠果。雍正間，入祀昭忠祠。同時遊擊閻洪標、林宗珍皆於安南衛戰死，事聞，賜卹廕。

李興元。遵化人。康熙十年任按察使，方正執法，嚴抑藩兵，不許違禁取利，及準折民間子女。吴三桂叛，守節不屈，杖之下獄，尋安置蒙化，遇害。

趙良棟。寧夏人。康熙十九年授雲南總督。時大兵圍雲南，久不下，良棟馳至，督諸軍進攻逼之，三日賊潰納款。良棟斂兵不入城，即日率所部趨曲靖，秋毫無犯，有古良將風。

蔡毓榮。奉天正白旗人。康熙十九年授綏遠將軍，同諸軍恢復雲南，賊平後，改授雲貴總督。時逆氛初靖，毓榮招撫散亡，給牛種，勸耕作，流民漸復業。奏上籌滇十疏，設施各有條理，滇人德之。

王繼文。廣寧人。康熙二十年任布政使。大兵討吴逆，步騎數十萬，米芻闕供，議欲取食民間。繼文白巡撫伊闢，言於都統賴塔及固山貝子章泰等曰：「現糧可支三日，如三日後米芻不繼，請正繼文軍法。」乃急遣員賫銀分市鄰邑，未三日米芻飛至。後巡撫伊闢卒，遺疏薦，遂撫滇。賊平之後，招徠流民，以漸復業。升雲貴總督，惠政尤多。

范承勳。奉天正黄旗人。康熙二十五年任雲貴總督。滇經亂後，庶事草創。承勳至，整飭營伍，盜息民安。即捐俸修建學宫，置禮樂器，聘名士纂修通志，所規畫動中機宜。在任六載，威惠大行。

許弘勳。遼陽人。康熙二十五年任按察使。持法剛正無所撓。二十七年楚北兵譁，滇奸人張麻子等思乘機爲變，期以三鼓發，弘勳偵得其謀，亟白督撫，戒譙樓鼓，徹夜無三撾，密捕亂首十數人，無得脱者。比明，已斬首懸轅門。兵民帖然，人服其智。

石文晟。奉天正白旗人。康熙三十三年巡撫雲南。豁達多材略，爲政務舉大綱。先是，雲南屯賦仍前明舊額，科重，軍民病之。文晟疏請減十之六。又請增廣舉子鄉試解額，以振起人文。士民無不感戴。

劉蔭樞。韓城人。康熙四十二年，任按察使，論囚平恕，晉本省布政使。值歲旱，減價糶粟，民不苦飢。濬治六河，疏海口，大得灌溉之利。

楊名時。江蘇人。康熙五十八年任雲南巡撫，會征西藏，大兵駐省城，約束嚴明，無敢叫囂。凡軍民疾苦，大者奏請，小者更易科條，事無遺纖悉，恩信浹於蠻髳。於屬員之邪正，事之得失，風氣之淳薄，皆盡言無隱。乾隆元年以禮部尚書卒，贈宮傅，謚文定。

魏方泰。廣昌人。康熙間任學政，杜頂替，嚴冒籍，革陋規，所拔多孤寒，勵以實踐。乾隆八年崇祀。

蔣泂。常熟人。康熙間任學政，苞苴不行，文風丕振。臨、元、開皆有專祠。

徐嘉賓。奉天人。任按察使，雪冤懲慝，宵小絶迹。升布政使，定義學規制，添書院膏火，興水利，拯流移，全活甚衆。乾隆十一年崇祀。

魏翥國。昆明人。從定西藏，勦魯魁，平法戛，歷任副將。雍正八年烏蒙禄萬福叛，赴援東川，爲賊刺傷左股，馳保東城，旋以創劇卒，賜祭葬，廕一子。

鄂爾泰。滿洲鑲藍旗舉人。雍正間遷雲南巡撫，尋晉雲貴總督，兼轄廣西，經理三省苗疆，改土歸流，所在多惠政，而尤喜培植人材，吏民思之。晉大學士。乾隆十年卒，謚文端，配享太廟，入祀賢良祠。

陳弘謀。臨桂人。雍正間任雲南布政使。時方改土歸流，運糧苦遠，建短運遞運之法，按程交卸，覈數給值。增銅廠工本，更鑿新礦，開采者除抽税外，聽民貨鬻。添設義學三百六十餘所。後以東閣大學士致仕卒，謚文恭，入祀賢良祠。

明瑞。滿洲鑲藍旗人。乾隆三十二年任總督。時緬酋滋擾，由木邦破賊至蠻結，賊驅羣象拒，被鎗傷目，策馬指揮不少挫，斬獲甚多。授一等誠嘉毅勇公。將抵阿瓦，救援不至，死之。賜祭葬，謚果烈，於京師建專祠。聖製懷舊詩，列五功臣中。明瑞用兵紀律嚴明，所至不擾，人多頌之。

校勘記

〔一〕蕭齊時爲寧州　「州」下原衍「鎮」字，乾隆志卷三六八雲南省建置沿革（下同卷簡稱乾隆志）同，據南齊書卷一五州郡志下删。按，南齊書州郡志云「寧州，鎮建寧郡」，謂寧州治所在建寧郡也。乾隆志史臣蓋誤解「鎮」字，以之上屬，本志未察，承其謬。

〔二〕建平　「建」上原有「左」字，乾隆志同，據南齊書卷一五州郡志下删。按，此誤與上條校勘所示同，蓋誤以南齊志寧州「領郡如左」之「左」字屬下「建平郡」而誤，不過此誤非始於乾隆志，讀史方輿紀要卷一一四雲南「廢味縣」條即有「齊屬左建平郡」之説，疑據誤本所致。

〔三〕西阿　「阿」，原作「河」，乾隆志同，據南齊書卷一五州郡志下改。

〔四〕自曲州靖州西南昆川曲軛晉寧喻獻安寧距龍和城　「昆川」原作「昆州」，乾隆志同，據新唐書卷二二二下南蠻傳下改。「喻獻」，原作「渝獻」，據乾隆志及新唐書南蠻傳改。

〔五〕曾　原作「會」，乾隆志同，據舊唐書卷四一地理志改。

〔六〕督西寧豫西利南雲磨南籠七州　「磨」，原作「縻」，乾隆志同，據舊唐書卷四一地理志改。又此云七州，實僅六州，舊唐書地理志亦缺一州，據其盤州下所云，似脱西平一州。

〔七〕領臨安廣西元江等路　「臨安」，原作「寧安」，據乾隆志及元史卷六一地理志改。

〔八〕歹補司　「歹補」，乾隆志作「待補」。

〔九〕六分防江那牛羊箐口關河口馬街子揑結白石頭寨各汛　按，此實列七汛，疑有誤。

〔一〇〕王尋　乾隆志未載。按，據後漢書卷八六南蠻西南夷列傳載，哀牢王類牢叛亂發生在後漢章帝建初元年，而非蜀漢建興年間。王尋乃永昌太守，而非越嶲太守。王尋奔楪榆，邪龍人鹵承應募破類牢於博南，斬之。此言類牢款服，亦不合。本志未知所據。

〔一一〕梁毗烏氏人　「氏」，原作「氐」，據隋書卷六二梁毗傳改。

〔一二〕烏里特哈達舊作兀良合台　「兀」，原作「元」，據乾隆志及元史卷一二一兀良合台傳改。

〔一三〕拜鎮西緬麓川等路宣撫司　「緬」，當作「平緬」，此脱「平」字。據元史卷六一地理志，金齒等處宣撫司下轄柔遠、茫施、鎮康、鎮西、平緬、麓川六路，此平緬即是。

〔一四〕斡爾密　「斡」，原作「幹」，據雍正雲南通志卷一九名宦及乾隆志卷三七九楚雄府堤堰梁王壩條改。

〔一五〕分兵收未附諸蠻　「附」，原作「收」，乾隆志同，據明史卷一二六沐英傳改。

〔一六〕陽城人　「陽」，原作「楊」，據乾隆志及明史卷一五九楊繼宗傳改。

〔一七〕錢寧義父參將盧和坐罪當死　「寧」，原作「凝」，據乾隆志及明史卷二〇二唐龍傳改。下文同改。按，本志避清宣宗諱改字。

〔一八〕以勦阿坡莽裕功擢鄖陽都御史　「阿坡」，原作「何披」，據明史卷二二七李材傳改。「莽裕」，據李材傳以當作「莽應裏」。「擢鄖陽都御史」，訛謬不倫，當據李材傳改作「擢右僉都御史撫治鄖陽」。

〔一九〕會沙定洲之亂　「沙定洲」，上文沐天波條作「沙定州」。

雲南府圖

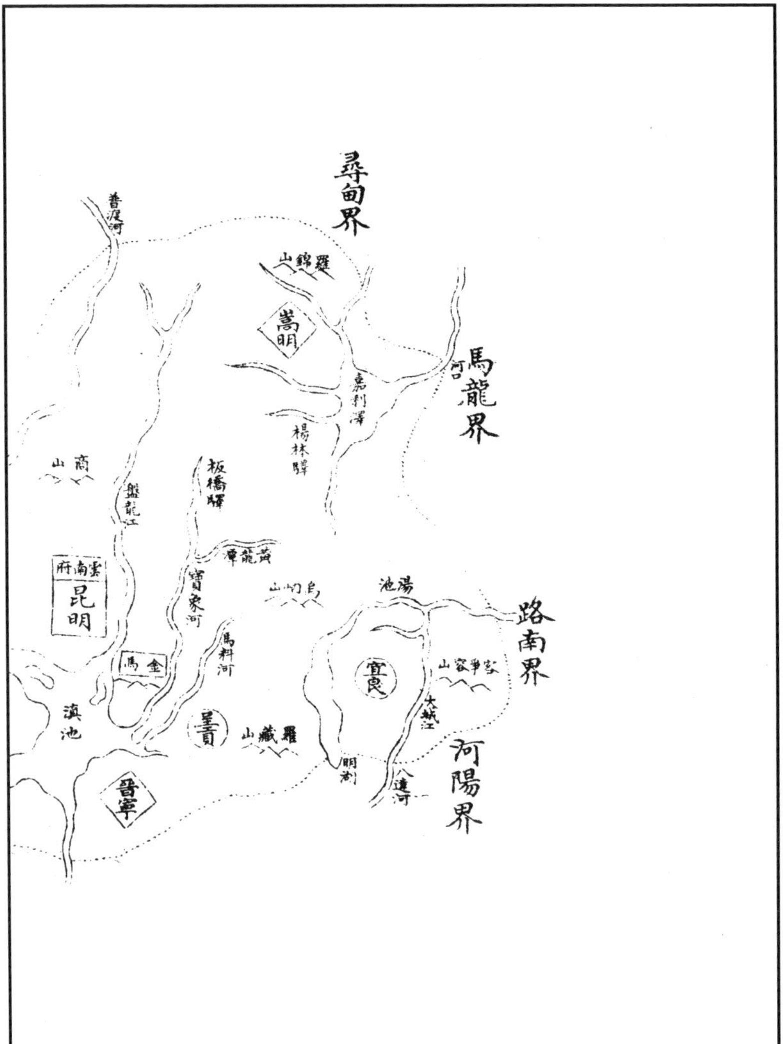
尋甸界
普渡河
羅錦山
嵩明
馬龍界
嘉利澤
楊林驛
商山
盤龍江
板橋驛
黃龍潭
雲南府
昆明
寶象河
宜良
路南界
馬料河
金馬
滇池
呈貢
羅藏山
大城江
八達河
河陽界
晉寧

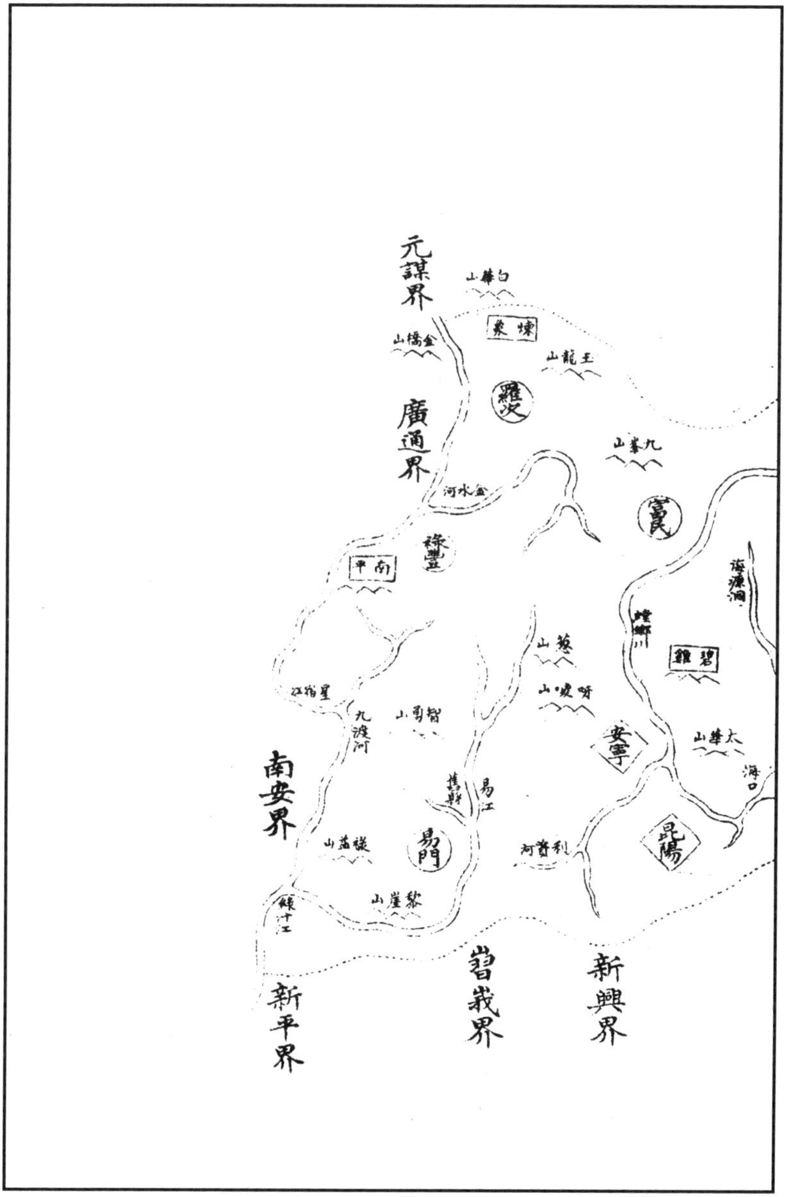
元謀界
王龍山
羅次
廣通界
九峯山
金水河
富民
祿豐
南平
海源洞
螳螂川
碧雞
安寧
太華山
海口
星宿江
九渡河
易江
易門
昆陽
利濟河
南安界
綠汁江
新平界
嶍峩界
新興界

雲南府表

	雲南府	昆明縣
兩漢	益州郡故滇王國，元封二年開置，屬益州郡，治滇池。	滇池縣地。
三國	蜀漢建興三年徙廢，爲建寧郡地。	
晉	晉寧郡太安二年分建寧以西七縣復置益州郡。永嘉二年更名，屬寧州。	
宋	晉寧郡屬寧州。	
齊	晉寧郡屬寧州鎮。	
梁	初置南寧州，尋廢。	
隋	初置昆州，尋廢。	
唐	昆州武德元年復置，屬戎州都督府。後南詔蒙氏置鄯闡府。	益寧縣州治，武德初置，天寶中没於南詔。
宋	段氏鄯闡牧。	
元	中慶路憲宗五年置鄯闡萬户。至元七年改鄯闡路，十三年改名，爲雲南行省治。	昆明縣憲宗四年立昆明千户，至元十三年改置善州及昆明縣，二十一年州廢，爲路治。
明	雲南府洪武十五年置，布政司治。	昆明縣府治。

續表

	富民縣	宜良縣
建伶縣 屬益州郡。 穀昌縣 屬益州郡。	秦臧縣 屬益州郡。	滇池縣地。
建伶縣 屬建寧郡。 穀昌縣	秦臧縣	
建伶縣 郡治。 穀昌縣 屬晉寧郡。	秦臧縣 屬晉寧郡。	
建伶縣 穀昌縣	秦臧縣	
建伶縣 穀昌縣	秦臧縣	
廢。 廢。	廢。	
	秦臧縣 武德初復置，屬昆州，天寶後没於蠻，號黎瀼甸。	昆州地，蠻酋羅氏築城，號羅裒龍。
官渡縣 初置，尋省入昆明。	富民縣 至元四年立黎瀼千户，十三年改置縣，屬中慶路。	宜良縣 憲宗六年立大池千户。至元十三年升宜良州，領大池縣。二十二年罷州爲縣，省大池入焉，屬中慶路。
	富民縣 屬雲南府。	宜良縣 屬雲南府。

嵩明州
益州郡地。
蒙氏立嵩盟部。
嵩明州初立嵩明萬户，至元十二年改長州，十五年升嵩明府，二十二年改爲州，屬中慶路。邵甸縣憲宗七年立邵甸千户，至元十二年改置縣，屬州。楊林縣憲宗七年立楊林千户，至元十二年改置縣，屬州。
嵩明州屬雲南府。洪武中省入州。楊林縣成化中省入州。

續表

晉寧州	呈貢縣
滇池縣益州郡治。	滇池縣地。
滇池縣	
滇池縣屬晉寧郡。	
滇池縣	
滇池縣	
廢。	
晉寧縣武德初置，屬昆州，後入蒙氏，爲陽城堡部。	
段氏陽城堡。	
晉寧州憲宗七年立陽城堡萬户。至元十二年改置州，屬中慶路。 大甫縣至正中置，尋省入州。	呈貢縣憲宗六年立呈貢千户，至元十三年改置縣，屬晉寧州。 歸化縣至元十二年置，屬晉寧州。
晉寧州屬雲南府。	呈貢縣屬晉寧州。 歸化縣屬晉寧州。

續表

安寧州	羅次縣	禄豐縣
連然縣屬益州郡。	益州郡地。	益州郡地。
連然縣		
連然縣屬晉寧郡。		
連然縣		
連然縣		
廢。		
昆州地。		
安寧縣武德初置，屬昆州。後爲烏白蠻所居。	烏蠻羅部所居，蒙氏爲扶邪縣。	安寧縣地，後爲烏雜蠻所居。
江東縣段氏置。		
安寧州至元三年立安寧千户，十二年改置州，屬中慶路。 廢。	羅次縣至元十二年置羅次州，屬中慶路，二十四年改爲縣，二十七年屬安寧州。	禄豐縣至元十三年置，屬安寧州。
安寧州屬雲南府。	羅次縣弘治十二年改屬雲南府。	禄豐縣屬雲南府。

續表

昆陽州	易門縣
益州郡地。	益州郡地。
建寧郡地。	
昆州地。	
昆州地，天寶後爲曲縛蠻所居。	
昆陽州 憲宗立巨橋萬户，至元十三年改置州，屬中慶路。 三泊縣 至元十三年置，屬昆陽州。 河西縣 至元十三年置，屬昆陽州，尋省。	易門縣 至元四年立洟門千户，十三年改置縣，屬昆陽州。
昆陽州 屬雲南府。 三泊縣 屬昆陽州。	易門縣 屬雲南府。

大清一統志卷四百七十六

雲南府一

雲南省治。東西距三百七十里，南北距二百九十八里。東至澂江府路南州界一百二十五里，西至楚雄府廣通縣界二百四十五里，南至澂江府新興州界一百五十五里，北至曲靖府尋甸州界一百四十三里。東南至澂江府河陽縣界八十四里，西南至楚雄府南安州界四百二十二里，東北至尋甸州界二百三十里，西北至武定州界一百一十里。自府治至京師八千二百里。

分野

天文東井、輿鬼分野，鶉首之次。

建置沿革

禹貢梁州荒裔。戰國時，莊蹻王滇爲滇國。漢元封二年，開置益州郡，治滇池縣。三國漢建興三年，改爲建寧郡。晉太安二年，復置益州郡。晉書地理志：太安二年，惠帝分建寧以西七縣別立爲益州郡。

永嘉二年，改爲晉寧郡。是時郡爲李雄所據，已而復歸於晉。宋、齊因之。按：宋書、南齊書晉寧郡並治建伶縣，華陽國志治滇池縣。梁初置南寧州，後入於爨蠻。隋初立昆州，尋廢。唐武德元年，復置昆州。貞觀六年屬戎州都督府。天寶末，爲南詔蒙氏所據，置鄯闡府。滇記：蒙氏名都曰苴咩，別都曰鄯闡。府志：南詔尋閤勸嘗改鄯闡曰東京，隆舜時又改東京曰上都。歷五代及宋，爲大理國段氏地。按：『段氏時以高智昇領鄯闡牧，遂世有其地。』元憲宗五年，置鄯闡萬户府，至元七年改爲路，十三年改鄯闡爲中慶，雲南行中書省治焉。明洪武十五年，改曰雲南府，爲雲南布政使司治。本朝因之，領州四、縣七。

昆明縣。附郭。東西距一百里，南北距八十里。東至嵩明州界六十里，西至安寧州界四十里，南至呈貢縣界三十里，北至嵩明州界五十里。東南至宜良縣界七十里，西南至昆陽州界七十里，東北至嵩明州界五十里，西北至富民縣界四十里。漢爲建伶、穀昌二縣地，屬益州郡，後漢因之。晉爲晉寧郡治，宋、齊因之。梁後没於蠻。隋立昆州。唐置益寧縣，爲昆州治。天寶中没於南詔。五代石晉後，又爲段氏所據。元憲宗四年，立昆明千户。至元十三年，置善州，並置昆明縣，尋廢州，以縣爲中慶路治。明爲雲南府治。本朝因之。

富民縣。在府城西北七十里。東西距六十里，南北距七十里。東至嵩明州界三十里，西至羅次縣界三十里，南至昆明縣界三十里，北至武定州界四十里。東南至昆明縣界五十里，西南至安寧州界二十五里，東北至曲靖府尋甸州界四十里，西北至羅次縣界三十里。漢置秦臧縣，屬益州郡，後漢因之。晉屬晉寧郡，宋、齊因之。梁後没於蠻。唐復置秦臧縣，屬昆州。天寶後没於蠻，號黎瀼甸。元至元四年立黎瀼千户，十三年改置富民縣。明屬雲南府。本朝因之。

宜良縣。在府城東一百二十里。東西距六十里，南北距六十里。東至澂江府路南州界二十里，西至呈貢縣界四十里，南至澂江府河陽縣界三十里，北至嵩明州界三十里。東南至路南州治三十里，西南至河陽縣界三十里，東北至曲靖府陸涼州界三十里，西北至昆明縣界五十里。漢滇池縣地。唐爲昆州地，後蠻酋羅氏築城於此，號羅裒龍。元憲宗六年，立大池千户。至元十三年，升宜良州，治大池縣，二十二年罷州爲縣，省大池入焉，屬中慶路。明屬雲南府，本朝因之。

嵩明州。在府城東北一百三十里。東西距一百二十里，南北距七十五里。東至曲靖府尋甸州界五十里，西至昆明縣界七十里，南至昆明縣界六十里，北至尋甸州界十五里。東南至宜良縣界三十里，西南至昆明縣界七十里，東北至東川府界二百里〔二〕，西北至富民縣界六十里。漢益州郡地。後爲蠻所據，名其地曰嵩明，蒙氏改爲嵩盟部。元憲宗六年，立嵩明萬户府，至元十二年改爲長州，十五年升爲嵩明府，二十二年復改爲嵩明州，屬中慶路。明屬雲南府，本朝因之。

晉寧州。在府城南九十里。東西距六十五里，南北距六十里。東至澂江府河陽縣界三十五里，西至昆陽州界三十里，南至河陽縣界十里，北至呈貢縣界五十里。東南至澂江府治一百里，西南至澂江府江川縣界五十里，東北至呈貢縣界八里，西北至昆明縣界八十里。漢置滇池縣，爲益州郡治，後漢因之。晉屬晉寧郡。梁後没於蠻。隋開皇中，置昆州，尋廢。唐武德初，復置晉寧縣，屬昆州。天寶後，入於蒙氏，爲陽城堡部。段氏因之。元憲宗七年，立陽城堡萬户。至元十二年，改爲晉寧州，領歸化、呈貢二縣。明因之，屬雲南府，本朝因之。

呈貢縣。在府城南四十里。東西距六十里，南北距六十里。東至宜良縣界五十里，西至昆明縣界十里，南至晉寧州界五十里，北至昆明縣界十里。東南至澂江府河陽縣界四十里，西南至晉寧州界五十里，東北至昆明縣界四十里，西北至富民縣界四十里。漢滇池縣地。有呈貢故城，世爲些莫强宗部蠻所居。元憲宗六年，立呈貢千户，至元十三年，置呈貢縣，屬晉寧州。明屬雲南府，本朝因之。康熙八年，裁歸化縣入焉。

安寧州。在府城西七十里。東西距八十里，南北距七十五里。東至昆明縣界二十里，西至禄豐縣界六十里，南至昆陽州界十五里，北至羅次縣界六十里。東南至昆陽州界二十里，西南至易門縣界九十里，東北至富民縣界六十里，西北至羅次縣界七十里。漢置連然縣，屬益州郡，後漢因之。晉屬晉寧郡，宋、齊因之。梁後没於蠻。隋爲昆州地。唐武德初，改置安寧縣，仍屬昆州，後爲烏白蠻遷居。元憲宗七年，隸陽城堡萬户府。至元三年，立安寧千户，十二年改爲安寧州，屬中慶路，領羅次、禄豐二縣。明屬雲南府，本朝因之。雍正三年，以原裁入昆陽之三泊縣入焉。

羅次縣。在府城西北一百三十里。東西距六十里，南北距九十里。東至富民縣界三十里，西至禄豐縣界三十里，南至安寧州界六十里，北至武定州界三十里。東南至富民縣界三十里，西南至禄豐縣界一百二十里，東北至富民縣界二十一里，西北至武定州界三十五里。本漢益州郡地。唐時爲烏蠻羅部所居，南詔蒙氏爲扶邪縣。宋時大理高量成令高連慶治其地。元至元十二年置羅次州，隸中慶路，二十四年改爲縣，二十七年屬安寧州。明初因之，弘治十二年改屬雲南府。本朝因之。

禄豐縣。在府城西北二百十里。東西距六十五里，南北距一百五十五里。東至羅次縣界三十里，西至楚雄府廣通縣界三十五里，南至易門縣界一百二十里，北至廣通縣界三十五里。東南至安寧州界九十里，西南至楚雄府南安州界七十五里，東北至武定州界四十里，西北至廣通縣界二十五里。漢益州郡地。唐安寧縣地，後爲烏雜蠻所居。宋時大理高智昇令子儀勝治其地。元初隸安寧千户，至元十三年始置禄豐縣，屬安寧州。明屬雲南府，本朝因之。

昆陽州。在府城南一百二十里。東西距一百十里，南北距七十里。東至晉寧州界二十里，西至易門縣界九十里，南至澂江府新興州界三十里，北至昆明縣界四十里。東南至澂江府江川縣界五十里，西南至楚雄府南安州界三百二里，東北至昆明縣界五十里，西北至安寧州界八十里。本漢益州郡地。晉屬建寧郡。隋、唐爲昆州地。天寶後爲南詔所據，曲縛蠻居之。段氏時隸鄯闡。元憲宗立巨橋萬户，至元十三年，改爲昆陽州，屬中慶路。明屬雲南府，本朝因之。

易門縣。在府城西南二百五十里。東西距一百三十里，南北距九十里。東至昆陽州界三十里，西至楚雄府南安州界一百里，南至臨安府嶍峨縣界六十里，北至禄豐縣界三十里。東南至昆陽州界三十五里，西南至嶍峨縣界六十里，東北至安寧州界三十五里，西北至南安州界一百里。漢益州郡地。後爲烏蠻所居。宋時段氏使高福世守其地。元至元四年，立洟門千户所，隸巨橋萬户，十三年改爲易門縣，隸昆陽州。明屬雲南府，本朝因之。

形勢

西南重鎮，會要之地。明統志。控馭戎蠻，藩屏黔、蜀。山川朗秀，屹爲要防。滇志。左環金馬，右擁碧雞。列昆海以爲池，枕羅峯而帶郭。通志。東倚晉寧，西控五甸。扼滇池之津要，處螳川之上游。府志。

風俗

鹽池田魚之饒，金銀畜産之富。晉常璩南中志。民氣和柔，天時無劇寒甚暑。圖說。山箐所居，土人種類不一。守信約，敦樸素，隣保相資。通志。民遵禮教，畏法度。士大夫多材能，尚節義，彬彬文獻，與中州埒。府志。

城池

雲南府城。周九里，門六。環城有濠，可通舟楫。城外設重關，即唐時蒙氏柘東城故址。明洪武十五年甃甎。本朝康熙二十年、乾隆五十三年累修，嘉慶四年、十八年又修。

富民縣城。周二里，門三，環城有濠。舊在天馬山之陽。明崇禎十三年移今所。本朝康熙十年、三十一年、雍正八年、乾隆二十六年累修。

宜良縣城。周四里，門四。明洪武二十四年，以宜良守禦所城改建。本朝康熙五十年、雍正九年、乾隆二十六年累修。

嵩明州城。周三里，門四。本名沙札卧城〔二〕，烏蠻車氏所築。後爲枳氏所奪，又名枳磑〔三〕，後圮。明弘治九年，始築土城，隆慶二年易以甎。本朝雍正七年、乾隆二年累修。

晉寧州城。周三里，門四。隋刺史梁毘築，後圮。明成化二十二年重築。萬曆三年易以甎。本朝康熙六年、三十年，乾隆二十六年累修。

呈貢縣城。周二里，門四。明洪武十六年土築。本朝乾隆二十六年易以甎。

安寧州城。周九百十九丈，門四。北倚螳川，其三面俱無濠。明洪武中築。本朝康熙四十一年、雍正九年、乾隆二十六年累修。

羅次縣城。周二里，門四。明天啓中築。本朝康熙二十一年、雍正六年累修。

禄豐縣城。周三里，門四。西倚星宿河，其三面俱無濠。元至正十三年築土城。明萬曆四十年易以甎。本朝康熙九年、五十一年累修。

昆陽州城。周二里，門五。明正德四年始築土城。崇禎七年，遷築甎城於長松山，尋還舊治。本朝乾隆二十六年易以甎。

易門縣城。周二里，門四，因河水爲池。明洪武二十四年築。本朝康熙七年、乾隆二十一年累修。

學校

雲南府學。在府治五華山右。元至元中建。明洪武初，因舊址建府學，崇禎末遷於長春觀。本朝康熙二十九年，復建於五華山右，三十四年建碑亭，刻御製先師及四配贊。雍正十二年重修，易琉璃瓦。入學額數二十名。

昆明縣學。在府學右。本朝康熙二十九年改建，乾隆二十五年修。入學額數二十名。

富民縣學。在縣西卧雲山麓。舊附羅次縣學内。本朝康熙二十一年，始以巡按署改建，雍正十一年重修。入學額數十二名。

宜良縣學。在縣治南雉山。舊在縣治西，明天啓四年徙建。本朝康熙三十八年，雍正十一年重修。入學額數二十名。

嵩明州學。在州治北黄龍山左。舊在州治西，元至正八年建。明嘉靖二十八年，遷於黄龍山右。本朝康熙九年重修，雍正十一年徙建今所。入學額數十五名。

晉寧州學。在州治南，舊在州治北。明洪武十六年建，正統元年徙建今所。本朝康熙四十一年、五十二年、雍正十二年累修。入學額數二十名。

呈貢縣學。在縣治東北。明弘治七年建。本朝康熙二年遷今所，四十三年重建。入學額數十五名。

安寧州學。在州治北。元大德中建。本朝康熙八年、雍正五年重修。入學額數二十名。

羅次縣學。在縣治東。明萬曆二十一年建於縣治西。本朝康熙三十二年徙建今所。入學額數十二名。

祿豐縣學。在縣西郭外西山麓。舊附安寧州學。明隆慶元年建縣治北。本朝康熙十一年徙建今所，雍正十一年修，乾隆十二年又修。入學額數十二名。

昆陽州學。在州治南。明永樂元年建於月山左。萬曆中遷，天啓六年又遷鳳儀山左。本朝康熙元年復舊。入學額數十五名。

易門縣學。在縣治東。明萬曆中建，後改建城南，尋復舊所。本朝康熙三十四年重修，乾隆二十一年又修。入學額數十二名。

昆明書院。在昆明縣南門外。本朝康熙二十四年，總督蔡毓榮建。聖祖仁皇帝賜御書「育才」二字扁額。

五華書院。舊在昆明縣治西北。明嘉靖中建。本朝雍正九年，總督鄂爾泰改建於城内五華山麓。

九峯書院。在富民縣。

雉山書院。在宜良縣城内。本朝康熙三十九年建。

雪山書院。在宜良縣。本朝乾隆五十八年知縣李淳建。

鹿元書院。在嵩明州治。本朝康熙四十九年布政使李華之建。

龍泉書院。在嵩明州治。本朝康熙四十二年，知州雷御龍建。

泊陽書院。在安寧州西南舊三泊縣城内。

太極書院。在安寧州。本朝嘉慶十一年，知州嚴師程建。

碧城書院。在羅次縣。本朝康熙四十六年，謝曾祚建。

桂香書院。在禄豐縣城内。本朝康熙三十年，知縣蔡維寅建。

雲龍書院。在禄豐縣。

文昌書院。在易門舊縣。本朝康熙十六年，邑人趙文猷建。

聚奎書院。在易門縣城内。本朝雍正四年，知縣丁人龍增修。

巨橋書院。在昆陽州。

户口

原額人丁共二萬六千七百九十四，今滋生男婦大小共九十四萬二千六百八十九名口，計一十八萬七千三百六十七户。又屯民男婦共三十九萬一千三百一十六名口，計七萬三千五百八十户。

田賦

田地一萬三百一十六頃五十二畝四分有奇，共額徵地丁正、雜銀三萬二千三百四十一兩八錢八釐，米三萬八千四百六十九石八斗二升二合六勺。

山川

五華山。在昆明縣城内。舊志：由螺峯疊巘而下，當省會之中，領袖羣山。土赤色，可煆金。本朝康熙二十六年，建拜雲亭於其上。

祖遍山。在五華山左，並峙城中，上有雙白塔。

螺山。在昆明縣城内東北隅。色深碧，旋如螺髻，故名。府志：元時山在北郭外一里許，明初擴城，始在城内。其巖曰盤坤，曰補陀羅。曲磴攀躋而上，有石兀然突出，曰明月石。山麓有二洞，曰幽谷，曰潮音，深邃莫測。又潮音洞口有盤瓠廟基。

扶葱山。在昆明縣東二十里。

金馬山。在昆明縣東二十五里，西對碧雞山，相距五十餘里，其中即滇池也。漢書郊祀志：「宣帝改元神爵，或言益州有金馬碧雞之神，可醮祭而致，於是遣諫大夫王褒使持節而求之。」注：如淳曰：「金形似馬，碧形似雞。」後漢書郡國志：越嶲郡青蛉縣有禺同山，俗謂有金馬碧雞。明統志：山不甚高，延亘西南數十里，上有長亭。

鳴鳳山。在昆明縣東，距金馬山三里。舊名鸚鵡山，明巡撫陳用賓易今名。上有太和宫諸勝。

萬德山。在昆明縣南十里。

碧雞山。在昆明縣西南三十里。峯巒秀拔，爲諸山最，東瞰滇池。華陽國志：碧雞光景，人多見之。

高嶢山。在昆明縣西南碧雞山右，下有明楊慎别業。府志：高嶢山與碧雞相望，以山形似秦嶢關，故名。

太華山。在昆明縣西南。環擁蒼秀，其麓爲太平山，其左爲華亭山，皆稱名勝。

羅漢山。在太華山之右。卓立海岸，其南峭壁千仞，常繞白雲。其北迤邐幽奥，相傳爲梁王避暑宫。山有金蟬闕碑，明楊慎書王褒移金馬碧雞神文於其上。

大鼓浪山。在昆明縣西南。相近又有小鼓浪山，皆漁者居之。南五里爲觀音山。

赤甲壁山。在昆明縣西十里。山有白石，狀如鼻焉。又稱爲石鼻山。

進耳山。在昆明縣西二十里。又曰筆架山。明統志：上有廟，漢時有奉使而卒者，土人祠之。

聚仙山。在昆明縣西二十里。山北有神魔洞。舊名西華，石乳嵌結，形若芙蓉。

寶珠山。在昆明縣西二十里。上有瀑布，層巖濺沫如珠，故名。

三華山。在昆明縣西，去聚仙山五里。上有玉峯泉。

玉案山。在昆明縣西二十五里。一名列和蒙山。上有石棊盤，又名棋盤山。山北平坡，中有三泉如盆池，郡人春日遊賞於此。

商山。在昆明縣北二十里。一作陸山，俗謂蛇山。其下舊多桃花林。滇南紀遊：蛇山直出雲表，如立屏翰。府志：陸山在螺山之北，連峯疊巘，多藥草、紫芝、黄獨之屬。下有冷泉，浴之可去風疾。縣志：會城之主山也，北爲虹山。

文殊山。在昆明縣北二十五里。一名蒙滯雄山，上有文殊泉。

龍泉山。在昆明縣東北二十里。又名太極山，上有黑龍潭。

松華山。在龍泉山東五里，聯絡十二峯，當三川水口。

洞口山。在富民縣東南三里。山下有洞，水從中出，流經縣南，西北入安寧河。

靈芝山。在富民縣南二里。舊名赤城化山〔四〕，常産靈芝。

顛卧山。在富民縣西十餘里。一名滇和山。明統志：縣有三卧，謂顛卧、嚕卧、蒙課卧也。卧譯爲和。縣志：嚕卧今名嚕和山，蒙課卧今名無怯和山，俱在縣西。

九峯山。在富民縣西北二十里，峯巒有九，故名九峯。又北有黄弄山。

客争容山。在宜良縣東十里。爲縣鎮山，今名犁摩搥山。

觀音山。在宜良縣西十里。山頂有泉，今名水井山。其南有巖泉山。

笮箐山。在宜良縣西五十里。

蓬萊山。在宜良縣北八里。一名曬袍山。

北樂山。在宜良縣北三十里。一名播雄山，又名保紅山。

蛇山。在嵩明州城内。山小而奇，形如盤蛇，一名黄龍山，州主山也。

秀嵩山。在嵩明州東三十里。又南一峯，曰小秀嵩。舊志：山高如偃月，環州之山，皆出其下。府志：山聳出霄漢，俗呼摇鈴山。蜀漢時，孟獲立寨於此。明初，尚書吴雲死節處。

敕雩山。在嵩明州東四十里。世傳蒙世隆征烏蒙得四女歸，至此山，四女望鄉嘆息，忽山巔霧起結爲三峯。蠻謂「三」爲「敕」，「峯」爲「雩」。州志：其山獨峻，又名峻葱。

楊林山。在嵩明州東南二十五里，舊楊林縣東。山麓有石，狀如羊立。

竹雄山。在嵩明州東南，舊楊林縣東。

烏納山。在嵩明州東南，舊楊林縣西南十里。一名屼峵山。山亘百餘里，西連呈貢，東接宜良。頂有石如馬首，遠近禱祀，以氊毳裹之。土人呼「馬首」爲「烏納」，故名。

東葛勒山。在嵩明州西四十里，舊邵甸縣西北。高三十里，爲南中名山。

抹摐山。在嵩明州西五十里。一名登花山。春月山中，野花布滿山谷，土人名爲聚八仙花，來遊者謂之登花。

彌雄山。在嵩明州北三十里。蒼崖層疊，土壤肥饒，蔬果繁夥。今名彌秀山。

羅錦山。在嵩明州東北十五里。府志：山巖石文采若羅錦然。有羅錦泉，田禾賴其灌溉。

梅溪山。在晉寧州東三里。山有龍馬跡，相傳即晉太元中刺史費統見龍馬之地也。

萬松山。在晉寧州東五里。山多松，形如盤龍。一名盤龍山。

五龍山。在晉寧州南五里。上有龍泉五。一名小石屏山。

光長山。在晉寧州南十里。北瞰滇池，上有二奇石，腹中空洞，扣之作鐘鼓聲。

海寶山。舊志：在晉寧州西三里。下有一竅，滇池之水由此洩入澂江府之西浦、龍泉。

金砂山。在晉寧州西五里，山産砂石，其色如金。

羅藏山。在呈貢縣東南四十里，舊歸化縣東十里。山最高聳。

象兔山。在呈貢縣南十五里。舊有蠻寨。

三台山。在呈貢縣治北。三台相屬。又名萬福山。

太極山。在安寧州城内。石立如屏，石上文類古琴斷漆。又有雙株梅樹，倚石而生。
洛陽山。在安寧州東十里。下有泉流經東橋，灌田三千餘頃。
羅青山。在安寧州西二里。上有羅青廟，廟前一泉甚甘。
呀嘍山。在安寧州西北五里。州之主山。山有煎鹽水，又産仙茅花。
葱山。在安寧州西北二十里。土人名爲龍山，高聳冠羣峯。其北復起爲鳳城山。
岱晟山。在安寧州北十五里。舊嘗産仙女稻。一稱筆架山，又曰坎山。
玉龍山。在羅次縣東三里。中有碧石竇，湧泉如玉龍吐水，因名。
九戍山。在羅次縣舊治南五里。又名九峯，下湧九澗，今名九湧山。
崛嵏山。在羅次縣南十五里。又名穹蕩山。烏蠻謂之崛嵏峯。
金鳳山。在羅次縣西五里。山形翔舞如鳳。
苴麼崱裒山。在羅次縣舊治東北四十里。延亘縣西，兩峯相望。苴麼崱裒，蠻語，譯云子望母也。
三次和山。在禄豐縣西五里。列如翠屏。明統志：蠻名蒙答縛山。
南平山。在禄豐縣西十五里。三面陡絶，南面稍平，故名。
姚陵山。在禄豐縣東北三十里。羣山中一峯聳拔，山頂有泉及古寨。蠻語呼城曰籠，舊亦名驥籠山。
寶應山。在昆陽州東南十里。
月山。在昆陽州西二里。

長松山。在昆陽州西五里。其上多松。

珊蒙果山。在昆陽州西十里。三峯秀列。

白鶴山。在昆陽州西北七十里。相傳有白鶴巢其上，故名。

滑光嵧山。在昆陽州西北，廢三泊縣西南三十里。巖上有一小城。或謂之光嵧山。又其西北十五里有雲龍山。

葱蒙卧山。在昆陽州西北，廢三泊縣北十五里。

望州山。在昆陽州北十里。山勢昂聳。

仙卧山。在昆陽州北二十里滇池側。一名白烏山。

黎崖山。在易門縣南五十里。一名馬頭山，又名黎巖。下有平谷，宜畜牧。明統志作蒙低黎巖山。縣志：異馬多産於此，蓋稱西馬云。明萬曆初，巡撫鄒應龍斬馬誓蠻於山上，名斬馬山。

禄益山。在易門縣西南百里。明統志名益禄惡危山。上有閟依土城，昔鄯闡邊戍之所。

智勇山。在易門縣治北。土人名娘當山。滇志舊名戈晟智桶山。

横山水洞。在昆明縣西三十里。山横如牆，鑿山坳爲東西洞，自西跨東五十有八丈，得泉二十二道。滇記：横山水洞，明隆慶六年布政使陳善所開，引白崖水溉田四萬餘畝。

諸葛洞。在富民縣南小石嶺。府志：諸葛亮南征時，嘗置營於此，亦名諸葛營。

龍口洞。在易門縣南五十里。明楊慎有詩。

滇池。在昆明縣南，呈貢縣西，晉寧州西北，昆陽州北。一名滇南澤，亦曰昆明池。史記西南夷傳：楚威王時，將軍莊蹻至滇池，地方三百里，旁平地肥饒數千里。漢書地理志：滇池縣，大澤在西，滇池澤在西北。後漢書西南夷傳：此郡有池，周回二百餘里。水源深廣，而末更淺狹，有似倒流，故謂之滇池河。三國蜀志：諸葛亮征南中，至滇池。水經注：池中有神馬，家馬交之，則生駿駒。九域志：滇池周廣五百里，盤龍江、黄龍溪諸水之所匯。池中有二島，曰大、小卧納，下委爲螳螂川。元史地理志：昆明池五百餘里，夏潦必冒城郭。張立道爲大理等處勸農使，求泉源所自出，洩其水，得地萬餘頃，皆爲良田。滇紀：滇池受邵甸牧羊山諸泉及黑、白龍潭、海源洞諸水，會爲巨浸，而洩於稍西一小河。又折而北，不見其去，故又名滇海。通志：去府城西南八十里，曰海口，與昆陽州接界，即螳螂川之口也。滇池瀠迴至此，惟此一河洩之，若咽喉然。沿海財賦，歲以萬計，利害由其通塞。府志：明初傅友德、沐英駐雲南，皆事屯田，資滇池灌溉之利。弘治十四年，撫臣陳金浚治之，自此歲一疏濬，在田賦正供，謂之海夫。本朝仍舊。

盤龍江。在昆明縣東五里，滇池之上源也。一名滇池河。源自嵩明州故邵甸縣之東山、西山，凡九十九泉，合流經府城東，又南入滇池。

大城江。在宜良縣東。源自澂江舊楊宗縣北，流入縣界，經縣西北東入大池江。按：輿圖有楊宗海，在楊宗廢縣北，東北流繞宜良縣西北，經湯池塘南而東入八達河，即此水。

大池江。在宜良縣南八十里。一名盤江，一名大河。從曲靖府陸涼州西流入境，經縣東南流六十里出縣界，入澂江府界，謂之鐵池河。通志有大赤江，在宜良縣北五里，源出楊林花魚潭，東入大池江。按：輿圖即八達河，其下流爲南盤江。

龍巨江。在嵩明州南。一名龍濟溪。源出曲靖府尋甸州西南果馬山，南流入境，至州東南入嘉利澤。又東經河口北，東北流入尋甸州界。

星宿江。源出羅次縣北百花山與和曲分界處〔五〕，南流經禄豐縣北，與金水河合，曰星宿江。又南流至易門縣西北，曰九渡河。又南流與易江水合，曰緑汁江。又西南流入元江州新平縣界。又折而西入楚雄府南安州界，南入元江州〔六〕。按通志，禄豐縣城北五里有東河，出羅次縣分水嶺，至縣入星宿江。亦星宿江之一源，而江名不一，曰大溪，曰大河，曰九渡河、禄汁江，實因地異名耳。

易江。在易門縣東十五里，自羅衣島入禄汁江。

禄水河。在昆明縣祖遍山之左，流出城東，又南入滇池。

金稜河。在昆明縣東十里。源出楊花壩，元賽音諤德齊沙木思迪音築隄，分盤龍江水，由金馬山麓，流經東鄉灌田，隄上舊植黄花，故名。俗呼金汁河。滇説：大理段素興時，築春登、雲津二隄，分種黄、白花，有「繞道金稜」、「縈城銀稜」之目，指此及銀稜河也。」「賽音諤德齊沙木思迪音」舊作「賽典赤贍思丁」，今改正。

銀稜河。在昆明縣西十里。引烏龍潭水，由商山麓流過沙浪里南，隄上舊多白花，故名。俗呼銀汁河。府志：明弘治中，嘗濬金稜、銀稜二河，亦名東、西溝。

寶象河。在昆明縣南二十里。名勝志：源出上板橋，分瀉金稜河水，至官渡入滇池。

邵甸河。在嵩明州西六十里。河源有二，皆發曲靖府尋甸州梁王山西北，一自牧羊村歷核桃村至高倉，一自屈澤屯至高倉。二水交流，至迴黎灣、松花壩，甃石遏流，入於盤龍江。又南匯爲昆明池。通志有牧様水，源出嵩明州烏納山之牧様澗，西南入邵甸河。

大堡河。在晉寧州西。源出澂江府新興州界，經州之永興鄉，分流入於滇池。

洛龍河。在呈貢縣北十里。源出黑、白二龍潭，民資灌溉，下流入滇池，上有石室。

利資河。在安寧州舊三泊縣北。河流自北而南，交匯於縣，復流入於滇池。州志：舊三泊縣南有望洋、嗚蟻、利資三河，縈抱縣治，爲三泊溪，其縣得名以此。

金水河。在羅次縣南。源自九戍山北，流經縣西，復折而南，流經祿豐縣界，合星宿河。

青水河。在祿豐縣西南平山東二十五里。

螳螂川。在富民縣東，即安寧河、滇池之下流也。自滇池瀠流安寧州境，又東北入縣界。又北歷武定州祿勸縣境爲普渡河，入金沙江。晉書王遜傳：李驤等寇寧州，遜使姚崇、爨琛拒之，戰於堂狼，大破驤等。按：劉文徵滇志謂螳螂川在縣東、安寧河在縣西南者誤。

渠濫川。在昆陽州東南五里，東北流入滇池。隋開皇中，史萬歲至渠濫川，破蠻落三十餘部，即此。

龍泉水。在富民縣西五里。其旁有祠，以鎮龍怪。

洟扎郎水。在富民縣北十里。西入大溪。

農納水。在富民縣北五十里。源出武定州界，西南流入大溪。

沙摩溪。在羅次縣西。自富民縣流入縣界，南達祿豐縣爲大溪。

西湖。在昆明縣西南滇池上游。即九域志所云積波池也。俗呼曰草海子，又曰青草湖。舊志：湖中蒲藻長青，川禽翔集，多產衣鉢蓮，花皆千葉。通志：內有近華浦，爲滇名勝。本朝康熙二十九年，巡撫王繼文搆亭其上，曰湧月亭。

嘉利澤。在嵩明州東南二十五里。衆水交會，周百餘里。即楊林澤也。或謂之楊林海子，又謂之羅婆澤。通志：流入尋甸州爲牛欄江。按：輿圖下流爲車洪江，當即牛欄江別名。

交七浦。在晉寧州舊歸化縣東北二十里。廣二十餘畝，滇池下流。

金鯉潭。在呈貢縣東北，舊歸化縣南六里。州志：其地舊爲平原，恒苦旱，明隆慶六年，水湧成潭，金鯉遊泳於其中，遂爲一方灌溉之利。

九龍池。在昆明縣城内。其地蔬圃居半，故又曰菜海子。平爲稻田〔七〕，下爲蓮池。沿五華之右，貫城西南，匯於盤龍江，達滇池。明沐氏有别業在其上，曰柳營。

鴛鴦池。在昆明縣西二十里聚仙山下。其水流入清水河爲内池，入滇水爲外池。

黑魚池。在昆明縣東北二十五里。一名黑龍江。深不可測，中有鯈魚，人莫敢取。旁有龍祠，禱雨輒應。其東南有白龍池，在城東北十餘里，流入銀汁河。

瀑布泉。在昆明縣西三十里寶珠寺後。

龍泉。有四。一在昆明縣西南碧雞山下，洞内有金線魚，故又名金魚泉。一在昆明縣西勒甸村山中，水分青白色，上有祠。一在昆明縣北商山下，湫旁有祠，祠西有亭，扁曰「第一泉」。一在故楊林縣西。

對龍泉。在嵩明州西。兩泉相對，百餘步合流入嘉利澤。

温泉。在安寧州北十里，亦名碧玉泉，一名湯池。滇略：滇温泉至多，而州之碧玉泉爲冠。四山壁立，中爲石坎，飛泉注焉，白雲時起，水底可拾針芥。明楊慎云：「温泉在安寧州、白崖、德勝闗〔八〕、浪穹、宜良、鄧川〔九〕、三泊，凡數十處，而安寧爲最。清澈見底，垢自浮去不積。舊有人見其竅出丹砂數粒，乃知其下爲丹砂。」

海眼泉。在安寧州北十五里。明統志：水一日三潮，隨湧隨涸。舊志名聖水泉，在温泉之右一里曹溪寺左。又曹溪寺右一里有龍泉，噴沫而上，瑩澈如明珠。

石洞泉。有二。一在昆陽州，山有三洞，泉出會而爲潭，中有青白大魚，俗呼隨龍魚，人不敢捕。一在嵩明州。

龍淙。在昆明縣西二十里。府志：舊名白龍泉。本朝康熙二十二年，總督范承勳易今名，有龍淙石屋、聽瀑樓、墨雨庵、一草亭、宛轉溪、石香橋、顛丈卧石、小巫峽、小龍湫諸勝。

湯池渠。在宜良縣西南三十五里。明洪武中，黔國公沐英於雲南廣開屯田，湯池舊爲溝塍，廣不盈尺，英令同知王俊因山障隄，鑿石刊木，別疏大渠，洩於鐵池。其袤三十六里，闊丈有二尺，深稱之，灌漑農田，大旱不竭。

清水塘。在宜良縣東十五里，漑尖山一帶民田。相近又有潢水塘，塘低，用水車引之漑田。

堰塘。在晉寧州界印山左。本朝康熙十一年修築，山田資以灌漑。

紅蓮沼。在富民縣東南。泉常湧出，荷花爛漫。上有神龍祠。

清侯井。在昆明縣城内。滇考：大理時高智昇領鄯闡牧，建宅於五華山下，鑿井得泉，因號清侯。

闡西井。在昆明縣城内。濯絲織錦，鮮明異於他水，一名闡侯井。又東城外有茜紅井，其色殷然，可以染紅。

鹽井。在安寧州西，有大井、石井、河中井、大界井、新井，俱產鹽。漢書地理志：連然有鹽官。華陽國志：連然縣有鹽井，南中所共資。唐書南蠻傳：安寧州城有五鹽井，人得煮鬻自給。滇程記：安寧民食馬蹄鹽，鹽產象池井。明嘉靖中，復濬新井，名曰連然新井，楊愼爲之記。按唐書，何履光、李宓争安寧，皆以鹽井爲重。

古蹟

穀昌故城。在昆明縣北。漢縣，屬益州郡，後漢因之。華陽國志：漢武帝遣將軍郭昌平滇中，因名縣爲郭昌，以威蠻人。孝章時，始改曰穀昌。舊志：晉、宋、齊皆屬晉寧郡，後廢。按：班志作穀昌，常璩之言恐誤。又據明統志有苴蘭城，謂即穀昌城。按漢志，故苴蘭與穀昌並載，亦未必一地也。

建伶故城。在昆明縣西北。漢縣，屬益州郡，後漢因之。晉志：惠帝太安二年分建寧西七縣爲益州郡，永嘉二年更名晉寧，治建伶縣。宋因之。元嘉十八年，晉寧太守爨赤子叛，討平之。齊志：晉寧郡亦治建伶，後廢。

秦臧故城。在富民縣。水經注「臧」作「藏」。漢置，屬益州郡。晉屬晉寧郡，宋、齊因之，後廢。唐復置，屬昆州，天寶中入於南詔。府志：故城在府西北。

楊林故城。在嵩明州南三十五里。元史地理志：在州東南，治楊林城，雜蠻枳氏、車氏、斗氏、麼氏四種所居之地，城東門内有石如羊形，故又作羊林。唐羊林部落即此。元憲宗七年，立楊林千户。至元十二年，改爲縣。明統志：成化中省縣入州。

滇池故城。在晉寧州東。漢書地理志：益州郡，滇池。明統志：梁以後縣廢，其故城在州東。

歸化故城。在呈貢縣東南。元史地理志：歸化縣在晉寧州東北，呈貢縣南，西濱滇澤，地名大吴龍，昔吴氏所居，後爲些莫徒蠻所有，世隸鄯闡。憲宗六年，分隸呈貢千户。至元十二年，割大吴龍、安江、安埛立歸化縣。縣志：本名安江城，元置縣，僅有土城。明嘉靖中砌以石。本朝康熙七年，省入呈貢縣，故址猶存。

安寧故城。在今安寧州治南。唐書南蠻傳：有兩爨大鬼主崇道者，與弟日進、日用居安寧城左，聞章仇兼瓊開步頭路，築安寧城，羣蠻震懼，共殺築城使者。玄宗詔蒙歸義討之。天寶七載，詔特進何履光以兵定南詔境，取安寧城及井。滇紀：天寶九載，南詔攻安寧，鮮于仲通南討，遂解圍去。及仲通敗，南詔遂取安寧。十三載，李宓進取安寧及井，未幾敗。元史地理志：蒙氏終，鄯闡酋孫氏爲安寧城主，及袁氏、高氏互有其地。明統志：閤羅鳳叛，唐以蘇閎阿裒治之。滇考：高智昇以姪泰運守安寧。通志：今州城，明萬曆四年，知州姚繼先改築於舊土城之北。

三泊故城。在安寧州南三十里。元至元十三年，於那龍城立縣，本朝康熙八年省入昆陽。雍正三年，復以其地歸安寧，遺址尚存。

易門故城。在今易門縣。元史地理志：縣在昆陽州之西，治市坪村，世爲烏蠻所居。段氏時，高智昇治鄯闡，奄有之。至元四年，立洟門千户所。十二年改爲易門縣。明統志：舊治在縣南三十里。

廢昆州。在昆明縣西。唐志：昆州本隋置，隋亂遂廢。武德元年，開南中復置，在長安西南五千三百七十里，北接嶲州。領縣四，首益寧，後州縣俱廢。

官渡廢縣。在昆明縣東南。元置，尋省入昆明縣。府志：今府南二十里有官渡里。

大池廢縣。在宜良縣東。元史地理志：憲宗六年，立大池千户，隸嵩明萬户。至元十三年，升宜良州，治大池縣。州罷爲縣，後廢，大池來屬。

大赤廢縣。在宜良縣西。元置縣，後爲赤水堋巡司，移入昆明縣界。明統志：元宜良州領大赤縣，後并入州。府志：赤水坪因大赤舊名。

邵甸廢縣。在嵩明州西十里。元史地理志：在州西，治白邑村，無城郭。車蠻、斗蠻舊地，名東甸。蠻以「東」爲「邵」。憲宗七年，立邵甸千户。至元十二年改爲縣。明統志：洪武中省入州。

大甯廢縣。在晉寧州南二十里。元至正中置縣，尋省入州。

江東廢縣。在安寧州東南。舊傳爲段氏所置，元初縣廢。又北有青龍城，亦昔蠻酋恃險處。

河西廢縣。在昆陽州之河西鄉。元至元中置，尋省入州。

柘東城。即今昆明縣治。元志：唐閤羅鳳叛，其子鳳伽異增築城曰柘東，六世孫晟豐祐改曰鄯闡。

玉女城。在昆明縣縠昌故城旁。舊志：玉女城，元梁王築。

馬舉龍城。在富民縣。明統志：烏蠻酋歩門歩末始築馬舉龍城，號黎灢甸。元至元中，立黎灢千户所。府志：縣舊治在安寧河南黎花村旁，尋徙河北。嘉靖中復遷河南土主村。萬曆中復徙河北，因水患，復遷北山。崇禎中始移今治。

集興籠城。在嵩明州南。州志：相連有梅堂、阿葛籠、蒙琮籠、白籠諸城，周迴相望數十里，皆南詔楊祐所築。

舊金城。在嵩明州西南。元史地理志：漢人立長州，築金城、阿葛二城。

天女城。在晉寧州西。明統志：天女城，晉李毅之女秀代父領州時所築。

古土城。在晉寧州西北。明統志：隋刺史梁昆築。有九門十三衢，今廢。

伽宗城。在呈貢縣西。滇説：大理時，高智昇領土官伽宗築城於此，因名伽宗城。

扶邪城。在羅次縣境。縣志：南詔有扶邪都統，實録云南詔於羅次州置扶邪縣。

押赤城。在羅次縣東南，舊爲烏蠻所都。元史烏哩特哈達傳：攻羅部，至押赤城。「烏哩特哈達」舊作「兀良合台」，今改正。

羅部城。在羅次縣南。舊爲羅部農落彈所居，亦曰羅部府。元史烏哩特哈達傳：從世祖攻大理，分兵取附都鄯闡，轉攻烏蠻之合剌章水城，前次羅部府。其酋長高昇集諸部兵拒戰，大破之於洟河浪山下。又地理志：羅次縣治壓磨呂白村，本烏蠻羅部，後因立州。縣志：縣舊城在今縣南二十五里舊縣壩。

驥蹤籠城。在禄豐縣東北。又縣南有顛袞城，皆昔蠻酋恃險處。又有禄豐城，即今縣治。元史地理志：禄豐在安寧州西，治白村。其地瘴熱，非大酋所居，惟烏、雜蠻居之，遷徙不常。至元十二年，割安寧千户之禄琫、化泥、驥蹤籠三處，立禄豐縣。因江中有石如甑，俗名禄琫，譯謂禄爲石，琫爲甑，訛爲今名。

巨橋城。在今昆陽州境。元史地理志：昆陽州在滇池南，僰、盧雜蠻所居，有城曰巨橋城，今爲州治。府志：閤羅鳳叛唐，令曲縛蠻居之。段氏時隸鄯闡。元憲宗并羅喦等十二城立巨橋萬户，後升爲州。州志：明正德四年，始移築土城於月山。崇禎七年，又移於長松山，甃以磚，旋爲流寇屠平，仍還舊治。

華納城。在昆陽州西北，葱蒙卧山之東。城外有王仁求碑，題曰「大周故河東州刺史王府君碑」。明統志：州即古河東州，或曰唐時南龍州置於此，皆未見所據。

雲南廢衛。中衛在昆明縣城北隅世恩坊東，左衛在五華山後，右衛在舊學西，前衛在府治西南，後衛在府治東南，俱明洪武十五年建。本朝康熙九年俱省。二十二年復設左、右二衛，二十六年復省。又廣南衛，明洪武二十九年建於廣南府，永樂元年遷建於府治東。本朝省。

宜良廢所。在宜良縣西。明洪武二十四年建，城周三里。本朝康熙五年省。

漢學基。在昆明縣城内。南中志：漢元封元年，南略昆明。二年，使韓悦開益州，授經教學，故雲南有古漢學基焉。

舊漢營。在昆明縣東一里。府志：唐時鳳伽異築柘東城，得諸葛碑，其文云「碑即仆，蠻爲漢奴」。今碑亦廢。

蠻王寨。在昆明縣東六里。地名大廠，遺址猶存。

忽納寨。在晉寧州西。舊志：明洪武十四年，傅友德等入雲南，元梁王博羅走晉寧州忽納寨，赴滇池死。即此地。

敬思堂。在昆明縣城内。明洪武二十五年，西平侯沐春嗣封，因名其燕居之堂曰敬思，程本立爲之記。

思召堂。在昆明縣太華山。舊藏明西平侯沐英遺文，因以名堂。

宸章閣。在府學内。元建以藏璽書，名御書閣，後改曰宸章，明沐晟重修。

盟蠻臺。在嵩明州治南。元史地理志：嵩明州，昔漢人居之。後烏白蠻强盛，漢人徙去，盟誓於此，因號嵩盟，今州南有土臺，會盟處也。州志：漢諸葛亮南征至此，與蠻盟所築。

高智昇宅。在昆明縣五華山下。智昇避南詔相位，領鄯闡牧，鑿井得泉以居。

南樓。在昆明縣城内南門。明西平侯沐英駐節於此，題曰「南樓望遠」，劉有年作記。

遥岑樓。在昆明縣城内北門。一曰眺京樓。

棲鳳樓。在昆明縣城内。明黔國公沐昆建亭於中。

聚遠樓。在昆明縣五華山寺内。日本僧曇演建，明都督沐晟重修。樓北有泰然堂，堂後有真意亭，爲滇人遊燕之所。

縹緲飛樓。在昆明縣太華山。明黔國公沐英建。

碧玉樓。在安寧州北温泉上。

水雲鄉。在西湖。明黔國公别業，一名西園。有樓名簇錦，山茶樹四面簇之，故名。又有漁池，前人題詠最多。

海莊。在昆明縣高嶢山下。明楊慎謫滇，僑居於此。又有碧嶢精舍，亦在高嶢山。又停舟烟舍，在舊官渡縣。楊慎遊憩之所，今遺址尚存。

關隘

金馬關。在昆明縣金馬山麓。舊有關城，元時梁王所築，今僅存遺址。

高嶢關。在昆明縣高嶢山下。有高嶢渡。明楊慎云：「滇海西岸，舍舟登陸，俗亦曰高橋，爲津關總要處。」

碧雞關。在昆明縣碧雞山北。金、碧兩山如扃，一線通道，爲迤西諸郡門户。

兔兒關。在嵩明州西南四十里。明洪武中置巡司，本朝康熙五年裁。

太平關。在呈貢縣南二十五里，爲臨、澂孔道。

煉象關。在羅次縣北二十里。一作楝橡。雄峯深澗，界安寧、禄豐之間。舊有巡司二，流官一，土官一。明崇禎末，建石城扼守。本朝康熙五年，裁流官、巡司。滇記：關北三十五里爲矣者村，東十五里有清水溝。

老鴉關。在禄豐縣東四十里。舊有巡司，今廢。

南平關。在禄豐縣西南平山上，有土巡司。

蘭谷關。在禄豐縣西三十五里，與楚雄府接界。兩山夾水，鳥道羊腸，自縣至楚雄必由之道。又有六里箐，溪谷蒙籠，林木茂密，與蘭谷並稱深險。

呈貢堡。在呈貢縣西北，爲土蠻分地置守處。

安寧堡。在安寧州西。又州西八十里有禄脿堡。明洪武中置巡司。一名禄嘌。食釜鹽，産里井中。本朝康熙七年裁。

禄豐堡。在禄豐縣西。

鐵冶所。在昆陽州南二十里，地産鐵，亦爲戍守處。

板橋驛。在昆明縣東四十里。明洪武十四年，沐英等征雲南，師至板橋，是也。本朝康熙二十四年，設驛丞，乾隆二十一年裁，移縣丞分駐於此。

滇陽驛。在昆明縣東南。明洪武中建，今移南門外。舊設驛丞，今裁。

楊林驛。在嵩明州南，即楊林所舊城。西去府城百里，必經之道。舊設驛丞，今裁。

津梁

溥潤橋。在昆明縣東門外。舊名至正橋。本朝康熙三十五年修。

迎仙橋。在昆明縣東鳴鳳山麓。明萬曆中建。

雲津橋。在昆明縣東二里許，跨盤龍江上。本名大德橋，明洪武中修建。以其當雲南之要津，故更今名。

翰林橋。在昆明縣南壩。本朝康熙二十二年重建。又有永濟橋，在松華山麓，鎖盤龍江之上流。

永定橋。在富民縣南數十步。跨大河，高數丈，上覆瓦屋二十楹，旁有窻壁，舊稱天河橋。又有者北橋，在縣北四十里。

通衢橋。在宜良縣城東門外。又通濟橋，在縣南。

安正橋。在宜良縣北一里大閘水口。

太平橋。在宜良縣北一里，通陸涼衛。

飛虹橋。在嵩明州東五里。又嘉利橋，在州東四十里。

思利橋。在晉寧州南二里。

通利橋。在呈貢縣北二里。明弘治中建。

東橋。在安寧州城東門外，跨螳螂川。一名永安橋，明弘治中重修。

昌應橋。在安寧州東二十里。明萬曆中建，後圮。本朝康熙八年重修。

天津橋。在安寧州東南里許。明萬曆中建，舊名沙河橋。本朝康熙二十三年重修，改今名。

新橋。在羅次縣東七里。本朝康熙十年建，甃石架木，覆屋三楹。

啓明橋。在禄豐縣南十五里。

普濟橋。在昆陽州城南門外。明萬曆中建。

石龍橋。在昆陽州北三十五里，爲迤西通道。本朝康熙七年建。

易川橋。在易門縣東八里。又東七里爲易江橋，地名江渠。

隄堰

文公隄。在宜良縣北十里。水自湯池流入大赤江。明嘉靖中修築，水硐七十二所，土田賴以灌溉。

松花壩。在昆明縣東北。元賽音諤德齊沙木思迪音經畫水利，築壩分水，一爲盤龍江，一爲金汁河，并修建六河諸閘，溉田萬頃。一爲盤龍江八閘，曰銅牛閘、南壩閘、小壩閘、四道壩閘、永昌河閘、墮苴閘、王公閘、小西門閘，即松花壩南流之派，數十里入昆明池。一爲金汁河七閘，曰戴金箔閘、大韓冕閘、小韓冕閘、桑園閘、金稜閘、燕尾閘、小壩閘，即松花壩東流之派。一爲銀汁河六閘，曰倮玀閘、王公偃閘、白龍潭閘、小營閘、文殊寺閘、王俊閘，即白龍池所發，順流而下者。一爲海源河四閘，曰左閘、右閘、中閘、雞舌尖閘，其水由黄龍潭發源，與銀汁河同流。一爲寶象河六閘，曰石壩閘、楊林溝閘、響水閘、魚龍村閘、土橋閘、斗舌尖閘，其水由府城東南老雀橋發源，與海源河同流。一爲馬料河四閘，曰猪圈壩三閘、光村閘、新村閘、秧草閘，其水由東南白土村發源，與寶象河同流。本朝康熙五年，撫臣袁懋功疏請歲支鹽課，隨時增修。二十二年，撫臣王繼文又題請歲築，自是水利盡復。

石壩。在富民縣西。引安寧河水，分二渠以溉田。本朝順治十八年重修。

大壩。在呈貢縣東五里。其水來自黑、白龍潭，溉田千頃。本朝康熙十一年重修。

老李沖壩。在呈貢縣之化城村。本朝乾隆四十八年，引梁王山泉注此，建築壩埂以資啓閉。

小禄豐壩。在羅次縣南。秋冬蓄水，春夏溉田。本朝康熙九年，知縣馬光築石隄。

舊縣壩。在羅次縣南二十五里。壩周一里，蓄洩以時，爲阡陌之利。

黑龍潭壩。在禄豐縣東。初築於潭之下流，後改築上流，灌溉甚溥。

清水壩。在昆陽州西。

標泉壩。在昆陽州之平定鄉。本朝乾隆三十四年，築壩開溝，安設梘礶涵洞，用資灌溉。

唐家閘。在宜良縣東三里。縣東有大閘，障九龍池水。有小閘，障白龍潭水。唐家閘，總束大小二閘之水，溉田萬頃。

分水石閘。在晉寧州西北。本朝康熙十年修，溉田甚廣。

陵墓

隋

西爨王墓。在昆明縣東十五里。舊有碑，題曰「昆明隋西爨王之碑」。唐成都閭丘均撰文，洛陽賈餘絢書碑，今無存。

剥蝕。

唐

王仁求墓。在安寧州廢三泊縣南二十里石椿村。其碑文爲閭丘均所撰。仁求爲周河東刺史，均亦仕唐爲太常。今剥蝕。

元

梁王博羅墓。在昆明縣西進耳山。「博羅」舊作「孛羅」，今改正。

賽音諤德齊沙木思迪音墓。在昆明縣。爲雲南行省平章，德政甚多，及卒，百姓巷哭，賜葬鄯闡北門。

明

王禕墓。在昆明縣東二里地藏寺。

吴雲墓。在嵩明州秀嵩山。

李純墓。在昆明縣西玉案山。

施昱墓〔一〇〕。在昆明縣西十五里朝宗山。

嚴清墓。在昆明縣東北羊腸村後。

孫繼魯墓。在昆明縣西北安阜園。

朱運昌墓。在昆明縣東十里麥冲山。

傅宗龍墓。在昆明縣西棋盤山。

祠廟

黑水祠。在昆明縣城内東南隅。漢書地理志：滇池北有黑水祠。府志：元時載入祀典，一稱大靈廟。

金馬神祠。在昆明縣東金馬山麓。

碧雞神祠。在昆明縣西碧雞山麓。

鹽泉神祠。在安寧州善政坊。

文齊廟。在昆明縣東。祀漢益州太守文齊。後漢書西南夷傳：光武徵齊爲鎮遠將軍，道卒。詔爲起祠堂，郡人立廟祀之。

王子淵祠。在昆明縣城内，祀漢諫大夫王褒。

武侯祠。在昆明縣五華山，祀漢諸葛亮，有司以時致祭。

忠烈廟。在晉寧州古土城内，祀晉刺史李毅之女秀。唐開元初賜廟額。

姚岳廟。在晉寧州西四十五里，即王遜部將姚崇也。

張行省祠。在昆明縣西，祀張立道。元史本傳：立道官雲南最久，得土人之心，爲之立祠於鄯闡城西。

咸陽王廟。在府學後，祀元賽音諤德齊沙木思迪音，封咸陽王。

二忠祠。在昆明縣東二里。明成化中建專祠，祀王禕，弘治中奏改「二忠」，增祀吳雲。又有吳尚書祠，在嵩明州秀嵩山，專祀吳雲。

傅公祠。在昆明縣南，祀明征南大將軍潁國公傅友德。

西平侯廟。在昆明縣城内，祀明西平侯沐英。府志：咸陽王、西平侯二廟，本朝康熙三十年改遷於府東重關内，今名報功祠。

黔國公廟。在西平侯廟東，祀明黔國公沐晟。

太史祠。在昆明縣西南高嶢山，祀明修撰楊慎。

昭忠祠。在昆明縣城隍廟東。本朝嘉慶八年建。

寺觀

五華寺。在昆明縣五華山。舊名憫忠寺，元至元初建。

金牛寺。在昆明縣東門外。滇南紀遊：東郭有金牛寺，寺外八角亭中有銅牛一，重數萬觔，以鎮水怪。又有銅馬寺，在城東十里金馬山西北麓。

東寺。在昆明縣南。一名常樂寺。有浮圖高一十三丈。

西寺。在昆明縣南。一名慧光寺。與東寺倶唐貞元初栟棟節度使王嵯顛建。寺内亦有白塔，與東寺塔對峙。本朝康熙六年重修，最稱雄壯。

羅漢寺。在昆明縣西碧雞山，近太華，環滇海。又有華亭寺，亦在碧雞山，元延祐中建。

法界寺。在昆明縣西玉案山。山内又有笻竹寺，花木清幽。又圓照寺、寶雲寺，倶在玉案山腹。其上别爲寶珠寺，有瀑布。明楊愼有詩。

太華寺。在昆明縣西太華山。俯瞰滇池，其内有碧蓮、方丈及一碧萬頃樓。

海源寺。在昆明縣西三華山。内有龍湫，禱雨即應。又妙高寺亦在三華山，林壑幽奇，棟宇璀璨。

湧泉寺。在昆明縣北商山之麓。有瀑布。明巡按劉維創亭甃石，引爲曲水。

靈芝寺。在富民縣西。元延祐初建，闢地得靈芝五本，故名。

法明寺。在宜良縣東。唐時建。

盤龍寺。在晉寧州東五里。山秀泉幽，萬松葱鬱。元至正間建。

法華寺。在安寧州東洛陽山。大理段氏建。中有遥岑樓，登之可覽一州之勝。明楊愼以所得禹碑墨本鐫之巖石。

曹溪寺。在安寧州西北葱山。南宋時建。中有優曇花樹，本朝康熙中總督范承勳建護花房於寺左。又有聖水塔，一名清禪塔，在寺之右。

圓通寺。在禄豐縣東。元時建。

迴瀾寺。在禄豐縣西北。層巖秀麗，帶水縈迴。明萬曆中建。

華巖寺。在昆陽州西北。元時建，一名大雲寺。

宗鏡寺。在易門縣北黄龍山。宋名寶鏡寺，元易今名。

長春觀。在昆明縣東。元至大初建，府志：本元梁王宫，明初即其地爲岷王宫，後廢，因改建爲觀。

太和觀。在昆明縣東鳴鳳山。中有銅亭，楹柱簷瓦皆銅鑄成，地甃大理石，極瑰麗，其右爲環翠宫。

鳳翥宫。在呈貢縣北三台山。

校勘記

〔一〕東北至東川府界二百里　「東北」，原作「東南」，據乾隆志卷三六九雲南府建置沿革（下同卷簡稱乾隆志）改。

〔二〕本名沙札卧城　「沙」，原作「汝」，乾隆志同，據元史卷六一地理志及讀史方輿紀要卷一一四雲南改。

〔三〕又名枳磑　「磑」原作「塏」，乾隆志同，據明一統志卷八六雲南府建置沿革及讀史方輿紀要卷一一四雲南改。

〔四〕舊名赤城化山　「城」，乾隆志同，明一統志卷八六雲南府山川、雍正雲南通志卷三山川及讀史方輿紀要卷一一四雲南作「晟」。

〔五〕源出羅次縣北百花山與和曲分界處　「和曲」，原作「河曲」，據乾隆志及雍正雲南通志卷三山川改。和曲，元、明爲州，屬武定府，清省入武定州。

〔六〕南入元江州　「元」，原作「沅」，據乾隆志改。

〔七〕平爲稻田　乾隆志同，疑「平」字有誤。

〔八〕德勝關　「關」原作「間」，乾隆志同，據升庵集卷七七温泉條改。

〔九〕鄧川　「川」，原作「州」，乾隆志同，據升庵集卷七七温泉條改。按，鄧川爲州名，屬大理府。

〔一〇〕施昱墓　「施」，原作「於」，據乾隆志改。按，施昱字子貞，昆明人，本志下卷人物有傳。

大清一統志卷四百七十七

雲南府二

名宦

漢

文齊。廣漢人。王莽時益州郡夷棟蠶等起兵，因以齊爲太守，濬陂池，通灌溉，墾田二千餘頃，率厲兵馬，降集羣夷，甚得其和。及公孫述據益州，齊固守拒險，述拘其妻子，許以封侯，齊竟不降。聞光武即位，間道遣使自聞。蜀平，徵爲鎮遠將軍，封成義侯，道卒。詔起祠堂，郡人立廟祀之。

張翕。巴郡人。永平中爲益州太守，政化清平，得夷人和。在郡十七年卒，夷人愛慕，如喪父母。蘇祈叟二百餘人賫牛羊送至翕本縣，起墳祭祀。詔書嘉美，爲立祠堂。安帝時，以翕有遺愛，拜其子湍爲太守。夷人懽迎曰：「郎君儀貌類我府君。」

王追。蜀郡人。元和中，爲益州太守，政化尤異，有神馬四出滇池中〔二〕，甘露降，白烏見，始興學校，漸遷其俗。

楊竦。益州從事。卷夷封離等叛，竦將兵至楪榆，先以詔書示三郡，密徵武士，重其賞，進軍與封離等戰，大破之。擒千五百人，資財四千餘萬，悉賞軍士。封離等惶怖，斬其渠帥，詣竦乞降，竦慰納之。因奏長吏姦猾侵犯蠻夷者九十人，皆減死。州中論功未及上，竦病創卒。刺史張喬深惜之，刻石勒銘，圖畫其像。

馮顥。廣漢人。順、桓間爲益州太守，尤多異迹。

李顒〔三〕。巴郡人。熹平五年，諸夷叛，朝議謂郡在邊外，不如棄之。顒爲太尉掾，建策聲討，乃拜益州太守，與刺史龐芝發板楯蠻平之。

景毅。廣漢人。李顒卒後，夷人復叛，以毅爲太守討定之。毅初到郡，斛米萬錢，漸以仁恩，年餘，減至數十云。

三國 漢

董和。南郡枝江人。爲益州太守，清約自處。與蠻夷從事，務推誠心，南土愛信之。

晉

杜軫。成都人。武帝時，除建寧令。導以德政，風化大行，夷夏悦服。秩滿將歸，羣蠻争送，餽遺一無所受，去如初至。

毛孟。爲寧州治中。刺史李毅卒，會西南夷叛，孟詣京師求救，不見省。孟以死固陳，朝廷憐之，乃以王遜爲刺史，與孟俱行。

元

阿爾噶錫哩。蒙古人。爲晉寧州同知，訪民瘼，宣教化，境内大治。「阿爾噶錫哩」舊作「阿羅哥里室」，今改正。

馮文舉。什邡人。爲雲南儒學提舉。明玉珍攻城將陷，文舉謂妻曰：「吾受國恩，有死而已。汝光州馬中丞女孫也，其往從乎？」馬曰：「夫以義死，妾生何益？」焚香北面再拜，共縊於學宫。

明

趙幹。平陽人。洪武中，知歸化縣。歷嵩明州，敦大不苛，民夷安之。

張觀。太原人。洪武中，知嵩明州。簡重不擾，新附之民樂其撫字。

鄧思謙。桂陽人。永樂中，知禄豐縣。公署橋梁、驛郵市肆，皆其創建。在任九年，以清廉著。

郭鎮。宛平人。正統中，知新興州。值水患，鎮設醴祭河，安流如故。後知雲南府，勤於職，凡倉廩學校，皆所修葺。卒於官，滇民祀之。

丁貴。金壇人。正統中，知晉寧州。勤慎有才，學宫壇廟，修葺一新，水旱祈禱輒應，民懷其德。

黄守純。正統中，知昆明縣，撫字有方。以舊縣治狹陋，改作之，無累閭左。

邵昱。永寧人。景泰中，知晉寧州，廉介愛民。秩滿，耆老走萬里之京乞留，復任三年。

龐詢。成化中，知楊林縣。愷悌宜民，疏浚河渠，至今利賴。

李必昂。浦城人。弘治中，知禄豐縣。清介自勵，聽斷如神。歲饑，請蠲賦以甦民困，邑人感之。

張昇。濟陽人。弘治間，任昆陽州州同。增學址，練民兵，常出私財代官租。因運糧溺滇池，士民哀之。

葉元。廣信人。正德中，知雲南府。廉介有爲，不避權貴。時廣西寇師宗未靖，元以督糧到州，設計擒賊，州境以安。卒於官，家無長物。

李綬。南昌人。正德八年，知昆陽州。儲穀以備賑濟，崇學以興士類。崇祀名宦。

譚讓。華容人。正德間，知昆陽州。正大剛直，軍民畏服，崇祀名宦。

吴便。山陰人。正德中，知雲南府。精於律法，一切疑獄，多所裁決。

陳陽。新淦人。正德中，以刑部郎中忤劉瑾，左遷昆陽州同知。築土城以資保障，政績最著。

高公韶〔三〕。内江人。正德中，以御史言事，謫富民典史。置館延師，教民子弟，風俗一變。尋知大理府，有惠政。以遷去，士民咸立廟祀之。

廖立仁。嘉靖中，爲昆明縣丞。攜一僕自隨，由沅江徒行之任，省約安恬。後以憂去，邑人裒金送之，却不受。

吴世珣。保德人。嘉靖中，署嵩明州，剛果嚴明。安賊之叛，身率鄉民禦之。賊平之後，撫瘡痍，給牛種，民以安輯。

龍旌。大理府趙州人。爲嵩明州學正。嘉靖中，賊楊禮等攻城，旌倡義死守，州吏目韋宗孝與之同心，城陷，旌駡賊死，宗孝闔門遇害。事聞，旌贈國子博士，宗孝贈本州同知。

王新民。石阡人。隆慶中，知易門縣。爲政和平，民德之。去之日，民建祠以祀。

李藎。成都人。萬曆初，任雲南推官。仁恕明察，案無留牘，振興文教，習俗一變。

張祥鳶。金壇人。萬曆初，知雲南府。學術淵邃，設書院以課士，多所造就。政事明決，無留案，無冤民。

張志皋。永寧州人。萬曆初，知昆明縣。才略恢宏，處省會劇邑，事皆敏辦。

伍佐。新化人。萬曆中，知安寧州，發姦摘伏，人不敢欺。歷官九年，清勤著稱。

錢貴。峩嵋人。萬曆中知富民縣。邑人李義爲盜所誣，獄成。貴廉白其冤，義攜金謝，貴叱之。在任以蔬圃自給。

蘇夢暘。萬曆間，知禄豐縣。賊鄧舉等從武定寇禄豐，夢暘率兵民力戰，元旦朝服被執不屈，死之。

陳紀。内江人。萬曆中，知三泊縣，拊循其民而教誨之。奸弁奪民田，按法論罷之。邑有鑛山，民苦逋賦，紀白臺使封禁，縣以不擾。有父子訟者，愀然曰：「是吾失教。」乃懲其子而勸導其父，民感泣，歡愛如初。

王孫齊。崇禎中，知富民縣。舊縣汲水道遠，孫齊請遷城今治，民皆利賴。

費經虞。四川人。崇禎末，知昆明縣。薄徵省訟，重士勸農。勘覆吾必奎叛黨，全活數萬。

黄卷。鍾祥人。崇禎末，知呈貢縣。與上官不合，劾歸。甲申之變，望闕泣拜，不食死。乾隆四十一年，賜謚節愍。

王信。宜賓人。崇禎中，知呈貢縣。土酋普名聲叛，撫鎮令信爲監軍，敗績，駡賊死。

夏祖訓。嘉興人。明末爲呈貢知縣。後起兵拒李定國，兵敗死之。乾隆四十一年，賜謚節愍。

冷陽春。石阡人。明末爲晉寧州知州。起兵拒李定國，兵敗而死。乾隆四十一年，賜謚烈愍。

本朝

高顯宸。灤州人。康熙九年，知雲南府。吴三桂叛，抗節不從，被杖，戍永昌衛，仰藥死。贈太僕卿。

劉崑。南昌人。雲南府同知。不從吴逆之命，被杖，戍騰越。事平，以原官起用。

張筠碧。武昌人。康熙二十九年，知雲南府。建義學，製學宫鐘鼓，並嬰堂、義塚，惠績甚著。

張瑾。南城人。康熙二十九年，知昆明縣，攜一子二僕入署。剖斷明決，樂易不苛。四載卒官，民歌思之。

劉世熉。新蔡人。康熙己未進士，四十二年知呈貢縣。潔己奉公，嘗自稱曰：「任黜我官，毋虐我民。」

人物

漢

許淑。益州郡人。元和中入中國，受五經歸，教授本鄉。

三國　漢

爨習。建寧人。昭烈帝時爲建伶令，坐事免官。太守董和以習方州大姓，寢而不許。丞相亮定南中，以習與朱提孟琰等俱爲官屬〔四〕。習官領軍，琰官輔漢將軍。

唐

王仁求。安寧人。河東刺史。平賦化民，漢夷悦服。子善寶，以雲麾將軍持節河東諸軍事，有治績。

元

楊立義。中慶人。任騰衝同知。事親至孝，親歿，負土成墳，詔旌表。

王昇。中慶人。由學政累官曲靖府宣慰使。文章政事，著聲南土。

張景雲。字天祥，中慶人。優於理學，能文章，授登仕郎。

明

段澍。昆明人。洪武中進士。事親至孝，以御史就養，改姚安府教授。

蘭茂。字廷秀，楊林人。潛心理道，淹通經史。術數之學，靡不窮究。後尚書王驥征麓川，茂佐以方略，遂成功。所著有元壺集、鑑例折衷、經史餘論諸書行世。

李葆。昆明人。洪武間以軍功授前衛千户。永樂間征交阯，矢石俱盡，挺戈刺賊，大呼報國，陷陣死。

施均裕。安寧人。永樂中貢入成均。成祖面試，奇之，授大理評事，改交趾御史。按部一十七府，吏民懷畏，建祠以祭。後按南直，風裁凜不可犯，冰蘗之操，始終如一。

楊景。安寧人。永樂癸卯舉人。判灊、豐兩州，治績優異。尋擢化州州同。值峒夷亂，攻城，守將縋城出遁，兵民不滿三百，景激以大義，悉力堅守，賊遂引去。以老乞致仕，卒。

李純。昆明人。永樂甲午舉人。正統間巡按遼東，會土木之難，純選精騎，嚴兵固守。額森入寇，純擊之，斬獲無算。論功升遼東巡撫，後改榆林巡撫，卒於官。「額森」舊作「也先」，今改正。

張英。字時俊，昆明人。事母至孝。正統間領鄉薦第一，入太學。時閹人王振用事，祭酒李時勉論之，振矯旨械勉於成均。英同石大用詣闕請代，遂得原釋，名動京師。即日乞歸養，居鄉以孝義著聞。

楊一清。景子。成化進士。歷官右副都御史，督理茶馬鹽政，條上事宜，多所匡濟。巡撫陝西，復修花馬池諸要害。尋奉敕總制三邊。議事爲劉瑾所格，罷歸。瑾誅，起爲吏、户兩部尚書，進大學士，參預機務。因災異自劾，言時事失宜，錢寧等疾之〔五〕，謝病致仕。嘉靖初，召還内閣，加少師，以議禮不合致仕。卒贈太保，謚文襄。

趙璧。昆明人。成化進士，官郎中。時太監蔣宗誣奏南科後湖不法事，勘直之，因是左遷吉安府通判。歷四川副使，皆有善政。著茶花譜及詩文集。

李宗泗。字希賢，昆明人。倜儻有智略，登成化進士，累官御史。時馬政多弊，宗泗一一肅清之。升江西按察副使，會長河等峒賊攻掠郡邑，宗泗出奇設伏，屢以捷聞。勞瘁得疾，卒於官。弟宗儒，字希雍，成化進士，以孝稱，授刑部主事。

王璽。字國用，宜良人。幼失父，事母孝，母卒，廬墓三年。弘治時，任合山教諭。

唐佐。字朝相，晉寧人。弘治中入太學，聞父喪，徒步萬里，抵家，淚盡嘔血，水漿不入口，旋卒。

毛玉。字用成，昆明人。弘治進士，正德時歷南京給事中。疏劾大學士焦芳、劉宇，諫止巡幸。羣盜擾山東、河南，玉請備留都，已而盗果渡江，以備嚴不敢犯。嘉靖初爲吏科，勸帝戒嗜慾，杜請託，以破僥倖之門，塞蠱惑之隙，帝爲嘉納。時宸濠戚屬連逮者數百人，奉命往訊，多所全活。尋伏闕争大禮，受杖下獄，竟卒。隆慶間贈光禄少卿。子沂，嘉靖舉人，官知州，楊慎盛稱之。

吴九功。字時敘，昆明人。弘治舉人，官山東僉事。饑民相聚爲盜，九功單車抵賊巢，諭以禍福，皆解散。卒後，民爲之立祠。

繆白。字元素，呈貢人。弘治舉人，任成都通判，從征番寇，常戒妄殺。時有宋姓豪俠不法，白將正其罪，直指不可，遂鬱鬱不樂，適任麻哈知州，即請歸。事母盡色養，居家四十年，以盛德稱。

方矩。昆明人。弘治進士，官禮科給事中，劾劉瑾，罷。瑾敗，復擢山東參議，賢聲大著。以年老歸，尋卒。子方化，任四川成都通判，聞訃泣血而亡。

陳淳。字維素，呈貢人。弘治中由舉人任太平府通判。郡有疑獄，淳爲辯之。尤多善政，去之日，民刻像以祀。

胡廷禄。左衛人。正德進士，官南京户部郎中。與吕柟、鄒守益共扶正學，未幾歸田。同年生吴興顧應祥撫黔數年，欲一見之不能。及去任，造其廬，始出一見，其介如此。

陳大韶。嵩明人。隨父忠入京謁選，父殁扶櫬歸，廬墓，虎狼盗賊不爲害。母殁亦如之。正德中旌表。

張潔。晉寧人。性至孝，父母殁，哀毁骨立，里人呼爲張孝子。

黄鳳翔。昆明人。正德進士。官刑部，鞫閹宦盜簪事，直窮其情。爲當事所搆，出守重慶。又因訊黄總戎事，執法不阿，益遭忌。遂告歸，勤於著述。楊慎曰：「如竹泉者，海内未易得也。」

羅江。字孔殷，嵩明人。正德進士。爲建昌府推官，直身勵操，不畏强禦，卒於官。民哀之，立祠以祀。

黄敏才。晉寧人。正德舉人，知解州。民飢不待報，出粟賑濟，給藥治病，全活萬計。任九江同知時，疏龍開河，平江洋寇，尋擢知石阡府。所至祀名宦。子明良，嘉靖舉人，官至畢節兵備道，亦有政績。

李資坤。字伯玉，昆陽人。正德中，由舉人屢遷銅仁知府，所至多異政，考天下廉吏第一。性剛介寡合，言動以禮，老而彌篤。

嚴清。字公直，後衛人。嘉靖進士。歷工部郎中，董作京師外城，修九陵，吏無所侵牟，省費鉅萬。歷四川右布政使，並以清望顯。萬曆初擢刑部尚書，持正執法，不屈權勢，神宗深重之，進吏部尚書。以疾歸，復起兵部，不赴而卒，謚恭肅。

孫繼魯。字道甫，昆明人。嘉靖中進士。歷户部郎中，監通州倉，條上除弊四事。知衛輝、淮安二府，並有政績。累遷右副都御史，巡撫山西，所至以清節聞。會總督翁萬達議撤山西内邊兵，并力守大同。繼魯争之，忤旨，下獄病死，山西民痛惜之。

穆宗立，贈兵部右侍郎，謚清愍。

朱朝冠。字子儀，楊林人。嘉靖中漢中府通判，督兵征何勉，屢捷。賊内應舉火焚營，朝冠往救，焚死。

石銀。呈貢人。嘉靖舉人，知合江縣，遷隴川知州。所至以豈弟稱，而戇直不阿。左遷韓府長史，隴民詣闕上章，願借公數年。及歸，復踵門求出。卒，祀隴川名宦。

程世勳。後衛人。署百户。嘉靖四十五年，官兵討鳳繼祖，世勳護餉至金沙江，督偏師出哨，至波羅結堡，與賊遇，力戰死之。妻蕭氏，年十八，養姑撫子，矢志不渝。子道南，以孝聞。

施昱。字子貞，昆明人。嘉靖進士。爲貴州僉事。瓦橋驛峻嶺夾江，渡者危竦，昱爲巨橋，覆以瓦屋，行者便之。以擒巨寇李邦珍，陞光禄少卿。子士翼，天性篤孝，親殁廬墓，芝草生其旁。

唐文炳。禄豐人。弟文蔚。父母相繼卒，時文炳年十四，文蔚年十一，兄弟廬墓三年，刺血和泥爲像，祀之如生。文蔚事兄如父。

孫繼先。昆明人。隆慶舉人，知陀陵。以招降功，朝廷賜金獎之。遷下石西州知州。向來官此者，胥寄妻孥於太平府，歲一履其地。繼先始居之，闢草昧，拓城甃井，生聚教訓。致仕後，以古禮倡邑人，冠婚葬祭，一軌於制，人憚嚴正。

楊鳳。安寧人。萬曆舉人。刺海州，築隄障湖，以通鹽舶，歲省運貲累萬。青、兖饑，民徙海，拯活者七十餘萬，招集流亡千餘，給種開墾三百餘頃。入覲，晉黔道，引疾歸。黔國公以師禮延之，堅卧不出。卒，祀鄉賢。

宋應時。昆明人。父終，刺血爲像祀之。子文學尤孝，母殁，負土成墳。居父母喪，相繼廬墓。野燒偶延，向風叩首而火息。後羣賊剽掠，感其孝，饋以豚米，不納。

杜維喬。字汝遷，昆陽人。居父母喪，哀毁過人。廬墓三年，墓前麥生九穗，瓜結如斗，人謂純孝所致。

朱運昌。字際之，昆明人。萬曆進士。初爲大理寺評事，出百餘人於獄，覆議得允。屢遷福建左布政使。中貴人銜命督税，多所阻抑，遂上書乞歸，即日登舟。方抵里，神宗特簡巡撫閩中，後卒於官。

徐朝綱。晉寧人。萬曆中爲安順府推官，視郡事。會水西賊攻安順，城陷被執，不屈，闔門遇害。贈光禄少卿，廕子入國學。

劉鼎新。呈貢人。萬曆中四川雙流知縣。奢賊之變，寇攻雙流，鼎新伏壯士於内，開門延之。賊入，鼎新手刃其魁，餘皆殲之狹巷，凡三攻皆不克。賊去，遂引鄉兵援省城，賊咸避之。後監兵救藺州，斬巨魁魯仲賢，收降萬餘人。

劉文徵。昆明人。萬曆進士。知紹興府，考清廉第一。因劉寵爲會稽太守，民間有「漢明二劉」之謡。

朱思明。昆明人。萬曆進士，官河南按察副使。開彰河十餘里，設法賑飢民，民爲立生祠。爲參政，又開彰河二十餘里。陞廣西布政使，繩宗人以法，釐剔鹽弊。

董邦昌。昆明人。萬曆舉人，知長壽縣，有惠政。知平越州，黑苗叛，城賴邦昌保全。陞思恩府，告歸，遇流寇亂，舉家自焚。

陳爰謀。昆明人。萬曆舉人，以知府致仕家居。沙賊破城，迫欲用之，不屈而死。同縣楊樹立以南川令致仕歸，流寇至，衣冠北面再拜，自縊死。

譚三謀。昆陽貢生。任臨安教授歸，流寇破城，闔門自盡。

吴事心。昆明人。萬曆舉人，知臨邑縣。以裁抑御史濫索夫馬被劾，邑民至京保留者七百餘人。後復知丹陵縣，歲饑賊起，設法招徠，且至其巢諭之，賊悉降。所至悉祠祀之。

趙日亨。字貞如，安寧人，萬曆進士。時山東歲饑兵亂，日亨奉命撫循，請蠲賦，赦脅從，東方以安。時有監司恃婦翁爲首輔，行不法，日亨并首輔劾之。由此外轉川南兵備。值奢賊之亂，募死士，斬叛黨，進解省城圍。以功晉秩，尋致仕歸。

傅宗龍。字仲綸，昆明人。萬曆中進士。由知縣徵授御史。天啓初，應詔募兵，月餘得精兵五千。安邦彦反，自請討賊，不果。崇禎中，歷貴州巡按、四川巡撫、保定總督，俱著勞績。入爲兵部尚書，承楊嗣昌之後，以抗直忤旨，下獄，復起總督陝西，率兵擊自成，死之。謚忠壯。

范立朝。字二懷，昆明人。萬曆舉人，屢遷刑部郎中，出知平涼府。時韓王亹，世子幼，有庶子謀立，賂以金，立朝正色曰：「嫡庶之禮，何可廢也！」王妃聞之，亦以多金求爲善計，復却之曰：「此公議也，何以私爲？」後罷歸，行李蕭然。

袁善。字復虛，昆明人。歷官松潘參將。既罷歸後，值東川祿千鍾爲亂，糾合烏撒、霑益攻嵩明，巡撫沈儆炌以便宜起善於家，令督兵馳救，大破之。尋進副總兵，援貴州。時賊猖獗，羣苗所在蠭起。善緣道勦撫，抵貴陽，滇、黔始通。論功累加都督同知。善勇而好謀，撫士卒有恩，爲滇中諸將之冠。

甘百。昆明人。性恬淡，惟以賑貧乏爲事。萬曆庚戌，滇饑，出粟饘民，全活甚衆。有司上其事，欲旌之，力辭。庚戌詔天下輸粟助邊，立應詔，授以官，亦不受。

王來儀。字仲威，昆明人。萬曆中知嘉魚縣，廉直不媚上官。後流賊入滇，罵賊而死。本朝乾隆十一年，賜謚節愍。

唐俊德。禄豐舉人。萬曆中，鳳賊猖亂，俊德同庠生周之麟、百户陳宰、土官李印力戰被殺，因建祠以祀四人，賜額曰「忠烈」。

汪文度。宜良所世襲指揮。天啓間，猓賊犯城，文度往禦，被刺腸出，仍奮勇擒賊斬之，城賴以完。

程坤。昆明人。天啓武進士。官四川總兵。會西路爲賊兵梗，率兵赴援，至畢節城陷，被執不屈死。

劉維馨。昆明人。天啓舉人，任鄘州知州。流寇至，率衆拒守。城陷罵賊，亂刺而死。同縣舉人宗士秦，任石阡推官，上計次襄陽，值張獻忠圍城，死之。

李悉達。羅次人。領天啓四年鄉薦，品行端方。知夔州府，多惠政，流賊陷城，死之。

陳履厚。昆明人。天啓間，從京師扶父櫬歸，至龍里，遇安酋之變，賊焚其柩，履厚抱柩哀號，賊擊之死。

李玉衡。昆陽廩生。舉家避流寇於滇池，寇掠其船。母蘇氏先投水，玉衡即隨之，抱母屍死。妻子奴僕從死者九人。

胡郁然。昆陽廩生，品行方正。流寇屠城，前一日母死，人勸其去，郁然曰：「母生我而我棄之，忍乎？」守母屍不避，賊至遇害。

王錫袞。禄豐人。天啓進士。歷官吏部左侍郎，予告歸里。後值沙酋之亂，起義討賊，被執死之。妾尚氏，與弟錫鉞妻宋氏，皆自縊死。

張如良。昆陽人。天啓中歲貢，待己清慎。流寇之亂，如良與子景輝、景耀及妻媳一門俱殉死。

趙譔。昆明人。天啓舉人，知龍泉縣。屢平賊亂，因擢御史。甲申之變，駡賊而死。本朝乾隆四年，賜謚忠愍，入祀忠義祠。

馬乾。昆明人。崇禎中，由舉人授夔州府。張獻忠圍城二十餘日，乾親冒矢石，隨機制勝。賊遁去，擢四川巡撫，率師禦寇於内江，孤軍援絶而死。本朝乾隆四十一年，賜謚忠節。

李兆旂。昆陽人。崇禎中爲廬江訓導。流寇圍城，兆旂守北門，城陷，被執不屈，死之。長子淳，痛哭父屍，亦駡賊死，妻洪氏以苦節聞。次子澄，聞難奔赴，負骨歸葬。奉母避寇山谷中，母卒，暮夜歸葬，負土成墳，廬於墓側。本朝乾隆四十一年，予祀忠義祠。

羅銘鼎。三泊人。崇禎舉人，官威茂道。張獻忠犯川，駡賊而死。妻段氏，攜子兆鶴、兆桂、兆昌，俱投水死。

劉𢣷。昆明人。户部主事。爲闖賊所執，捶之，折一足不死。歸至滇，流寇使人招之，授以督學，𢣷曰：「京城不死，已無顔見先帝，復爲賊官耶？」大罵而死。

楊永言。昆明人。崇禎進士，知崑山縣，卓有政聲。值寇破城，巷戰而死。

劉昌應。右衛人。明末爲參將。流寇入滇，倡義起兵，屢戰不克，爲賊將所執，不屈遇害。本朝乾隆四十一年，賜謚節愍。

向琪。左衛人。爲百户。聞流寇至宜良，一家十六口皆縊死。同時前衛千户蔣薦、百户向宸，亦闔門死節。本朝乾隆四十一年，予祀忠義祠。

陳爰詢。昆明人。崇禎間歲貢，官南溪訓導。時流寇亂蜀，力陳防禦之策，因委署馬湖屏山縣。城已陷，爰詢走烏蒙，假兵恢復。總督樊奇其才，授本府推官。傾囊募士，軍威大振，終以力屈死之。

李守賢。昆陽歲貢。崇禎間，任江夏訓導，造士有聲。流寇至，分兵守城，城陷，罵賊而死。

李方泌。昆陽人。性至孝，篤於學。流寇臨州，方泌夫婦攜四子入舟避之，爲賊所獲。方泌不屈，被殺。婦抱子罵賊，投水而死。本朝乾隆四十一年，予祀忠義祠。

段伯美。晉寧人。流寇至，伯美偕諸生余繼善、耿希哲助知州冷陽春拒守。城陷，俱殉難死。本朝乾隆四十一年，予祀忠義祠。

羅正符。安寧人。博學工文。崇禎間，流寇遣曹名臣駐州，正符憤怒，邀一賊至其家，執斧斫之，不中。賊縛之去，不屈而死。同邑中書朱蘅，亦於是殉節。

李開芳。富民人。流賊入城，妻及二子俱赴井死。開芳偕其友王朝賀走至松花壩，俱自縊。本朝乾隆四十一年，予祀忠義祠。時在籍知縣陳昌裔不受僞職，爲賊杖死，亦於四十一年賜謚節愍。

莫貴德。宜良人，字可及。靖州知州。流寇至，謂妻麻氏曰：「身受國恩，當以身殉。」同赴井死。

王謨。昆陽歲貢。事母孝，事兄恭。流寇至，被執不屈死。同時易門學生楊霓明亦罵賊而死。

唐泰。晉寧人。性高潔，雲撫錢士晉稱爲雲中一鶴。晚年隱於僧，著擔書使者集。

楊泰。安寧人。明末舉人。幼聰穎，力學不仕。所著有虎丘温泉志。

司慎。昆明人。沐天波參隨。沙定州反，欲假禀辭襲天波，直入府，慎叱之，被刃斷胸而死。同縣向六、馬三，約敢死士十人，書「報國」字爲號，共圖賊，不克被殺。又裨將徐高遷，將糾衆援勦，而人無鬭志，遂闔家自焚死。

楊嗣昌。昆明諸生。流寇徵丁，嗣昌以代弟死安籠。妻孔氏以苦節著。

陳大經。昆明人。有才略，善騎射，兩中武舉。沙賊之變，沐天波倉皇欲出，大經叩馬諫曰：「尚有日月營兵，殺賊不勝，行未晚也。」時奸人于錫州陰爲沙地，目視天波。天波疑其見誘，抽刃殺大經而去。

黄恩。右衛人。百户。沙賊陷城，率家丁數人，巷戰力竭而死。

本朝

施洎。雲南府學生。吴三桂叛，奉嬸母、生母及幼弟避兵新興。賊驟至，匿二母於窖中。賊來搜，洎力拒之。天既明，二母出視，身無完膚，卧地流血，但顧弟曰：「善事親。」氣遂絶。

周養元。昆明人。流寇入滇，將害其父。養元號泣，願以身代。賊感動，父子俱得生。事繼母趙氏，備極孝養。趙年九十五卒，養元已七十餘，哀慕如所生母。後其子佩，遭吴逆之亂，奉母楊氏避兵撒拉村。糧絶，負米二百里外，晝夜兼行，兩足流血，人謂克嗣其孝。

萬必貴〔六〕。昆明人。性篤孝，奉父避兵山東，遇大蛇，祝曰：「吾固當死，奈二親何？」蛇竟去。後歸，傭力以養，不缺甘旨。母疾，視湯藥，跪進之，衣不解帶者數月。卒後，負土成墳。邑令聞欲旌之，固辭不受。

楊衍慶。昆明人。流寇之難，負父避亂。父被掠，衍慶迫救，并遭拷縛，杖索皆斷，賊驚釋之。

蔣之彦。昆明諸生。順治七年，流賊寇滇，將以之彦祖塋爲游觀所。之彦往争之，賊諭償以他處山場，厲聲曰：「尺土皆朝廷有，豈賊得據耶？」賊壯之，授以僞職，遂拂衣歸。賊促之往，終不屈，遂死於杖，葬邑東之葉家山。

楊瑄。昆明人。流賊入滇，瑄率鄉子弟操梃杖奮擊城西門外山坡，死焉。鄉人義之，名曰楊瑄坡。

薛大觀。字爾望，昆明人。爲郡諸生。順治十五年，李定國據雲南，大觀攜家居黑龍潭上，嘆曰：「吾當不惜七尺軀，爲天下明大義。」子之翰曰：「大人死忠，兒當死孝。」其妻妾亦相率誓死。以金授僕令他往，僕曰：「主死奴安歸？」遂俱赴龍潭死。數日屍浮出，七人皆聚一處。乾隆四十一年，予祀忠義祠。又生員施于京，俱闔門焚死。

袁宏。安寧人。吴逆殘騎與魯奎野賊擄掠，宏間道赴大營，請建安撫禦侮策，城賴以全。復入魯奎賊營，要釋隣境婦女千餘名。平居孝友謙和，時能緩急人。

朱荃。安寧人。王自奇之亂，被執不屈，飲酖死。初隨父官江南，以明末兵亂道阻，聘妻陳氏，音信阻隔，陳父欲别議婚，氏截髮誓不從。父封其髮達江南，乃間道歸娶。及荃死，氏乃託孤於從父，絶食而死。

陳九蛟。昆陽人。與洪文彬素友善，流寇至，相約敘别，各自縊死。

施逢泰。昆明人。康熙二十年，大兵圍省城，奉父避於姚安方山。值胡國柱潰兵劫執，逢泰憤甚，罵賊，賊怒殺之。逢泰死而賊悔，遂釋其父。

張潤。昆明人。親疾，叩天祈以身代，及歿，廬墓盡哀。

潘家禮。昆明人。三桂叛，避兵嵩明。父母同日卒，鬻身許姓，得銀治喪。許感其義，不受券。潘不可，日與傭作伍，積五載償清。還，教子列郡庠。

熊才。昆明人。少有雋才，爲文援筆立成。及長，研精諸子百家書。晚年詩文益邃，尤工書畫，片言尺牘，人皆藏之。

胡士悦。字季凱，昆明人。廩生。四歲失恃，哀痛不食。九歲父病，親侍湯藥，祈天願以身代。及父歿，哀毁骨立。事兄撫姪，兼盡其道，族黨交稱焉。

趙士英。字鼎望，昆明人。康熙丙戌進士，改庶常。假歸養親，仲父之瑶貧而乏嗣，奉之終身。葬其師唐質生，厚卹故人史纂之子，皆人所難者。

王思訓。昆明人。康熙丙戌進士。博學有文，爲諸生日，嘗爲當事聘修志。後以翰林檢討督學江西，典試廣東。有近體詩行世。

陳清。嵩明諸生。與霑益諸生余聯甲皆尚義。康熙間，東川土官禄永明爲其弟妻小安氏謀死，欲爲子世英謀襲。其勢方强，二人請於蜀撫曰：「殺命吏而無罪，且得官，恐東川殆難綏靖。不如改土設流爲便。」撫從其計，東川始安。

戚藩文。晉寧人。父俊，有狂疾。康熙間，阿迷土目盧鼎魁謀逆，械繫赴省。俊遇之，遽曰：「此吾友，必釋之。」押者以爲信，拘俊送州。藩文急往白以疾，并拘之。鄉人共往祈，乃釋。踰年俊歿，繼母張氏乖僻不慈，病危，藩文刲股肉以進，乃愈。張亦感悟，嘗語人曰：「藩文真孝子也。」

張旭。呈貢人。康熙壬戌進士，官檢討。好讀書，尤工舉業。嘗坐卧小室中，肆力於古，未幾卒。

段昕。安寧人。康熙進士，知連城縣。民素健悍，昕廣置庠塾，課以儒行，風始革。復刊田式，使賦不偏重，禁溺女，擒亂民，賑饑荒。雍正間以清介保舉，内陞主事。弟曦，以進士知雲山縣，案無留牘。薦擢御史，屢著直聲。歸里後，世宗特召用之，多所條奏，不存稿。

虞世瓔。字虞山，昆陽人。以薦授光禄寺署丞，歷官通政司右參議。工書法，供奉内廷。康熙中致仕歸，卒。

許希孔。字瞻魯，昆明人。雍正甲辰進士。歷官工部右侍郎。事祖母、繼母，曲盡其孝。雖處貴顯，不啻寒素。

陳印瑞。昆明人。事親以孝聞。有謝姓者，託以三百金。後謝歿，訪其子還之。舊郡守梅姓，遺女孫無依，印瑞撫而嫁之。

吴寬。昆明人。父歿，暮宿塚旁，曉歸養母。踰年母歿，前後廬墓四載。兄亡，迎嫂姪同居。雍正間旌。

郭寬。昆明人。性孝友，良知天賦，少長如一。親歿，廬墓三年。乾隆間旌。

林雯。昆明人。父母歿，先後廬墓六年。乾隆五年旌。

涂崇。昆明人。七歲母卒，哀毁如成人。事繼母以孝聞。後以貢授廣南訓導，卒。

趙繼普。昆明人。博學力行。以貢生任蒙化訓導。公慎廉介，課士有方，文風一振。著有雲莊詩文集。

錢灃。字東注，昆明人。乾隆三十六年進士。由檢討遷御史，薦升通政司副使。甘肅冒賑，劾總督畢沅瞻徇，復劾山東巡撫國泰驕縱，與藩司于易簡俱伏法。時大學士和珅在軍機，不與諸大臣同處，灃特劾之。尋得俞旨，命在軍機處行走。和珅故試以艱鉅，皆不能屈。其督學湖南，嚴而得士心，有「錢來不要錢」之謡。所入廉俸，與仲叔共之。并倡修會館，置鄉會試卷金。壬子歲，昆明大水，作六河説獻當事，倡衆捐資以助公用。嘉慶十二年，入祀鄉賢祠。

李超能。昆明人。母羅氏晚歲失明，超能以舌吮之，年餘忽愈。三十餘喪妻，不復娶。每夜抱母足以寢。同邑華天佐，嵩明月添佑、月添裾，均於嘉慶間以孝旌。

程振鵬。昆明人。孝友端方，篤於行誼。博學强記，嗜著述，有嶺雲編、啓蒙韻學、見聞録數十卷。後以貢生任蒙化訓導。

楊杞。嵩明人。母疾侍湯藥，晝夜不倦。母卒廬墓，有白犬守塚諸異。嘉慶間以孝旌。

張棟。安寧人。少孤貧，竭力事母，甘旨必供，母疾刲股以進。友愛二弟，嘗傾囊助之，己則屢空。

許瓚。易門人。家貧，竭力事父母。有魯奎野賊夜入室，執其父，瓚挺身捍父，力鬬被殺。

華天佐。昆明人。奉事孀母，孝行克敦，人無間言。嘉慶間旌。

流寓

漢

蘇文達。籍貫未詳。從馬伏波南征交趾，疾發不得歸。永平間來滇，至新羅邑，即今安寧。相傳温泉是其所闢。

唐

賈餘絢。蜀人。善屬文，尤長於書。寓雲南，西爨王碑是其手書。

閭丘均。成都人。與陳子昂、杜審言齊名。武后時官博士。後從唐九徵爲管記，南中碑碣多出其手。

賈島。咸陽人。能詩，唐末寓雲南，有送雍陶入蜀詩。

雍陶。成都人。唐末寓昆明，有送裴章還蜀詩。

明

劉謹。山陰人。父戍雲南，謹六歲，問雲南何在，人以西南指之，輒朝夕遥拜。年十四，瞿然曰：「雲南雖遠，天下豈有無父之子哉？」遂抵滇。凡三往返，始得歸其父焉。

王紳。義烏人，贈學士禕之子也。蜀王聘之，教授蜀郡。紳痛父奉使死難，喪未返，白王走雲南，行抵死所，號慟幾絶。滇人哀之，稱爲王孝子。

唐循仲。淳安人。長於詩。洪武中，父戍滇未行卒。兄凱仲例當代，循仲憐兄無依，與之偕。居數載，兄以疾終，循仲哀痛而歿。

劉有年。沅州人。建文中，知太平府，有治聲。靖難師至，有年守義不迎，因安置昆明。

楊慎。戍永昌。尤愛昆明高嶢山水清曠，僑居久之。詩文一脱手，傳誦中土。纂述甚富，後竟卒於滇。詳永昌府志。

列女

晉

李毅女。名秀。父爲寧州刺史，卒於官。時蠻寇攻城，毅子釗任洛，還赴，到牂牁路塞，停住交州。文武以秀明達有父才，遂奉領州事。秀適漢嘉太守廣漢王載。載將家避地在南，故共推之，又以載領南夷龍驤參軍。秀獎勵戰討，食糧已盡，茹草炙鼠爲命。伺夷怠緩，輒出軍掩破。三年釗乃得達，丁父喪。文武復逼釗領州府事，毅故吏毛孟等詣洛求救，懷帝乃下交州使救助之。

元

段功妻阿禚。梁王柏市剌斡爾密女。功官雲南平章，梁王忌之，令女毒焉。女不從，梁王卒殺功。女痛苦欲自盡，梁王防衛周至，女愁憤作詩自見，聞者哀之。卒悒悒死。

雅克特穆爾妻托克托和氏。雅克特穆爾爲梁王部將，明洪武時，平雲南，敗績於曲靖，馳歸。氏閉門不納曰：「爾受梁王厚恩，兵敗不死，何以見王？」乃鴆其二男一女，命侍者曰：「我死，舉火焚屋，毋令辱我。」遂飲鴆死。又皇甫璇妻楊氏、桑和州妻李氏、景縣尹妻王氏，皆元時以貞節旌。「雅克特穆爾」舊作「燕帖木」，「托克托和氏」舊作「脱脱懷氏」，今改正。

明

李仁山妻楊氏。昆明人。仁山早世，楊年十八，生女未逾月，父諷令改嫁，楊遂引刀斷一指曰：「指續可嫁。」竟不能强。

孫彬妻謝氏。三吴人。永樂間，從夫戍交趾清化衛。彬卒，有詔復安南國，歸廣南，同戍者强其子敬遯海歸，氏諭之曰：「汝占戍籍，遯則勾牒至，自罹罪也。且滇、吴萬里，浮海不測，先祀安託乎？」乃與敬匿神祠中，伺同戍者盡過，乃歸。苦節五十餘年。又侯官嚴士良戍滇卒，妻吴氏，年二十，撫孤守節，宣德間旌。

趙宣妻朱氏。右衛人。年十九，夫卒，誓死不二。時南寧伯毛福壽征麓川回，謀娶之，氏曰：「善爲我辭，必欲相强，惟有死耳。」守節五十七年而終。

良朝元妻郎氏。昆明人。年二十，夫卒，撫遺腹子，後亦夭，苦節七十年。又同縣閻厚妻金氏，張翻妻王氏，劉悌妻韋氏，秦春妻王氏，吴承祚妻繆氏，羅必舉妻張氏，魯忠妻張氏，李暘妻黄氏，盧英妻短氏，劉潤妻趙氏，張翃妻胡氏，方玘妻曹氏，廖忠妻梅氏，楊翱妻許氏，楊廷詔妻謝氏，周允惠妻王氏，林東棠妻李氏，周維新妻閔氏，盧康續妻謝氏，董紹舒妻郭氏，張翻妻胡氏，劉體仁妻孟氏，王僎妻段氏，陶希哲妻禄氏，張翔妻朱氏，王重光妻段氏，艾龍光妻簡氏，吴鑰妻戴氏，李光憲妻張氏，封錫屢妻王氏，廖朝元妻郎氏，姜愷妻吴氏，李文徵妻熊氏，方袍妻俞氏，劉傑妻吴氏，李潔妻楊氏，吴詔妻張氏，嚴清妻施氏，李克明妻楊氏，常楨妻沈氏，程世勳妻蕭氏，俱苦節終身。

毛從讓妻劉氏。昆明人。年二十四，夫卒，撫子義成立，娶魏氏。年甫十八，義復卒，遺孤禹一歲，人謂魏年少，恐難守，魏歎曰：「吾姑不忍負吾舅，吾忍負吾夫耶？」撫孤事姑，一門雙節。又同縣徐昂妻顧氏與子行妻鄭氏，沈朝惠妻張氏同子國英妻孫氏，亦兩世苦節。

完嗣昌妻太氏。昆明人。未嫁，夫病篤，父母許往侍湯藥。及亡，即守制不歸。事舅姑甚謹，苦節六十六年。同縣楊氏齊姑，亦未嫁守節。

施於身妻嚴氏。昆明人。于歸甫七月，於身授仙居令，值流賊阻絶道路，氏毁容斷髮，針黹以養翁姑。後卒，拮据殯葬。爲夫弟婚，授以家事。將作死計，而於身忽歸，夫婦不能相識。

楊嗣昌妻孔氏。昆明人。流寇亂，嗣昌以諸生代弟戍安籠死，遺一子一女。後聞賊勒寡婦配軍，氏投井中數日，水淺得不死，遂削髮毁容。後子亦死，僅遺一女相依。孤苦守節，五十餘年。

嚴可富妻高氏。宜良人。年二十七，夫卒，以女紅給諸子讀書。一日祭墓歸，拾八十餘金，訪其人還之。子鎮妻汪氏，少寡，生遺腹子容，守節如姑，人稱嚴氏雙璧。同邑李華妻王氏、陳湧川妻程氏、藍彬妻萬氏、周贇妻趙氏，俱以節稱。

羅江妻李氏。嵩明人。夫疾割股療治，未愈死。氏哀慟喪明，寇至，抱夫遺像投水，以救免。嘉靖間旌。同州鄭儒妻洪氏、孟欽妻黄氏、楊友善妻劉氏、楊正名妻尹氏、周鳳起妻楊氏、管宗本妻李氏，俱以節聞。

趙輈妻段氏。晉寧人。年二十，夫卒，撫孤養親，預刻己姓於墓碑。孀居五十載，親戚罕見其面。又同州蘇震妻段氏、唐鍮妻陳氏、于綸妻史氏、蕭必達妻任氏、李名奕妻蘇氏、楊大韶妻孟氏、王綸妻史氏、胡州道妻王氏、凌懋妻孫氏、楊世泰妻段氏、楊大詔妻孟氏、段法妻劉氏，俱甘貧守節。

李志恭妻王氏。呈貢人，夫歿守節。又同邑李忠恭妻王氏、李大倫妻劉氏、繆思恩妻張氏、張淑顔妻蔣氏、黄大才妻夏氏、李孟祥妻文氏，俱以節聞。

王壐妻李氏。安寧人。年十九夫亡，痛苦求死，母以其有遺腹，勸爲似續計，及生女，不變其志。又同州陳應賢妻董氏，夫亡家貧，撫孤終身苦節。

陳孟章繼妻田氏。安寧人。孟章爲南部主事卒，時易門土官王一心叛，聞氏貌美，率人馬欲劫之，三日不去，氏拔刀自刎，賊始舍之，復因救得甦，守節四十餘年。萬曆間旌。同州趙文秀妻楊氏、楊大爵妻張氏、陳瑞妻施氏、楊思恭妻傅氏、楊宗魯妻陳氏、朱敬修妻孔氏、趙宇妻楊氏、李焯元妻陳氏、謝瀠妻朱氏，俱以節聞。

王衢妻陳氏。禄豐人。夫卒，年甫十六，伯叔憐其無子，欲奪其志，氏赴水死，鄰婦朱氏拯之，久乃得甦，守節終身。同邑李芸妻劉氏、吕啓賢妻李氏、潘元妻李氏、王錫鉞妻宋氏、錫衮妾尚氏，皆死節。

李世馨妻耿氏。昆陽人。夫歿斷髮入棺，勒名共石，守節終身。同州陳梁妻劉氏、洪範妻李氏、吳英妻陳氏、吳大穎妻邢氏、楊偉妻張氏、安國妻嚴氏、高某妻趙氏、傅爵妻姜氏、劉奇東妻任氏、楊禮純妻李氏、楊士葵妻洪氏，俱以節聞。

李廷映妻楊氏。易門人。夫歿守節。又同邑但存義妻馬氏、宋廷相妻梁氏、翟鋭妻段氏、張文彩妻王氏、宋足徵妻周氏、歐潢妻但氏、劉瑾妻邱氏，俱以節聞。

沐啓元妻陳氏。啓元爲黔國公，早卒，子天波襲職。沙賊之亂，氏走朝陽菴，自焚死。天波妻焦氏，攜妾夏氏，自縊死。

幼女焚死於金井菴中。

沐天波女。名瑞貞，許配劉文秀子。甫十齡，文秀子歿，女自縊死。

王宓妻時氏。昆明人。夫亡時許以死殉，及事舅姑喪葬嫁女畢，即自縊。

杜九徵妻白氏。昆明人。夫亡，子二歲，撫之長，又卒，慨然曰：「我所以不死者，爲杜氏遺孤耳。今生何爲？」三日不食，自縊死。

楊東明妻陽氏。名羅平，昆明人。未嫁，聞夫卒，哀痛欲死，以救免。後其母欲嫁之，遂自縊。同邑魏昇妻失其氏，未嫁而昇以罪戍騰衛，父母欲別嫁之。女潛製布袋，至期入之，自束其口，投水中，覓其屍不得。姻家欲訟之，尋浮出，訟遂息。

孫宙妻浦氏。烏撒衛人。宙，昆明人，官京師卒。二子在襁褓，氏剪髮忍死，扶櫬歸。既葬，痛哭不食，死於墓前。

陳爰諏妻王氏。昆明人。夫任吏部主事，卒於京。氏扶櫬歸，遇安賊之變，罵賊而死。

瞿鳴鸞妻孫氏。高陽人。鳴鸞，昆明人。子華，任通海教諭，迎養，路遇流寇，欲引去，氏大罵，被七刃而死。

邵愈謙妻阮氏。昆明人，名瑞。通書史。流寇入滇，闔家航昆明池避亂，爲賊搜獲。氏題詩舟中几上，編髮聯衣，自沉而死。賊大感悟，邵氏一姓俱得生全。又同縣王綉妻朱氏，寇至，隨羣婦避地窖中，爲賊所覺，氏出奪刀斷己首，賊大驚，盡釋羣婦而去。

施堯心妻龍氏。昆明人。流寇至，氏與子于朝妻蔡氏，于國妻金氏，姪于聘妻傅氏，孫濬妻朱氏，女適劉及名全妹者，姪女適周、適段，孫女海長，并傅氏所撫喜妹，皆自縊。人傳施氏十烈，以喜妹他姓不與也。其時寇至自盡者，同縣趙廷璧妻黄氏與妹適曲靖蔣氏者，薛之蕃妻楊氏並二女，楊順成妻舒氏，徐盛妻邵氏並一女，范立朝妻王氏並曾孫女性存，郭對妻葛氏，范應貴妻胡氏，施堯敘妻傅氏，施于京妻黄氏，楊歸儒妻王氏並子德溥妻王氏，王駟驤妻趙氏，劉援妻楊氏，李爲龍妻尹氏，解從富妻李氏，解從應妻唐氏，楊達儁妻羊氏，朱運昇妻王氏並妾陳氏，金應斗妻張氏，徐大妻竇氏並一女，羅綺妻張氏、妹羅氏，熊才妻司氏，張耀妻李氏，高遇説妻何氏與姻家黄氏，丁焜南妻任氏，丁炳南妻金氏並一妹，李祚昌妻謝氏，張翹妻周氏，朱鼒妻張氏，周祚興妻楊氏并弟妻羊氏，周謙妻高氏，朱霞妻寇氏，楊三畏妻陸氏，楊偉秀妻汪氏，施于鑛妻胡氏，施淵妻嚴氏，胡棨妻莊氏，嚴敏培妻丁氏並女錫慶，嚴永培妻楊氏，夏思周妻張氏，夏思禹妻丁氏並媳馬氏，何誥妻王氏，何詔妻江氏，卜國泰妻全氏，卜其昌女卜氏，楊嗣緒妻段氏並一女，陳王烈妻徐氏，趙從耀女趙氏，嚴賓妻徐氏並子似祖妻白氏、佩祖妻羅氏、侍祖妻施氏，孫敦培妻任氏、姪妻韓氏、姪孫妻何氏、表姪妻胡氏、與女適李、孫女適萬、適張及名壽貞二妹、姪孫女淑貞等，楊思義妻陳氏，董邦昌妻王氏、妾何氏、子夢桂妻段氏并女、孫女、二婢，薛大觀妻楊氏、子之翰妻孟氏、女夢雲、静玉、婢蘭香等，任允升妻趙氏、允元妻薛氏、允中妻瞿氏、允元女、任熙女、婢玉書、王媪等，山倫妻趙氏、子應星妻王氏並二女，山嶷妻沈氏並一女，徐錫衮妻山氏並一女，王彝妻山氏并同居楊氏等，蘇騰吾妻陳氏、媳何氏，程其信妻陳氏、媳袁氏、婢八月等，均死節。又嚴恩培妻湯氏，亦不屈被殺。

李爲龍妻劉氏。昆明人。爲龍任成都府，城陷身殉，氏將幼子交僕赴黔，以延宗嗣，遂與妾童氏俱縊。

施於鎮妻楊氏。昆明人。於鎮守越州，將出征而怯，氏促之，猶未果，氏慷慨自縊死。

蕭氏。昆明人。其夫姓名無考，明末爲雅黎參將，卒於官。值兵潰掠滇，氏攜女投池死，漁人得屍，有油紙封藏詩釘衣襟上。同縣謝忠妻楊氏亦以賊至投井死。

楊順成妻舒氏。昆明人。流賊掠滇，氏以毒物塗身，剪髮垢面，自炙成瘡，爲隣婦所嫉，訐其患處非真，遂被執，欲污之，氏不從，自縊死。同邑黄之龍妻唐氏、單允若妻李氏、李毓秀妻孫氏、蘇源妻余氏、郭之維妻陶氏、沈應蛟妻胡氏、許廷儀妻孫氏、單先覺妻傅氏、李恪妻楊氏，皆殉節死。

楊鈞妻李氏。嵩明人。鈞任永安州知州，刻苦自守，卒於官。氏攜幼子扶櫬還里，至廣陽堡遇寇，恐爲污辱，赴水死。永安人思鈞之清，高李之烈，建雙節祠於江干。同州史書妻丁氏爲亂兵所掠，自縊死。

張夔龍妻趙氏。呈貢人。流賊之亂，氏同三女及妾張氏，爲亂兵所掠，顧曰：「毋見辱，惟一死耳。」伺間，女與妾環拜而縊，氏觸柱死。

趙苞女。名淑姐，安寧人。年十四，值鳳逆之亂，以衣蔽面，投河死。又昆明南村婦避賊至南壩河，投水死，不知爲何氏。

羅天文妻洪氏。安寧人。沙賊亂，氏以利刃藏於身。後爲賊獲，夫逡巡隨後，氏遥謂夫曰：「君自歸，我不負君。」遂自刎死。

張維樞女。安寧人，夫姓名失傳。爲流寇所獲，欲污之，誓死不從，賊怒，刺之死。

曹小姑。安寧諸生賞之女，有殊色。有兵與女隣居，瞰室中無人，踰墻持女，女度不免，紿以暗室相就，兵從之，遂入室自刎死。同縣楊昭妻彭氏、孟之功妻郎氏、楊恒謙妻張氏、尹弼妻楊氏，皆同時殉節。

羅兆龍妻楊氏。安寧人，楊達偕女。母羊氏，聞寇至，授以一繩，期同死。寇至，與母並縊。同州許廷議妻孫氏避至廟中，次日負二子出，不見其夫，遂置子於地，投水死。其夫覓屍不得，禱於神，後九日乃浮出。

王氏。禄豐人，夫姓名失傳。早歲食貧守節，孝事翁姑，及翁姑歿，喪葬畢，自縊死。同邑彭氏，夫失名，沙賊至，恐爲逼，投河死。又周天易女，年十五，未字，聞沙賊叛，閉户自縊。

王業元妻許氏。禄豐人。夫亡守節，勵阿克之亂，氏聞賊至，自刎而死。

李源妻姚氏。昆陽人。源素負英氣，流寇入滇，奉調禦寇，死之。氏聞，即攜女投水死。同州吴國慶妻閔氏，夫亡守節，寇陷城，駡賊死。邢俶妻李氏，赴火死。

胡彬然妻王氏。昆陽人。流寇抄船，氏與女皆被執，礫首流血，殞於水中。彬然義不再娶。

本朝

王家婦。昆明人，夫失名。順治五年避兵迷渡，夫卒，買二棺，哭三日夜不絕聲。葬夫畢，即自縊。同縣任之進妻王氏，亦夫死殉節。

王啓隆女。昆明人。順治五年避亂自縊。衣襟内帶有父兄行樂圖。同時潘文明女福壽及鳴遠橋女皆自盡。

戴高妻戍氏。昆明人。年二十一夫亡，刺喉噴血幾絶，遇救而甦。嘗割股以療姑疾，撫子成立。康熙四十四年旌。

郝翔妻蔡氏。昆明人。年二十二夫卒，自縊以殉，姑救免。繼遭寇亂，復投水死，又以救甦。姑病焦渴，食不下咽，蔡覓乳哺之三年。撫二子成立。康熙四十四年旌。

傅景明妻唐氏。昆明人。年少夫亡，事姑撫子，苦節終身。康熙間旌。

熊卜尚妻粱氏。昆明人。年二十一，夫卒，撫數月遺孤。遭吴逆之變，流離萬狀，矢志不渝。康熙間旌。

黄玥妻唐氏。晉寧人。夫亡子幼，撫孤守節。康熙間旌。

王養正妻洪氏。昆陽人。年二十一，夫卒，有遺腹五月，氏誓死以守。後生子名順天，撫之成立。爲娶妻楊氏，生子來賓。順天復卒，楊亦撫孤守節，事姑甚謹。俱康熙五十四年旌。

葉政妻郭氏。昆明人。夫貧，罄奩贈以助膏火，至體無完衣，終無怨言。年二十九，夫歿，值沙賊之亂，恐爲賊汚，誘三子出，閉門自縊。子尚高妻任氏，曾孫凌雲妻陸氏，俱年少夫亡，養親撫孤，甘貧守節。雍正間旌。

楊鰲妻林氏。昆明人。夫歿家貧，姑令適人，親迎者至，自縊救免。雍正間旌。

於崇惠妻李氏。昆明人。于歸後，值兵燹，奉姑匿山谷間，隨夫數十里，負米供饔飧，踵至流血。年二十八，夫亡，事姑益謹，教子成立。雍正十三年旌。

楊桂柏妻王氏。昆明人。年二十七，夫亡，二子幼，氏欲以身殉，或勸以姑老子穉，乃止。後子朝元卒，媳王氏守節如姑。雍正間旌。

謝履泰妻李氏。昆明人。年十六，許聘未嫁，聞夫訃請奔喪，不許，遂絶粒，父母乃聽歸謝氏。撫姪爲嗣。雍正間旌。

楊玉龍妻丁氏。昆明人。年二十五，夫卒子幼，翁姑欲遣嫁之，氏截髪自誓。子長，娶媳，尋卒，氏復與媳撫孤孫成立。雍正間旌。

陳黼扆妻倪氏。宜良人。順治十五年，流寇據滇，大兵至，賊奔宜良，黼扆死之。倪與妾李氏、女陳氏，俱奮身跳崖死。雍正間旌。

徐大聘妻陳氏。宜良人。順治十六年，避兵於紅石崖。其夫爲寇所擄，氏與妾楊氏恐見污，同投江死。雍正間旌。

保亮妻楊氏。宜良人。年二十，夫卒，僅遺一女，孝事盲翁，撫姪爲嗣。雍正間旌。

李懷城妻吕氏。嵩明人。年十六，于歸，適姑病篤，奉湯藥三月，晝夜不懈。年二十一，夫亡，紡績課子，足不出户。雍正十三年旌。

宋裔良妻紀氏。晉寧人。年二十七，夫亡，無子。依姪士璋，守節四十七年。士璋母唐氏，昆明人。父裔超早卒，唐撫士璋守節六十年。皆雍正十三年旌。

陳其敬妻楚氏。呈貢人。年二十六，夫卒，遺孤甫三歲，舅姑年皆六十餘，氏紡績以養。宅後有桑一株，故夫手植，每撫桑以哭，桑爲之枯。雍正十三年旌。

温驫妻戴氏。昆明人。强暴欲污之，不從自盡。乾隆間旌。

張兆炳妻陳氏。昆明人，名五珍。兆炳十四歲，以父遠出無耗，尋父並歿於外。氏奔喪守貞，以十指養祖姑及姑，人咸稱孝。越數年以饑寒死。與同縣李清妻尹氏、陳謙妻高氏、范勳妻李氏，皆未嫁夫卒，奔喪自盡，均於乾隆間旌。

鄭士長妻吴氏。昆明人。夫歿守節。與同縣包光昌妻高氏，戴國詔妻張氏，鄒近泗妻邢氏，楊芬妻趙氏，金應麟妻朱氏，張翹妻周氏，周謙妻高氏，朱霞妻寇氏，與妯張氏、王氏、江氏，戴立禮妻孫氏，顏倫妻王氏，嚴步雲妻阮氏，馬龍圖妻胡氏，何詔妻王氏，繆秉恒妻戴氏，羅繼遠妻苗氏，王民定妻彭氏，王配禹妻夏氏，潘文明妻楊氏、媳高氏，程默卿妻袁氏，與妯某氏，辛有耕妻湯氏，劉國正妻沈氏，張翰良妻陳氏，陳于朝妻王氏，王珍妻初氏，張應坤妻完氏，王應舉妻陳氏，楚秀妻李氏，王之賢妻陳氏，于崇唐妻李氏，錢元妻雷氏，張玉龍妻李氏，陳湛源妻王氏，劉嘉彦妻陳氏，康茂才妻宋氏，許珍妻尹氏，王雄妻王氏，王永德妻曹氏，馬成龍妻張氏，吴沾榮妻王氏，何一貞妻符氏，胡汝英妻孫氏，繆汝恩妻章氏，洪濯妻孫氏，楊偉妻陽氏，閻俊妻劉氏，張其龍妻楊氏，傅曰仁妻劉氏，沈仲全妻阮氏，許天麟妻温氏，熊卜昌妻梁氏，蔣德宣妻劉氏，張翰妻李氏，羅維城妻張氏，朱鳳妻王氏，張文英妻太氏，孫華妻阮氏，彭洪妻張氏，李春榮妻韋氏，張明耀妻劉氏，方印妻張氏，劉鎬妻解氏，李大亨繼妻劉氏，韓世忠妻劉氏，鄔際盛妻許氏，季捷元妻李氏，鄒民新妻朱氏，陳言妻顔氏，董洪明妻李氏，夏應燨妻郝氏，張倫妻李氏，喬旭東妻李氏，段興漢妻王氏，徐世榮妻王氏，許國賓妻藺氏，卜其昌妻田氏，徐世貴妻張氏，郝維岐妻劉氏，趙其璜妻夏氏，劉忠妻王氏，張拱徽妻莊氏，孫盛妻賀氏，楊誼妻李氏，郎忠位妻吴氏，阮正陽妻劉氏，朱學孔妻韋氏，馬元妻保氏，王章妻張氏，蔡印妻段氏，董正妻林氏，潘永明妻鄒氏，胡統國妻金氏，吴遵周妻周氏，翟顯貴妻吴氏，劉聯捷妻周氏，楊茂林妻陳氏，徐朝盛妻唐氏，湯政妻唐氏，盛以恭妻陳氏，艾雲升妻李氏，王國珍妻李氏，楊起鵾妻陳氏，黄廷桓妻羅氏，張起翔妻羅氏，董國仲妻孫氏，李樂天妻施氏，楊清妻嚴氏，韓國安妻陳氏，韓志明妻朱氏，李廷傑妻栗氏，梁國泰妻李氏，戚兆龍妻張氏，李浩妻楊氏，夏騰龍妻楊氏，陶進泰妻余氏，錢萬鎮妻卜氏，申洪基妻董氏，楊煒妻李氏，杜詩妻戴氏，甘澤妻趙氏，李才玉妻楊氏，阮應宗妻許氏，殷學禮妻陳氏，晏相齊妻丁氏，張洪德妻戴氏，許希望妻李氏，胡灝妻陳氏，李國瑞妻季氏，李昌妻吴氏，趙思選妻楊氏，吴君用妻劉氏，段維倫妻王氏，劉英妻湯氏，張烱妻謝氏，馬化麟妻陳氏，周忭妻張氏，譚瑜妻周氏，司統妻淩氏，羅一清妻孫氏，楊浩妻梁氏，劉文熾妻嚴氏，何翰妻太氏，欒瑞龍妻李氏，楊浤妻張氏，張琨妻李氏，陳一貫妻李氏，章文魁妻張氏，宋旭升繼妻王氏，尚良佐妻楊氏，楊嘉信妻楊氏，傅玉衡妻車氏，蔣喆妻向氏，桂自成妻楊氏，趙之忭妻季氏，馬衍妻張氏，鄭善命妻胡氏，胡世英妻李氏，陳浩妻顧氏、妾李氏，王昶妻李氏，何俊妻楊氏，孫夢熊妻鐵氏，張璿妻梅氏，周巨揚妻劉氏，李昶妻任氏，劉珣妻李氏，郝文俊妻王氏，梁元輔妻蔣氏，王維讓妻楊氏，鄭國良妻劉氏，黄家鼎妻寇氏，何舜如妻尹氏，張啓才妻楊氏，張岷妻辛氏，佘芝葵妻陳氏，戚維漢妻舒氏，文鸞妻劉氏，王國榮妻謝氏，均於乾隆間旌。

俞呈琦妻趙氏。宜良人，夫歿守節。與同縣嚴崑妻尤氏、張拱紳妻羅氏、孫尚高妻任氏、許如廉妻陳氏、陳時泰妻許氏、李興瀠妻許氏、羅英妻段氏、何天睿妻周氏、廖宇妻尤氏、楊曰玘妻周氏、陳我素妻程氏、陳元振妻殷氏，均於乾隆間旌。

李國榮妻蘇氏。嵩明人。夫歿守節。與同州張宏任妻蘇氏、蒲葉盛妻李氏、李朝宰妻段氏、李懷成妻呂氏、李利妻史氏、晁學曾妻李氏、楊士价妻李氏、閻宗智妻李氏、黃美中妻詹氏、王道徵妻孟氏、姜尚志妻劉氏、李必魁妻張氏、李聯元妻潘氏、李昌榮妻楊氏、楊鶴令妻許氏、唐世勣妻潘氏、葛晉妻倪氏、李元十妻張氏、楊照妻羊氏、金宣妻楊氏、李如芳妻季氏、李東璇妻鍾氏，均於乾隆間旌。

徐敏妻楊氏。晉寧人。夫歿守節。與同州姚佞妻趙氏、趙政妻徐氏、方賢妻趙氏、楊金重妻趙氏、李天植妻管氏、李懷恩妻季氏、蔡馩妻段氏、徐啓中妻吴氏、黃漪妻張氏、吴治妻宋氏、萬秀妻張氏、楊宣妻周氏、李芳雍妻蔣氏，均於乾隆間旌。

段時勳妻吴氏。晉寧人。時勳死之前一日，謂家人曰：「叔幸成立，可供姑菽水。余其從夫子於地下乎。」聞者以爲痛切之語，相勸慰。翼日時勳歿，氏乘間投河死。與同州耿天和妻申氏、趙大宗妻洪氏、焦揆妻趙氏，皆夫亡殉節，均於乾隆間旌。

楊振烈妻李氏。呈貢人。夫歿守節。與同縣李孟祥妻文氏、靳培厚妻趙氏、陳璟妻聞氏、楊林妻張氏、戴天相妻袁氏，均乾隆間旌。

毛翰妻劉氏。安寧人。夫歿守節，與同州陳汝英妻劉氏、曹琛妻施氏、蘇潤源妻周氏、楊詰妻施氏、王來賓妻李氏、楊士達妻李氏、曹定邦妻張氏，均於乾隆間旌。

朱璽妻何氏。禄豐人。夫歿，舅姑繼卒，氏竭力喪葬，與媳張氏撫孤守節。均乾隆間旌。

吴然妻安氏。昆陽人。夫亡守節。媳張氏，亦青年守志。均於乾隆間旌。

吴子才妻何氏。易門人。夫歿守節，乾隆間旌。

陳應晉妻平氏。昆明人。事繼母孝，父有疾，刲股和藥以進。應晉未娶，先期卒。氏聞自縊。與同縣楊純妻孫氏、張霙妻陳氏、趙文輝妻段氏、季蔭宗妻李氏，皆以夫死自盡，均於嘉慶間旌。

張文煻妻李氏。昆明人。夫亡守節。與同縣貢於侯妻李氏、陳岳妻王氏、陳其學妻李氏、袁宗栻妻華氏、張焜妻袁氏、熊德裕妻沈氏、陳振官妻周氏、李興周妻張氏、白樽妻王氏、李連妻徐氏、高聚奎妻張氏、趙君輔妻李氏、徐之燝妻山氏、席春妻陳氏、馬儆暘妻羅氏、莊價妻朱氏、趙炳垣妻張氏、馬連舉妻周氏、楊朝戚妻闞氏、張倫妻龔氏、梁德妻陳氏、楊材妻張氏、李桂妻高氏、楊應元妻竇氏、藍珍妻楊氏、李發枝妻劉氏、妾朱氏、徐滐妻沈氏、郝瓛文妻董氏、李發妻段氏、張紹祖妻王氏、曹有妻晉氏、董傑妻張氏、華寅亮妻錢氏、郝兆熊妻錢氏、吴紹先妻張氏、李瑞世妻孫氏、保名馨妻羅氏、戴昌妻李氏、李萃妻楊氏、史國烱妻湯氏、全焜妻余氏、谷上林妻張氏、劉瀛妻蕭氏、樂漸妻閻氏、楊偀妾周氏、樊蓋濂妻安氏、趙鍾珩妻段氏、凌鍾泰妻蔡氏、張君壽妻李氏、陳炳妻張氏、倪維凝妻李氏、張樂善妻董氏、閻顯貴妻李氏、張梅妻周氏、周允知妻杜氏、周洪亮妻金氏、周宜豐妻傅氏、周菁芳妻楊氏、徐堂妻馬氏、袁正綱妻王氏、宋詔妻朱氏、吴淮妻孫氏、崔直中妻鄧氏、馬文元妻速氏、陳裕祖妻楊氏、劉隨動妻李氏、吴奉先妻畢氏、李世培妻莫氏、陳元凱妻姚氏、李灝妻楊氏、錢沆妻賀氏、馬世德妻李氏、王融妻戚氏、楊鍾岐妻文氏、金蕘妻荆氏、戴瑞祥妻沈氏、陳玘妻劉氏、黄鍾妻畢氏、徐升妻陸氏、戴文俊妻喬氏，均於嘉慶間旌。

萬鵬程妻楊氏。富民人。夫執父喪，以毁卒。氏奉姑甚謹，教子爲諸生。與同縣陳彦妻江氏、段耀妻楊氏、徐林妻劉氏，均於嘉慶間旌。

鐵峻妻馬氏。宜良人。未嫁夫卒，女請奔喪，父母止之，命兩子伴女而自往弔。女紿兩弟出，更素衣自縊死。

馬來發妻馬氏。嵩明人。少爲養媳，遇强暴，力不能拒，奔告於隣，歸而自縊。與同州小馬氏亦被污，羞忿自盡，均於嘉慶間旌。

朶慶雲妻張氏。晉寧人，夫歿守節。與周馥妾王氏、楊德新妻吴氏、李因培妻任氏、王安民妻徐氏、張傑妻李氏、段發枝妻李氏、飛振派妻楊氏、楊名榮妻李氏，均於嘉慶間旌。

邵應昌妻戚氏。呈貢人。應昌歿，氏年十四，誓以身殉。父母慰之，稍長即歸邵，事太姑劉甚謹。及劉卒，氏强勉視殮，一慟而絶。嘉慶間旌。

朱文元妻楊氏。安寧人，夫亡守節。與同縣郎永祐妻樊氏、高日晉妻張氏、李育妻張氏、楊源妻武氏、保國興妻楊氏、包元妻李氏、袁文興妻張氏、李舜牧妻李氏、陳時濟妻羅氏、戴王選妻李氏、任炎妻陳氏，均嘉慶間旌。

張紳妻高氏。羅次人，夫歿守節。與同縣劉遇平妻郎氏、魯思賢妻劉氏，均於嘉慶間旌。

馬翰選妻宋氏。禄豐人，夫亡守節，嘉慶間旌。

張霨妻吴氏。易門人，夫亡守節。與同縣勞可憎妻張氏、馮漢妻王氏、羅文瑞妻韓氏、羅羣英妻饒氏、吴品端妻楊氏、儲文妻范氏，均嘉慶間旌。

杜元儀妻。昆明人，失其氏。夫出師建昌，餞於郊，語以不歸，任他適。氏憤甚，俟夫出遠，遂自縊。

沐忠盛女。昆明人。以父母年老無子，誓不嫁，生養死葬，盡敬盡哀，歷五十歲而終。

陳履藴妻劉氏。昆明人。兵亂家貧，夫婦傭工自活，患難中亦相敬如賓。夫死自縊。

邱成章妻金氏。昆明人。年十八，將嫁前三日，夫暴病死，氏請於父母，必欲往奠。輿至邱門，拜見翁姑，入室更縗麻，詣靈哭奠畢，仍歸父母家，遂僵卧，不語不食，父母苦勸，終不開目，九日卒。

徐文林妻。昆明人，失其氏。文林將死，謂氏曰：「爾勿泣，盍從我於地下？」解帶授之。時遺孤甫歲餘，氏日抱兒執帶泣，未及旬，兒亦夭，遂自縊。

周國良妾張氏。昆明人。國良納氏時，年逾六十，病腸澼，氏薰以湯，手承其矢，歷十八年不厭。國良死，吞金殉之。

何秉義妻劉氏。昆明人。未嫁夫死，誓以身殉。父母防之嚴，乘間往夫家守貞，尋縊死。

段廷寶妻楊氏。昆明人。未嫁夫死，誓以身殉。其家勸以守貞，氏曰：「翁老姑亡，諸叔皆未授室，我安歸乎？」遂絶食而死。

吴天命妻王氏。易門人。夫亡守節，有强欲求婚者，氏忿自縊死。

董老姐。未詳何處人。遭歲歉，鬻於昆明羅鑑家。及笄遣嫁，董以主人年老不忍離，嗣鑑夫婦俱歿，子幼，族人魚肉之。董以鍼紉爲餬口計，存羅氏之孤，終身不嫁。

琅玕妾陳氏。直隸人。嘉慶九年，琅玕卒於雲貴總督任。氏爲部署家事畢，期以身殉。人勸以扶柩歸而後死，氏曰：「心許主矣，若遲遲至家，且有他疑。」遂自縊，得旨嘉奬。

仙釋

唐

無言。姓李氏。嘗持一鐵鉢入定，欲晴則鉢内火氣燭天，欲雨則鉢内白氣上升。蒙氏封爲灌頂禪師。嘗於崇聖寺講經，有一老翁侍立，聽畢，乘風雲而去。衆驚問之，曰：「此洱水龍也。」

元

迦邏。姓趙氏，諳通唐梵經書。

明

布張。昆明人。有異術，嘗爲一嫗作預修齋，於送神時伏地不起。衆趨視之，惟衣冠在地而已。後又有人數見焉。

提脚道人。姓名不傳。萬曆初至滇，住北郭外龍王廟，以繩提左右趾而行，佯狂笑謔，人不能測。時至蓮花池，吐腸出洗。一夕化去。

土産

鐵。出昆明、易門二縣。後漢書地理志：滇池出鐵。

鹽。出安寧州。漢書地理志：連然有鹽官。

烏帕。昆明縣出。

布。出晉寧州塘頭，極細密，謂之塘頭布。

太華茶。出太華山。

拐棗。形曲如拐。

巨竹。生易門縣蕎甸山箐中，數尺一節。夷語名竹爲簜，蓋合於禹貢篠簜之音云。

牛黄。唐書地理志：昆州貢。

銀硃。

鉛粉。

黄丹。俱昆明縣出。

芸香草。出昆明。有二種，一名五葉芸香，能治瘡毒。入夷方者攜之，如嚼此草無味，便知中毒，服其汁吐之自解。一名韭葉芸香，能治瘴瘧。

鏡面草。和敝蓑酒服，治閉月效。

金線魚。出滇池金線洞，金色細鱗，長不盈尺，味鮮美。

校勘記

〔一〕有神馬四出滇池中　「池」，原作「地」，據乾隆志卷三六九雲南府名宦（下同卷簡稱乾隆志）及後漢書卷八六南蠻西南夷列傳改。

〔二〕李顒　「顒」，原作「容」，據乾隆志及後漢書卷八六南蠻西南夷列傳改。按，本志避清仁宗諱改字。下文同改。
〔三〕高公韶　「韶」，原作「詔」，據乾隆志及明史卷二〇八高公韶傳、雍正雲南通志卷一九名宦改。
〔四〕以習與朱提孟琰等俱爲官屬　「琰」，原作「炎」，據乾隆志及華陽國志卷四南中志改。按，本志避清仁宗諱改字。
〔五〕錢寧等疾之　「錢寧」，原作「朱凝」，乾隆志作「朱寧」，據明史卷一九八楊一清傳改。
〔六〕萬必貴　「貴」，原作「貢」，據乾隆志及雍正雲南通志卷二一之二孝義改。

大理府圖

鶴慶界
永北廳界
姚州界
金沙江
鍾山
彌苴江
鄧川
雞足山
鼎勝山
象山
上關
大理府
太和
西洱海
下關
趙
賓川
鍾英山
九鼎山
雲南
周官箐海
青龍海
龍伯山
五佛山
鳳儀山
一泡江
定西嶺
水目山
禮社江

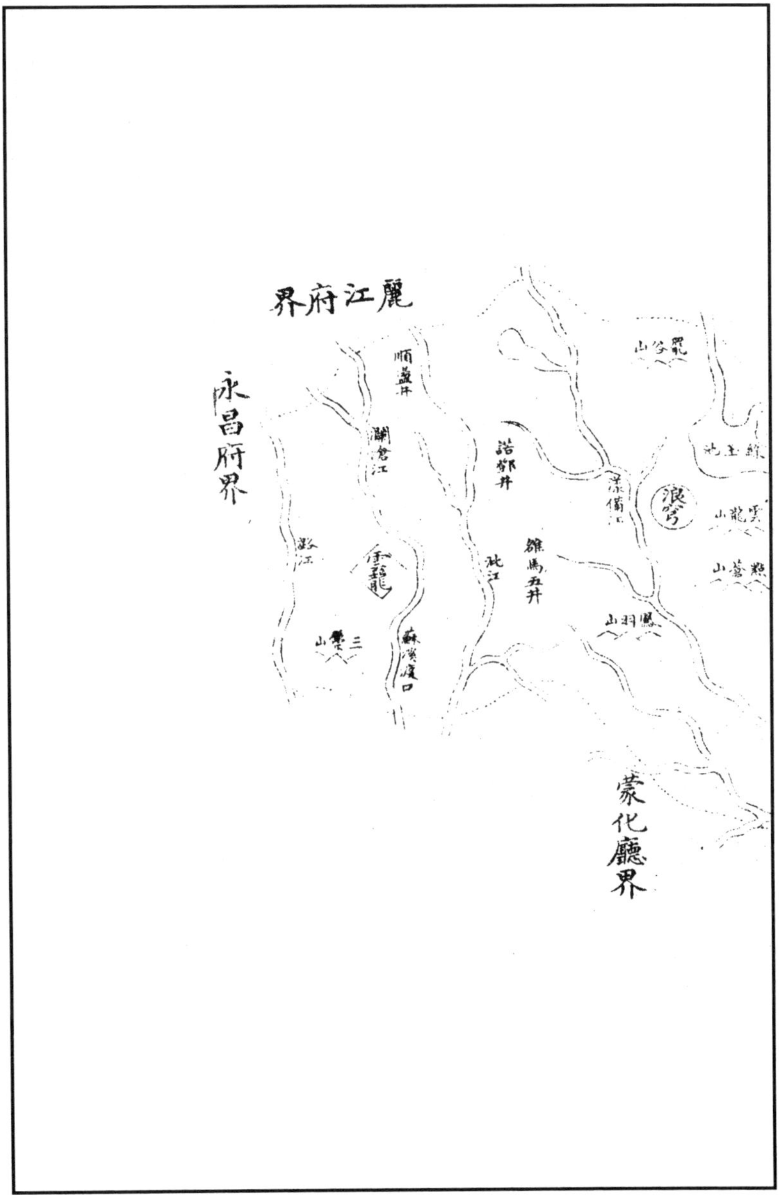
麗江府界
永昌府界
蒙化廳界
諾鄧井
雒馬五井
三崇山
鳳羽山
羅谷山
浪穹
蘇溪渡口

大理府表

	大理府	太和縣
兩漢	益州郡地，後漢永昌郡地。	
三國	蜀漢雲南郡地。	
晉	東河陽郡 永嘉五年分永昌、雲南二郡地置，治東河陽縣，屬寧州。	東河陽縣 郡治。
宋	東河陽郡	東河陽縣
齊	東河陽郡	東河陽縣
梁	廢。	廢。
隋	屬南寧州。	
唐	屬姚州，南詔號大蒙國，又改號大禮國。	南詔置羊苴咩城。
宋	段氏號大理國。	
元	大理路 憲宗六年立大理上、下二萬户。至元七年併爲路，立總管府，屬雲南行省，又置大理、金齒等處軍民宣慰司。	太和縣 路治。憲宗七年立上、下、中三千户。至元十一年罷中
明	大理府 洪武十五年改置府，屬雲南布政司。	太和縣 府治。

	趙州
葉榆縣屬益州郡，後漢曰楪榆，屬永昌郡。	葉榆、雲南二縣地。
楪榆縣屬雲南郡。	
楪榆縣屬東河陽郡。	
楪榆縣	
楪榆縣	
廢。	
	蒙氏置趙郡，後改爲州。 蒙氏置白崖瞼。
	段氏改爲天水郡。
千户，立録事司，十二年升理州。二十一年州罷，復立録事司。二十六年即上、下二千户立縣。	趙州憲宗七年立趙瞼千户，至元十一年改置州，屬大理路。 建寧縣至元十一年置，尋省入州。
	趙州屬大理府。

續表

續表

雲南縣
雲南縣 屬益州郡，後漢屬永昌郡。
雲南郡 雲南縣 建興二年分建寧、永昌置郡。
雲南郡 雲南縣
雲南郡 雲南縣
雲南郡 雲南縣
廢。
匡州 武德七年置雲南州。貞觀八年改名，屬戎州都督府。蒙氏仍改雲南州。 勃弄縣 與州同置，尋廢。 匡川縣 與州同置，尋廢。 鏡州 武德四年置，屬戎州都督府，尋廢。 曾州 武德四年置，屬戎州都督府，尋廢。
段氏亦爲雲南州，又稱品甸。
雲南州 憲宗七年立品甸千户。至元十一年復置州，屬大理路，尋降爲縣。
雲南縣 屬趙州。

續表

鄧川州	浪穹縣	賓川州
葉榆縣地。	葉榆縣地。	葉榆縣地。
		雲南郡地。
邆川州初置，屬姚州都督府，後爲邆賧詔所據。蒙氏置邆川賧，改德原城。	浪穹州初爲浪穹詔，永昌初置州，後併於南詔，亦曰浪穹州。蒙氏置鳳羽縣。	匡州地，蒙氏爲太和楚場地。
段氏亦爲德原城。	段氏因之。	段氏因之。
鄧川州憲宗七年立德原千户。至元十一年改置州，屬大理路。	浪穹縣憲宗七年立浪穹千户。至元十一年改置縣，屬鄧川州。鳳羽縣屬鄧川州。	太和、雲南二縣及趙州地。
鄧川州屬大理府。	浪穹縣屬鄧川州。洪武初省。	賓川州弘治七年置，屬大理府。

雲龍州
益州郡地，後漢永昌郡地。 嶲唐縣屬益州郡，後漢屬永昌郡。 比蘇縣屬益州郡，後漢屬永昌郡。
嶲唐縣 比蘇縣
咸康末廢。 西河郡 比蘇縣咸和中置郡。
西河郡 比蘇縣
西河郡 比蘇縣
並廢。
匡州西地，蒙氏爲雲龍甸。
段氏因之。
雲龍甸軍民府至元中置，屬金齒宣慰司。
雲龍州洪武初改爲州，屬大理府。

續表

大清一統志卷四百七十八

大理府

在雲南省治西北八百九十里。東西距九百六十里，南北距二百二十里。東至楚雄府姚州界二百八十里，西至永昌府保山縣界六百八十里，南至蒙化廳界六十里，北至麗江府鶴慶州界一百六十里。東南至蒙化廳舊定邊縣界一百三十里，西南至永昌府界一百五十里，東北至永北廳界四百一十里，西北至麗江府界六百二十八里。自府治至京師一萬一千四百五十里。

分野

天文東井、輿鬼分野，鶉首之次。

建置沿革

禹貢梁州荒裔。漢益州郡地。後漢永昌郡地。三國漢雲南郡地。晉永嘉五年，分置東河陽郡。治東河陽，領楪榆。宋、齊因之。按齊志，楪榆縣屬東河陽郡，又有西河陽郡，治楪榆。梁末入於蠻。隋屬南寧州總管。唐屬姚州都督府。元史地理志：唐於昆明之栟棟州置姚州都督府〔一〕，治楪榆洱河蠻。天寶以後爲南詔蒙氏所據。唐書南蠻傳：南詔本哀牢夷後，烏蠻別種也。夷語「王」爲「詔」，其先有六詔，曰蒙嶲詔、越析詔、浪穹詔、邆睒詔、施浪詔、蒙舍詔。兵埒不能相下，蜀諸葛亮討定之。蒙舍在諸部南，故稱南詔。僞號大蒙國，治羊苴咩城，謂之西京。後又改爲中都，號大禮國。元史地理志：蒙舍詔皮羅閣逐河蠻，取太和城，至閣羅鳳號大蒙國。雲南先有六詔，至是請於朝，求合爲一，從之。徙治太和城。至異牟尋又遷於喜郡史城，又徙居羊苴咩城。其後鄭、趙、楊三氏互相簒奪。五代晉時，段思平更號大理國。元憲宗三年收附。六年，立上、下二萬户府。至元七年，併置大理路，兼置軍民總管府。又置大理、金齒等處宣慰司，都元帥府理於此，隸雲南行中書省。明洪武十五年，改爲大理府，屬雲南布政使司。本朝因之，屬雲南省，領州四、縣三、長官司一。

太和縣。附郭。東西距八十九里，南北距一百里。東至賓川州界二十里，西至蒙化廳界六十九里，南至趙州界三十里，北至鄧川州界七十里。東南至賓川州界三十里，西南至瀾滄江界三百八十里，東北至金沙江界三百五十里，西北至麗江府舊蘭州界五百里。漢置葉榆縣，屬益州郡。後漢曰楪榆縣，屬永昌郡。三國漢屬雲南郡。晉永嘉以後，屬東河陽郡。宋、齊因之。梁末入於蠻。唐開元中，爲南詔蒙氏所據，置羊苴咩城。五代石晉後，段氏復據之。元憲宗收其地，七年，置上、中、下三千户所。至元十一年，罷千户，立録事司。十二年，升理州。二十一年，州罷，復立録事司。二十六年，即中千户立録事司，上、下二千户立縣，屬大理路。明爲大理府治，本朝因之。

趙州。在府南六十里。東西距九十五里，南北距二百五十里。東至雲南縣界六十五里，西至蒙化廳界三十里，南至楚雄府鎮南州界二百三十里，北至太和縣界二十里。東南至雲南縣界六十五里，西南至鎮南州界二百三十里，東北至賓川州界三十里，西北至蒙化廳界一百里。漢葉榆、雲南二縣地。唐時蒙氏據此，名趙川瞼，置趙郡，尋改爲州。段氏曰天水郡。元憲宗七年，置趙瞼千户所。至元十一年，改爲趙州，屬大理路。明屬大理府，本朝因之。

雲南縣。在府東南一百四十里。東西距二百二十五里，南北距一百四十里。東至白鹽井界二百里，西至趙州界二十五里，南至趙州界一百里，北至賓川州界四十里。東南至楚雄府姚州界九十五里，西南至趙州界四十五里，東北至白鹽井界二百里，西北至賓川州界四十里。漢置雲南縣，屬益州郡，後漢改屬永昌郡。三國漢建興二年，爲雲南郡治。晉、宋至梁皆因之。唐爲匡州匡川縣地。後張仁杲據之，號白子國。蒙氏改爲雲南州，段氏因之，又曰品甸。元憲宗七年，置千户所。至元十一年，復爲雲南州。尋降爲縣，屬大理路。明屬趙州。本朝初因之，尋改隸大理府。有土縣丞楊姓、土主簿張氏，世襲。

鄧川州。在府北九十里。東西距六十五里，南北距二百二十里。東至賓川州界四十里，西至浪穹縣界二十五里，南至永昌府永平縣界八十里，北至永北廳界一百四十里。東南至太和縣界二十五里，西南至雲龍州界三十里，東北至永北廳界一百里，西北至浪穹縣界九十里。漢葉榆縣地。唐置邆川州，隸姚州都督府，後爲邆賧詔所據。蒙氏併之，置邆川賧，尋改爲德原城。段氏因之。元憲宗七年，置德原千户所。至元十一年，改鄧川州，隸大理路。明屬大理府，本朝因之。

浪穹縣。在府北一百十里。東西距一百四十里，南北距一百二十八里。東至鶴慶州界二十里，西至雲龍州界一百二十里，南至鄧川州界八里，北至劍川州界一百二十里〔二〕。東南至鄧川州界十五里，西南至雲龍州界二百四十里，東北至鄧川州界九十里，西北至劍川州界一百二十里。漢葉榆縣地。唐初爲浪穹詔所居，貞元中併於南詔，蒙氏置浪穹州。元憲宗七年，置浪穹千户所。至元十一年，改爲縣，隸鄧川州。明因之。本朝屬大理府，有土典史王姓世襲。

賓川州。在府東一百二十里。東西距一百六十里，南北距八十五里。東至雲南縣界四十里，西至太和縣界一百二十里，南至雲南縣界五十里，北至雲龍州界三十五里。東南至楚雄府姚州界四十里，西南至趙州界五十里，東北至永北廳界一百二十里，西北至雲龍州界六十里。漢葉榆縣地，後漢屬永昌郡。晉屬雲南郡。唐爲匡州地。蒙氏爲太和、楚場地，段氏因之。元爲太和、雲南二縣及趙州地。明弘治七年，始置賓川州，屬大理府。本朝因之。

雲龍州。在府西五百里。東西距二百七十里，南北距一百九十里。東至浪穹縣界九十里，西至永昌府保山縣界一百八十里，南至永昌府永平縣界八十里，北至麗江府界一百一十里。東南至浪穹縣界二百四十里，西南至保山縣界一百九十里，東北至麗江府舊蘭州界一百三十里，西北至野夷界二百二十六里。漢益州郡地，後漢屬永昌郡地。唐初爲匡州西境。蒙氏曰雲龍甸，段氏因之。元至元末，立雲龍甸軍民府。明初改爲雲龍州，屬大理府，本朝因之。

十二關長官司。在府東三百里。東至白鹽井界一百二十里，西至雲南縣界一百五十里，南至楚雄府姚州界三百里，北至賓川州界一百七十里。本雲南縣楚場地。元至正間，置十二關防送千户所。明改置長官司，屬大理府。本朝因之。土官李姓世襲。

形勢

東連葉榆，西倚點蒼，襟山帶河，地廣而險。明統志。蒼山爲險，榆河爲池。阻以迴嶺重岡，緣以漾濞巨浸。據滇省之上游，爲西南之都會。府志。

風俗

俗本於漢，民多士類。元郭松年大理行記。四時氣候，常如初春。寒止於涼，暑止於温。明曹學佺輿地志勝。敦倫誼，重犯法。賦税不待催科，貧乏恥爲商賈。府志。科第顯盛，崇尚氣節。而尊信釋教，俗多豪華。通志。

城池

大理府城。周十二里，門四，有池。舊名紫城，漢葉榆城故址。明洪武十五年築。本朝康熙中修，雍正八年、乾隆四年累修。

趙州城。周三里，門四，有池。明弘治二年，築土城。本朝康熙五十六年重修，雍正八年又修。

雲南縣城。周四里，門四，有池，即洱海衛城。明洪武十九年築。本朝康熙七年，裁衛歸縣，重葺甎城。乾隆二十五年又修。

鄧川州城。周三里，門三，有池。明崇禎十三年，築土城。本朝雍正九年重修，乾隆二十五年又修。

浪穹縣城。周二里有奇，門四，無池。明萬曆三年，始築土城。本朝康熙三十一年重修，雍正八年、乾隆五年累修。

賓川州城。周四里有奇，門四，無池。明弘治七年築城時掘地得石碑，上刻「大羅城」三字，因以名衛及城。本朝康熙八年，裁衛歸州，以爲州城。

雲龍州城。舊有土城，在瀾滄江外。明崇禎中，遷州治於雒馬井，四面阻山，未建城。

學校

大理府學。在府治南。元至元二十二年建。本朝康熙中累修。入學額數二十名。

太和縣學。在縣治東。明洪武二十七年建。本朝順治、康熙間累修，雍正八年又修。入學額數二十名。

趙州學。在州城西鳳山之麓，舊在州治南。明洪武十八年建。本朝康熙十一年，改建今所。入學額數二十名。

雲南縣學。在舊洱海衛治左，舊在縣之南郭。明成化中遷建。本朝康熙三十九年重修。入學額數十五名。

鄧川州學。在州治南門内。前代遷徙不一。本朝康熙二十六年遷建。入學額數二十名。

浪穹縣學。在縣治西山之麓，舊在分司署址。明弘治中遷建。本朝康熙元年重修，二十一年、二十八年累修。入學額數二十名。

賓川州學。在州治西。明弘治七年建。本朝康熙五十一年修。入學額數十五名。

雲龍州學。在州治西北。舊時累遷。本朝康熙二十四年，遷建今所，四十二年重修。入學額數十二名。

中溪書院。在府治西北。本朝康熙三十一年建，原名桂香。雍正元年重修，易今名。

迤西書院。在府城内。本朝雍正三年建。

秀峯書院。在賓川州治。明嘉靖中建。本朝康熙三十二年重修。

筆山書院。在賓川州治。本朝康熙三十二年建。　按舊志，太和縣有蒼山書院，明弘治中建；源泉書院、桂林書院，並嘉靖中建。趙州有玉泉書院，嘉靖中建。雲南縣有青華書院，正德中建；五雲書院，嘉靖中建。鄧川州有象山書院、玉泉書院，並嘉靖中建。浪穹縣有寧州書院，正德中建；龍華書院，弘治中建。今皆圮廢。

户口

原額人丁共五萬二千四百一十一，今滋生男婦大小共五十六萬六千三十五名口，計十萬一百五十二户。又屯民男婦大小共十八萬二千二百六十九名口，計二萬三千一百七十八户。

田賦

田地一萬八百九十六頃七十七畝九分有奇，共額徵地丁正、雜銀二萬四千二百六十八兩八錢六分九釐，米三萬一千八百五石一升六合二勺。

山川

玉案山。在太和縣東洱河外。一名玉几島，一名穠禾島，形如几案，故名。志勝：上有摩崖刻字云：蜀諸葛亮平南中，陣於是水之南。通志：山在葉榆河，相傳漢司馬遷、司馬相如奉使皆嘗至此。

點蒼山。在太和縣西三里。盤亘三百餘里，前襟榆江，背環漾水，郡之鎮山也。後漢志注：雲南縣西北百數十里有山，衆山之中特高大，狀如扶風、太乙，鬱然高峻，與雲氣相連結，視之不見。其山固陰沍寒，雖五月盛暑不熱。元志：有點蒼山在大理城西，周四百里，爲雲南形勝要害之地。明統志：山高千餘仞，有峯十九，蒼翠如玉。山頂有高河泉，深不可測。又有瀑布諸泉，流注爲錦浪等十八川。蒙氏封爲中岳。點蒼山志：山高六十里，山石本青，山腰多白石，膩如切肪，白質黑章，片琢爲屏，有山川雲物之狀。名山志：自山南而北，一曰斜陽峯；二曰馬耳峯；三曰佛頂峯；四曰聖應峯；五曰馬龍峯；六曰玉局峯，峯頂之南有馮河，周迴萬步；七曰龍泉峯；八曰中峯；九曰觀音峯；十曰應樂峯；十一曰雪人峯；十二曰蘭峯；十三曰三陽峯，有風孔，風出刺人肌骨；十四曰鶴雲峯；十五曰白雲峯；十六曰蓮華峯；十七曰五臺峯，有巨人跡；十八曰蒼琅峯；十九曰雲弄峯，下與洱海相接。舊志：山在龍首、龍尾兩關之間，條岡百餘里，積雪斑斕，經夏不消，亦名雪山。夏秋之月，山腰白雲，横如玉帶。通志：一名靈鷲山。林阻谷奥，無猛獸毒蛇。每歲三月十五日，四方商賈集山下貿易，謂之觀音市。起自唐永徽中，至今如舊。按：唐書天寶九載，鮮于仲通討南詔，進薄白崖，分軍欲自點蒼山西腹背攻太和城。元史憲宗三年，攻大理，登點蒼山，下臨城中。明初，藍玉等攻大理，遣奇兵遶出點蒼山後，敵遂驚潰。點蒼爲要害之地如此。

石門山。在點蒼山之陰。長松參天，高巖蔽日，深十餘里。

青巔山。在太和縣洱河東北，一名日課巖。府志：山有危石懸立，下臨深淵。段氏時，有僧慈濟日禮拜迦葉於其上，至今呼爲拜佛石。

雞額山。在太和縣東北七十里，一名雞巖山。明楊慎遊滇記：崖出水面，石磴盤旋，可三百武。削壁卷阿，正向點蒼。十九溪峯，盡在几席。

龍伯山。在趙州東，州之案山也。與鳳儀山相對，又名東山。頂有龍泉，溉田可數百頃。

五佛山。在趙州東十五里。嵯峨延亘，東南諸山皆其支派。下有泉，不竭不溢，曰聖泉。相近有金柱、鳳凰諸山。

覆釜山。在趙州東南白崖北五里。平甸突起，狀如覆釜。白崖平岡數十里，於此發脉。

天橋山。在趙州東南九十里之彌渡東七里。兩山壁立，一石跨空，澗水從中倒下，極爲勝境。又彌渡東五十里有五臺山，彌渡城北有青螺山。

赤佛山。在趙州南三里。山有赤石，望之如佛，故名。

九龍頂山。在趙州南五十里。九峯相聚，其勢如龍，與雲南縣交界。

鳳儀山。在趙州西一里，州之鎮山也。一支兩翼如鳳。州志：山脉自點蒼來，三峯高聳，如鳳張兩翼，又名三耳山。鳳山曉月，爲一州之勝。

宿龍山。明統志：有浴龍山，在趙州北十五里。滇志：在龍伯山之南，上有浮圖，唐鎮南將軍韋仁壽所建。新志：浴龍山在州城西北一里，爲鳳儀左翼，勢趨洱水，如龍就浴，一名宿龍山。

天馬山。在雲南縣東南二十里，上有鎮蝗塔。又東南十里有東山，上有土地廟，州人禱雨之所。

青華山。在雲南縣南八里。縣志：下有洞，闊十丈。山僅培塿，洞中深不可測，懸崖滴乳，旁有石竅，日月漏光。滇志「自洱海衛城西行，通蒙化路，左有青華洞，中極寬衍」是也。

水目山。在雲南縣南二十五里。明統志：一名寶華山。上有佛刹，林木蓊鬱，萬山如拱。山頂有泉，深不可測。

南華山。在雲南縣南四十里。又名天花山。

龍興和山。在雲南縣西二十五里。

九鼎山。在雲南縣西北二十里。明統志：一名寶泉山。縣志：九峯相並，望之簇如青蓮。石穴崆峒，盤折而升。上有九鼎寺，傍巖結構，飛檻懸梯。以山有九頂，又名九頂山。

梁王山。在雲南縣北三十里。明統志：蒙氏時酋長王氏居於此。通志：有元梁王行宫遺址，每掘地得琉璃瓦。

鼎勝山。在鄧川州東五里。孤巒高聳，襟帶洱河，島渚縈迴，波光萬頃。

東山。在鄧川州南七里。明統志：下有龍潭，祈雨輒應。州志：狀如獅子吐舌，又名獅舌山。

象山。在鄧川州西，州之鎮山也。滇志：州西諸山，俱點蒼北支之裔，連峯如削。又有伏虎山，在象山南，黄旆山，在象山西北，皆以形似得名。

雲龍山。在鄧川州西，亦爲州之鎮山。

啓始山。在鄧川州西北七里。州志：山在黄旆山之西，周圍如城郭，居人咸聚，如武陵桃源。

卧牛山。在鄧川州西北八里，與象山接麓。

鍾山。在鄧川州北八里。滇志：唐開元中，邆賧酋咩羅皮據大理，爲南詔所攻，率其部據鍾山之險以自守。

鳳羽山。在浪穹縣西南三十里。舊名鳥弔山。後漢書郡國志注：楪榆有弔鳥山，縣西北八十里，在阜山。衆鳥千百羣共會，鳴呼啁哳，每歲七月、八月晦望至，集六日則止，歲凡六至。雉雀來弔特悲。其方人夜然火伺取，無嗉不食者，以爲義鳥，則不取也。俗言鳳凰死於此山，故衆鳥來弔。水經注：葉榆水西北有鳥弔山。明統志：鳳羽山，舊名羅浮山。相傳蒙氏細奴邏興時，有鳳翔於此，故名。後鳳死，每歲九月衆鳥來弔，啁啾哀鳴。至今土人於鳥來時，舉火張羅，多得異羽。

洞山。在浪穹縣西南四十里。通志：洞中有水，上承巖溜，清韻如琴。

寧山〔三〕。在浪穹縣西。形如鳳翼，又名鳳翼山。

罷谷山。在浪穹縣北二十里。水經注：罷谷之山，洱水出焉。縣志：其山崆峒，世傳以爲瀾滄江伏流處。

蓮花山。在浪穹縣東北四十里。峯巒攢矗，狀如蓮花。三面陡絶，惟一徑僅容馬，山麓有浮圖。

蒙次和山。在浪穹縣東北四十里。山與蓮花山相連，三面並險，一面臨河。六詔時，施浪詔居此山下。元世祖見二山爲吐蕃咽喉，留軍三百户鎮之。縣志：三營在蓮花山下。

鍾英山。在賓川州東。基垂百里，産竹箭，鐃毛草之利，有伏鳳岡、青龍岡。

烏龍山。在賓川州西南三十里。亦名五福山。有烏龍池，積水下迸，諸堰皆仰給。其北麓爲奇石山，山多奇石，空竅玲瓏，上有觀音洞，洞中有自然大士石像。

白塔山。在賓川州烏龍山東麓，上有塔。

令字山。在賓川州西(四)。滇志：山之西爲炎涼嶺，西面洱水，東面牟港。西行則寒，東行則暖。其麓起伏蜿蜒，名龍馬崗。通志：炎涼嶺在州西七十里。

翠屏山。在賓川州西北四十里。形方而頂平，蒼翠横列如屏。

雞足山。在賓川州西北一百里，與太和縣鄧川州接界。明統志：有九曲山，在洱河東百餘里，峯巒攢簇，狀如蓮花，九盤而上，又名九重巖。上有石洞，人莫能通。李元陽遊記：葉榆水東陸行八十里，見一山聳出，平頂南向，餘三方各有山一支，蓋一頂而三足，故名雞足山。頂有迦葉石門洞天，謂此山乃佛大弟子飲光迦葉守佛衣以俟彌勒處，高下有二門，皆彷彿城門之狀。又有猢猻梯、虎跳澗、仙碁石諸勝。舊志：崖壑泉澗之屬，以數百計。上有石門及七十二寺，仙靈所居。絶頂五更見日出之光，偉觀非一。

華蓋山。在賓川州北五里，數峯攢簇如張蓋。

白霞山。在賓川州北五十里。形勢蜿蜒，溪穿山腹，上有細石如水晶。

德龍山。在雲龍州西一里，爲州治主山。其北支爲大雒馬山，在州東北五里，石洞中有仙跡，巖畔有温泉出焉。又南爲小雒馬山，横截江口。

三崇山。在雲龍州西。壁立萬仞，高不可登。頂有三峯。一名三峯山。滇志：三崇山名三危山，瀾滄經其麓，其地有黑水祠，或以爲即古三危山也。舊志：在州西五里。新志：在今州城西七十里瀾滄江外。又彩鳳山，亦在瀾滄江外，延亘數百里，環帶滄江，爲一州勝概。

滿崇山。在雲龍州東北五十五里。新志：山爲象山之祖，瀨脉出焉。居人以雲氣聚散，占卜陰晴。

歸山。在十二關長官司西。

定西嶺。在趙州南四十里。明統志：高千餘仞，上有關。通志：本名昆彌山，明初西平侯沐英過此，更今名。兩崖間有刻文如印篆，世傳以爲諸葛武侯印。

香巖。在太和縣西，點蒼山中峯之半。香從空來，芬芳襲人，世傳釋迦文佛遺跡。

白石巖。在賓川州境沙認村。懸巖壁立，石色潔白，中通數竅，小若户牖，大若堂室。前有瀦水，可鑒毛髮。

羅漢巖。在賓川州雞足山上，蓋山之左臂也。明顧養濂遊記：亘空而起，皆削壁，延袤可數里，相傳仙人楊黼修行處。

赤石巖。在賓川州東北七里，與華蓋山相近。中有四區，曰螳螂，曰古底，曰砥磨，曰平川，屬豐寧鄉。其人皆猓玀種，恃險居之。

鐵雨崖。在太和縣東洱海東岸。明楊慎遊記：由雞額山而南，至鐵雨崖，云是羅刹欲背盟逃逝，大士雨鐵以止之，是其跡也。崖西如蜂房蟻窩，大者棲鶻鴿，小者巢蝙鴿，聞舟人喧，驚出羣飛。

石乳崖。在太和縣西芒湧溪上，有滴乳石。縣志：南詔時，高智昇初生，棄其下，有石乳滴入其口，數日不死，乃收養之。

又芒湧溪深處，有放光谷，亦名悉達場。俗傳四圍皆有佛光，或圓或長，五色互異，云是藥師道場。

花魚洞。在趙州彌渡南九十里。通志：口甚隘，一線天光，側行十里，水注深潭，中產花魚。

龍洞。在雲南縣東五十里。疊嶂層巒，中涵巨浸，又名龍潭。

毫豬洞。在鄧川州東二十里。滇志：孔明縱孟獲於白崖。獲引所部至銀坑，坑一名毫豬洞，險絶非人力可到，孔明出奇策擒之，是也。

清源洞。在浪穹縣鳳羽鄉之南。深不可窮，中有石田、石蓮、石牀、石枕、石獸之類。石筍倒懸，五色畢具。洞中泉湧出，即鳳羽河也。

迦葉洞。在賓川州雞足山東北三十里。明李元陽遊記：有二洞，皆名迦葉。一在山麓，每歲二月，士人作會。一在山腰，草木蒙蔽。洞深各百餘步，奇石萬狀，而雕鏤巧妙，如人爲者。

金梭島。在太和縣洱河之東，青嶺山之南。一名羅釜島。

赤文島。在太和縣洱河東。一名赤崖島。縣志：島有大篆數十字，莫能辨識，志謂之地券。

畢鉢羅窟。在趙州南六十里白崖川西。明地理考：賓川州南畢鉢羅窟山，即趙州之白崖西山也。明李元陽記：一名賓波羅窟，在白崖川西。山巖壁立，聳拔千餘丈。其下林麓蓊鬱。舊志：南詔時有杜老蠻者，即崖建寺。上有獨木橋十餘所，木大如指，人不敢著足。樵子傴疾者履之而過，亦不損折。其木非常見之材，每月十五日更換一次，不知其因。世傳神仙所爲，因謂之仙橋。

地符石。在雲南縣西三里。石上有鳥篆，赤如丹砂，人不能辨。

白沙坡。在十二關司東十里。

觀音箐。在十二關司西十里。

禮社江。在趙州東南。明統志：源自白崖瞼。册說：自雲南縣之溪溝流入，經白崖，會赤水合流，名禮社江。又南至楚雄府舊定邊縣界。舊志：溪溝在雲南縣西三里。源出寶泉山，爲禮社江之上流，一名萬花溪，爲四時遊觀之地。

大江。在趙州東南，州之帶水也。一名波羅江。有二源，一出九龍頂山，一出定西嶺，合流而北，經州治。又西北流入西洱河。

赤水江。在趙州南四十里。源出定西嶺，東南流入楚雄府舊定邊縣界，合禮社江。

昆雌江。在趙州西南六十里。源出蒙化廳之巍山，流入州境，合於赤水、白崖二江。

一泡江。在雲南縣。源出寶泉山下，流繞縣城，入青龍海。又北流經十二關司南，又東北流入姚州界内。明史嘉靖元年，改十二關長官司於一泡江之西。即此。

漾備江。在浪穹縣西一百里。「備」或作「鼻」，或作「裨」。一名神莊江。自麗江府劍川州南流入。經縣境西，有上下江嘴。又南流經太和縣西，趙州西南。又南流入蒙化廳界。唐書姚州蠻攻蜀，以鐵絙梁、漾濞二水，通西珥蠻，築城戍之，即此水也。明地理考：漾備江，自劍川州流經點蒼山後，合西洱河，下流至順寧府東南，合於瀾滄江。一名黑惠江，蒙氏四瀆之一，亦曰漾濞水。　按輿圖，漾備江首受劍川州之東劍海，西南流，經浪穹州西，又南經煉鐵街西南，稍屈而東，南經太和縣西，繞點蒼山西麓，又東南經漾備街南，又南經合江鋪西，與西洱河合。明統志浪穹縣有羅舍河。册説謂即漾備江之上流，是也。

金沙江。在賓川州東北一百五十里。自鶴慶州流入，與永北廳接界。經州北境，又東流入姚州界。蒙氏封爲四瀆之一，又名神川，亦名麗水。旅途志：由賓川渡江至北勝蒗渠，可通鹽井衛，地屬番夷，不可行。州志：金沙江即水經注之若水也。有上江渡，在州西一百五十里；下江渡，在州西南二百里。

沘江。在雲龍州東。即雒馬江，又名順江。自麗江府老君山後發源，入州境，名沘江。又南流注瀾滄江。

瀾滄江。在雲龍州東二里，世傳即古黑水也。源出吐蕃鹿石山，流入滇境，首過舊蘭州，故稱蘭滄。又名鹿滄江，訛爲瀾滄，又訛爲浪滄。自麗江府南流入州境，有蘇溪東來注之，南流入永昌府永平縣界，詳見永昌府。州志：自西北來環繞州前，汪洋瀠洄，折西南而出。志稱雲南左右分晝，界以大江。東北曰金沙，西北曰瀾滄是矣。

潞江。在雲龍州西二百七十里極邊。源出土番哈拉腦兒，入怒夷界爲怒江。經州西境，又南流入永昌府界。相傳即禹貢黑水，蒙氏嘗僭封四瀆之一。

西洱河。在太和縣東。即葉榆水，一曰洱海，一曰西洱海，一曰洱水。源出浪穹縣北罷谷山，匯諸谿流，南經浪穹縣東。又南經鄧川州東。又南入太和縣界，名西洱河，西受點蒼山十八川而爲巨浸。經縣東西南流至合江鋪，合於漾備江。經趙州西南，南流入蒙化廳界。漢志：葉榆縣，葉榆澤在東。水經注：葉榆水所鍾而爲之川藪也。隋書：開皇十七年，南寧夷爨翫來降復叛，以史萬歲爲行軍總管擊之，至南中，過諸葛亮紀功碑，度西洱河。通典：一名昆瀰川，漢武帝象其形，鑿池以習水戰，非滇池也。古有昆瀰國，亦以此名。唐書地理志：由郎州走三千里，達西洱河。又南蠻傳：貞觀中松外諸蠻叛，右武侯將軍梁建方遣奇兵自巂州道千五百里，掩至西洱河。又貞觀二十二年，西洱河大首領楊同外、東洱河大首領楊斂、松外首領蒙羽皆入朝。又昆瀰蠻在爨蠻西，以西洱河爲境。元郭松年行記：洱水源於浪穹，涉歷三郡，停滀紫城東，北自河首，南盡河尾，波濤二關之間，周圍百有餘里。明統志：西洱海形如人耳，周三百餘里，中有三島、四洲、九曲之勝，下流合於漾備江。洱海志：東岸有分水崖，儼如斧劃。漁人謂白崖下分水爲兩界，南爲河，北爲海，鹹淡不類。河魚不入海，海魚不入河，魚遊至此則返。水中有三島，曰金梭、赤文、玉几。水崖有四洲，曰青莎鼻、大貫淜、鴛鴦、馬簾。九曲，曰蓮花、大鸛、蟠磯、鳳翼、蘿蒔、牛角、波坼、高嵓、鶴翥，皆可田廬。縣志：形如月抱珥，故又曰珥水。

大河。在雲南縣北。源出梁王山，合竹泉、横溪二水，東北流經賓川州，西北流爲桑園河，又北流入永北廳界，注金沙江。

大營河。在浪穹縣東十里。經木皮村，會於安河。册説：亦爲洱河別源。自鶴慶州之觀音山河流入境，會普陀江而入鄧川州界。按：輿圖有黑水河，自劍川州東南，合二水南流，經三營西。又南有梅茨河，從東北來注之。又南有白沙河，自東來注之。又南入寧湖〔五〕，其源較寧河稍遠。當即通志之大營河。

鳳羽河。在浪穹縣南五里。源出鳳羽鄉清源洞，至木皮村，會寧河、大營河二水，出於普陀崆。

寧河。在浪穹縣西北五里，即西珥河上源也。亦曰明河、寧湖，又曰茈碧湖。水經：益州葉榆河，出其縣北界，屈從縣東北流。明統志：明河、寧湖周圍五十里，水色如鏡。縣志：洱河發源罷谷山下，數處湧起如珠，世傳水伏流。別派經浪穹縣北，名寧河。流至普陀崆，名普陀江，或訛曰葡萄江。入鄧川州界，分爲羅時江、彌苴佉江、怒地江，俱南流，注上洱池，入太和縣境。羅時江一名西湖，怒地江一名東湖。明萬曆中，於羅時開河尾一道，以資灌溉。

納六河。在賓川州北。源自分山峽，北行九十里，入金沙江。平原千頃，賴此河灌溉。

東晉湖。在趙州東北。泉有九孔，一名九龍池。州志：春水澄渟，桃花匝岸若繡。湖隄有閘，以時啓閉，溉田。湖水涸，亦可耕植。

清湖。在雲南縣西南一里，其深莫測。府志：明永樂二年黄河清，此水亦清，至今不濁。

葉鏡湖。在雲南縣北五十里。中有石如鏡。

上倉湖。在賓川州九曲山之南，周圍十里，中産魚，味甚美。名勝志：湖産蓮花菜。

白崖川。在趙州東南。源出白崖西山之賓波羅窟，流入楚雄府界，合禮社江。

十八溪。在太和縣西點蒼山十九峯之間。源自山椒懸瀑流注，峯夾一溪，謂之「錦浪十八川」。元郭松年行記：十八溪懸流飛瀑，瀉於羣峯之間，雷霆砰轟，烟霞晻靄，功利散布，皆可灌溉。楊愼遊記：疊崿承流，水色瑩澈。其中石子粼粼，青碧璀瑹，宛如寶玉。通志：溪在馬龍峯之南峪，一名三岔澗，亦名翠盆水；曰龍溪，出馬龍峯；曰緑玉溪，出玉局峯；曰巾溪，出龍泉峯；曰桃溪，出中峯；曰梅溪，出觀音峯；一名瀑布泉，在應樂峯之南澗，懸流百尺，其承流處，有石如盆，盆中有一石，爲瀑流所激，跳躍如馬，聲如雷鞫；曰隱仙溪，出應樂峯；曰雙鴛溪，出雪人峯；曰白石溪，出蘭峯；曰靈泉溪，出三陽峯；曰錦溪，出鶴雲峯；曰芒湧溪，出白雲峯；曰陽溪，出蓮花峯，亦名上陽溪；曰萬花溪，出五臺峯；曰霞移溪，出蒼琅峯。諸溪各夾於十九峯之間，流爲十八川，東注洱河。川流所經，沃壤百里，灌溉賴之。

七溪。在賓川州境。曰鍾良溪，曰銀溪，曰石寶溪，曰寒玉溪，曰通珥溪，曰赤龍溪，曰豐樂溪，皆有灌溉之利，而豐樂爲最。滇志：豐樂溪在州東北。

青龍海子。在雲南縣東南十里。其地有金龍山，水出其下，一名青海子。

周官岁海子。在雲南縣東北十五里。一名小蒙舍海，即周官陂也。明地理考：雲南縣東北有周官陂，亦曰周官岁海子。

穿城三渠。在太和縣治。通志：南曰白塔江，中曰衛前江，北曰大馬江，三渠穿府城東出，皆有灌溉之利。

蓮花渠。滇志：在雲南縣東和甸，廣二十里，有二島。

荒田陂渠。在雲南縣東南四十五里雲南廢驛前。舊志：縣東南平壤千頃，而無水利，嘉靖間，分守參政石簡倡議築陂鑿渠，荒原變爲沃壤。

羅甸渠。在鄧川州境。源出東山，居民引水爲渠，墾田自給。

三江口渠。在浪穹縣東南九里。有三水，一自寧河，一自三營，一自鳳羽。惟鳳羽水勢駛疾，橫射二水，不得順行，常致壅淤。

山根渠。在浪穹縣南七里，灌田三千餘畝，每歲三四月疏濬。又紅山渠，在縣東北十二里，一名三營川。

普河魚池。在趙州東北五里。州志：池中多魚，人不敢捕。

上洱池。在鄧川州南十五里。

緑玉池。在鄧川州北鍾山之下。水映山光，色如緑玉。冊説：水自蒲陀江分流，即羅時江上源之匯。

龍池。在浪穹縣西。俗名魚子河。水色青碧，有龍居之，其魚人莫敢取。

烏龍池。在賓川州西南五十里。居民作堰以溉田。

雙塘。在趙州東八里，明洪武初築。又州境有甘陶水塘。

南詔潭。在鄧川州西二十里。廣十餘畝，三山環匝，萬木陰森，一面峻壁如石牆，潭深莫測。歲旱，州人禱焉。

火龍潭。在賓川州九曲上石鍾寺側〔六〕。又有紅雀潭，在州境龜山之東。

石馬泉。在太和縣西。水味甘洌，相傳其源出自天竺。

卓錫泉。在太和縣北三十五里喜洲大慈寺前。

甘泉。在趙州東南六十里白崖蝦蟆口。本朝雍正七年，平地湧泉二股，清洌甘美。

珍珠泉。在雲南縣南四十五里。湧泉如噴珠，雖大旱不涸。

星鯉泉。在鄧川州東十里。源從山麓石巖下湧出，注爲池。中産魚，額上有點如星。

九龍泉。在浪穹縣佛光山下。泉有九孔，俱自石竅中湧出，其水流入寧河。

温泉。在府境。凡十七所，四在趙州，通志「一龍尾關，一白崖覆釜山下，一白崖東村，一彌渡東南五里」是也。三在雲南縣，滇志「一品甸，一黄礦場，一雲南驛」是也。三在鄧川州，一上塘，一波羅灣，一龍馬洞。又脱塵泉，在城北十二里大石坪，引冷暖二水，同入浴池，其泉更佳是也。五在賓川州，通志「一名馬坪，一分山峽，一松明，一小寨，一羅陋」是也。一在浪穹縣東五里，又名九氣泉。縣志：大理府境温泉甚多，惟此爲最，浴之可以愈疾，因築臺於其上，名九氣臺。一在雲龍州東二里駱馬山半，通志：浴之可愈寒疾。

金雞泉。在賓川州雞足山下。明李元陽遊記：迦葉門巖半有金雞泉，僅容一盌。日有異鳥飲之，鳥來必雙，至二十雙而止，四時皆然，鳥無增減，水無盈縮。

玉峎水。在趙州東北，流入西洱河。

八功德水。在賓川州雞足山之巔。州志：水出飛崖下，僅容一瓢，四時不竭。其東有石竅，故老云，昔有異人以咒術禁蛇其中，故一山無蛇。

品甸陂。在雲南縣東北十里，即品甸灣。元嘗置品甸千户，或曰蒙氏嘗置品甸縣。以縣後所分團山壩之水，貯於陂中，以灌城北之田，仍歸青龍海。通志：舊引寶泉山水，蓄於周官、品甸二陂以備農，歲久湮塞。明嘉靖二十二年開復，以時瀦蓄爲民利。按：明地理志謂即清湖者訛。

油魚穴。在鄧川州南二十里。亦名油魚洞。魚僅長二三寸，中秋而肥，十月望後絶。

金龍湫。在賓川州百里洱河東。林木茂密，泉聲混混，禱雨輒應。明地理考：州西有金龍湫，流入西洱河。

救疫井。在太和縣西點蒼山下。疫癘者飲之即愈。又舊志：石馬井在縣治後，每日午時見井中有石如馬。藥師井在縣治西北，水造紙極潔白。

玉泉井。在趙州北十五里。一名玉井。元楊庭記：世祖南征駐蹕於此，軍士渴甚，世祖禱神，以劍插地，清流湧出，因建亭於其上。

白牛井。在賓川州西北三十里。相傳有見白牛於其旁者，忽歿入井，故名。

雒馬五鹽井。在雲龍州東，與浪穹縣接界。明洪武十六年，建五井鹽課提舉司於此，萬曆四十二年廢。舊志：五井曰雒馬，曰石縫，曰河邊，曰石門，曰山井。通志：五井曰雒馬，曰金泉，曰河邊，口石縫，曰民居。明天啓間，地震滷洩，三井湮没，僅存金泉、河邊二井。

諾鄧鹽井。在雲龍州東北四十五里，明置鹽課大使於此。又有石門井，在州東北三十里。大井，在州東北三十七里。天耳井，在大井東三里。山井，在天耳井東二里。師井，在州西北一百一十里。順蕩井，在州西北一百八十里。舊俱設鹽課大使，屬雒馬五井鹽課提舉司。明萬曆四十二年，廢提舉司，改屬州。本朝均裁，惟存大井鹽課大使，兼管雒馬及浪穹境内各鹽井。

古蹟

太和故城。在太和縣南十五里。唐書南蠻傳：開元末皮羅閣逐河蠻，取太和城。夷語山陂陀爲「和」，故謂太和。以處閣羅鳳。天子詔賜皮羅閣名歸義。歸義已併羣蠻，遂破吐蕃，天子册爲雲南王。於是徙治太和城。又閣羅鳳北臣吐蕃，侍御史李宓討之，宓敗於太和城。又志：太和城去龍尾城十里。滇志：南詔尋閣勸以鄯闡爲東京，以太和爲西京。明地理考：隋時洱河蠻居此，置太和城。今太和故城在縣南太和村。府志：城周十餘里。

白崖故城。在趙州東南九十里。唐志：雲南城又八十里至白崖城，又八十里至龍尾城。又南蠻傳：蒙氏立國有十瞼，夷語「瞼」若「州」，白崖瞼亦曰勃弄瞼。又鮮于仲通進薄白崖城，大敗引還。又有時傍、矣川羅識二族，通號八詔。時傍入居邆川州，爲閤羅鳳所猜，徙置白崖城。又異牟尋破施蠻、順蠻，並虜其王，置白崖城。元志：至元十一年，於白崖瞼立建寧縣，隸本州，即古勃弄地。二十五年，縣革入州。郭松年行記：自趙州山行六十里至白崖甸，甸形南北袤與雲南呂甸相埒，西山石崖嶄絶，其色如雪，因名白崖，舊傳孔明置建寧縣於此。通志：白崖土城在州南六十里白崖甸。明嘉靖二年，增設大理府督捕通判駐此。四十三年築土城。萬曆末省通判。其彩雲城在白崖山下。又有建寧縣，在今彌渡市，亦名諸葛城。州志：昔龍佑那於白崖山下築彩雲城。蜀漢建興三年，諸葛武侯南征雍闓，師次白崖川，獲闓斬之，封龍佑那爲酋長，賜姓張氏，割永昌、益州地，置雲南郡於白崖。

勃弄故城。在雲南縣東一百里，亦名勃弄州。隋書史萬歲傳：開皇十七年，史萬歲擊南中叛爨，次大勃弄、小勃弄。唐書南蠻傳：梇棟西有大勃弄、小勃弄二州蠻，其西與黄瓜、葉榆、西洱河接。永徽初，大勃弄寇麻州，以左領軍將軍趙孝祖爲總管討之。孝祖言小勃弄、大勃弄常誘梇棟叛，今因破白水，請遂西討。詔可，皆破降之。又志：匡州縣勃弄。縣志：今有廢縣在縣東南，即唐志匡州勃弄縣處。

雲南故城。在今雲南縣南八十里安南坡。宋志：雲南太守劉氏，分建寧、永昌立，治雲南縣。唐志：渡石門至佉龍驛，又六十里至雲南城。郭松年行記：自滇南州過雌嶺，即大理界。山行七里有甸焉，川原坦衍，山勢迴合，周二百餘里，乃雲南州也。元志：雲南州，唐以漢雲南縣置郡，蒙氏至段氏並爲雲南州。元憲宗七年，立千户所。至元十一年，立雲南州。明地理志：雲南唐匡州地，蠻曰白子國，南詔置雲南州。滇略：漢元封初彩雲見，白崖縣在其南，故曰雲南。通志：縣舊與洱海衛同城，後因縣署傾廢，移駐行館。滇程記：古雲南郡治，土人稱爲小雲南，以别於治城。

鏡州故城。在雲南縣西南，土城遺址尚存。唐志：隸戎州都督府。郭松年行記：雲南州西北十餘里，山麓間有石如鏡，光可鏡物，故名曰鏡州。

德原故城。在鄧川州東，一名大釐城。唐時澄備州治此。「備」一作「川」。唐書南蠻傳：開元末，皮羅閤逐河蠻取太和城，又襲大釐城守之。元志：夷有六詔，澄賧其一也。唐置澄川州，治大釐。蒙氏襲而奪之，後改德原城。元憲宗七年，立德原千户所。至元十一年，改德原城爲鄧川州。通志：德原城在州治東，昔鄧賧詔居之。南詔既併鄧賧，其妻慈善不屈死。南詔旌其城曰德原。州志：昔爲州治，山水衝没。明萬曆二十八年遷來鳳岡，崇禎十三年又遷於鄧川驛。北去來鳳岡舊治八里，即今州治。

故曾城。在鄧川州東。本漢時姑繒夷地〔七〕。唐置曾州。唐志：曾州，武德四年置，西接匡州，縣五：曾、三部、神泉、龍亭、長和。

浪穹故城。今縣治。唐書：武后永昌初，浪穹蠻傍時昔等二十五部，先附吐蕃，至是來降，詔以傍時昔爲浪穹州刺史，統其衆。元志：浪穹本名彌茨，乃浪穹詔所居之地。唐初，其王鐸羅望與南詔戰不勝，保劍川，更稱浪劍。貞元中南詔破之，以浪穹、施浪、鄧賧總三浪爲浪穹州〔八〕。元至元十一年降爲縣。

葉榆廢縣。在太和縣東北。漢書西南夷傳：孝昭始元元年，益州廉頭、姑繒民反，殺長吏。後三歲姑繒、葉榆復反，明年遣軍正王平與大鴻臚田廣明等破之。後漢書西南夷傳：元初六年，永昌夷叛，益州刺史張喬遣楊竦將兵至葉榆擊之，封離等來降。宋志：葉榆長，前漢屬益州郡，後漢屬永昌郡。晉太康地理志：屬雲南郡。元志：大理路，本漢葉榆縣地。通志：漢葉榆縣，在今府治東。

東河陽廢縣。在太和縣東。晉志：永嘉五年，王遜分永昌、雲南立東河陽郡，治東河陽縣，宋、齊因之。後廢。

雲平廢縣。在雲南縣東。本雲南縣地，晉析置雲平縣。縣志：宋、齊俱爲雲平縣，梁末廢。

鳳羽廢縣。在浪穹縣西南四十里。今名鳳羽鄉。明地理考：浪穹西南有鳳羽廢縣，蒙氏置。舊志：明初併入浪穹。

巂唐廢縣。在雲龍州南。漢置，屬益州郡。後漢屬永昌郡。晉咸康後廢。後漢書郡國志注：本西南夷。史記曰：古爲巂昆明。古今注曰：永平十年，置益州西部都尉，治巂唐，鎮尉哀牢人楪榆蠻夷。

比蘇廢縣。在雲龍州西。宋志：芘蘇令，前漢屬益州郡，後漢屬永昌「芘」作「比」。州志：晉咸和中，分河陽郡置西河郡，治芘蘇縣，宋、齊因之，梁末廢。

羊苴咩城。即今府治。唐書南蠻傳：異牟尋入寇，德宗發禁衛及幽州軍以援東川，與山南兵合，大敗異牟尋。異牟尋懼，更徙羊苴咩城，築袤十五里。吐蕃封爲日東王。後韋臯撫諸蠻有恩惠，異牟尋願歸款。德宗嘉之，賜以詔書。臯令其屬崔佐時至羊苴咩城，異牟尋受命。又志：羊苴咩城，去太和城二十五里。元郭松年行記：大理城一名紫城，方圓五里，西倚點蒼，東扼洱水。龍首關於鄧川之南，龍尾關於趙瞼之北，稱山水大都。元志：羊苴咩城，即今府治，即古楪榆城也。蠻語訛爲「羊苴咩」，亦曰「陽苴咩」。

史城。在太和縣城北四十里。隋史萬歲討南中夷爨翫，時度西洱河，駐師於此。元志：異牟尋遷喜郡史城。滇記：喜郡即今喜瞼村，元初嘗置喜州，亦謂之喜州史城。府志：史城今名何矣城村。

九重城。在太和縣。府志：俗曰南詔城，皆南詔備吐蕃所設。一在河尾里，一在關邑里，一在太和村，一在北國，一在蟠溪里，一在塔橋，一在摩用，合羊苴咩城與史城爲九。又有金剛城，在點蒼山佛頂峯麓，亦南詔所築。

安東城。在趙州東二里。蒙氏安東將軍李專珠所築。

唐城。在趙州南十九里。唐天寶中，李宓征南詔時築。

寧北城〔九〕。在鄧川州北三十里。唐時蒙氏所築。滇記：唐貞元十五年，異牟尋謀擊吐蕃，以鄧川州寧北等城當寇路，乃峭山深塹，修戰備，爲北面之固。段氏時城廢。

石和城。在浪穹縣西北。唐書南蠻傳：施浪詔之裔據石和城，閤羅鳳攻虜之。

大理廢衛。在太和縣南。明洪武十七年建，本朝康熙二十六年裁。

洱海故衛。在雲南縣西。明洪武二十二年建，本朝康熙六年裁。

大羅故衛。即今賓川州治。明地理考：賓川州大羅衛，在鍾英山下。弘治七年，與州同置。本朝康熙六年，裁衛歸州。

三營。在浪穹縣蓮花山下。舊志：元世祖自石門關入取大理，見蒙次和爲噤喉之地，留軍三百户以鎮之，因名三營。明洪武十五年，平雲南，藍玉遣兵攻拔三營萬户砦。

畫卦臺。在太和縣西龍泉峯下。舊志：諸葛亮屯軍之地。世傳亮於草萊中得石刻伏羲象，因畫八卦作臺祀之，今俗名祭天臺。

仙樂臺。在太和縣西帝釋寺。楊慎遊記：舊聞其地夜聽天樂，故名。

駐蹕臺。在太和縣北蘭峯無爲寺、龍苑菴。元世祖駐蹕於此，亦名翠華堂。又趙州西徧知寺東北二里亦有元世祖駐蹕臺。又白崖東南七里有元世祖故壘。

鳳凰臺。在浪穹縣北二百步，施望欠詔所築。臺下有白沙井，泉味甘冽，亦施望欠所築。

五華樓。在太和縣，故址猶存。元志：大理城中有五華樓，唐大中十年，南詔王券豐祐所建。樓方五里，高百尺，上可容萬人。世祖征大理時，駐兵樓前。至元三年，嘗賜金重修焉。明統志：在府治西。樓前舊有撫運碑，鄭買嗣立。高氏改刻爲高公輔政碑，僧楊子雲撰文。舊志：明初兵燹樓廢。

寫韻樓。在太和縣西南感通寺。明楊慎遊點蒼山，寓此二十日，著六書轉注，因名其樓曰寫韻樓。

蒼山勝概樓。在太和縣西北三里崇勝寺。府志：樓創自唐貞觀間，其北有般若臺。

水月樓。在太和縣北龍首關，俯臨洱水。

桂樓。在太和縣北十五里，縣人楊黼所居。

天鏡閣。在太和縣洱河東岸遺愛寺。懸崖結構，下臨無地，環山吞海，澄然如鏡。

懸崖閣。在雲南縣北九頂寺。鐵絚懸構，石竅升梯。

混混亭。在太和縣南龍尾關西。明嘉靖中副使姜龍建。

問俗亭。在太和縣西中峯之麓。明知府楊仲瓊建。俯瞰城郭樓觀，海波萬頃。

鳳嬉亭。在趙州治後鳳儀山。州内之景，一覽而盡。

秣駒亭。在趙州南五里。明嘉靖中知州潘大武建。

玉泉亭。在鄧川州北三里。有温泉出山麓，較他泉爲清澈。

古柏亭。在浪穹縣東五里。通志：元初建，今亭廢柏存，輪囷如蓋。

湧泉亭。在賓川州西南三十里，地名賓居，有龍祠，亭在祠左。

力士營。在雲南縣南九里。相傳諸葛亮嘗駐兵於此。

孔明壘。在趙州東北三里九龍池山頂，今遺址尚存。

諸葛寨。在鄧川州東三十里。舊志：地名豪猪洞。南山頂有石牆遺址，俗傳爲武侯一縱孟獲處。下有龍潭，石壁上有龍形，仰觀之有日月星辰之紋及人馬指揮之狀，如雕刻然。相傳孟獲所據銀坑洞，即此方諸洞也。又賓川州西二里虎距山有諸葛城。

天威逕。在太和縣北龍首關西，以諸葛亮討平孟獲而名。唐顧雲、高駢有天威逕詩。

鐵柱。在趙州東南白崖城。明統志：蒙氏建極十三年四月所鑄，名曰建極，又鑄鐵笠覆其頂，土人號天尊柱。歲必貼金其上，祭之以邀福。俗傳爲諸葛亮鑄者非。

轆角莊。在太和縣南二十里。南詔閣羅鳳擇壻，女曰：「我欲倒坐牛背，任其所之，牛入處即壻也。」詔試從之。牛至一委巷，側角而入，其家嫗走避，强之乃出，問有子否，曰：「有，往樵薪。」女即拜嫗爲姑。頃之其子回，見騶從，又走，使招入。令報詔，詔大怒絶之。他日壻問首飾何物，答金也。曰：「吾樵處甚多。」明日負至皆金磚，遂豪一國。詔怒乃解。從人名其處曰轆角莊，言牛角如轆轤，轉入陋巷也。

白門。在賓川州金沙江東北。舊志謂即漢遂久縣地。

關隘

龍首關。在太和縣北七十里，當洱河之首。一名河首關，亦曰石門關，又名上關。元史烏哩特哈達傳：大軍至金沙江，烏哩特哈達分兵入察罕章，所在寨栅以次攻下，獨安達拉所居半空和寨，牢不可破。烏哩特哈達遣其子鄂摩迎擊之，進師取龍首關。翌日，世祖入大理國城。滇志：龍首關，兩山壁立若門，即唐時石門南道也。明藍玉克大理，分軍出上關，取鶴慶，略麗江，即此。舊志：上關城在府北七十里。城周四里，當西洱河之首。「烏哩特哈達」舊作「兀良合臺」，「安達拉」舊作「阿塔剌」，「鄂摩」舊作「阿迷」，今俱改正。

龍尾關。在太和縣南三十里，當洱河之尾。一名河尾關。唐時名龍尾城。唐志：龍尾城，南去蒙舍城八十里，北去太和城十里。又雲南城八十里至白崖城，又八十里至龍尾城。元郭松年行記：自趙州舟行三十里，有河尾橋，橋西爲龍尾關，南詔皮羅閣所築，最險固，高壁危構尚存。滇說：洪武十五年，藍玉、沐英率師至品甸，段氏聚衆扼下關以守。玉等遣王弼率兵出洱河之東，趨上關爲犄角勢，自率衆抵下關，造攻具。舊志：龍尾城周二里。

德勝關。在太和縣南三十里。舊置驛。

蒿箐關。在趙州東南。

松花關。在趙州東南一百二十里。

人投關。在雲南縣東一百九十里。

安南關。在雲南縣東南七十里，爲通省大路。舊設巡司，今裁。

羅坪關。在浪穹縣西四十里。今有羅坪關哨。

定西嶺。在趙州南四十里。元末爲彌只防守千户，明洪武中置巡司二，一流官，一土官，李姓世襲。本朝因之，流官、巡司今廢。

彌渡市。在趙州南九十里。相傳諸葛亮曾築城於此，名諸葛城。明洪武中置巡司。崇禎十年，蒙化知府朱統遂築土城，周二里。因近河累遭衝決，本朝康熙五十四年濬河築隄，始免水患。雍正七年，移本府通判駐此。

你甸。在雲南縣東北六十里。舊設巡司，今裁。

楚場。在雲南縣東北一百三十里。舊設巡司，今裁。

青索鼻。在鄧川州東二十里。明洪武中置巡司二，一流官，一土官，楊姓世襲，今皆裁，流官、土司今廢。

蒲陀崆。在浪穹縣東十五里。明洪武中，土官楊姓，傅友德奏授巡檢世襲。本朝因之。

鳳羽鄉。在浪穹縣西四十里。土官尹姓，明洪武中，沐英奏授巡檢世襲。本朝初因之，今裁。

下江嘴。在浪穹縣西南一百里。明洪武中置巡司，土官何姓世襲。本朝因之。

上江嘴。在浪穹縣西一百二十里。明洪武中置巡司，土官楊姓世襲。本朝因之。

赤石崖。在賓川州東八十里。滇志：舊置白羊市巡司，在州北五十里。後改置赤石崖巡司，今裁。

賓居寨。在賓川州西南三十五里。滇志：舊置蔓神寨巡司，在州西七十里。設流、土二巡司，土官董姓。後改置賓居巡司。本朝因之，土官、巡司省，今流官亦裁。

順寧鉢水寨〔一〇〕。在賓川州西五十里。本名神摩洞，有巡司。又有金沙江巡司，在州北一百五十里，土官石姓。今皆裁。

箭桿場。舊在浪穹縣南一百五十里。本朝康熙二年，改屬雲龍州，土官字姓，明洪武十五年置。本朝仍授世襲。

下關堡。在太和縣南德勝關驛右。

漾備堡。在下關堡西。

雲南堡。在雲南縣南。又有普淜堡，在廢雲南驛東南，舊俱隸洱海衛。

白崖堡。在雲南縣西，與趙州接界。舊有巡司，今裁。

佛光砦。在鄧川州北二十里，與浪穹縣佛光山相接。滇志：初孟獲自豪豬洞被擒，丞相亮復縱之。獲走佛光砦，據險堅守。漢兵不得進，乃由漾鼻江而北，出砦後，遂破之。明初，傅友德等既平大理，餘孽普顔篤復叛，據佛光砦，傅友德自七星關回軍大理，破之。

觀音山驛。在賓川州西南。本朝康熙五十三年，土驛丞郭斌承襲。

津梁

天橋。在太和縣南三十里下關之西。一名天生橋，又名石馬橋。明統志：龍尾關右有石，長丈餘，名天橋。洱河之水過其下，舊名石關，下斷上連。明何鍾記：取道龍關，南循洱河，往觀天橋及石門關。出石關，如行成臯之虎牢，沓嶂巉巖，可百餘武，名一線天，爲洱河故道險扼之地也。府志：天橋下斷上連，憑虛凌空，可渡一人，故名天橋。橋邊激水濺珠，宛如梅樹，謂之不謝梅。

清風橋。在太和縣下關南。跨海尾，長十五丈。一名黑龍橋，郡境橋梁，此爲第一。

孔全橋。在雲南縣。邑人孔全所建，構木爲杠，長十餘丈，通鹽井路。

銀橋。在鄧川州東六里，地名三江頭。

通寧橋。在浪穹縣東南三里。

桑園橋。在賓川州北七十里，跨桑園河。

雲龍橋。在雲龍州治前，跨沘江。

隄堰

城西隄。在趙州西三耳山。舊有流水散漫，因築隄瀦水，以備水旱，併資汲飲。

彌苴佉江隄。在鄧川州南，平川之中。隄高二丈，延亘四十餘丈，障浪穹諸水，溉州境民田，其利甚溥。又有羅時江隄，亦在州南。

大水長隄。在鄧川州南，長二百餘丈。明嘉靖中副使姜龍築。

上下登隄。在鄧川州西，明正德三年築。又有圓井隄，在州西北。

横江隄。在鄧川州北，灌溉官路西一帶田畝，明永樂間築。又有廟後隄，在州北城隍廟後，有二澗合流，本朝乾隆二十六年培築。

大場曲隄。在賓川州西大場曲村。舊有陂池蓄水備旱，明嘉靖中修。

新興壩。在雲南縣南山下。明嘉靖間築，周八里。

段家壩。在雲南縣白塔村。去縣治二十五里，東接鏡湖，段思平所築也。明成化間重修。

寶泉壩。在雲南縣西北二十里。積水禦旱，明景泰間，副使周鑑、參政趙雍重修。

烏龍壩。在賓川州烏龍山頂，居民瀦水溉田。壩上有廟，亦土人禱雨處。

蘇溪渡。在雲龍州西七十里瀾滄江渡口。又小渡口，在州西北八十二里。

陵墓

唐

萬人塚。在趙州西二十五里。唐鮮于仲通及李宓之敗，死者二十餘萬，閤羅鳳曰：「天子致討，兵士何罪？」遂斂屍葬之，其塚如山。

趙善政墓。在浪穹縣南山根村。唐時南詔趙善政僞謚悼康，歿葬於此。

杜光庭墓。在太和縣南玉局峯下。

明

兩忠墓。通志：在浪穹縣潛龍菴傍。相傳建文從亡臣葉希賢、楊應能葬處。

楊志墓。在鄧川州南六里。正統間以給事中從征卒，葬此。

李元陽墓。在太和縣西南三塔寺後。

趙汝廉墓。在太和縣龍尾關。

楊黼墓。在太和縣南。

祠廟

點蒼山神祠。在太和縣西三里中峯之麓。唐書南蠻傳：貞元十年，西川帥韋臯遣節度巡官崔佐時至雲南，雲南王異牟尋與佐時盟於點蒼山神祠。

海神祠。在太和縣洱河北。明統志：南詔異牟尋復歸唐時，立此示不復叛之意。又有南詔碑，在縣城西南。唐天寶中，閤羅鳳歸吐蕃，揭碑國門，明不得已而叛。若唐使者至，可指碑澡祓吾罪。

黑水神廟。在雲龍州瀾滄江濱。素有風濤覆溺之患，建廟以祀江神遂息，每歲春秋致祭。

伏波祠。在太和縣南龍尾關。世傳諸葛亮駐軍濞水，一軍皆瘖，因禱伏波廟得愈，即此也。

武侯祠。在太和縣西南。

貞節祠。在鄧川州東六里打油村之山坳，祀鄧賧詔妻慈善。

儒風祠。在趙州治北。唐鮮于仲通征南詔，擄儒生張姓者没於此，後人立祠祀之，凡有旱疫，祈禱輒應。州志：相傳蒙詔聞仲通兵至，大懼，致書引咎，願歸所俘掠。儒生勸仲通從之，不聽，儒生憤懣而死。

昭文祠。在太和縣南五里玉局峯麓。南詔建，以祀唐御史杜光庭。

建峯廟。在趙州治東南。蒙氏時，有東川人趙康居此，土人立廟祀之。

三堂廟。在鄧川州波羅灣村。唐時建。世傳有蜀人兄弟三人至此，教民耕種，定民田廬，土人立廟祀之。

林公祠。在趙州治前，祀明兵備副使林俊。

三正祠。在鄧川州北。明嘉靖間，州民以兵備道林俊、巡按郭紳、兵巡姜龍爲三正人，立祠祀之。

昭忠祠。在太和縣城隍廟内，本朝嘉慶八年建。

寺觀

感通寺。在太和縣南十三里，蒼山第四峯之半，中有三十六院。相傳漢時摩騰、竺法蘭由天竺入中國時建。明太祖有御製詩十八章，賜僧無極，鐫碑山門。

崇聖寺。在太和縣西北蒼山十六峯之下。寺有七樓八殿。三塔高十餘丈，凡十六級，唐開元中建，今名三塔寺。

宏聖寺。在太和縣西南十三里蒼山七峯之麓。中有一塔最高，名一塔寺。明楊慎遊記：考之史傳，爲隋文帝時建，俗名阿育王塔。

無爲寺。在太和縣西北蘭峯之半，中有汝南王碑，聲如玉磬，清越可聽，名玉磬碑。寺之上有曬經坡，廣三百步，不生草木，世傳唐三藏曬經處。

尊勝寺。在趙州南一百里。唐時張建成入朝，賜以浮圖像及佛經。建成歸，建寺藏之。

般若寺。在雲南縣北八里。世傳有寶燈飛入雙塔中，夏夜常見光明。

九鼎寺。在雲南縣北二十里九頂山上。倚巖結構，飛檻懸梯，蓋奇觀也。

鐘山寺。在鄧川州西二里，段氏時建。

標楞寺。在浪穹縣西北七里。

放光寺。在賓川州雞足山石門下。明李元陽遊記：寺上直迦葉石門，冬春不見光相。六月，見大圓光倚立地上〔一二〕，外暈七重，每重五色，環中虚明如鏡，凝觀者各見自身現於鏡中，毛髮可數。衆人同立，止見己身，不見旁人。

石鐘寺。在賓川州雞足山下。明李元陽遊記：寺乃雞足山總會處，東南有瀑布寺，據山之阿，其懸巖扣之如鐘。

棲霞觀。在府城西北。明宣德七年建。

瑞雲觀。在趙州西鳳儀山麓。明嘉靖間立。

名宦

晉

杜軫。成都人。舉孝廉，爲建寧令。導以德政，風化大行，夷夏悦服。秩滿將歸，羣蠻追送，賂遺甚多，軫一無所受。

唐

趙康。蜀人。蒙氏封之於趙川瞼。有功德於民，因改趙州。

楊佑。南詔清平官，蠻民敬畏，封長州郡公。

元

郝天挺。至元初，爲雲南省參政，治大理，建學宫，飭俎豆，教化遂興。

趙傳弼。大理路儒學教授。嚴毅自持，勤於教導，其文章有法度。時郝天挺建大理學宫，其碑文皆傳弼之詞也。

明

蘇守正。洪武時，授趙州知州。公勤廉慎，州之治署、學校、壇壝、祀典，皆其創建。

諸葛伯恒。洪武時，爲趙州吏目。廉謹有文學，秋毫無取於民。州有妖蛇，必以人爲祀，伯恒親斬之。

鄭祥。合肥人。洪武十七年，升大理衛指揮使。時邊境初附，夷志反側，極撫循安定之勞。因周能所築新城，闢而廣之。又廣屯田，修祀典。在鎮十餘年，恩威並濟。

賴鎮。洪武十九年，爲洱海衛指揮僉事。洱海經兵燹餘，人民流亡，室廬無復存者。鎮至復城池，建譙樓，創廬舍，分市里，立屯堡，築隄防，嚴斥堠，又開白鹽井，民始安輯。

賈銓。邯鄲人。正統三年，授大理知府。以郡中利弊詢於父老，凡徭賦、水利、驛傳、道路，無不次第綜理。居民曰：「真賈父也。」遂超擢左布政使。

陳定。邳州人。大理衛指揮使。正統間征麓川，奮不顧身，死於陣。諭祭贈卹。

梁珠。銅梁人。正統間任大理府，持正不媚上官，爲羣小所讒，改調鶴慶，遂解組去。

何宗魯。酆都人。景泰間，知浪穹縣。性剛直，不尚苛細，歲饑出粟賑民，全活甚衆。

蔣雲漢。重慶人。成化間，授大理知府。操守廉約，每聽訟，先以善言感動，至於泣下，自引以爲己罪，然後剖決。民相語曰：「不畏公箠，但畏公唾。」去之日，行李蕭然。

吴晟。弋陽人。弘治末，任知府。恢洪直諒，人不忍欺。一日雨行輿傾，喚取食奩，食輿人曰：「汝饑耶？」時召諸生稽其本業，戒嬉遊。遷參政，士民遮送泣下。

喻河。廣西人。正德間，任大理府通判。時洱河泛濫，没民田地，乃令民各具草束，自乘舟挨河岸淺處，卓木爲城，以草障瀾，疏洩之。因著爲法，三年一濬。

孟震。貴州人。正德間，任大理教授。三日一課諸生，違者輒笞之。有違犯父兄者無弗知，因是皆兢兢守業。至今言教規者，必曰孟師。

周昆。永寧人。嘉靖間，任大理通判。時監司以法繩下，羣吏恐怖，會有冤獄，衆不敢辨。昆獨再三争之，監司疑其納賄，昆抗執不回，卒白其冤。

蕭縉。吉水舉人。嘉靖間，任賓川知州。時州多盜，縉密以兵擣其巢，且誓於師曰：「願爲我民者立旗下。」賊聞而趨旗下者以千計。由是盜賊屏息，田賦日增。

任轍。巴縣人。嘉靖間，任大理知府。時有檄貨大青，督責日至。吏欲擇其尤者以獻，轍曰：「此非可繼之物，汝不慮爲民禍耶？」卒不上。在任旬月以憂去，而民思之不忘。

龍翔霄。武陵人。嘉靖間，知太和縣。熟諳吏治，剖決如神。時倉有積粟且紅腐，翔霄請於上官，俾出陳易新，民免其累，而積貯無虧。乃下其議，行之合省。

潘大武。普定人。嘉靖間，知趙州。操行清白，獄無遁情。廨館橋梁，繕飾嚴整，人稱其才。

朱官。安莊人。嘉靖間，知賓川州，愛民如子。自書院以及津梁，葺理一新，民不知役。

莊誠。成都人。萬曆中，知趙州。時麗江、瀾滄二土司搆訟，各懷金行賄。誠封金聞於當路，俱論如法。永平汰兵作亂，誠計防之，賴以無事。清浮糧，疏水利，至今稱之。

常真傑。廣西人。萬曆間，知鄧川州。築隄建閘，請免重課，減金價，民感其惠。

周憲章。思南人。萬曆中，知雲龍州，平段進忠之亂，消林養中之變。建州城，立州治，創廟建學，招撫流亡，皆其經畫。

解立敬。貴州舉人。崇禎間，任趙州知州。普名聲叛，調赴討賊，百姓哭送不絶。及歸，父老歡拜。復調青州府，民卧轍遮留，數日不能去。建祠鑄像而祀之。

劉如性。廣東舉人。崇禎間，任趙州知州。沙賊破城，如性冠帶坐堂上，衆不敢犯。及孫可望入滇，義不屈，遯處民間，布被草席，泊如也。

周憲。安陸進士。任大理府知府。剖決如流，悉當人心。晉江西兵備副使，在九江駡賊遇害。

王士傑。崇禎末，任太和縣丞，有治才。太和爲大理附郭縣，沙定洲反，圍其城。士傑佐上官畢力捍禦，城陷，士傑死於城上。同死者，大理教授段見錦，經歷楊明盛，司獄魏崇治。明盛子一甲亦從父死。

李君植。瀾滄衛指揮，武藝絶倫。因訪親友至榆，適沙賊至，圍於城中，力戰死。手下兵丁，從死者百餘人。同時千户闕維翰亦殺賊死，其子大忠死於其側。

蕭時顯。遼東人。崇禎中爲府同知，加意民瘼，城破，自縊死。

人物

漢

盛覽。字長通，楪榆人。學賦於司馬相如，著賦心四卷。

張叔。楪榆人。天質穎異，過目成誦。每念邑人不知書，欲變其俗。元狩間，聞司馬相如至沬若水，遂往從之。授經，歸教鄉人。

隗叔通。楪榆人。性至孝，母好飲江脊水，縣東二百里有江，名若水，叔通日入江引水以給，無間冬夏。天爲出平石於江脣中，人呼爲「孝子石」。

晉

龐遺。楪榆人。咸和中，李特據蜀，李雄入建寧，遺起義兵攻雄，雄乃遁去。

唐

楊奇鯤。楪榆人，有文名。

段宗牓。南詔清平官。大中間，師子國伐緬，緬求助於南詔，乃遣宗牓將兵救之。宗牓知王已老，子世龍幼，臣王嵯巔擅權，恐其篡奪，因請得專生殺，從之。乃令七日會軍於河尾關，惟統矢違限，斬之，即嵯巔子也。遂入緬，敗師子兵。歸聞嵯巔已篡立，以計斬之，求世龍立焉。

高昇泰〔一二〕。大理國人。段氏保德侯高智昇子也。段氏衰，國人推戴立之。疾篤，謂其子泰明曰：「我不得已爲衆所立，今段氏子孫已長，可還故物，毋效尤也。」泰明遵遺言，求段正淳立之〔一三〕。

段赤城。葉榆人。蒙氏時，龍尾關外有大蟒吞人畜。赤城持刃赴蟒，蟒吞之，劍鋒出蟒腹。人剖蟒，取赤城骨葬之，建塔塚上。

宋

李紫琮。大理人。奉使入貢，過湖南，聞學校人文之盛，請詣學瞻拜殿廡，遂遍謁諸生。又乞觀御書閣，舉笏叩首。

高泰祥。昇泰之九世孫，爲段氏相。元世祖軍薄大理城，舉國欲遁，泰祥獨率衆與元將相持彌月。力不能支，被俘。予以官，不屈。臨刑曰：「爲臣死國，吾事畢矣。」妻段氏抱孤瓊申愬，世祖指其兒曰：「忠臣之後也，善視養之。」命世其官。

元

段信苴日。大理國王之族人。烏哩特哈達征交趾，日與兄福常爲先鋒。其後入覲，世祖賜之虎符，詔領大理等城，自萬户以下皆授節制。至元二年，舍利畏結三十七部以叛，日率衆進討，大破之。十三年，緬國欲襲大理，日領騎兵禦之。累功進大理、威楚、金齒等處宣慰使、都元帥〔一四〕。治大理凡二十三年，置郡縣，定賦役，施政化，皆其力也。「烏哩特哈達」譯見前。

段功。段氏之後。元時第九代總管也。至正癸卯，明玉珍攻雲南，梁王出奔，諸郡悉亂。功進兵禦之，三戰三捷，追至七里關而還。梁王德之，奏授雲南平章，妻以女阿爾噶。然王心忌之，後功來上壽，梁王紿至通濟橋，使番將害之。「阿爾噶」舊作「阿蓋」，今改正。

陳惠。段氏臣。明玉珍攻雲南，段功來援，得玉珍母書，促珍成功乃返，惠以奇計退之。功追襲大勝而還，欲官惠，惠不受。

楊淵海。大理人。爲段功員外郎，功有寵於梁王，淵海逆知王必害功，屢勸之歸大理。功不聽，淵海語人曰：「吾主無生還日矣，豈能食人之食，而不同其難乎？」明年，功果爲梁王所害，淵海死之。

楊寶。太和人。父昇通經史，以討明玉珍功，爲木邦路同知。寶由大理路通事從征，克蔚州、曹州，爲大理路治中。後梁王、段氏構兵，寶極力和解之，民感其德。

段寶。功之子。梁王既害功，寶雖幼，恒念父讐，不與梁王通。王遣將士攻大理，不能克。後明玉珍復攻雲南，梁王遣將借兵大理，寶答書誚之。明洪武初，寶遣其叔段貞奉表歸附。

段文瑞。事母至孝，母殁，哀毁廬墓，以手履地，負土一里外，閲百五十日而墳始成。閉户讀書，不事生業。有司聞其賢辟之，輒踰垣而避。

楊保。段氏臣。明洪武十五年，兵入大理，保遣弟名往探緩急，約以明日日出爲期。過期不至，有頃聞國破，保自縊死，名至亦解弓弦自縊。國人義之，合葬於宏圭山下。

明

楊黼。太和人。博學多聞，尤工篆籀，隱居不仕，號存誠道人。庭前桂樹，枝幹盤糾，題之曰「桂樓」，巢居其中。注孝經數萬言。父母殁，爲傭營葬。葬畢，入山十餘年，壽八十，子孫迎歸。一日沐浴告子孫曰：「明日吾行。」時至果卒。

董寶。大理人。清平官成之後。洪武間，任順寧土經歷。清慎勤敏，以功遷大理土經歷。麓川之役，多著功績，以死事諭祭。

楊向春。號野巖，雲南人。爲諸生，棄去，隱深山中，究邵子先天之學，所著有皇極經世、心易發微、格物篇等書。後自稱宏道人，遇袁了凡授以易學，至武當不知所終。

趙壽。趙州舉人。正統間，有蒙化土舍謀爲土官，壽懼爲民患，要鄉人潛赴京師奏革之，一州以安，鄉人德之。

楊禧。太和人。永樂中爲滎經教諭，上書言時政，辭甚激切。上怒繫之獄，旋釋，拜監察御史，出爲慶遠守，惠愛及民。任滿，民赴京留之，復任三年，民又留如初，乃以參政行府事，歷十二年乞歸，特加右布政使。

張孝子。太和人，失其名。性至孝，傭工養母。母殁，晝夜哀號，數年不輟。同縣王守陽家極貧，恐分父母之養，四十不娶。後終父喪，母强之娶，生子，以妻不得於姑，遂去之。每夜嘗三四起，視衾之寒暖，枕之高低。母展轉，必捧之以助其力，人稱爲篤孝。

趙彦。趙州人。宣德中，四川高縣知縣，以廉惠得民心。郡守妬之，削其籍。後芒部作亂，招撫弗聽，惟曰：「俾趙尹來，吾即降。」於是辟彦，單騎諭之，蠻果降。

吴讓。賓川人。以州治不設，民無捍禦，數苦寇抄掠。弘治間，奮然詣臺司請置州街，建城池，至今民獲安堵。

趙弼。字廷直，太和人。成化中進士，官至太僕丞，遂歸田，躬親耒耜。有同榜姚祥者，來爲監司，訪諸田間，去鋤而揖之。姚問生事何窶，曰：「差勝諸生時矣。」姚歎服而去。

戴仁。太和人。成化中，知鎮遠府。府有羨税四千餘金，仁裁罷之，亦不白於上官。人問之，曰：「暴前人之短，非吾心也。」後爲松茂兵備。歸不治第，館賓於門，設榻於屏。自號無懷先生。卒之日，家無餘資。

包文偉。太和舉人。成化間，鄉試對策，屬詞峻厲。閹官以爲詈己，恨甚。尋授呈貢教諭。一日閹召而辱之，文偉正色厲聲，閹氣奪，揖而遣之。平日手不釋卷，常製藥餌，建橋梁利人。

楊士雲。字從龍，太和人。正德中進士，授庶吉士，改給事中，遂乞歸里。居二十餘年，甘貧自樂，不入城府。鄉人不知婚嫁禮節，士雲教之，遂易奢爲儉。所居環堵蕭然。與諸弟相友愛。自少至老，手不釋卷，所著有皇極、天文、律吕、詠史諸書。

李時。太和舉人。博學執禮。爲新建令，遇友人僉事李素卒於南昌，遂棄官，送其櫬以歸。王陽明高其義，贈以詩。

楊富。太和舉人。授黄陂訓導，轉國子監學正，遷夔州府通判，署順慶府事。妻曰：「年老資卑，盍少取以爲歸計？」富厲聲叱之。明日，遽遣妻歸。爲師爲郡，所至祀之。

楊南金。字本重，鄧川人。弘治中進士，授太和知縣，民有「三不動」之謡，言上官、權豪、財貨也。擢御史，與劉瑾忤，拂衣歸，是日即行二百里。瑾聞，追之不及，除其籍。嘉靖中起耆舊，歷官江西參政。

張雲鵬。太和人。弘治進士，官大理評事。時劉瑾用事，内官監訟英國寺僚，衆莫敢言。雲鵬如法判擬，不少假借。瑾憾之，謫湖廣寧遠縣丞。瑾誅，復官刑部郎中。時有當事者，欲釋一指揮罪，雲鵬執之，又謫和州同知。後於九江府，以功晉瀘兵備僉事。

屠鑾。雲南人。正德中，授江夏知縣。以忤中使，調蘆山。會天全蠻長攻城屠戮，鑾勦捕之，俘其衆，復所侵地，境内以安，居民感之。

趙汝濂。字敦夫，太和人。嘉靖中進士。爲考功郎中，主内察。時趙文華在黜中，冢宰以其爲嚴嵩私人不可。汝濂曰：「若文華不黜，則無可黜之官矣。」後擢都御史，諤諤有大臣節。致仕家居，不治產業，益敦内行，推俸與兄弟宗黨共之。

李元陽。字仁甫，太和人。嘉靖中進士，知江陰縣，有政績。入爲御史，遇事敢言。巡按關中，墨吏望風解綬。以持正不阿，尋罷歸，家居四十餘年，壽九十，無疾而終。

鄒堯臣。趙州人。嘉靖中進士，由御史歷參藩，所至皆有政績，而邊功尤著。

趙重華。太和人。年七歲，父廷瑞出遊不返。及長，尋親之武當，經太子巖，巖有字曰：「嘉靖四十四年某月日，趙廷瑞朝山至此。」重華且喜且慟，書其後曰：「萬曆六年某月日，趙廷瑞之子重華尋親至此。」後入南都歷無錫，遇父於南禪寺，遂奉以歸。

楊俊聲。浪穹人。幼聘杜氏女，未嫁而瞽。兩姓父母咸議離婚，俊聲不從，竟娶歸，情好甚篤。後歷官平慶副使道。

李子明。大理歲貢，歷官沅州知州。初爲鎮遠縣令，有民鬻男女以償逋賦，泣曰：「此即鬻我兒女也。」捐俸代償。後家居，講求理學，敦孝弟，郡人翕然師之。次子選舉，隆慶進士，歷官至江西左參議，有廉政。父死失明，後愈，亦不復出，授徒講學，淡泊自娱。

李東。字震甫，太和人。隆慶中進士，爲成都知縣。縣本親王湯沐地，最號難治。東至期月，無不約束，上官翕然稱之。事無巨細，皆委任焉。歷官光禄少卿。子嗣善，萬曆中宛平知縣，繫巨璫，字小民，威愛並濟，有父風云。

黄極。太和舉人。萬曆間，官大理評事，執法不阿，閹黨銜之。後爲工部郎中，釐侵冒，權璫益恨，中以事，遂乞歸，布素自適。

張聚奎。字瑞星，趙州諸生。州有石青硐，以關地脉封閉。萬曆間，遣中使楊榮開採。榮遣其黨張文華至，極横暴，士民競前毆之。榮上聞，遣緹騎械州守甘學書等。聚奎直前曰：「毆文華者，獨聚奎也。」遂併逮至京，繫獄三年，會赦得出，州人至今義之。

龍旌。賓川人。嵩明州學正。萬曆間，值武定阿克之變，整衣冠罵賊而死，贈國子監學政。

艾自修。鄧川人。兄自新，粹於理學，所著希聖録，得宋儒宗旨。自修常纂其要，學者咸宗之。聞於朝，旌曰「當代賢儒」。

何文極。號近臺，太和人。萬曆進士，知江陵縣。途中遇張蓋呵衛者，問之，張太岳家人千户鄆七也，縛而杖之。太岳怒，勒道府揭參。文極亦籍太岳數年逋賦聞。太岳不得已，調之鉅鹿縣，即乞歸。晋户部郎中，不起。

何邦見。字北渠，浪穹人。萬曆間，由選貢歷官無爲、下邳知州。其調下邳時，深山窮谷，偕來遮道進食，卒後建祠祀之。

浪邑詩學，自邦見倡之。子鳴鳳，官六安州知州，有半留亭嵩寮集。孫蔚文，皆有詩名。

羅時。鄧川人。與弟鳳自緑玉池開渠導水出江尾，民乃得耕，人稱爲羅時江。後淤，蘇大宇復爲開治，民甚賴之。

高桂枝。字樹秋，鄧川諸生。與太和李賡龍往來唱和，有畸廬草一卷，如衛軍行、土軍行，皆有關係。

朱奕文。賓川人，崇禎舉人。以時事多故，退而著書。舉遺逸，有司强之出，抗章力辭，有「良禽擇木，賢人擇時」之語。罷歸鄉里，以孝友稱。

楊雨。太和人。充府行吏。知人之冤，輒力争於庭。郡守疑其賄，笞之，笞已復争。役滿不赴考選，守廉其賢，欲薦之，潛入雞足山，索之不得。

尹夢鼇。太和人。崇禎中知潁州。流賊破城，夢鼇持大刀殺賊數十人，身被數刃，遂投城下烏龍潭死。弟姪七人皆死之。本朝乾隆四十一年，賜謚忠節。

陳禎。世爲大理衛指揮，禎未嗣職。沙賊陷城，督衆巷戰，手馘數賊而死。又衛守備陳誨亦城陷殉節。本朝乾隆四十一年，皆賜謚烈愍。

楊憲。太和人。邑諸生。沙賊攻城，倡議拒守。城陷，憲率其妻、女、子媳、孫女及弟妻女縊於樓，舉火焚死。壻李孔昭亦赴火死。又同縣舉人楊士俊同母妻及妹，諸生張景仲同妻及一女，楊毓華同弟時華、振華，子奇哥同妻鄒氏，俱城破殉難。乾隆四十一年，予入忠義祠。

鮑洪。世爲大理衛千户。沙賊破城，洪與千户楊昌印、王象乾等俱闔家殉難。乾隆四十一年，予入忠義祠。

楊淇。雲南縣土官。爲沙賊所執，淇嚙指血書几曰：「吾雖死不從汝也。」賊械至省，不屈，死之。乾隆四十一年，予入忠義祠。

高拱極。太和舉人。沙賊破城，仰天大慟曰：「吾家忠貞清白，世受國恩，不可使賊辱我先靈。」遂瘞祖父木主，舉火焚屋，投池而死。乾隆四十一年，予入忠義祠。妻李氏，年二十八，撫孤成立，以節稱。

鄒良彦。趙州舉人。天啓間，知榮經縣，有惠政。丁艱歸，遂不出。孫可望破大理，屢檄起之，逃。壽八十五，忽自書云：「忠於君，孝於親，爲天地肖子；仰不愧，俯不怍，作宇宙完人。」投筆而卒。同州舉人熊化、陸與進、尹天任，皆抵死不赴可望之徵。

尹夢符。太和人。沙賊攻城，與尹夢旂、馮大成倡義助守，城破，罵賊死。同時貢生楊瑚、諸生李褒、王寧〔一五〕、尹亮工、蘇昇、楊大鴻、胡康、李元鳳、張書紳、楊先峁、宋應奎、馬斯龍、張相業等，殉難者數十人。而邑人李嗣淳，亦抱憤投水死。乾隆四十一年，並予入忠義祠。

尹宏載。太和諸生。罵賊被殺，妻洪氏死其側。同庠陳捷亦罵賊力戰死，妻周氏苦節撫孤，後二子爲潰兵所掠，其操不移。

趙興基。太和選貢。崇禎間，任廬州府通判，城破，具衣冠死於城樓。

董焴。太和舉人，任臨清抽分主事。遇賊不屈，死於官。

黄翔龍。雲龍州選貢，官達州知州。崇禎間，流寇入蜀，翔龍堅守，城陷死之。

楊愻。太和諸生，端方向義。沙賊破城，罵賊不屈，賊斫之死。及甦而妻楊氏、女奇璧已殉節死矣，愻遂不復娶。

本朝

杜佳印。字仙阿，趙州人。順治十六年，父爲雲南潰兵所執，欲殺之，佳印年方少，號泣馬下，請以身代，遂殺之，父獲免。康熙中旌。

鄒應運。字名世，趙州人。少孤，性孝友。順治間，與母兄避兵相失，叩天默禱，獲母處，又千里尋兄歸，事之盡禮。母歿，蔬食三年，每祭必哀慟。貧而好施，鄉里咸稱之。

李偉。雲南人。少事繼母以孝聞。值寇警，躬負入山。母疾，侍奉湯藥，未嘗暫離。力耕色養，五十年如一日。

龔敏。趙州人。少孤，性篤孝。幼時母柏氏命就學，必拜母而去，歸亦如之。地震覆垣，母被壓，敏號泣以手掘地，十指淋血，曰母血也，啖之。將葬，會賊兵至，敏同妻抱棺大慟，賊感動遂去。逆藩重其名，檄之仕，堅辭不往。

王佐才。趙州人。康熙壬子舉人。吴三桂反，脅以官，不受。籍其家，拘省城者年餘，終不屈。乃得釋，遂奉母讀書山中。王師復滇，授宜良縣教諭，旋乞終養歸。

施大成。雲龍人。少時，父遇賊，欲殺之。大成號呼奔救，引頸求代。賊感悟，父子俱獲免。後由貢生任廣西府訓導，獎誘諸生，多所成就。年九十終。

施安名。雲南人。賓川逆匪陳老么滋事，被脅不從，遭慘害。嘉慶十五年，奉旨建坊，入昭忠祠。

王紀。浪穹人。與雲南朱冠，嘉慶十五年以孝旌。

流寓

唐

杜光庭。青城人。博學，善屬文，官御史。嘗至南詔，詔重之，留教子弟。居玉局峯，及卒，蒙學士爨泰葬之峯麓，清平官張羅疋爲立廟祀之〔一六〕。

明

穆孔昭。不知何許人。天順間，來寓浪穹縣鳳羽鄉。善吟詠，逢人輒教以孝弟。所居不蔽風雨，非其力則不食，恒忍饑，不以干人，人周之，亦不受。

曹學。字太狂，四川人。嘉靖初遊滇西，寓點蒼之中和山。性豪放能詩，善草書，尤善飲。每於山中繫錢與壺驢背，遣入城市酒，酒家知爲曹之驢也，取錢貯酒遣歸。居數年卒。驢至其墓側，觸石死。

列女

漢

曼阿娜妻阿南。楪榆人。元封間，曼阿娜爲漢將郭世忠所殺，欲妻南。南紿之曰：「能從我三事乎？一作幕次祭夫，一焚故夫衣，易君新衣，一令國人遍知禮嫁。」世忠如其言，聚國人張松幕置火其下，阿南袖刀出，令火熾盛，乃焚夫衣，自引刀斷喉，身撲火中。國人哀之，每歲以是日燃炬聚會而弔之，名爲星回節。

唐

鄧賧詔妻慈善。鄧川瞼人。開元間，南詔欲吞六詔爲一，遂因星回節會宴，以火滅之。明日，各詔妻尋夫骸不識。初慈善止夫行，弗聽，乃以鐵釧約其臂而別。及罹禍，認釧得骸。南詔以幣聘之，善以夫葬爲辭。既葬，堅閉其城，南詔發兵圍之，三月食盡，端坐而卒。

元

段功女羌努。一名僧努。至正間，功遇害，努志在復讐，將歸建昌阿黎氏〔一七〕，出繡旗示弟寶曰：「我自幼聞父母冤不能報，此旗吾手繡，所以識也。今歸夫家，收合東兵，飛檄西洱。汝急引師會於鄯闡，此其爲符。」咏詩而別。「羌努」舊作「奴」，今改正。

明

王文妻奚氏。太和人。年十八，嫁甫三月，夫客死於外。夫之弟欲得兄產，迫之嫁。氏誓死不從，撫遺腹子幹，長娶張氏。幹復卒，張守節如姑，教子成立。

沈秋妻楊氏。太和人。夫卒，衣不周身，内族襚以紵衣，氏曰：「夫子生不受人憐。」遂以敝衣殮，撫孤守節而終。

何偉妻趙氏。太和人。夫以母病，覓藥溺水死，氏大慟，亦死之。

張守綸妻陳氏。太和人。夫亡，氏隨自縊〔一八〕。

胡康妻鄒氏。太和人。康死於沙賊之難，氏亦殉節。

楊洪妻釗氏。太和人。年二十，將嫁而夫病危，氏誓不再適。請於父母，往視湯藥，踰月夫卒，氏遂自縊以殉。

王汝爲妻楊氏。太和人。年二十六，夫卒，環土於室，四十年家人不見其面，甘貧撫孤成立。

李試妻趙氏。太和人。試，大理諸生，卒於世父任。及櫬歸將葬，氏縊於棺側。

趙文振妾劉氏。太和人。文振病踰年，劉事之甚謹，既卒，氏遂自縊。

趙璘妻王氏。趙州人。許聘後，有土官慕其色，願納白金五百償璘聘，以黄金五十饋其父，父欲改圖，氏不從，竟歸璘。不二年，璘患病，遺命更嫁。剪髮納璘袖中，誓必同穴。璘卒，父母舅姑强之嫁，遂垢面斷髮，飼其孤。後富家又欲强娶之，氏拊胸嘔血而死。

劉繼文妻鄒氏。趙州人。年十六時，箐賊掠白崖，氏走水田中，賊從崖山張弩脅之，氏曰：「雖死不從賊也。」賊遂射之，貫顱而死。

楊憲妻楊氏。太和人。沙賊之亂，氏率媳艾氏、女奇瑜、孫女順貞、習貞，俱縊。憲亦舉火自焚。同時楊瑀妻楊氏、媳李氏、沈氏、姪媳楊氏，亦俱赴火死。

張課妻劉氏。雲南人。偕夫歸母家，途遇賊，避入蔡氏家。寇追及，氏恐傷其夫，以身捍門，厲聲駡賊。寇加刃於頸，氏曰：「可速殺我，不受辱也。」被數創死，夫得逸。

張氏。雲南人。夫姓名失傳。氏被賊擄，欲污之不從，駡賊而死。

張先翼妻楊氏。鄧川人。年少夫卒，自縊以殉。因救得甦，嚙指自誓，守節終身。又賓川州李英母辛氏，夫名失傳，卒時無子，氏取從子英懷之，禱天而乳有湩，遂撫養成立。

楊燦妻李氏。賓川人。夫卒，紡績養姑，聞有求娶者，自斷其指。

張奇學妻王氏。賓川人。爲亂兵所執，知不能免，負三歲子，投井死。

本朝

楊克勤妻董氏。浪穹人。賊入城，掠氏欲污之，不從，賊殺其子，氏罵不絶口，賊割其乳而殺之。

李瑶妻楊氏。太和人。順治十三年，沙賊圍城。氏先期拜辭父母與夫，城破自縊死。

宋之鼎母楊氏。太和人。之鼎爲千户，順治十三年，沙賊圍城，氏率媳段氏及孫女等共七口，自焚死。同時指揮鄭宗儒妻邱氏與女媳等共五口，俱殉節。又蘇公賦聘妻李氏，名瓊貞，賊至自盡。楊先岀妻楊氏，先岀殉難，氏以節著。

王宗仁母楊氏。太和人。宗仁爲百户，李定國之變，氏與媳及孫男女等共十口聚樓自焚死。同時朱正泰妻黄氏、閔祖法妻楊氏、蘇公舟妻蘇氏、蘇元度妻李氏、趙擴基妻楊氏、楊光祖妻趙氏、董維岳妻閔氏，均死於難。

陸萬頃妻楊氏。趙州人。順治十五年賊至，氏欲避無門，引刀自刎。康熙間旌。

姚時熙妻李氏。雲南人。矢志不渝，罵賊投井死。

段之嫡妻王氏。賓川人。賊至欲污之，氏拒不從，賊怒砍之，斷十指而死。

時際明妻王氏。趙州人。賊兵四掠，同夫避楊柳沖，夫爲賊執，將殺之。氏出曰：「釋我夫，我願從去。」賊果釋之，顧夫去遠，自刎死。康熙間旌。

楊朝棟妻蘇氏。趙州人。年十九，夫亡守節。賊至，避兵西莊。賊逼之，自刎死。康熙間旌。

馬兆麟妻黄氏。趙州人。賊至恐污，自縊死。同時李存雅妻金氏，被賊擄去，躍入水死。又鄒嘉顯妻董氏、鄒學魯妻鄭氏、張洪緒妻王氏、廖偕亨妻鄭氏，俱殉難死。

古受甲妻楊氏。浪穹人。未嫁夫卒，氏曰：「身既許爲古門婦，義當殉之。」自縊死。

趙應龍妻黄氏。太和人。年少夫亡，守節六十餘年。康熙間旌。

李應和繼妻楊氏。雲南人。年少夫亡，撫夫前妻子成立，守節終身。康熙間旌。同縣楊知敏妻雷氏，夫病劇，氏刲股救之，不愈。未幾，子復殤。姑憐其年少，欲嫁之。氏以剪自截其耳。姑驚慟，乃以姪爲嗣，苦節終身。

楊潤妻趙氏。太和人。年少夫亡，祖姑及翁姑俱老病，生養死葬，撫孤成立。雍正間旌。

趙履祥妻卞氏。鄧川人。年少夫亡，事姑以孝，撫遺腹子成立。與同州曾杲妻趙氏、胡大業妻侯氏、倪昌賢妻鄒氏，均以苦節，於雍正間旌。

洪綱妻何氏。太和人。夫亡守節。與同縣李崇儉妻陳氏、李允敏妻朱氏，均乾隆間旌。

馬嵩妻鄭氏。趙州人。嵩隸雲龍，未娶卒。氏聞而縊，救免者再，父母許歸馬。後以父官粵東，别議婚，女聞絶食，請歸骨夫墓而卒。同州袁惟清繼妻，失其氏，夫死自縊。楊爲蕃妻黄氏，夫亡守節。

焦澄清妻戴氏。鄧川人。夫亡守節。同州楊聯登妻段氏、李士儀妻段氏，均以貞節，於乾隆間旌。

楊時中妻蕭氏。浪穹人。夫亡守節。與同縣王廷弼妻楊氏、周太望妻洪氏、胡夏鼎妻楊氏，均以貞節，於乾隆間先後旌。

趙奮飛妻朱氏。賓川人。守正捐軀，乾隆間旌。

李獻忠妻阮氏。雲龍人。沙賊肆掠，氏罵賊死。同州高拱極妻李氏，夫死於難，氏撫孤成立。尹遂良妻楊氏，夫亡無子，孝養舅姑。及殁，恐爲族人所奪，依姊以終。均於乾隆間旌。

董宗裔妻楊氏。雲龍人。夫亡守節，乾隆間旌。

趙珣妻楊氏。太和人。夫亡守節。與同縣楊舒青妻劉氏、楊駕和妻趙氏，均以節孝，於嘉慶間旌。

石佩妻侯氏。趙州人，夫亡守節。與同州吴君用妻劉氏、王文華妻戴氏、韓錫章繼妻董氏、沈坤妻楊氏，均以節孝，於嘉慶間先後旌。

施安名妻李氏。雲南人。逆匪滋事，氏與夫及子定俱遭慘害，嘉慶間旌。

張繼後妻郭氏。雲南人，被人穢言自盡。與同縣夫亡守節之李唐蘇妻曹氏、任汝建妻邵氏、陳汝讓妻李氏，均於嘉慶間先後旌。

饒子英妻楊氏。鄧川人。未嫁夫亡，水漿不入口者二日，乘父母等往弔，易縞素自縊。

陳祖勳妻楊氏。浪穹人，夫亡守節。與同縣孫燕貽妻王氏、楊世澤妻羊氏、王訓妻施氏，均於嘉慶間旌。

仙釋

唐

讀海。姓周氏。南詔時，三年不雨，王詣海求禱雨救民，海曰：「昔湯旱七年，以身代犧，六事自責，天乃雨，此人君有道格天之驗。今王殺及無辜，天地鬱閉，不知悔過，何從得雨。」王乃悔懼，誓不虐民，已而果雨。

李成眉。不詳何許人。南詔時，建崇聖寺，眉爲司廚侍者。殿成，詔謂衆曰：「三像以何爲中尊？」眉厲聲曰：「中尊是我。」詔怒其不遜，流之緬甸。未幾坐化，緬人荼毘瘞之。塚時有光，商人以爲寶，啓得其骨貨之，富人購以造佛像，其光如故。詔聞而異之，遂收其像，奉於崇聖寺作中尊。

小澄。雞足山僧。南詔時，與二僧同住一庵，澄嘗入城乞食，還至庵，問食於二僧。二僧曰：「汝往乞食，不裹糧來，反求食耶？」澄遂走叩迦葉石門，門訇然中開。澄入，二僧追至，門已閉矣。乃大悔恨，焚身門外。

張子辰。南詔七師之一。習天竺持明法，常諷詔行善，勿嗜殺人。詔問子辰有何功德，子辰曰：「無騰口説，當爲證明。」端坐露地，前置一鉢，頃之，中有水晶觀音，乘雲升空而去。

元

照本。大理人。嘗詣天目謁中峯，將至，中峯語其徒曰：「當有客自雲南來，汝持鏡迓之。」本至見鏡曰：「師教我矣。」徒問故，曰：「吾名照本，師教我照見本耳。」徒白峯，峯奇之。嘗語趙孟頫曰：「雲南三僧，皆堪負荷，照本其一也。」

明

無極。名法天，太和縣感通寺僧。洪武間入覲，獻白駒一，山茶一，太祖臨軒納之。茶忽開一花，太祖喜親爲詩記之，厚賜遣還。

芮道材。少業儒，從劉真人習棲神煉氣之術。曾殄莪崀蛟，除蒙化祟。宣德初召見，尋賜歸。創棲霞觀居之，後尸解。

土産

鹽。浪穹縣出。

點蒼石。出點蒼山，唐李德裕平泉莊醒酒石即此産也。

墨。蘇易簡墨譜：雞足山古松心燒烟爲墨，最佳。

扶留。一名蔞子，出點蒼山。文選所謂「東風扶留」。

蒟醬。南方草木狀：蒟醬蓽茇也。

自然銅。太和縣出。

甲。桂陽志：蠻軍惟大理國最工甲胄，皆用象皮，胸背各一大片如龜殻，堅與鐵等。

工魚。出洱海，如鰷而鱗細，長不盈尺。明楊愼稱爲魚魁。

校勘記

〔一〕唐於昆明之栟棟州置姚州都督府　「栟棟州」，乾隆志卷三七八大理府建置沿革（下同卷簡稱乾隆志）同，「州」當作「川」，舊唐書卷四一地理志載「麟德元年，移姚州治於栟棟川」，中華書局點校本元史卷六一地理志據之改正，是也。

〔二〕北至劍川州界一百二十里　乾隆志同，據志例，「劍川州」上當出「麗江府」三字。

〔三〕寧山　原作「安山」，據乾隆志及雍正雲南通志卷三山川改。按，本志避清宣宗諱改字。

〔四〕在賓川州西　此五字原誤置「滇志」之下，據乾隆志移正。按，乾隆志五字之下尚有「五十里」三字。

〔五〕又南入寧湖　「寧湖」，原作「安湖」，據乾隆志及雍正雲南通志卷三山川改。按，本志避清宣宗諱改字。下文「寧河」，原亦避諱作「安河」，今同據回改。

〔六〕在賓川州九曲上石鍾寺側　「上」，乾隆志同，疑當作「山」字，九曲山即鷄足山。

〔七〕本漢時姑繒夷地　「繒」，原作「繪」，據乾隆志及漢書卷九五西南夷傳改。下同改。

〔八〕以浪穹施浪鄧賧總三浪爲浪穹州　「賧」，原作「瞼」，乾隆志同，據元史卷六一地理志改。

〔九〕寧北城　「寧」，原作「安」，下注文同，據乾隆志及讀史方輿紀要卷一一七雲南五改。按，本志避清宣宗諱改字。

〔一〇〕順寧鉢水寨　「寧」，原避清宣宗諱作「安」，據乾隆志回改。下通寧橋條「寧」原亦作「安」，同據改。

〔一一〕見大圓光倚立地上　「地」，乾隆志同，雍正雲南通志卷一五祠祀作「玉池」二字，疑此誤。

〔一二〕高昇泰　按，高昇泰當宋神宗時人，此列於唐時，殊誤。

〔一三〕求段正淳立之　「淳」，原作「浮」，據雍正雲南通志卷二一之一人物志及滇略卷七事略改。

〔一四〕累功進大理威楚金齒等處宣慰使都元帥　「大理」，原作「大路」，據乾隆志及元史卷一六六信苴日傳改。

〔一五〕王寧　「寧」，原作「凝」，避清宣宗諱也，據乾隆志回改。

〔一六〕清平官張羅疋爲立廟祀之　「疋」，原作「正」，據乾隆志及雍正雲南通志卷二三流寓。按，滇考作「皮」，與「疋」音近。

〔一七〕將歸建昌阿黎氏　「建昌」，原作「昌建」，乾隆志同，據雍正雲南通志卷三〇雜紀及滇考乙。

〔一八〕氏隨自縊　「縊」，原作「益」，據乾隆志改。

臨安府圖

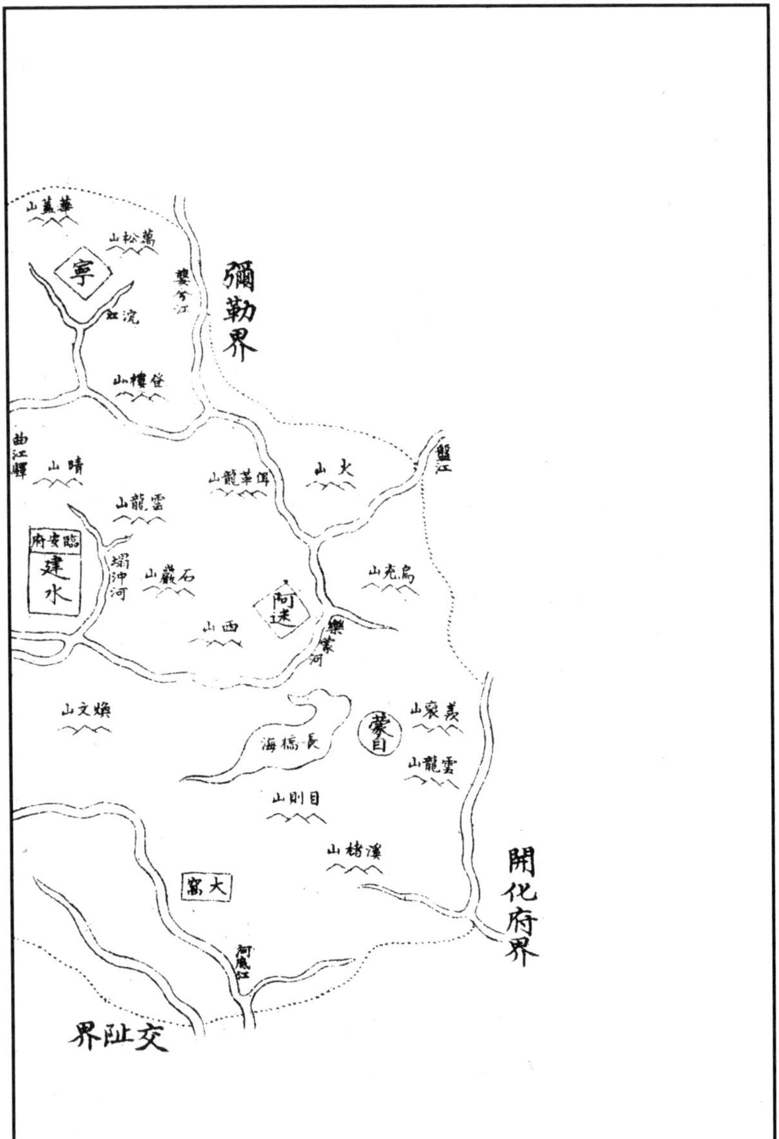
華蓋山
萬松山
寧
彌勒界
登樓山
曲江驛
晴山
雲龍山
臨安府
建水
火山
盤江
石巖山
阿迷
西山
煥文山
長橋海
蒙自
雲龍山
目則山
開化府界
交阯界

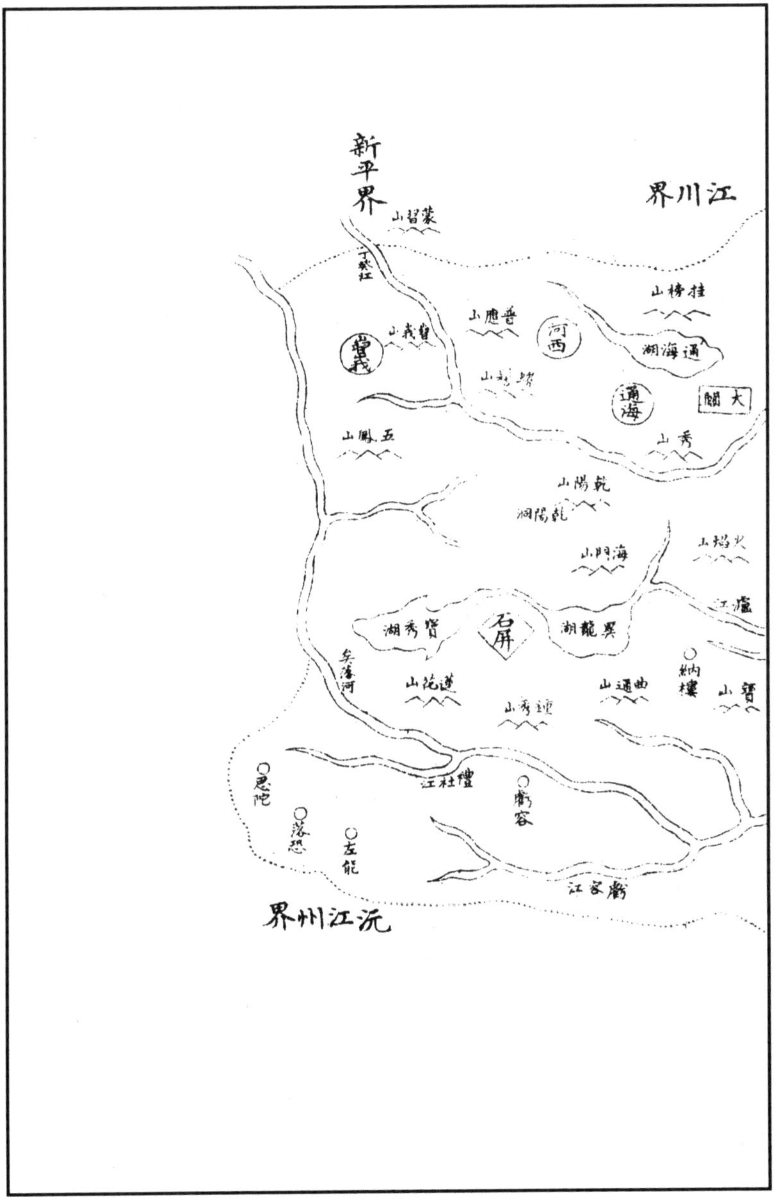
新平界
江川界
蒙智山
桂榜山
普應山
西河
通海湖
通海
大關
五鳳山
秀山
乾陽山
乾陽洞
海門山
火焰山
寶秀湖
石屏
異龍湖
納樓
曲通山
寶山
禮社江
思陀
落恐
左能
沅州江界

臨安府表

	臨安府	建水縣
兩漢	牂牁郡地。古句町國。武帝置句町縣，屬之，其東南境爲益州郡地。	賁古縣地。
三國	蜀漢興古郡地。	
晉	興古、梁水二郡地。	
宋	興古、梁水二郡地。	
齊	興古、梁水二郡地。	
梁	廢。	
隋		
唐	鉤州武德七年置南龍州。貞觀十一年更名，屬戎州都督府，後蒙氏置通海郡。	蒙氏築建水城。
宋	段氏改秀山郡，後復名通海。	爲蠻所據。
元	臨安路憲宗六年立阿僰萬户。至元八年改爲南路，十三年改名，治通海縣，屬雲南行省，兼置臨安、廣西、元江等處宣慰司。	建水州初立建水千户，至元十三年改置州，屬臨安路。
明	臨安府洪武十六年改置府，徙治建水，屬雲南布政司。	建水州府治。

續表

石屏州	阿迷州	寧州
益州郡地。	益州郡地。	益州郡地。
		興古郡地。
		梁水郡地。
烏麽蠻居之，築末束城。		黎州 初爲南寧州地，武德七年析置西寧州，貞觀八年改名，屬戎州都督府，天寶末没於蠻。
阿僰蠻據，名石坪邑。		
石坪州 至元七年改邑爲州，屬臨安路。	初立阿寧萬户，至元初屬南路總管府，大德中屬臨安、元江、廣西宣慰司。	寧州 初立寧部萬户，後改寧海府，至元十三年改爲州，屬臨安路。
石屏州 洪武十五年改州名，屬臨安府。	阿迷州 洪武十五年改置州，屬臨安府。	寧州 屬臨安府。

	通海縣	河西縣
	句町縣地。	益州郡地。
	興古郡地。	
	通海鎮，蒙氏置通海郡，治此。	河西縣初置，屬西宗州，天寶後没於蠻，名休臘部。
	段氏爲秀山郡治，尋復爲通海郡治。	
西沙縣至元十三年置，屬寧州，至治二年省。	通海縣初立通海千户，隸鄯闡萬户。至元十三年改置縣，屬臨安路，後改屬寧州。	河西縣至元十三年置河西州，屬臨安路，二十六年降爲縣。
	通海縣屬臨安府。	河西縣屬臨安府。

續表

續表

嶍峩縣	蒙自縣
益州郡地。	益州郡地。
嶍倪蠻居之，名嶍峩部。	
嶍峩縣 初立嶍峩千户，至元十三年改置州，二十六年降爲縣，屬臨安路，後改屬寧州。 筇川縣 至元十三年置，屬嶍峩州，二十六年省。	蒙自縣 憲宗七年立蒙自千户，至元十三年改置縣，屬臨安路。
嶍峩縣 屬臨安府。	蒙自縣 屬臨安府。

大清一統志卷四百七十九

臨安府

在雲南省治東南四百三十里。東西距五百七十里，南北距四百八十里。東至開化府界三百二十里，西至元江州界二百五十里，南至交趾界二百五十里，北至澂江府江川縣界二百三十里。東南至開化府界二百七十五里，西南至元江州界二百九十里，東北至廣西州彌勒縣界三百四十里，西北至元江州新平縣界三百六十里，自府治至京師八千六百三十里。

分野

天文東井、輿鬼分野，鶉首之次。

建置沿革

禹貢梁州荒裔。古句町國。漢武帝開西南夷，置句町縣，屬牂牁郡。其東南境爲益州郡地。後漢因之，三國漢屬興古郡。三國漢志：建興三年，丞相亮南征，分建寧、牂牁爲興古郡。按：蜀漢時，府東南境爲梁水郡地。晉以後因之，梁末廢。唐武德七年置南龍州，貞觀中更名鉤州，隸戎州都督府。按元史地理志，唐隸牂州。天寶末没於南詔，蒙氏置通海郡都督府，段氏改爲通海節度，尋改秀山郡，後復名通海，阿僰部蠻居之。元憲宗六年内附，置阿僰部萬户府，至元八年改爲南路。十三年，又改爲臨安路，隸雲南行省。明洪武十六年改爲臨安府，屬雲南布政使司。本朝因之，屬雲南省，領州三、縣五、長官司五。

建水縣。附郭。東西距七十里，南北距二百十里。東至阿迷州界三十里，西至石屏州界四十里，南至蒙自縣界五十里，北至通海縣界一百六十里。東南至蒙自縣界二百八十里，西南至納樓司界六十里，東北至寧州界一百三十里，西北至石屏州界三十里。漢益州郡賁古縣地。唐時烏麽蠻地，元和間蒙氏築城名惠歷，漢語曰建水。段氏時爲步麽徒蠻所據。元初内附，置建水千户所，屬阿僰萬户府。至元十三年，改建水州，屬臨安路。明爲臨安府治，本朝因之，乾隆三十五年改州爲縣。

石屏州。在府城西八十里。東西距一百九十里，南北距三百五十五里。東至建水縣界四十里，西至元江州界一百五十里，南至納樓司界二百里，北至通海縣界一百五十五里。東南至建水縣界九十八里，西南至元江州界一百七十里，東北至建水縣界六十里，西北至嶍峨縣界一百里。漢益州郡地，蠻曰舊欣，漢言林麓。唐時烏麽蠻居之，段氏時阿僰蠻奪據，闢地得石坪，聚爲居邑，因名石坪。元至元七年改邑爲州，隸臨安路。明洪武十五年，改曰石屏州，屬臨安府。本朝因之。

阿迷州。在府城東南一百二十里。東西距二百九十里，南北距三十五里。東至開化府界二百里，西至建水縣界九十里，南至蒙自縣界五里，北至廣西州彌勒縣界三十里。東南至蒙自縣界三十六里，西南至納樓司界一百五十里，東北至彌勒縣界二十里，西北至建水縣界六十里。漢益州郡地。元初爲阿寧萬户府，阿寧，古蠻名，後譌爲阿迷。至元初隸南路總管府，大德中隸臨安路。明洪武十五年改置阿迷州，屬臨安府，本朝因之。

寧州。在府城東北二百五十里。東西距一百二十里，南北距一百四十五里。東至廣西州彌勒縣界九十里，西至通海縣界三十里，南至建水縣界九十五里，北至澂江府江川縣界五十里。東南至蒙自縣界八十里，西南至建水縣界七十里，東北至澂江府河陽縣界七十里，西北至江川縣界四十里。漢益州郡地。蜀漢爲興古郡地。晉爲梁水郡地。唐初爲南寧州地，武德七年析置西寧州，貞觀八年改黎州，天寶末没於蠻，尋屬爨部，又屬寧部。元初置寧部萬户，後改寧海府。至元十三年改寧州，隸臨安路。明屬臨安府，本朝因之。

通海縣。在府城西北一百五十里。東西距三十里，南北距七十里。東至寧州界十里，西至河西縣界二十里，南至建水縣界二十里，北至寧州界五十里。東南至建水縣界五十一里，西南至石屏州界六十里，東北至寧州界二十里，西北至河西縣界十五里。漢句町縣地。三國漢屬興古郡。唐置通海鎮，後爲阿僰蠻所居。蒙氏於此置通海郡，段氏改秀山郡，尋復爲通海郡。元初立通海千户所，隸鄯闡萬户。至元十三年改通海縣，隸寧海府。二十七年，隸臨安路，後又改隸寧州。明屬臨安府，本朝因之。

河西縣。在府城西北一百八十里。東西距七十里，南北距五十里。東至寧州界三十里，西至嶍峨縣界四十五里，南至通海縣界五里，北至澂江府江川縣界四十五里。東南至通海縣界十五里，西南至石屏州界五十里，東北至寧州界五十里，西北至澂江府新興州界三十里。漢益州郡地。唐初置河西縣，隸西宗州，天寶後没於蠻。後阿僰蠻居之，名休臘部。元憲宗六年内附，七年即阿僰蠻立萬户所，以休臘隸之。至元十三年置河西州，隸臨安路，二十六年改爲縣。明屬臨安府，本朝因之。

嶍峨縣。在府城西二百六十里。東西距一百一里，南北距一百六十里。東至河西縣界一里，西至元江州新平縣界一百里，南至石屏州界六十里，北至雲南府易門縣界一百里。東南至河西縣界二里，西南至石屏州界六十里，東北至澂江府新興州界二十五里，西北至易門縣界一百里。漢益州郡地。唐時爲嶍倪蠻所居，名嶍峨部，後併於阿僰。元初内附，置嶍峨千户，隸阿僰萬户。至元十三年改爲嶍峨州，二十六年降爲縣，隸臨安路，後改隸寧州。明初改屬臨安府，本朝因之。

蒙自縣。在府城東南一百五十里。東西距一百十里，南北距一百二十里。東至開化府界三十里，西至建水縣界八十里，南至開化府界四十里，北至阿迷州界八十里。東南至開化府界六十五里，西南至建水縣界三十里，東北至阿迷州界五十里，西北至建水縣界六十里。漢益州郡地，白蠻居之，以目則山而名，譌爲「蒙自」。南詔時以趙氏鎮守，至段氏爲阿僰所有。元憲宗七年置蒙自千户，隸阿僰萬户。至元十三年改爲蒙自縣，隸臨安路。明屬臨安府，本朝因之。

虧容甸長官司。 在府西南一百四十里。東西距四十五里，南北距二十里。東至阿迷州界二十五里，南至舊溪處司界十里，北至石屏州界十里。本虧容甸部，元隸元江路，明改爲長官司，屬臨安府，本朝因之。土長官阿氏世襲。

納樓茶甸長官司。 在府西南一百八十里。東西距二百里，南北距二百四十五里。東至納更土司界七十里，西至元江州界一百三十里，南至元江州界一百五十里，北至建水縣界九十五里。本蠻地，唐時蒙氏名爲茶甸。元置千户，隸阿寧萬户，後分爲二千户隸雲南行省，又改納樓茶甸。明改爲長官司，屬臨安府，本朝因之。

落恐甸長官司。 在府西南二百里。東西距二百里，南北距一百五里。東至舊溪處司界七十里，西至元江州界一百三十里，南至建水縣界九十里，北至思陀司界十五里。本伴谿落恐部，元置軍民萬户，屬元江路。明改長官司，屬臨安府，本朝因之。土長官陳氏世襲。

左能寨長官司。 在府西南二百三十里。東西距四十五里，南北距三十五里。東至落恐司界三十里，西至思陀司界十五里，南至舊溪處司界十五里，北至思陀司界二十里。舊爲司陀甸寨，明置長官司，屬臨安府，本朝因之。土長官吳氏世襲。

思陀甸長官司。 在府西南二百五十里。東西距一百里，南北距六十里。東至元江州界七十里，西至落恐司界三十里，南至左能司界十五里，北至元江州界四十五里。本官桂思陀部，元置和泥路，屬元江路。明改爲長官司，屬臨安府，本朝因之。土長官李氏世襲。

形勢

南連交趾，北抵澂江，西連楚雄。爲滇南之上闔，作邊陲之保障。通志。

風俗

習俗質野，採獵爲業。明志。士尚氣節，民專稼穡，畏法不争，崇文敬老。通志。

城池

臨安府城。周六里有奇，門四，自城東北繞西北至西南有濠。舊有土城，明洪武二十年易以甎。本朝康熙四年，雍正五年、十三年屢修。

石屏州城。周四里，門四，有池。明嘉靖三十年創築土城，天啓五年易以甎，本朝康熙六年修，雍正四年復修。

阿迷州城。周三里，門四，舊土城。明正統間築，萬曆四十五年易以甎。本朝康熙九年、雍正八年屢修。

寧州城。周三里，門三。明嘉靖十一年始築土城，崇禎十三年易以甎。本朝康熙十一年修。

通海縣城。周二里，門四，有池，即通海守禦所。明洪武十五年創築土城，二十四年易以甎。本朝康熙八年裁所歸縣，移縣治於此。五十六年修。

河西縣城。周二里有奇，舊有城久廢。明成化間遷建，崇禎六年砌石。

嶍峨縣城。周一里有奇，門四，有池。舊有土城，明正德六年移築，崇禎七年易以甎。本朝雍正七年重修。

蒙自縣城。周四里，門四，明成化二十年創築土城，萬曆四十三年易以甎。本朝雍正八年修。

學校

臨安府學。在府治西。元時創建，本朝康熙中屢修。入學額數二十名。

建水縣學。附府學内。舊爲州學，明萬曆四十三年建，本朝乾隆三十五年改爲縣學。入學額數二十名。

石屏州學。在州治東。明洪武二十二年建，本朝雍正元年修。入學額數二十名。

阿迷州學。在州治東北。明再遷，本朝雍正三年移於今所。入學額數十五名。

寧州學。在州治東。明洪武二十六年建，本朝康熙中屢修。入學額數十五名。

通海縣學。在縣城南。明洪武二十五年建，本朝康熙二十九年、雍正十一年屢修。入學額數二十名。

河西縣學。在縣治南。元泰定中建，本朝康熙中修、雍正七年重修。入學額數二十名。

嶍峨縣學。在縣城北。明天啓七年移建，本朝康熙三十四年、雍正十三年屢修。入學額數十二名。

蒙自縣學。在縣治東。明洪武二十七年建，本朝康熙二十年、五十一年屢修。入學額數十八名。

崇正書院。在建水縣西門外。明嘉靖間建。

崇文書院。在建水縣治。本朝康熙十九年知府董宏毅建。

焕文書院。在建水縣治。本朝康熙五十五年知縣陳肇奎建。

龍泉書院。在石屏州治。萬曆間建，本朝乾隆十八年知州管學宣修。

靈泉書院。在阿迷州治。本朝乾隆三十五年知州邊鏞改建。

凝陽書院。在寧州治。本朝乾隆四十八年知州周鑑等建。

秀麓書院。在通海縣治。本朝乾隆五十四年知縣朱觀光建。

登雲書院。在嶍峨縣治。本朝乾隆五十八年知縣戴丹書等建。

觀瀾書院在蒙自縣治。本朝乾隆五十七年知縣李焜等建。

户口

原額人丁共一萬九千九百一十四，今滋生男婦大小共四十萬五千二百九十六名口，計九萬八千三百九十一户。又屯民男婦大小共十二萬七千一百三十四名口，計三萬六千七百二十八户。

田賦

田地九千九百三十四頃二十九畝七分有奇，共額徵地丁正、雜銀二萬三千九百一十九兩七分六釐，米一萬八千三百四十一石六斗五升一合七勺。

山川

石巖山。在建水縣東十五里，或謂之蒙山。山麓有洞，異龍湖、瀘江諸水流入其中，流出入阿迷州界。府志：山麓有洞三。一曰水雲洞，亦名雲津洞，亦名中洞，亦名巖洞。門前虛敞，可容數百人，瀘江之水赴以爲壑，冬月水落，架橋列炬而入，石笋倒垂如龍蛇虎豹之狀，旋轉回合，幾二十里。一曰南明洞，在水雲洞後。上有兩竅，陽光射入，見石牀丹竈。一曰萬象洞，與南明洞相連，勢更峻絶。歷級而上，隱隱聞風雷聲。通志：昔遷客閻閎所闢，又稱閻洞，亦曰句町三洞。州志：三洞合五河之水，匯爲一泓，折而入，西阻華蓋，連岡叠嶂，延亘數百里，爲郡城右臂。

捧印山。在建水縣東二十里。有石如印，在山巔，俗云「仙人捧印」。

矣和波山。在建水縣東南沙寨村。林壑之美，宛如畫圖。

象山。在建水縣南五里。其形如象。

焕文山。亦作判文山。明統志：在建水縣南二十里，高千餘仞，中有三峯，削出如筆架。昔大理段思平外舅爨判居其上，因名。府志：焕文山在府南三十里，北拱學宫，三峯秀拔，其影倒入泮池，本名泮文，後易今名。

連雲山。在建水縣南二十里。四時常有雲氣。

寶山。在建水縣西南二里。産石如寶，相傳此山夜有光如火。又欒榮山，在府城西南三里，其土香美，作餅炙熟可食，僰婦每嗜之。

谿處山。在建水縣廢谿處甸西，奇峭延長，中多溪澗，接虧容甸司界。

火焰山。在建水縣西北十里。土有硫黄氣，履之灼足，著枯葉即焦，攣疾者卧其上輒愈。又有豐山，與火焰山相連，土地肥沃，草木茂盛，民居其間者多富足。

黑沖山。在建水縣西北四十里。雲深樹暗，多瘴癘，人不敢往。

晴山。在建水縣北三十五里。舊名北嶺，山勢嵯峩，林木葱鬱，與焕文山相峙，爲郡之主山。

三台山。在建水縣東北八十里。俗名三尖山。絶巘凌空，羊腸一線，上有梁王城，昔蠻酋常恃險居此。又雲龍山，在縣東北九十里，一名回龍山。

石門山。在建水縣東北百里。箐口鑿石爲門，以通車馬，下臨曲江，險隘可守。

菜玉山。在石屏州東十五里。産石碧潤如玉，謂之「菜玉」，下有石碧澗。

海門山。在石屏州東四十里，横堵異龍湖口。一名海東山。

雲臺山。在石屏州東南雲臺里。産異石。

鍾秀山。在石屏州南二十五里。延亘百餘里。明統志：中産紫石，可採爲研。又有寶山，在鍾秀山右，産石如圓珠。

蓮花山。在石屏州西三里。形如蓮，下有蓮花池。

乾陽山。在石屏州北五里。高五百餘丈，延亘二十里，中有石洞，山麓有乾陽龍王祠，歲旱禱雨之處。

烏充山。在阿迷州東二十五里。明統志：又名東山，嘗有烏飛集其上。通志：州之鎮山也。每晨有白雲亘山腰，恍如玉帶。

禄豐山。在阿迷州東，烏充山西，形類石城。

伏仙山。在阿迷州東。形如人卧，與東山連麓。

水城山。在阿迷州東一百二十里。周圍渚澤，環抱如城，故名。蠻人多居其址焉。

雷公山。在阿迷州東南。舊名買吾山，明萬曆初，撫臣鄒應龍擊賊於此，忽雷震，殺賊數人，因易名。

歪頭山。在阿迷州東南一百五十里。偏峯突兀，連亘開化。

水泉山。在阿迷州南五里。翠屏峭壁，影動清波，上多奇花古樹。

南洞山。在阿迷州南五十里。翠岫森鬱。

西山。在阿迷州西三里。一名充山，高數百仞。又七十里有左納山。

蓬和山。在阿迷州西北一百八十里傍甸村。又名豐樂山，與烏充、禄豐形勢連絡，環抱州治。又覺朗山，在州北十五里，連亘西嶺。

火山。在阿迷州北三十里。火伏土中，有火處土即裂，以竹投之輒灼。

萬松山。在寧州東九里。麓盤頂峭，上有松林，四時蒼翠。

木角甸山。在寧州東一百三十里，地名備樂鄉。產蘆甘石，舊封閉，明嘉靖三十四年開局鑄錢，取以入銅，自後復啓。又東爲陽暮山，夕陽倒影，紫翠萬狀。中有龍洞，分上、中、下凡三，幽奇瑰異，不可窮測。又有西沙籠山，在州東老寨後，土語「城」爲「籠」，土酋西沙所築。

登樓山。在寧州東南二十里。高可千丈，袤八十餘里，登之則遠近畢見，故名。山頂有池，方百步，山形如文字，學宮對之，故又名文峯。

華蓋山。在寧州北一里許。爲州主山。

富春山。在通海縣東十里。林麓清鬱。又筆架山，在縣東十里，三峯峻拔。對峙者爲紗帽山，俱以形似得名。又縣東三十里有香爐山，峻突如古鼎。

黄龍山。在通海縣東。蜿蜒爲邑左輔。

東玉山。在通海縣東南二十里。

諸葛山。在通海縣南三里。明統志：昔諸葛武侯南征，駐兵於此。舊志：上有懸崖石窟。

秀山。在通海縣南六十里。又名青山，又名螺峯。列翠如屏，黄龍居左，白馬居右，俯瞰城郭。滇志：宋開禧元年，段氏就秀山建啓祥宮，山半有判府泉，因爨判而名。

白馬山。在通海縣西。與黄龍山對峙，爲邑右翼。又縣西有伏虎山，一名獅山。其相近者曰飛鳳山，在陽廣甸。

掛榜山。在通海縣北湖外。峯巒聳秀，遥對學宫。

翠微山。有二，一在河西縣東，其山青秀，狀如翠屏；一在蒙自縣西四十里，羅列五彩，産翠微花。

螺髻山。在河西縣西五里。山頂如螺髻，上有石塔高丈許，塔前有池，中多蓴菜，每晨有雲覆其上，目曰螺髻朝嵐。

佛光山。在河西縣西十里。其形中高，左右稍下，圓若佛光。

琉璃山。在河西縣北。山勢崔嵬。元時土酋居其上，城寨三層，遺址尚存。

普應山。在螺髻山北。萬松挺秀，一水環流，爲縣勝景。

碌溪山。在河西縣東北。山多石，四圍皆水，通海湖源出於此。

龍山。在嶍峨縣東南二里，與桂峯山相連。山麓有泉，四時不竭。

桂峯山。在嶍峨縣南二里。高峯峭拔，下多叢桂。又縣南三里有香楮山。

五鳳山。在嶍峨縣西南九十里。五山連峙，其勢如飛，山麓有鳳山洞，可容數十人。

萃秀山。在嶍峨縣北三里，環擁縣治之後。又七里爲黿山，以形似名。

嶍峨山。在嶍峨縣東北二里，舊縣治在其陽。縣志：嶍山在縣東，峨山在縣南。

旗鼓山。在嶍峨縣東北三里。宛如旗鼓。

東山。在蒙自縣東八里。遇旱禱雨多應。

麒麟山。在蒙自縣東二十里，與縣西北象鼻山相接。奇峯秀拔，左右前後産銀、錫諸礦。

雲龍山。在蒙自縣東三十里。四山蟠束，若蒼龍蜿蜒，奇詭萬狀。有石室可坐千人。雲氣出如白練，其中琅玕琪樹，瑶草文鹿，迥非人境。又北爲小雲龍山，亦奇峭，即雲龍洞也。

羡哀山。在蒙自縣東九十里。明統志：上多石筍，絶頂平地千頃，中有三池，水草四時不竭，宜畜牧。

目則山。在蒙自縣西三十里，即漢語譌爲蒙自者也。横列二十餘峯，秀麗如畫，舉目則見，故名。

鸚鵡山。有二，一在蒙自縣西五十里，一在縣北七十里。

耳鑼山。在蒙自縣東北三十里。府志：峯頭每有風雨雷電，輒兆豐年。縣志：縣無源水，每春苦旱，一聞山鳴，則風雨輒至。

松子山。在納樓茶甸司南一里。以山多産松子，故名。

納樓山。在納樓茶甸司南六十里。

曲通山。在納樓茶甸司西南八里。山下有泉兩派，一流入禄豐江，一流入司北之仙人洞，亦謂之石洞。

左能山。在左能司境。

思陀山。在司陀甸司東。山頂平曠，有思陀寨遺址。

奇木嶺。在蒙自縣東十里。舊設土兵哨守。

交岡。在阿迷州南，其地東西延亘，與交趾分界。明天啓二年，水西安邦彦亂，霑益土酋應之，烏撒安效良復叛，引兵入霑益，抵交岡，犯安南長官司。竜古哨土官沙源擊走之。州志：交岡舊屬安南長官司，後爲州界，交人亦置戍守於此。相近有地名南外，亦交趾分界處。

碧玉峯。在寧州北十五里。巖石磷磷，下瞰撫仙湖，波光涵浸如碧玉，上有碧玉神祠，旁有石如懸鐘，又名石鐘巖。通志：亦謂之碧玉峯，山高八百餘丈，亘三十餘里。

邃巖。在嶍峨縣西二百二十里。深邃廣闊。

仙人坡。在通海縣東南二十里。每旦有白沙印巨人跡在上，掃去復見，俗謂之仙人跡。

通靈洞。在阿迷州東南。中有水泉，灌溉甚溥。以火燭洞中，有聲如雷。

傳聲洞。在阿迷州西南二十五里集甸境。洞口石如席狀，一孔僅容指，嘘氣聲如吹角，可聞半里。又觀音洞，在州西五十里，近安邊哨，洞内有石觀音像。

三元洞。在嶍峨縣西十五里。兩山並峙，東西兩門，高十餘丈。洞有三層，中多奇石異景。

風洞。在納樓茶甸司東二十里。四時風自洞出，人不可近。又司東南六十里有魚洞，産蝦，色紅而肥，長五寸。

羚羊洞。在納樓茶甸司北。中産鑛可鍊銀，高處有羚羊，飛石崚嶒，人不可到，世傳有仙居之。

龍馬蹄石。在石屏州西八十里。高四尺，圍六尺。旁有小石四，俗呼風伯、雨師。又有砌碌石，在秀山。通志：在州西五畝寨。石高七尺，左右各一石，高四尺，如犬逐鹿之狀。

武石。在寧州西十里。道旁有三石，一類人足，一類硯石，一類棋局，俗傳仙人所作。舊志謂之武石仙跡。

禮社江。自大理府趙州之定西嶺，流經楚雄舊定邊縣，合陽江之水，爲定邊河。東南流經鎮南州，爲馬龍河。又東南經舊碍嘉縣，入新平縣界，謂之摩沙勒江。又歷元江州東南，入建水縣西南境，經納樓茶甸爲禄豐江。歷虧容甸爲虧容江。過蒙自縣爲梨花江。又東南流於交趾界，合於清水江。

瀘江。自石屏州異龍湖，東流會三河水，入建水縣之閣洞，出阿迷州南，爲樂蒙河，入於盤江。

曲江。自澂江府新興州至嶍峨縣北。有一水自石屏州南來會之，名合流江。自新興州者曰大河，爲曲江正流。自石屏州者曰小河，東南流入河西縣之碌碌河。又經建水縣至阿迷州，會衆流爲盤江。河隔十八寨，夷人出没要路，乃阿迷、彌勒二州分界處。下流入於盤江。

婆兮江。在寧州東六十里。源自澂江府撫仙湖，流經州境，匯於婆兮甸。下流廣西州境，入於盤江。

浣江。在寧州南三里。水從州北清龍潭流下，夾岸樹木陰森，爲行客餞别之地。經州南又東南會於婆兮江。

丁癸江。在嶍峨縣西北二百五十里。源自三泊廢縣，流經丁癸村。其水深闊，下流亦入於曲江。又有分界江，在縣南二百里。江外爲新平、南安界。

中河。在建水縣西南。源自府東北之塌冲流入，瀕河之田頗獲其利。又小河，亦自塌冲流經建水縣南，與瀘江匯流，入於閣洞。又有北溝河，源自小關山過石橋，會瀘水同流，俗呼窑溝，與中河、小河所謂三河也。

冷水河。在建水縣東北四十里。清流不竭，灌溉甚溥。

矣落河。在石屏州西八十里。自元江州流入境，又東入虧容甸司界，即元江下流也。一作落矣江。

樂蒙河。在阿迷州東。其上源即瀘江也。自建水縣流入州界，復西折而東匯於盤江，入廣西州界。

高河。在寧州東四里備樂鄉。周二百餘步，旱澇不涸溢。

東渠河。在河西縣東。源自水磨村北山澗中，流經縣南，入通海縣界。

碌碌河。在河西縣西北，即通海河源也。一名沾彝江，源自新興州江川口，流經縣界，東入曲江。舊志：碌碌河自嶍峨縣合流江入境〔二〕，下流入府境爲曲江。

煉莊河。在河西縣北一百里。出勝郎山後，經羅呂鄉山麓，灌溉煉莊田地。

乍甸河。在蒙自縣西北七十里。源出建水縣之判文山，東南流入縣境，下流匯於梨花江。又縣北七十里有儻甸河，發源木馬沖，亦流入梨花江。

建水。在建水縣南，廣五畝，今堙塞過半。舊川志：今爲建水池，廣五畝，居人環處。

瓜水。在寧州南。浣江之水流自北，思永山之水流自西角，轉而東南，又有丁矣沖之水流自東，彎環而南，俱會於茶部沖，形如瓜字，流入廣西州境。

龍洞水。在阿迷州東數十步山根出，流入樂蒙河。

南洞水。在阿迷州東南十五里。中有水泉，出洞歧流，灌溉甚溥。持火入洞，有聲如雷鼓，又如物行動聲，或以爲龍。

草湖。在府城南二里。

巽龍湖。在石屏州東。有九曲，周一百五十里，俗呼爲海。其水流爲瀘江，入建水縣界。中有三島，小島曰孟繼龍，有蛇蟲，不可居，昔蠻酋竄罪人於此。中島曰小末束，大島曰和龍，蠻酋立城其上，漢名水城。元史：至順初雲南諸王托卜佳等亂，石屏鎮將朱寶翼引泉據守和龍島，賊帥戰艦來攻，拒却之。「托卜佳」舊作「秃堅」，今改正。

老湖。在石屏州南三十里。廣闊五里許，築隄蓄水備旱。

通海湖。在通海縣北秀山下。源自河西縣，東流注爲湖，唐志謂之海河、利水，周八十里，形如環而缺其東南。相傳昔水滂不通，有僧於縣治東北石筍叢立處，以杖穿穴洩水，因名通海。通志：一名杞麓湖。

南湖。在蒙自縣南。闊數十丈，亦謂之草湖，時溢時涸。

長橋海。在蒙自縣東北二十里。構木爲梁，長十餘丈。又十里爲黑波海，又西北三十餘里爲矣波海，中有菜如蓴，產魚肥美。

龍川。在寧州東北五十里。源發甸頭山澗中，灌田甚溥，北流注撫仙湖。

山後川。在河西縣西二百步李家莊。

巔崖溪。在寧州東北十里茶部衝村。兩崖相對，下有溪澗，一泉自巔下垂，名巔巖泉。

西溪。有二，俱在蒙自縣西南。一出銀礦，一出錫礦。滇志：西溪在縣西南二十里，本一溪，分爲二。

蓮花灘。在蒙自縣南。爲入安南道，即梨花江所經也。明永樂初，沐晟出蒙自蓮花灘，進討安南。嘉靖中莫登庸亂，撫臣汪文盛以蓮花灘當交、廣水陸衝，遣兵據其地，即此。輿城記：由蓮花灘達安南東都，可四五日。羅洪先曰，自蓮花灘入交州石隴關，循洮江右岸，爲大道；自縣之河陽隘入交州，循洮江左岸，山險崎嶇，此間道也。

白龍潭。在建水縣西北二里。亦曰白龍泉。有橋跨其上，灌溉甚溥。又甸尾龍潭，在縣南十里。黑龍潭，在南二十里。

東渠鄉龍潭。在河西縣西。源出九街子山麓，灌田甚多。

蓮花池。在建水縣西二十里。清澈可鑑，每夏蓮開如錦。

月池。在石屏州西數百步。形如偃月，不涸。

蓮池。在寧州北十里，居山腹中。無溢涸，多芰荷。

東湖池。在通海縣白馬山谷内。有二池，東曰東湖池，西曰西湖池。又河西縣亦有東、西湖池，一在縣東南二十里達旦營，一在縣北二里戴家屯，俱蓄水灌田。

半月池。在通海縣南，月圓月缺俱映半輪。又有光鉢池，在秀山下，流注杞麓湖。

大水塘。在建水縣東二里。四時不竭，可備旱澇。

清水塘。在建水縣南二十里。又有渾水塘，在縣南十五里。

酸水塘。在石屏州西。闊三里許。

鸚哥塘。有二，俱在蒙自縣鸚鵡山下，其一可溉。

冷水溝。在建水縣東北四十里。灌溉甚多。又有螞蝗溝，在縣西北五里。

五塘溝。在石屏州南。水有五處，俱熱如湯。有彌勒溝〔二〕，在州西南十五里，皆可溉。

有本泉。在建水縣東南。居民引以溉田。又有混混泉，晝夜不息。

溥博泉。在建水縣南。雨更清潔，土人呼爲大板井。相近者爲淵泉，俗呼爲小板井。

聖母泉。在建水縣北。亦名流泉，其水流入窑溝，左有聖母祠，故名。

香林泉。在建水縣東北三十里。源出山巔，味極清旨。又有楊公泉，在縣東北四十里，明知州楊緒爵鑿，濟田千餘畝。

温泉。有六，一在建水縣東北三十里香林寺山下；一在建水縣曲江發源山麓，有硫黄氣，引爲池可浴；寧州、阿迷州、河西、蒙自等縣各有温泉，浴可愈疾。

靈泉。有二，一在阿迷州西一里，舊名龍潭，有灌溉之利；一在寧州西。

益泉。在阿迷州東。刳石井汲。

冰泉。在阿迷州西南四里。水净且冷。又脂泉，在州北門外。

新生泉。在通海縣東十里，可溉。又有判府泉，在秀山之半，飲之令人肥白。

九龍泉。在河西縣西南十里禱雨處。

法果泉。在蒙自縣南十五里，縣志：地名生山邑，明正德間土酋那伐亂，官兵討平之，置新安千户所，疏此水。又有落龍泉，在縣東南八里，引以灌溉。

龍華泉。在蒙自縣北二十里廢龍華寺中。相傳有靈物潛焉。

玉潔井。在建水縣東。味甘洌，色如玉潔，居民資以造紙。又白沙井，在白鶴鋪前，其味爲第一。

龍井。在建水縣南回回村。俗傳正月一日其水上潮，有二魚，人利見之。又涼水井，在府城東北八里。

大、小龍井。在石屏州西二里，二井相鄰，會流入異龍湖。

火井。在阿迷州東北三十里部沼村。明統志：其水溢出，常有煙氣，投以竹木則燃，至夜有光。

通井。在寧州南。

新生井。在通海縣東十里，可溉田。又仙人井，在縣東仙人坡下。

古蹟

惠歷故城。在今建水縣西，唐蒙氏時築。地名步頭。唐書南蠻傳：永徽初章仇兼瓊開步頭路，築安定城，羣蠻震駭。元史地理志：建水州在本路之南，爲雲南極邊。治故建水城，唐元和間蒙氏所築，古稱步頭，亦云巴甸。每夏秋溪水張溢如海，夷謂海爲惠，歷爲大，故名惠歷，漢語曰建水。歷趙、楊、李、段數姓，皆仍舊名，些麽徒蠻所居，内附後立千户，至元十三年改建水州。府志：州治舊在府城西半里許，洪武中移於今治。

曲江故城。在建水縣北，臨曲江。有二城，一築於漢，一築於蒙氏。

段氏故城。有二。一在建水縣南五里瀘江鄉，今無垢寺；一在縣西一里之蓮花池。

寧遠故城。在建水縣西南一百里。本爲寧州地，明析置寧遠州，屬臨安府〔三〕。萬曆末州廢。滇記：禮社江自虧容司東流，出寧遠州，俗呼河底，即故州治。

寧州故城。在寧州境。元史地理志：寧州在本路之東，唐置黎州，天寶末没於蠻，地號浪曠，步雄部蠻些麽徒據之，後屬爨，蠻酋阿幾以浪曠割與寧酋豆圭〔四〕。憲宗四年，其酋内附。至元十三年，改爲寧州。州志：寧海府故址在州西五十里大雄寺旁，今名舊州治。明洪武十六年建，嘉靖十二年築城。按：寧州未詳何時徙今治。

西沙故城。在寧州城東。元史地理志：西沙在州東，寧部蠻世居之〔五〕，其裔孫西沙築城於此，因名西沙籠。憲宗四年，其酋普提内附，就居此城爲萬户。至元十三年立爲西沙縣，二十六年以隸寧州。至治二年併入州。通志：縣故址在州西二里仁善坊内。

黎州故城。在寧州。唐書地理志：北接昆州。通志：有古城去州三里，相傳武侯所築。

句町故城。在通海縣東北五里，漢置。漢書地理志「牂牁郡句町」，注：「應劭曰：故句町國。師古曰：音劬挺。」又西南夷傳：鉤町侯亡波有功，立爲鉤町王。通志：有漢句町縣故址，在縣治北。唐時蒙氏置通海郡於此，其後段氏又改置秀山郡，元置臨安路，皆治焉。明初置臨安府於建水州，因改置今縣。而置通海左、右千户二所於此。府志：明洪武十五年，指揮陳鏞創立今城。

河西故城。在今河西縣境。元史地理志：河西縣在杞麓湖之南，其地曰休臘，唐天寶後没於蠻，爲步雄部，後阿僰蠻易渠奪而居之，憲宗六年内附，七年隸阿僰萬户，後置爲州。通志：有古城在縣東北，故址尚存。縣志：有古城址三，一在縣東北一里，一在縣西北三里，一在縣東三十里，俱元時築。

笻川故城。在嶍峨縣西北九十里。元史地理志：嶍峨立千户，至元十三年置笻川縣，屬嶍峨州，二十六年省爲鄉。舊志：廢笻川縣在縣西北九十里，今名笻川鄉。又通志有古城，在縣西怕念鄉。

賁古廢縣。在建水縣東南。漢縣，屬益州郡。漢書地理志：益州郡賁古。後漢書郡國志：賁古采山出銅錫，羊山出銀鉛。蜀漢屬興國郡，晉因之，東晉時廢。

末束城。在石屏州異龍湖三島山，今名乞斷山。明統志：異龍湖中有三島，唐時烏麽蠻始居一島，築末束城，宋時阿僰蠻奪據之。

楊廣城。有三。一在阿迷州東南二里通安橋，宋皇祐初儂智高奔竄，狄青使其將楊文廣追之，屯兵於此；一在州之市平鋪;一在州之石頭寨。

舊土城。在通海縣東五十里官洞村。相傳昔寨長段智興築此以禦諸蠻,廢址尚存。縣志:城在縣東五里。

臨安廢衛。在建水縣東。明洪武十五年建,以指揮使領之,并設五千户所屬焉。本朝康熙六年裁衛歸建水。

阿迷廢所。在阿迷州東一百二十里,地名虚卜桶。舊爲猓玀所據,明萬曆二年,巡撫鄒應龍討平之,置戍守於此,並築土城,今裁。

通海廢所。在通海縣北。明統志有通海前、右二千户所,俱在縣治東,洪武十五年建,隸臨安衛。本朝康熙五年裁。

新安廢所。在蒙自縣西南十五里。通志:本安南長官司地,名補瓦寨。明正德六年廢司,改置千户所於此,隸臨安衛,十四年築城。本朝康熙二十六年裁。

廢溪處甸長官司。在建水縣西南一百五十里。明統志:舊爲溪處甸部,元置軍民副萬户,隸雲南行省,後屬元江路,洪武中改長官司,隸臨安府。本朝康熙四年省。

讀書臺。在府城學宫旁,地勢高起如臺。明洪武中學士王景章、都御史韓宜可謫戍講業於此,成化中訓導趙子禧搆亭其上。

將臺。有二,一在建水縣西北左伯駐兵處,一在白鶴鋪定遠伯沐昂駐兵處,俱有遺址。

撫蠻臺。在建水縣西。明巡按姜思睿招撫土蠻,築臺於此。

故元帥府。在河西縣北三十里,又名萬松營。元至正二十年建,今石碑猶存。

環翠樓。即建水縣南樓。平疇緑畦,一望葱蒨。

望京樓。即建水縣北樓,與南樓相對。

大興樓。在河西縣下敬坊。明天順間建，上懸大鐘。

惠宣堂。在府治北。明知府陳禮建，侍讀學士王直記。

居敬堂。在建水縣廢臨安衛北。明指揮萬賓建，翰林院修撰陳循爲記。

觀海軒。在通海縣北通海湖上。

楊知州莊。在建水縣東南五里。元知州楊和居此。

董文彦宅。在通海縣東十里富春山。

石穴。在通海縣北二里。世傳有異僧以杖穿石，洩杞麓湖之水，其穴至今存。

關隘

大關。在建水縣城西北三十里，道出澂江府江川縣要津。

箐口關。有二。一在建水縣東北一百里曲江北，設曲江巡檢司；一在蒙自縣西南六十里，舊設巡檢司，今廢。

寶秀關，在石屏州西三十里，路通元江州。明洪武十六年置巡檢司於此，今裁。

東山關。在阿迷州東二十里蒙樂村。明宣德間置土官巡司普姓於此，天啓末廢。

甸苴關。在寧州西北四十里。明洪武二十四年置巡檢司，今裁。

寧海關。在通海縣東南十里。

建通關。在通海縣東北十里。

曲陀關。在河西縣北三十里。元至元二十年立元帥府於此，爲商旅輻輳之地。明初置曲陀巡司，萬曆四十一年裁。

伽羅關。在嶍峨縣西南。明洪武中設巡司，土官易姓。萬曆十九年改廢。

大窩關。在蒙自縣西南，亦曰大窩子，有險可恃。又南曰打巫白箐，箐深道峻。又南至江滸，地名矣各母，渡江爲勒古薄地，入交趾界。又楊柳河關，亦在縣西南，近王弄山長官司，山高箐密，深險可恃，南接老寨，旁有白木、樂龍、老火等箐〔六〕，及溪烏石洞皆險僻處。

傍甸鄉巡司。在阿迷州東南。今裁。

興衣鄉巡司。在嶍峨縣西。明初置，今裁。

納更山土巡司。在建水縣東南一百里。明成化間設，土官巡司龍姓。嘉靖十二年議討安南，安南土酋莫登庸聞之，遣人行覘，至納更山爲土舍所擒。巡司舊治曰車人寨。

猛弄寨。在建水縣徼外。本朝雍正八年，寨長白氏内附。

大寨。在建水縣落恐甸西南。滇記：由石屏州壩罕甸出猛甸，抵落恐大寨東北，地名乃龍，出納樓等司境。

合江口寨。在阿迷州東。宋皇祐初儂智高敗，從此遁入大理，狄青遣將楊文廣追之，至阿迷州合江口，不及而返，即三江口盤江與衆水合流處。

隴希寨。在阿迷州，自羅台驛踰山而南，經倒馬坎，凡四十里至隴希寨，林深磴險，谿徑雜出，沙人、儂人溷處。

龍馬槽寨。在河西縣北十五里。相傳有龍馬時現，故名。舊爲蠻酋恃險處。又達旦營，在縣東南東湖旁，蒙古嘗屯兵於此。

賀謎寨。在蒙自縣東南。滇記：縣有溪楮山，去八寨二十餘里。又南至大江，地名安邊，由縣至底泥，又前渡三岔河至賀謎，其地萬山相接，正中地名慢老，左曰磨莫，右曰八灑，俱近安邊。自慢老至江底，皆崇山峻嶺，旁有黄角榆諸處，江南爲籠陰山箐入交趾界。

發果寨。在蒙自縣南。旁有五山，峻拔險固可恃。

柏木蘆寨。在蒙自縣南。據山絶頂，四面懸崖峭壁，外建墩臺以護水道，又南渡江入交趾界。滇紀：縣南有霧露結箐，由此抵柏木蘆寨。又有薄喇寨，去交趾者蘭州五里。

雞街寨。在蒙自縣西北，道出府城，爲要口。

儻甸。在納樓茶甸司東，道通蒙自縣，爲邊要地。明天啓二年增設儻甸守備於此。

樂育甸。在左能寨司東。滇記：自石屏州界壩罕渡江而南，至樂育。

曲江驛。在建水縣北曲江故城内。明洪武十四年置曲江巡司駐此。

蛇花口。在阿迷州北，爲州境之險。有佴革竜山，勢險惡，蠻酋往往恃以爲固。府志：臨安西南境諸夷曰幹泥蠻，旁郡者曰烏爨、㧖雞、獛獠、些袁等。

津梁

迎恩橋。在建水縣東一里。舊名大石橋，年久沙壅。本朝雍正九年知州夏治源與里人重建，易今名。又城東十里爲玉虹橋，橋南有三河橋，三河分流，二橋相望，俱正統間建。

瀘江橋。在建水縣南一里，跨瀘江。又南四里爲浣衣橋，跨小河上。又天生橋，在城南婆羅莊哨，有石跨流，自然成橋。

曲江橋。在建水縣東北一百里，長三十丈，明萬曆三十二年建。

顧公橋。在石屏州東門外。明署州通判顧慶恩建。又有化龍橋、通貢橋、福林橋、許家橋，皆集處。

矣落河橋。在石屏州西八十里，跨矣落河，明天順間建。

通濟橋。在阿迷州東，明弘治中建。又城東二里有永安橋，天順中建。又永興橋、通安橋，俱弘治中建。

新橋。在阿迷州東北五里。石梁三空，長十餘丈，廣二丈，以濟東河之險。

盧公橋。在寧州西三里，跨浣江，路通甸苴關，明正德十六年建。

黄澄橋。在寧州西北三十里，路當通衢，澗狹水險。明隆慶六年州人黄澄建，因名。

登瀛橋。在通海縣南秀山半，亦名昇仙橋，如飛渡。

秀江橋。在通海縣西南，跨秀山澗水上。

碌溪橋。在河西縣東，長虹三渡，界於湖中。

指南橋。在河西縣南二里，明弘治中建。

龍江橋。在嶍峨縣東，水大用舟楫，水小設橋。

桂峯橋。在嶍峨縣南一里。

永安橋。在蒙自縣西門外。

宜民橋。在蒙自縣矣渡鋪，明洪武間建。又儻甸橋，在縣北十七里，天順二年建，今改名萬里橋。

長橋。在蒙自縣北二十里，長十丈，明天順三年土官禄剛建。

納更三渡。在建水縣。滇記：納更司撒果山下有隴墩渡，七寶山下有鑾板渡，納剌山下有鑾江渡，所謂納更三渡也。

龍江渡。在嶍峨縣東六十步，水大設舟，水涸建橋。

箐口渡。在蒙自縣西南一百八十里。

納樓三渡。一曰禄逢渡，在納樓茶甸司南四十里。又司東南百里有乍甸渡，又百五十里有呵土渡。

檳榔渡。在虧容司西北五里。又有茶渡，在司北四十里。

隄堰

瀘江隄。去建水縣治一里。

化龍橋隄。在石屏州東異龍湖邊。本朝康熙七年知州劉維世築。

西隄。有二。一在石屏州西一里，即楊柳壩，障寶秀彌勒溝之水，本朝康熙八年知州劉維世築，堰長八十餘丈，灌田數千畝；一在河西縣西。

東堰。在阿迷州東，水自南洞經東山莊，至義來村，郡人王廷表率衆爲石壩。

西堰。在阿迷州西，水出樂蒙河，州民趙儒築堰通之，經桃川莊至甸尾。又有石堰在州南，其地有小河，明巡撫鄒應龍爲石堰，民利之。

新龍堰。在嶍峨縣境。又有角地堰、大羅河堰、砥柱堰、普龍堰，俱在縣境。

大壩。在建水縣東六里。

大石壩。在嶍峨縣西北。

九天觀閘。在石屏州西三里。明萬曆間知州曾所能移築爲石閘，以時啓閉。

陵墓

元

董文彦墓。在建水縣西一里。

群節墓。在建水縣北白鶴鋪。元末盜起，回回剌魯丁等四十一人棲隱山谷中，盜脅之不從，俱被害，身首異處，經宿復合，衆異之，遂叢葬於此。

明

江孝子墓。在建水縣北一里。孝子名惠，任臨安府通判，有孝行，天順中卒於官，因葬此。

祠廟

景賢祠。在府城學宫後，祀明翰林學士王奎、副都御史韓宜可。

諸葛武侯祠。在建水縣北。舊志：武侯平南中，人思其功德，因祀之。

尉遲敬德祠。在石屏州治南，唐時建。

忠臣祠。在建水縣東，祀鄱陽死節太原侯王勝、合肥子王德。

忠孝祠。在通海縣東北，祀元莊愍公董文彦及其子茂春。

表忠祠。在建水縣西，明萬曆八年巡撫劉維請建祠，祀交趾前後死事尚書劉儁、陳洽，參政劉景，都司吕毅，參政馮貴、侯保，都督黄中，知府劉子輔、馬先，知州何忠，掌交趾布、按二司尚書黄福，歲春秋二仲上辛日祭，今燬。

徐公祠。在建水縣南，祀元江死事布政司徐樾。

三節祠。在通海縣北，祀明初謫戍御史東旭、妻盧氏及其子欽。

忠勇祠。在寧州甸苴關，祀明蠻莫死事寧州土目把者義。

三厲祠。在阿迷州東十五里，祀東征猓獛陣亡千户魏朝鳳，百户李邦郁、譚大經。

昭忠祠。在建水縣城隍廟後，本朝嘉慶八年建。

寺觀

指林寺。在建水縣西。相傳宋季有人見一鹿止林木中，率衆跡之，俄有人出，指其林曰：「鹿處此久矣，無庸逐。」言畢不見，衆異之，因建寺以祀。

香林寺。在建水縣東北二十里。元時建，爲郡中名勝。

海潮寺。在石屏州東異龍湖中。

乾陽寺。在石屏州北乾陽山。元時建，明弘治中重修。

善覺寺。在阿迷州東。明正統間建，壯麗巍峩，爲州偉觀。

伏虎寺。在寧州東北九十里。州志：昔猛虎爲害，神僧蓮峯伏之，因以名寺。

香巖寺。在通海縣東東山之半。

湧金寺。在通海縣南秀山之巔，倚山面水，林木鬱葱。元僧東巖建。

清涼寺。在通海縣南秀山。元僧鐵牛建。

翠微寺。在河西縣東五里翠微山麓。明洪武間建。

大興福寺。在河西縣治北。明洪武間建，嘉靖中重修。

圓通寺。在河西縣普應山。

登雲寺。在嶍峨縣北。

鹿苑寺。在蒙自縣治南。元泰定中建，明嘉靖中重修。

瑞竹寺。在蒙自縣治南。明萬曆間建。

真慶觀。在通海縣城東關内。

灝穹宫。在通海縣秀山。内有千葉茶花一株。

名宦

元

張立道。陳留人。至元間爲臨安軍民宣撫使，創廟學於建水路，書清白之訓於公廨，貪墨屏跡，風化大行。

朱寶翼〔七〕。鎮守石屏千户。天曆初，托卜佳反，各郡縣皆陷，獨寶翼等率五千餘人夜至宣慰司，掩襲僞官，奪符印以歸，率衆保和龍島。「托卜佳」原作「秃堅」，今改正。

明

萬中。黄陂人。洪武中從宣寧侯金朝興下臨安〔八〕，領兵四出，時蒙自、石屏、通海、寧州諸蠻梗化，屢服屢叛，中皆討平之，功績最多，升臨安衛世襲指揮同知。

王執。寧州衛指揮，洪武中從宣寧侯下臨安，因與萬中俱留鎮衛，石屏蠻馬黑奴搆煽諸部，屯兵海東，爲七營以待，執與萬中乘夜襲破，追至異龍湖又破之，師還西山，又擊其逸蠻於楊州莊，斬馘無算。

徐文振。威遠人。正統間授臨安同知，善撫字，任滿，民上疏乞留，升知府。

詹英。貴州衛人。正統間任河西縣教諭，性剛直，不畏權勢，時靖遠伯王驥三征麓川，英劾其老師費財，人服其膽。

邵鑑。壽州人。臨安府左所百户，正統間征上江刀招罕寨，力戰死。

葉晟。臨安衛後所百户，性果毅，嫺方略。正統間征上江，奮勇殺賊，歿於陣。

任彬。蒼溪人。景泰間知石屏州，有吏目高秉權，爲土酋刀諒毒死，彬當勘訊，諒以黄金七百陰行賄賂，彬叱去之，正諒罪，人服其廉正。

蔣良。全州人。天順間任河西知縣，政務寬厚，有訟者輒引至前，諭以孝弟忠信，皆解去。

左明善。富順人。成化間知臨安府，廉敏有爲，民皆畏愛，交人寇邊，榜諭以禍福，即遁去。

何純。新淦人。成化間任河西知縣，寇盜交斥，純立哨堡，嚴捕逮，寇皆斂跡。加意學校，講經義，正文體。

孫華。臨安衛前所百户。成化間撤甸夷亂，以勇敢赴敵，歿於陣。

王朝禄。江津人。弘治初任通海知縣，修學舍，增倉儲，以縣當衝要〔九〕，里甲夫馬爲累，請更協濟於河西，後遂爲例。

江魚。豐城人。正德間任臨安推官，清介自持，河底夷酋搆訟，投以金不受，中毒死。

陳允諧。莆田人。正德間知建水州，存心儉約，惟以惜民惜費爲事，盡裁常例，州人賴之。

汪金。貴溪人。嘉靖初任臨安知府，維持綱紀，創置學田。

李先著。蓬萊人。萬曆間分守臨元道，清廉剛直。猛廷瑞搆隙，當事以其曾任瀾滄兵備〔一〇〕，爲夷人信服，令其督兵，先著言猛酋無大罪，塗炭可憫，專議撫，適酋持千金請命，謂不受之無以堅其信，遂以之充兵餉，酋遂遣子聽撫。而金騰路姤其功，逕襲擊廷瑞，誣搆先著，被逮死於獄，滇人哀之。

朱繼夔。瀘州人。萬曆間任寶秀巡檢，議建毛木哨以防剽掠，置社倉以儲菽粟。

姚敷典。通海人。萬曆武舉，任守備。征普酋，忠勇冠軍。賊夜劫營，敷典手刃七人，與參議周永吉同死。贈遊擊將軍。

曾所能。涪州人。知石屏州。值亢旱，導民以桔槔引水，灌溉田畝。請於上官，免徵耔粒銀。築九天堰，立社倉，教養兼至，州人祀之。

秦懋觀。仁和人。天啓末，知臨安府。滇土富饒，仕者多以賄聞，懋觀至，土酋普名聲獻千金不受。巡撫王伉、布政司周士昌索名聲賄不應，誣以叛，將討之，懋觀力辯其枉，不聽。名聲襲執士昌薄城下，懋觀登陴責之，相持兩月，及伉被逮，賊遂解去。遷右參政。

游大勳。婺源人。崇禎間，任府通判。普名聲叛，督土舍王顯祖及郡人趙定周往禦，營壘未立，賊突至，士兵奔潰，勳正色當之，遂遇害，定周亦死之。

李猶龍。蘄州人。崇禎初，授石屏知州。值普名聲叛，攻圍臨安，州距府八十里，警報數至，猶龍誅其喜亂者，境内肅然，賊不敢犯。

朱統燧。南昌人。崇禎間，署石屏州事。恤民疾苦，以異龍湖水壩魚梁壅塞水道，拆去，更築隄百丈以抵之，淤田復墾，捐給傭值，合州永食其利，建祠祀之。

朱家梁。江寧人。崇禎間，任寧州知州。沙普焚劫，罵賊而死。

張九逵。蒙自武舉，新安所千户。爲流賊所獲，罵不絶口，賊怵以兵，罵如故，遂遇害。同邑邢鎬爲新安百户，城陷，率妻杜氏，其弟鰲亦率妻杜氏，闔門自焚死。

熊啓宇。南昌人。崇禎末，授臨安府推官。時流賊攻臨安城破，啓宇被執，罵賊不屈，賊義釋之。賊屠城，横屍二十餘里，啓宇率殘民焚瘞爲三大塚。後民飢乏食，炊粥以賑，全活甚衆。

單國祚。會稽人。崇禎末，通海縣典史。沙賊陷城，罵賊被殺。

許起鳳。江南人。崇禎末，任寧州知州。時土酋禄冕苛索鄉兵，起鳳執法不撓，卒爲所忌，毒殺之。

陸九衢。保山人。任嶍峨訓導，流寇陷城，九衢衣冠坐明倫堂，罵賊而死。

本朝

鄭相。江寧人。順治中以中書舍人隨征入滇，署石屏州事，撫卹流亡，賑濟備至。適總兵高應鳳作亂，被害，民爲流涕。

張勇。字飛熊，洋縣人。順治間隨大兵定滇，留鎮臨安，賞罰嚴明，勸農重粟，興賢下士。後封靖逆侯。

郭維賢。阿迷州吏目。康熙四年禄昌賢叛，兵掠布沼，維賢奉命往撫，賊衆劫之，罵賊而死。

顧濟美。長洲附貢生。雍正元年任通海縣，練達老成，聽斷明允。有許姓者横一邑，官斯土者皆與之往來，民莫敢正視，濟美置諸法，一時稱快。後升雲南布政使。

戴允臣。廣西舉人。乾隆五年署寧州事，時有欲增鹽額者，允臣曰：「飽官吏一日之谿壑，竭士民百年之脂膏，我不忍也。」至今人誦其言。

蔣玭。南昌舉人。乾隆三十九年任蒙自縣，絶苞苴，懲蠹役，興水利，振士類，去官之日，邑人爲建坊於子午橋。

張玉樹。武功人。乾隆進士。五十六年任臨安知府，勤於教養，濬異龍湖以濟水旱，革小錢及夫馬浮濫之弊，卒於任。紳耆送其柩回鄉。後遂塑其像於各廟中。

江濬源。懷寧人。乾隆進士。五十九年繼玉樹爲知府，舊所設施，皆遵循無廢。石屏地震，斃者千餘人，煮粥蓋棚以安集之。南掌國稱舊有地爲土司所據，擁衆至納樓，濬源以義折之，畏服竄去。

傅應奎。汝陽舉人。乾隆五十年任石屏州，甫莅任，即修黌宮，設書院，濬湖口，疏兩河。尋署廣南府，以勞瘁卒。

人物

元

董文彦。通海人。天曆間，任威楚路知事。中慶鎮將敗狐叛，攻威楚，官吏皆遁，文彦獨死守。城陷，賊欲降之，文彦怒駡，遂遇害。明年，敗狐伏誅，事聞，謚莊愍，官其子時中爲禄豐主簿。

亨祐。石屏人。天曆初托卜佳作亂，祐與朱寶翼共守和龍島，賊率衆來攻，戰艘三百，人欲出降，祐曰：「戰亦死，降亦死，死報國耳，言降者斬。」衆皆踴躍。賊舟將至，衆欲迎敵，祐曰：「無急也。」無何，賊兵蟻附，發礮擊之，連碎數十舟，斬首數百級，受圍七旬，糧乏，富民王帑出粟千石，以食其衆，會救至得免。

明

施大節。建水人。永樂舉人，知安南演州，慈愛廉明。值黎利叛，繕甲兵，積糧餉，爲守禦計，後力屈死之。時同邑洪秀任交州知府，同殉難，正統間祀昭忠祠。

王綸。建水人。永樂間擊交趾有功，以千户鎮守蒙自。後交趾復叛，力戰死之。

張海。寧州人。宣德中，任揚州推官，有異政，擢御史，巡按福建。討平巨寇鄧茂七，升貴州按察使。值苗蠻作亂，海約束撫綏，一方以安。

李旺。河西人。正統中知戎縣事，初莅任，寇賊猖獗，躬率衆擒之，歿於陣。事聞，贈敘州府通判，賜敕褒廕，立祠祀之。

邢幹。字秉忠，建水人。天順進士，任郎中時，劾權貴，謫知瀘州。擢南陽知府，興水利，均徭役，戢豪强，與張隆、田容、張文宗稱「建水四賢」。

楊昇。阿迷人。天順間，以貢入太學。隨御史某巡四川，發御史受賄，民頌之，遂命代巡按御史事，能舉其職，凡七閱月，乞歸。生平不附權要，不貪禄位，以清介稱。

張西銘。字希載，寧州人。海子。成化中進士，授金溪知縣，縣有虎咥人，蝗食稼，西銘禱於神，兩害俱息。以治行第一擢御史，巡按遼東，再按蘇松，後督學順天，士類心服。

王暻。字明仲，建水人。幼聰敏，爲諸生時，捐金以贖人妻，後登弘治中進士，授懷寧知縣，以最績擢御史。時劉瑾擅權，暻抗疏力詆，朝中以「真御史」目之。

譚彦章。建水人。任百户。阿迷、蒙自野賊劫掠，彦章隨指揮魯仲軒、千户李璋追捕，被執不屈，駡賊而死，仲軒、璋亦被害。

劉洙。字道源，建水人。正德中進士，在諫垣十二年，以蹇鍔著名，諫武宗遊畋五事、世宗端治本七事，時論韙之。

李文忠。字宗周，廢臨安衛人。弘治中舉人，官禮部員外，以議禮廷杖，出爲四川僉事，整肅風紀，歷固原兵備道。

王庭表。字民望，阿迷人。正德中進士，以刑部郎中命勘寧夏台浤之獄，不避權貴。改四川僉事，尋報罷。里居三十餘年，孝友惇篤，凡有益於鄉者，必昌言之。

繆宗周。通海人。正德中進士，任户部主事，以議大禮廷杖，後歷升浙江布政使，所至有聲績。既歸里，三十餘年絶跡公庭，清約如寒士。父璋任武昌通判，以政績著聞。

楊僎。建水人。嘉靖中進士，官吏科給事中，疏靖難諸忠節事，留中不報，時論多之。仕至參議，居鄉以德行稱。

紀經綸。字肫夫，建水人。嘉靖舉人，爲諸生時，以婢女父有軍功，養爲女嫁之。知新都縣，編縣馬以濟驛困。知上蔡縣，開金粱渠以興民利。計擒劇賊黑龍、黑虎、黑象等。

萬文彩。廢臨安衛人。嘉靖中進士，歷任富順、成安知縣，擢給事中，彈劾不避權要。疏諫開馬市，出爲貴州參議。賑饑民，擒妖賊，升四川威茂兵備道，退土番之寇，邊賴以安。

楊廷相。廢臨安衛人。嘉靖中進士，由大理寺評事升河南參議，所至辨冤剔弊，皆有聲稱，尋以議調。乞休林下，三十餘年，恂恂若素士。

許鎡。字國器，石屏人。性剛直，嘉靖中進士，擢御史。有諫官詹仰庇斃於廷杖，鎡伏屍哭，上聞之，乃命葬。出爲江西副使，與巡按御史忤，致仕歸。

張廷祚。蒙自人。嘉靖三十六年，土賊逼城，兄廷佩戰死，廷祚奮身往救，亦死。妻李氏年尚少，矢志撫孤，年九十餘卒。

王恩民。字成宇，建水人。隆慶中進士，擢御史，出爲湖廣荆西右參議。時崔家坪有巨寇，恩民盡殲除之。大學士張居正以父喪歸，恩民弔賻，獨如常儀。尋調貴州，有蠻寇突至城下，恩民率官民出擊，賊挫遁。後官至福建巡撫。

蕭崇業。字允修，建水人。隆慶中進士，由庶常授兵科給事，歷户、工二垣，先後封事數十上，禁侈靡，開潞河，劾欺弊。調驛傳。奉使册封琉球，歸報命，晉兵科都給事。歷官南京右僉都御史，以母養告歸，尋卒，賜祭葬。

包見捷。字汝鈍，建水人。幼穎異，八歲能爲七言詩。萬曆中進士，以庶吉士改户科給事中，危言不諱，謫爲貴州布政使都事。後歷吏部右侍郎，以勞卒，贈工部尚書。

馬一荀。建水人。萬曆舉人，權慶陽府。值饑寇肆掠，一荀開渠建倉，練士詰奸，一方帖然。崇禎三年，流寇突至，以計殺内應者數十人，殺賊無算，士民立祠祀之。

陳鑑。石屏人。萬曆進士，官左江道副使，廉正有聲。見璫禍起，致仕歸。念其地多賊，土城不可以守，捐金易以甎。後沙普龍三賊屢攻不能破，皆其力也。

王夔龍。石屏人。萬曆中進士，知巴陵縣，多惠政。及爲御史，風裁爲一時冠。

塗時相。字揆宇，石屏人。萬曆中進士，任户部主事，有廉聲。升大名知府，置常平倉，在任五年，所轄州縣積粟至數十萬，朝議推爲廉能第一。歷官南京太僕卿。家居時，巡撫陳用賓以征伐議加税充兵餉，時相遺書力争之。

王元翰。字伯舉，寧州人。萬曆中進士，由庶吉士改吏科給事中，屢疏皆中時弊。天啓間召用，以讒阻。卒於金陵。子開，州庠生。流寇入滇，開母、妻俱赴昆明池死，開被執，賊殺之。

張法孔。寧州人。事母至孝。萬曆中進士，授户部郎中，提督建昌學政，歷官四川布政使，清操絶倫。流寇張獻忠犯成都，獨守南門，捐資募士，夜擣賊營，獻忠遂遁。後致仕歸，修學繕城，蜀藩特疏薦之，以太常寺卿取用，爲天下清官第一。

趙琦。寧州人。萬曆中進士，初授工部員外，巡歷山東臨清等處，累官大名府。時東省邪教猖獗，琦選丁壯，繕器械，修城池。未幾盜起，賴豫備得全。尋改保定，政簡刑清。卒於官，殯殮不辦。事聞，命馳驛歸葬。

者義。寧州人。萬曆間隨征莽應裏、岳鳳，及楊林、緬甸用兵，皆立戰功。後以覘賊誤入伏中，手刃數十人，圍益厚，馬蹶，矢集於身。及救至，見屍僵立，猶持刃作殺賊狀。事聞，贈參將，謚忠勇，楊林及甸苴關皆立祠祀之。

李元初。河西人。萬曆舉人，赴京謁選，父扶杖送之，不覺淚下，元初即隨父歸，結廬普應山，不復出。

談三極。字立之，蒙自人。萬曆舉人，令綿竹。會邊有警，巡撫因播州宣慰司楊應龍以進木助工得主眷，欲調其兵，三極極言不可，後果叛。三極又言時方東作，宜緩用兵，巡撫怒其謇諤，且愧前議之酬，遷爲南路學正。後有知其才者，薦擢知石阡府。靖苗疆，勸農桑，興學校。以養親告歸。時有建水黄立中，隆慶進士，知資縣，應龍兵過滋擾，立中繩其犯法者，他邑賴焉。

白燦然。五村民。萬曆間土酋嘯聚，縣令拔爲練長，率鄉勇禦賊，全家遇害。

李國柱。建水人。天啓舉人，任常德府同知，流寇陷城，死之。

姚敷典。通海人。萬曆武舉人，任守備。征普酋，忠勇冠軍。賊夜劫營，敷典手刃七人，與參議周永吉同死。贈遊擊將軍。

趙民保。字爾容，通海人。天啓舉人，任南陽府同知，流寇陷城，絳服端坐，厲聲罵賊，死於難。

王化行。河西人。天啓舉人，任商水令。時流寇充斥，急修城郭，工甫竣而闖賊至，偕二子恩寵、恩錫死之。

任士茂。建水人。崇禎舉人，任彭澤令，告歸。沙定洲脅使附己，不屈死之。

廖履亨。建水人。崇禎進士，任吉水令，致仕歸。李定國陷臨安，赴水死。妻曾氏率子女僕奴闔門自縊。

史覲宸。石屏人。崇禎中，知順慶府。張獻忠攻破順慶，覲宸力禦被執，罵賊而死。本朝乾隆四十一年賜謚烈愍，妻董氏，亦以孝慈聞。

王士昌。字心泰，寧州人。崇禎中舉人，任河南泌陽知縣，時流寇猖獗，練兵秣馬，爲守禦計，逾數月，賊衆重圍其城，救不至，城陷，冠服懷印，正坐公堂，駡賊殉難，特賜光禄卿，廕一子。本朝乾隆四十一年賜謚節愍。

蔡鼎錡。寧州人。崇禎間屢立戰功，授左軍都督。隨左良玉入陝西討賊，中三十餘矢，力屈死之，贈寧威將軍。

楊一忠。河西人。崇禎中任巴縣教諭。流寇攻城，分門拒守，城陷，駡賊被害。子名嗣伏屍而哭，亦被害。本朝乾隆四十一年，予入忠義祠。

徐煒。河西人。崇禎中舉人，官至偏沅巡撫，有惠政，沅人祠祀之。歸里後，流賊臨城，兵民懼，閉城，賊曰：「我輩沅州人，欲見徐公耳。」煒衣冠坐城上，責以大義，諸賊羅拜而散。

耿廷籙。河西人。崇禎中，四川巡撫、都御史，丁艱歸。流寇陷河西，廷籙赴水死，妻楊氏被執，駡賊死。本朝乾隆四十一年，賜謚節愍。

陳竭忠。建水武舉人，任貴州守備。調征蕎甸，先登，陷陣歿。

曾有坤。建水人。城陷，舉火自焚，妻田氏抱幼子逸去，以延宗祀。

王保。建水人。多勇力，殺土賊，勦叛兵，屢立戰功。後遇賊戰死，土人祀之。

范應華。建水人。崇禎中任參將，死於普名聲之難。本朝乾隆四十一年，賜謚節愍。

吴希賢。字進夫，建水人。母有瘵疾，希賢親溲穢，籲天求代，侍祖亦如之。有叔早世，撫其孤女，厚嫁之。仕爲渠縣知縣，誘擒巨寇刁七輩，萑苻帖然。性狷介，不能曲事上官，中深文罷歸。

龍在田。石屏土官舍人。屢立戰功，洊擢都督同知，諸將忌其功，罷歸。崇禎十五年，上書願捐軀報國，不效，甘伏斧鑕，議寢不行。吾必奎反，立擒之，後遂隱於家。

胡平表。阿迷人。爲忠州判官，樊龍陷重慶，平表縋城下，詣秦良玉乞師，號泣不食飲者五晝夜，良玉爲發兵，圍遂解。歷遷貴州參議，後總督張鶚鳴言：「平表小吏，慷慨赴義，復新都，解成都圍，降樊龍，克重慶，用六千人，敗奢安二酋十萬兵，請以本官加督師御史銜，賜之專敕。」部議格不行。尋征流寇，舟覆夔峽死，蜀人專祠祀之。

何天衢。字升宇，阿迷人。普名聲招爲頭目，後名聲謀逆，天衢曰：「此丈夫報國時也。」遂坑殺鐃手數十人，率先歸順。屢立功，授副總兵，後以糧盡，舉家自焚死。妻趙民率其妾洪氏先縊死。

温如珍。阿迷人。幼隨父征苗，父殁於陣，力戰，擒殺父者戮之。普名聲攻臨安，如珍適以解餉至，城門晝閉，民避亂者不得入，乃執刃坐西門外，令百姓魚貫進。及圍城急，隨方備禦十五晝夜不解甲，賊始退。擢臨元參將。

王恩詔。阿迷諸生。詣京師請誅普酋，子維啓亦與朱國翰、李夢旭陳破逆策，俱不用。及普酋叛，城陷，維啓冒火負母出。維啓子志道憤土官李廷樞虐使其民，具呈大吏，請改土歸流。有父祖風。

楊國彦。阿迷人。普名聲叛，國彦以義勵鄉民禦之，爲賊所害。

楊雲龍。字景從，阿迷廪生。少孤，事大母以孝聞，爲流賊所執，以刃脅其金，憤駡曰：「我秀才也，死則死耳，安所得金與賊乎！」遂見殺。後子婦錢氏死節亦最烈。

蒲綸。寧州人。與弟纓自幼以勇聞，皆在黔以戰功授參將。征張獻忠，以數騎偵賊，綸被執不屈死。纓突圍出，後著功於晉、楚、粵、豫諸省，晉後軍都統，死於難。

趙發祥。通海人。有勇略，善騎射。沙定洲叛，發祥率鄉人出禦，爲賊所獲，不屈死之。

李元祺。河西貢生。任通道令，流寇陷城，憤駡不屈死。

何文瑞。蒙自諸生。普名聲素景其名，親謁其廬，勸誘之，文瑞大駡，且援弓欲射，賊執之，不屈死。

聶爲德。石屏人。與妻姜氏皆以孝聞。及母卒，鬻子以葬，夢神謂曰：「神感汝孝，賜汝金。」覺後席上果百金，因贖子歸。二子同往廠地，長子耳有贅肉，廠民夢神語曰：「與多耳同夥，斯得礦矣。」訪得之，喜邀同事，所獲無算，人咸以爲孝感。

張九逵。蒙自人。武舉，新安所千户。爲流賊所獲，駡不絶口，賊暘以兵，駡如故，遂遇害。同邑邢鎬爲新安百户，城陷，率妻杜氏，其弟鼇亦率妻杜氏，闔門焚死。

楊世春。阿迷人。事母至孝，母殁，廬墓三年，鄉人稱爲楊孝子。子忱亦至孝，有父風。

趙文宿。阿迷人。家貧性純孝，敕賜天下孝子第一。

許綱。通海人。家貧甚，止一子，日採薪以養瞽母。一日綱樵於山，婦爲鄰家傭，母攜子出墜井，以瞽不能救，哭之哀，綱回，慰之曰：「子可再生，母毋慟也。」多方勸解之。

吴孝先。嶍峨人。年十二，隨父入山，父爲虎攫，孝先拔父刀刺虎死。後建水段允明父母皆死於流賊，允明年十二，賊欲役之，大駡求死，遂遇害，一郡稱爲「兩孝童」。

本朝

王立憲。建水人。康熙間舉人，任廣寧令，革總理苛派，免三站供役，除窖貯官穀之害。曾出誣殺而不得正犯，不數日，正犯自首曰：「不忍令賢君爲我受劾也。」世宗潛邸時，奉使祭告福陵道出其地，書「百里甘棠」四字賜之。

曾齡。建水人。其家遭李定國之變，闔門殉難，名氏失傳。齡以孑遺，終身哀慕不衰，建祠置田，理義倉，興書院，士民德之。子旭，康熙間舉人，任安邑令，有惠政，卒祀安邑名宦。

張漢。字月槎，石屏人。康熙進士，少負文名，以檢討出爲河南知府，與上官牴牾歸。乾隆丙辰，試博學宏詞科一等三名，復授檢討，改官御史。條陳河南荒歉狀，有直聲。江南儲大文、胡宗緒皆其禮闈所得士。著有詩古文詞數種。

邢世瞻。建水人。康熙舉人，任浦江令。建水星亭以禦火災，開蓄水塘以灌田畝，設育嬰堂以卹孤，興學校，褒節義，浦人專祠祀焉。

陳國琬。建水人。幼瞽，習星命以養親，生死皆盡禮。弟國彥早卒，撫其子如己出。妹早寡，贍之終身。

孫綸揚。建水人。妻殁不娶，拾蕭姓金還之，其子復拾金，亦令還之，俱却謝不受。

周啓元。建水貢生。康熙四年土酋叛，死於萬明寺，諸生唐方敬死於阿迷，楊德培死於黑窑，主事鄒應啓死於晴山。

張鶡羽。石屏諸生。康熙乙巳龍韜作逆，不屈，死之。

許邦相。石屏人。親死，廬墓三年，墓下忽湧泉水，時呼爲「孝感泉」。

張良伍。石屏貢生。不受吴逆官，混跡樵漁，後任霑益學正，以母老乞歸。

房書。石屏舉人。幼失父，事孀母先意承志，及母殁，以廬墓哀毁致疾卒。

楊培。阿迷歲貢。吴逆叛，堅守臣節，隱居於鄉。後任開化府教授，振興文教，士風翕然。歸里後，廣置義田，以贍孤貧，乾隆四十四年，入祀鄉賢祠。

伍士琪。阿迷人。康熙辛酉舉人，以户部員外引疾歸，置學田，興水利，建家廟。乾隆四十二年，入祀鄉賢祠。同州楊天興亦以孝行於乾隆五十八年旌。

劉廷表。寧州人。父以逋賦拘獄中，廷表年十四，典身以償。叔父避吴逆變在外，訪歸事之。推愛姊妹、兄弟甚篤，每曰：「父母既殁，無由展我孝思，父母所係念者，吾厚之，聊以慰九泉也。」

台瑮。通海人。康熙舉人，任長壽令，循聲大著。署黔江，時方量田，瑮以地瘠薄，力請以下則減賦。去任後，邑人祀之。

王聖。嶍峨諸生。康熙四年土酋叛，聖往責以大義，賊怒擊之，罵賊而死。

傅爲詝。建水人。其祖大美，以植品樂善，入祀鄉賢祠。爲詝雍正癸丑進士，由檢討改御史。請爲明御史趙譔補謚，又條奏國計民生利弊五事萬餘言。官至右副都御史。嘉慶十六年，入祀鄉賢祠。

陳莫纕。石屏人。雍正進士，任吴江令。民有呈其妻被蘆墟神攝去爲妾者，莫纕親詣其廟，見祈禱者若狂，立毁其像，此患遂絶。

向舒。河西人。秉心孝友，乾隆五十八年旌。同縣向善、王亮品皆以孝行旌。

柏爲楹。嶍峨人。與同縣董於書、周儀，均以孝行於乾隆五十八年旌。

王敬德。蒙自人。聘妻段氏，值寇亂刲氏耳鼻，其父以廢辭婚，敬德不從，卒娶之。

郭羽宸。河西諸生。家甚貧，而事母旨甘無缺，值猓逆變，母驚悸死，宸亦一慟而絶。

趙文瑛。通海人。篤志孝友，嘉慶七年旌。

流寓

明

王奎。字景常，松陽人。洪武初爲山西參政，以事謫戍臨安，博學多才，滇士人多從之遊。後召還。

韓宜可。字伯時，山陰人。洪武間以劾胡惟庸下獄。後爲山西布政，因事謫戍，與王奎闡明文教，郡人立二賢祠祀之。

解守。居庸人。洪武間爲州訓導，被誣謫戍河西，旋命軍中通經儒士召入翰林。會靖難兵至，以建文舊臣，仍發戍所，邑士多出其門。

常昇。懷遠人，開平王遇春次子，襲封開國公。以抗靖難師，安置臨安，尋以憂死。

閻閎。臨清人。嘉靖初，吏科給事中，謫蒙自縣丞，寓建水，作正己堂記。後召還。閎在臨安，探巖穴之勝，今有山洞以閻名。

尹革。河南人。嘉靖間，任兵科給事中。時楊愼以議禮謫戍，革上疏諫，亦被斥爲太和縣丞，因寓蒙自，遂家焉。

畢山人。初不言其生年，明末遊石屏，愛異龍湖島，遂居焉。常爲人相地，有奇驗。一日危坐語人曰：「予逝矣。」悉取書籍及詩草焚之。今州西有墓。

列女

元

蘇氏女。父蘇那懷，元末任曲陀關萬户同知，卒，兩子俱幼，女撫育成立，終身不字。事聞被旌。

明

邢奎妻江氏，建水人。正統中隨夫戍廣西南丹衛，未幾奎卒，氏年二十七，廣人留之，不聽，攜孤負骸歸葬，安貧守節，撫孤成立。

萬傳妻張氏。建水人。傳死，氏年二十二，無子，紡績養舅姑。舅姑歿，終身如禮，歎曰：「吾事畢矣！」遂自縊。

陸華妻薛氏。建水人。夫爲臨安土官，氏年二十，夫卒，苦節撫孤。同州曾麟妻曹氏、曾祥妻賈氏、楊文光妻馮氏青年守志，歷久勿渝，詔旌其門。

趙寧妻王氏。建水人。年十九，夫卒，一女尚幼，父母勸其改適，氏以死自誓，苦節四十餘年。同州邢思明妻藍氏、何儼妻王氏、萬昂妻王氏、李松妻歐陽氏、王璠妻趙氏、張實妻李氏、劉錕妻朱氏、邢思義妻高氏、毛鶴妻黄氏、任官妻李氏、譚敷惠妻李氏，俱以苦節詔旌其門。

張顯妻蔡氏。建水人。年二十夫亡，子坦甫四歲，偕幼妾趙氏撫之。及長，爲娶譚氏，坦尋卒，譚年二十，守志如姑，一門三節。

姚思敬妻洪氏。建水人。思敬孝事父母，田宅推讓其弟，及卒，氏不食，踰旬而死。

孫孟麟妻胡氏。建水人。年十四，未婚，聞孟麟病，私刲股煎湯，告母使療之。及歿，欲自刎，母救得免，隨歸夫家，守貞五十餘年卒。

葉翠妻楊氏。建水人。年二十四，夫亡守節，朝夕哀號，嬰病而卒。

曹鼎妻葉氏。建水人。夫亡，截耳以置棺中，聞者慘然。

曹氏女。建水人。已字良家，有武弁强欲娶之，自縊死。同州沙鎔金女、夷女六姐俱遇暴不屈自盡。

楊昱妻夏氏。建水人。流賊圍城，氏引二子付二嫗，令撫育以延後嗣，自率二女一婢投繯死。同州一時自經者姚省賢妻任氏、黄大秩妻任氏及同居之祝氏、吴鼎恒妻洪氏、李芬妻高氏俱自縊。

楊應梧妻劉氏。建水人。流賊陷城時，氏謂子曰丙曰：「速火，勿使賊見我屍也。」曰丙亦赴火死，媳周氏自縊。同州一時自焚者沈果明妻及子女，鄒魯沂妻高氏，及媳吴氏、朱氏、張氏、陳氏、孫氏，李盛春妻姚氏，及子如心，媳朱氏、孫氏，孫媳張氏，夏啓昌妻沈氏，及媳鄒氏、常氏，幼孫五人，婢數十人，張燮任妻龔氏，及媳鄒氏、祁氏，姆王氏，姪媳蕭氏、馬氏，又曾左泉妻白氏，闔家自焚。

祁京妻楊氏。建水人。流賊陷城，賊欲犯之，氏大罵，賊碎其屍。同州包家苑女，美姿容，賊掣刃威迫不從，斬其手足而死。又紅衣女失其姓氏，爲賊所得，紿以尋藏金，見一井即投入，女奴亦從之。

鄔士英妻王氏。建水人。流寇至以士英有才略，分守南城。城陷，策騎歸，氏已設繯相待，因登樓縱火，子女俱焚死。同州曾有朋亦出守城，妻王氏偕其嬸姑子女俱投繯，有朋還，舉火自焚死。劉晟死於賊，妻台氏縱身入火死。劉昌爲賊支解，妻王氏投濠中死。

劉世皡妻李氏。建水人。崇禎四年普酉之亂，度不能免，同媳曹氏並孫女惠姐、科姐、啓姐闔門死節。

陳竭忠妻楊氏。建水人。竭忠死於戰，後氏於沙賊叛時自縊。

李完妻曾氏。廢臨安衛人。夫任本衛指揮，早卒，以死自誓，撫子仁成立。仁卒，撫孫中珍，中珍繼殞，又撫曾孫五十餘年。子婦樊氏、孫婦趙氏皆孀居守志，人稱世節。詔旌其門。

樊氏女。廢新安所人。許聘諸生胡啓愚，以家貧弗克娶，祖母欲奪而嫁之，女聞自縊死。

王家相妻楊氏。石屏人。年二十七夫亡，事姑訓子，苦節最著，萬曆年旌。同州楊鼎母吴氏、妻何氏、楊國忠妻王氏，夫亡苦節，詔旌其門。

楊雲鸞女。石屏人。雲鸞無子，誓不字人，年六十八終，詔旌其門。

邵應召妻李氏。石屏人。土酋亂，爲賊所執，大駡不屈死。

段福壽妻孫氏。石屏人。明季野賊劫之，大駡不屈，賊去其齒，嚼血噴賊，賊支解之。

王佐女。石屏人。年十二爲賊所劫，女紿賊入室，投井而死。

楊茂學妻湯氏〔一一〕。阿迷人。年二十夫亡，忍死撫孤，甘貧守節，詔旌其門。同州楊本妻范氏、楊愫妻萬氏、王勛妻趙氏，年少夫亡，苦節最著。

楊誥妻尹氏。寧州人。年十九夫亡，無子，苦節五十餘年。同州張瑋妻李氏〔一二〕、祁會妻張氏、孫應鵬妻戴氏、王紳妻張氏，俱以苦節詔旌其門。

王世昌妻董氏。寧州人。夫任泌陽知縣，死流賊之難，氏忍死撫孤，苦節最著。

喬玥妻許氏。通海人。年二十一夫卒，守節自誓。同縣楊以榮妻沈氏、喬楫妻曾氏、孫汝材妻段氏、趙華妻陳氏、趙廷相妻沈氏、台生妻黄氏、劉經妻張氏、郝孟陽妻孫氏、闞登庸妻台氏，俱以苦節詔旌其門。

趙來憲妻李氏。通海人。年十九夫亡，遺腹生子民保，氏斷頂髮，誓死守節，年七十餘，鬢髮俱白，獨所剪處黑如少時。事聞被旌。

黄氏女。河西人。未字，遇賊於碌碌河，賊逼之，躍入河死。崇禎間旌。

余必明妻楊氏。嶍峨人。年二十三夫亡，事姑育子，荼苦備嘗。子允文年二十二早殞，媳畢氏以死自誓，守志如姑，旌其門曰「雙節」。

杜存愛妻黄氏。嶍峨人。崇禎十一年土賊叛，被執至石山嘴，奮投崖下，痛駡不已，賊怒，分裂其屍。

張增妻王氏。嶍峨人。將婚，夫病篤，姑迎至其家，以待病癒合巹，而夫竟歿。人以未成禮勸之嫁，氏忿甚，投井，以救得免，後無干者。同邑徐景聲妻李氏，夫歿服毒，以救免，旋悲痛而死。

段繼母江氏。蒙自人。夫早卒，撫其孤，繼聘萬氏未娶，繼忽盲，萬氏父母欲令改適，氏不從，卒歸段，事夫甚謹。繼卒，從姑守節而終。

張廷祚妻李氏。蒙自人。土賊逼城，夫兄廷佩戰死，夫赴兄難亦死，氏尚少，或勸改適，氏矢志守節。

趙署妻張氏。蒙自人。守節八十二年，壽登百歲。同縣萬續妻王氏，年少夫亡，父母欲奪其志，毁面不從，子孫早殞，歷撫遺孤，苦節最著。杜雲漢妻吴氏，亦以苦節著。

楊日華妻向氏。蒙自人。夫早卒，時有王重義者挾兵勢欲娶之，氏不從，舅姑懼禍，乃歸之母家，卒爲所逼，屆期來迎，沐浴自縊死。

邢鎬妻杜氏。蒙自人。流寇陷城，氏與妯娌杜氏同殉節。

劉僖妻何氏。僖四川舉人，崇禎間任建水州牧，流賊李定國陷臨安，先一日闔門七十二口自縊死。

東欽妻盧氏。河南光山人。翁旭任御史，以事謫戍通海衛，卒。未幾，夫征和泥，殁於陣。有張姓欲强娶之，氏縊於室，救之復甦。張謀於夫之妹，紿之從己避海外，氏佯許之，至海畔，投水死，迄今死處水清如練者數尺。事聞被旌。

本朝

黄錦妻曾氏。建水人。順治四年，錦爲沙賊所殺，氏投火，鄰媪救出，身無完膚。

李藻妻耿氏。河西人。順治四年爲賊所執，大駡投井死。同時向曜妻王氏，被賊擄至撒拉溝，投崖死。

鄒岱妻謝氏。建水人。夫因哭母嘔血，謝割股救之。夫卒，苦節自矢。康熙間旌。

余天培妻唐氏。建水人。年少夫亡，葬畢自縊。

楊簡妻張氏。建水人。沙賊之亂，簡死於難，氏負子奉翁逃，翁又被害，氏哀號數日，覓翁屍葬焉。與同縣魏連科妻包氏、萬璚妻邵氏、王璽妻張氏，均康熙間旌。

許爾成妻李氏。石屏人。撫孤守節，康熙間旌。

董恒妻黄氏。嶍峨人。康熙四年土酋亂，偕夫舉火自焚。同時王義妻周氏、趙應昇妻趙氏、王聖妻鄭氏、張連曜妻吴氏，皆爲賊所執，不屈死。

史小二妻史氏。曲江人。康熙間夫傷於虎，氏引刀自刺死。同時馬永凝妻周氏，夫亡自縊。雍正間旌。

顧王紀妻劉氏。寧州人。年少夫亡截髮自矢，苦節四十三年。與同縣杜金石妻張氏均雍正間旌。

陳堯妻官氏。通海人。夫亡守志，雍正間旌。

魏韓妻馮氏。建水人。韓楚産，娶氏一年而卒，氏葬夫畢，觸石救免，還自縊。同縣王填妻蘇氏，夫歿子幼，未幾殤，撫屍大慟，投井死。又王貴妻李氏、陳貴妻徐氏，皆守正自盡。

楊梃妻常氏。嶍峨人。雍正間土酋叛，夫被殺，氏縊其二女，即自縊。同時王心妻官氏、董構妻黄氏亦皆自盡。

李修妻譚氏。蒙自人。土酋李世蕃叛，夫被害，氏攜二子遁，後子俱卒，與媳熊氏、官氏俱矢志靡他，一門三節。與同縣李玉聲妻官氏雍正間旌。又李金聲繼妻熊氏，夫歿撫孤，苦節尤著。

方禮秘妻范氏。建水人。禮秘從母改適，抑鬱死，女奔喪視殮，姑後夫欲奪爲子媳，氏忿自割其肉，此後無敢干者。

馬由道妻張氏。建水人。夫亡，託翁姑、子女於妯娌，投井死。

李樹本妻吴氏。建水人。未嫁夫卒，臨喪慟哭，氣絶，舁歸吴乃甦，開目自咄曰：「吾已至夫家，何爲在此？」絶粒死。

丁雲龍女。建水人。字營兵某，無行，父母欲辭婚，女懷聘物自縊。

楊保壽妻徐氏。石屏人，夫亡，父母爲受張氏聘，氏自刎死。

楊樹杞妻董氏。石屏人。夫出不歸，人傳已故，父母改許瞿姓，氏自盡。

李飛鴻妻王氏。寧州人。夫亡無子，撫姪爲嗣，事姑盡孝。後姑死女嫁，嗣子既婚，氏乃易吉服，縊於夫柩前。

盧士夔妻趙氏、士俊妻范氏。寧州人。夫卒，相約守節，逾年議婚者屢至，同縊死。

李成安女。寧州人。未婚夫遠遊不歸，或勸之他適，氏以死誓，紡績終身。

趙宏祚妻劉氏。通海人。沙酋之亂夫被害，氏抱女秀姐投池死。同時闞琦兆母祁氏、媳王氏、女廣印、女孫英姐，闔門跳海死。陳明汲妻台氏、王緒永妻繆氏、劉祚妻陳氏、王運啓妻楊氏、楊國柱女菊秀、朱英女受禄恐受汚，均投水死。

龍齡妻閔氏。蒙自人。土酋襲其家，氏恐被污，紿衆入取金幣，遂自縊。

李圖功妻李氏。蒙自人。被賊執，脅以兵，氏以頭觸學宫石獸死，至今其地不生青草。

李翰妻杜氏。蒙自人。賊至投井爲婢救出，乘間投繯死。

杜瑄妻陸氏。蒙自人。賊欲污之不從，賊割其耳鼻死。

張華妻談氏。蒙自人。無子，鬻簪珥爲夫娶妾，夫亡，泣告翁姑爲夫立嗣，治葬具畢，遂自縊。同邑段恒妻夏氏，亦夫亡殉節，均於乾隆間旌。又尹佩葵妻，失其氏，亦夫亡殉節。

艾氏女。建水人，名淑德。幼字李姓，李無行，及笄，忽遺離書，氏自縊。

蕭氏女。建水人。以孀母多疾，無兄弟，矢志不字。

龍貞女。建水人。夫失姓名，未婚殁，女奔喪守貞，乾隆間旌。

劉恬妻龍氏。昆明人。恬隸建水，乾隆間進士，未娶而卒，氏聞負石投水，以救甦，後歸劉守志。著有密藏詩鈔一卷，臨安守王文治序而刻之。

王自寧妻蕭氏〔一三〕。建水人。夫亡守節，乾隆間旌。同邑曾二妹、鍾仁妻師氏、陳玉明妻趙氏、曹希彬妻劉氏、譚訓妻林氏、李琛妻王氏、陳應禄妻曾氏、劉廷舉妻嚴氏、楊翰若妻周氏、羅成仁妻許氏、劉邦偉妻嚴氏、饒殿甲妻黄氏、王詔妻高氏、吴應麟妻何氏、柴淵妻仇氏、田沅妻王氏、劉芳第妻曾氏、周顯章妻戴氏、李佩妻宋氏、趙賢良妻何氏、黄錦妻王氏、譚經章妻張氏、牟利川妻陳氏、許台柄妻楊氏、朱珣妻王氏、吕廷璽妻謝氏、劉明妻洪氏、張廷訓妻沈氏，均乾隆間旌。

吴允謙妻楊氏。阿迷人。夫亡守節，與同州葉壽世妻趙氏、徐秉仁妻欒氏、伍牅妻袁氏、楊鼇妻業氏、劉紹漢妻張氏、方在豐妻葉氏、張鳴鵭妻鄧氏、萬有萃妻趙氏、黄朝憲妻章氏、黄朝陽妻江氏，均乾隆間旌。

王佐妻劉氏。寧州人。夫繼翁殁，哀毁死。與同州張坤妻李氏、孫元妻尹氏、王錫侯妻王氏、王元美妻錢氏、趙聯魁妻劉氏、劉登魁妻王氏、董順昌妻李氏、張璐妻章氏、趙之珆妻楊氏，均乾隆間旌。

蔣謙妻祁氏。通海人。夫亡守節，與同縣胡雲龍妻王氏、丁相國女、蔣誠妻許氏、張縉妻李氏、楊頡妻詹氏、曾醇妻周氏、周行妻常氏、沈瑗妻徐氏、程昕妻陳氏、鍾湛妻周氏、趙翼恩妻伍氏、周通妻張氏、趙翰登妻劉氏，均乾隆間旌。

張世儒妻章氏。河西人。夫亡守節，與同縣常文楷妻張氏、向樂善妻常氏，均乾隆間旌。

楊元妻張氏。嶍峨人。夫亡守節，與同縣杜喬妻趙氏、唐繼美妻龍氏、孫自超妻柏氏、王湛妻于氏、趙澎妻王氏、王遐妻王氏、舒濬妻李氏、吴李蕃妻楊氏，均乾隆間旌。

陶光妻杜氏。蒙自人。未嫁守貞，乾隆間旌。

湯中妻王氏。蒙自人。夫亡守節，與同縣劉世貞妻段氏、張元標妻尹氏、侯世定繼妻楊氏、陳爵妻楊氏、尹榮妻湯氏、楊縉妻朱氏、萬卓妻李氏、尹宗淮妻黄氏、王熙道妻高氏、歐陽元能妻趙氏、談履寬妻李氏、楊有逢妻朱氏、尹墀妻何氏、尹宗湯妻蘇氏、張光燦妻杜氏、杜仕傑妻任氏、文琪妻陳氏、尹宗河妻楊氏、張儒妻胡氏、李公品妻劉氏、王廷俊妻江氏，均乾隆間旌。

李任妻矣氏。夷民矣羅厄女，守正被焚死，乾隆間旌。

周觀保妻吴氏。建水人。夫亡守節，與同縣朱阿喬妻秦氏、馬某妻沙氏、曾阿喬妻秦氏、龍定國妻傅氏與舅妾王氏、叔舅妻張氏，何鎔金妻楚氏，雷應鼇妻車氏，駱紳妻樊氏，吴民表妻鄒氏，羅章妻孫氏，湯有富妻曾氏，李纘甲妻譚氏，王志曾妻張氏，均嘉慶間旌。

楊蘭芳妻湯氏。石屏人。夫亡守節，與同州于三元妻孫氏，胡有仁妻楊氏、廖兆熊妻雷氏、楊昭妻許氏、吴惟基妻孫氏、許灝妻楊氏、羅廷墉妻陳氏、廖樹棠妻陳氏、袁超凡妻許氏、馬爲龍妻白氏，均嘉慶間旌。

王牟女。阿迷人。守正捐軀，嘉慶間旌。

方遜妻何氏。阿迷人。夫歿守節，與同州李君寵妻普氏、邢自新妻劉氏、章綸妻李氏、夏國泰妻張氏、沈華妻曹氏、劉煊妻楊氏、葉春舒妾陳氏、伍揆垣妻游氏、馬明妻蘇氏、萬賡颺妻趙氏、羅仁洋繼妻楊氏，均嘉慶間旌。

王祁氏。寧州人。夫失名，守正捐軀，嘉慶間旌。

郭順妻楊氏。寧州人。夫歿守節，與同州王瑶妻張氏、張汝舟妻章氏、劉秘妻盧氏、魏永齡妻朱氏、錢國本妻朱氏，均嘉慶間旌。

周淳妻陳氏。通海人。夫歿守節，與同縣鍾世訓妻楊氏、闞自敬妻祁氏、孫士鎔妻胡氏、孫冕妻姚氏、張溥妻章氏，均嘉慶間旌。

向凝善妻楊氏。河西人。夫亡守節，與同縣李體仁妻文氏、旃汝榮妻楊氏、王湜妻錢氏、李治邦妻戴氏、孫貽矩妻王氏、張飛聲妻楊氏，均嘉慶間旌。

董登瀛妻王氏。嶍峨人。夫歿守節，與同縣董上品妻王氏、魯星妻李氏、王之杰妻段氏、趙廷魁妻周氏、李佟妻楊氏、孔傳道妻柳氏、周渭妻王氏、杜鏞妻楊氏、周易妻張氏，均嘉慶間旌。

鄒秉乾妻唐氏。蒙自人。婚前一月秉乾歿於外，氏聞自縊，以救免，又撞柱頭破幾死，乃歸於鄒，翌日即出簪釧請於翁，易以歸夫柩，翁姑歿，盡易什物以營殯葬。嘉慶元年旌。

羅安民妻任氏。蒙自人。夫歿守節，與同縣羅康致繼妻尹氏、杜虎文妻段氏、楊有恒妻張氏、趙誠緒妻楊氏、張曙妻曹氏、胡瑞林妻楊氏、李廷璋妻湯氏、湯伯書妾徐氏、萬光朝妻董氏、王慎興妻張氏、董昊妻高氏、尹南圖妻段氏、彭士觀妻尹氏、楊湜妻黄氏、尹壯臨妻杜氏、戚耀德妻朱氏、湯世禄妻王氏、孫敏楷妻王氏，均嘉慶間旌。

仙釋

明

姚成。臨安人。少孤，磊落不喜章句，慨然慕沖舉術，人勸之娶，不應。俄遇異人飲以酒，香氣馥郁，仰觀天表，若有所見，遂能言風雨陰陽休咎事，雜以滑稽，人咸異焉。手執一芭蕉葉，四時皆有青色，戲爲人致書燕邸，晨去暮歸。居無何，失所在。

王盤。通海人。日與羣兒嬉戲，元旦以一竹竿令羣兒閉目騎之，風聲盈耳，至一大都，銀花火樹，駭人心目，夜半歸，謂之曰：「適往江南觀燈耳。」後不知所終。

慧心。號妙空，通海馬氏子。祝髮秀山，不識文字，惟反觀冥坐，常禮觀音大士，十年如一日。遇禱雨，默然危坐，靈雨應之。後至省城，建笻竹寺居焉。

土產

莎羅布。出建水。

紫石。出石屏，可作硯。

石青。出阿迷、寧州、嶍峨、新平。

紋布。

花石。

鵝雞。出通海，雞身鴨掌，上巳前來，重陽前去。

勝沉魚。出河西。

校勘記

〔一〕碌碌河自嶍峨縣合流江入境　「合流江」，乾隆志卷三七一臨安府山川（下同卷簡稱乾隆志）同，疑當作「合諸流」。讀史方輿紀要卷一一五雲南三碌碌河條云「源自新興州江川口，合諸流成河，經縣境而入於曲江」。

〔二〕有彌勒溝　「有」，乾隆志作「又」。

〔三〕屬臨安府　「臨」，原作「寧」，據乾隆志及明史卷四六地理志改。

〔四〕蠻酋阿幾以浪曠割與寧酋豆圭　「寧」，原作「鄰」，據乾隆志及元史卷六一地理志改。按，本志蓋避清宣宗諱改字。

〔五〕寧部蠻世居之　「寧」，原作「南」，據乾隆志及元史卷六一地理志改。

〔六〕旁有白木樂龍老火等箐　「白木」，讀史方輿紀要卷一一五雲南三同，乾隆志作「白水」。「老火」，乾隆志同，讀史方輿紀要作「老大」。

〔七〕朱寶翼　乾隆志同，讀史方輿紀要卷一一五雲南三及雍正雲南通志卷一八上秩官作「朱寶」。

〔八〕洪武中從宣寧侯金朝興下臨安　「寧」，原作「凝」，據乾隆志及雍正雲南通志卷一九名宦改。按，本志避清宣宗諱改字。下文類此同改。

〔九〕以縣當衝要　「衝要」，原脱，據雍正雲南通志卷一九名宦補。

〔一〇〕當事以其曾任瀾滄兵備　「瀾滄」，原作「潤滄」。考明史，雲南無「潤滄兵備道」之設。明史卷三一四雲南土司列傳載，弘治十一年，應福建布政使李韶之請，設兵備副使一員於瀾滄城，遂成爲雲南四大兵備道之一。此「潤」顯爲「瀾」字之形訛，因據改。

〔一一〕楊茂學妻湯氏　「茂」，乾隆志作「懋」。

〔一二〕同州張瑋妻李氏　「瑋」，乾隆志作「暐」。

〔一三〕王自寧妻蕭氏　「寧」，原作「安」，據乾隆志改。按，本志避清宣宗諱改字。

楚雄府圖

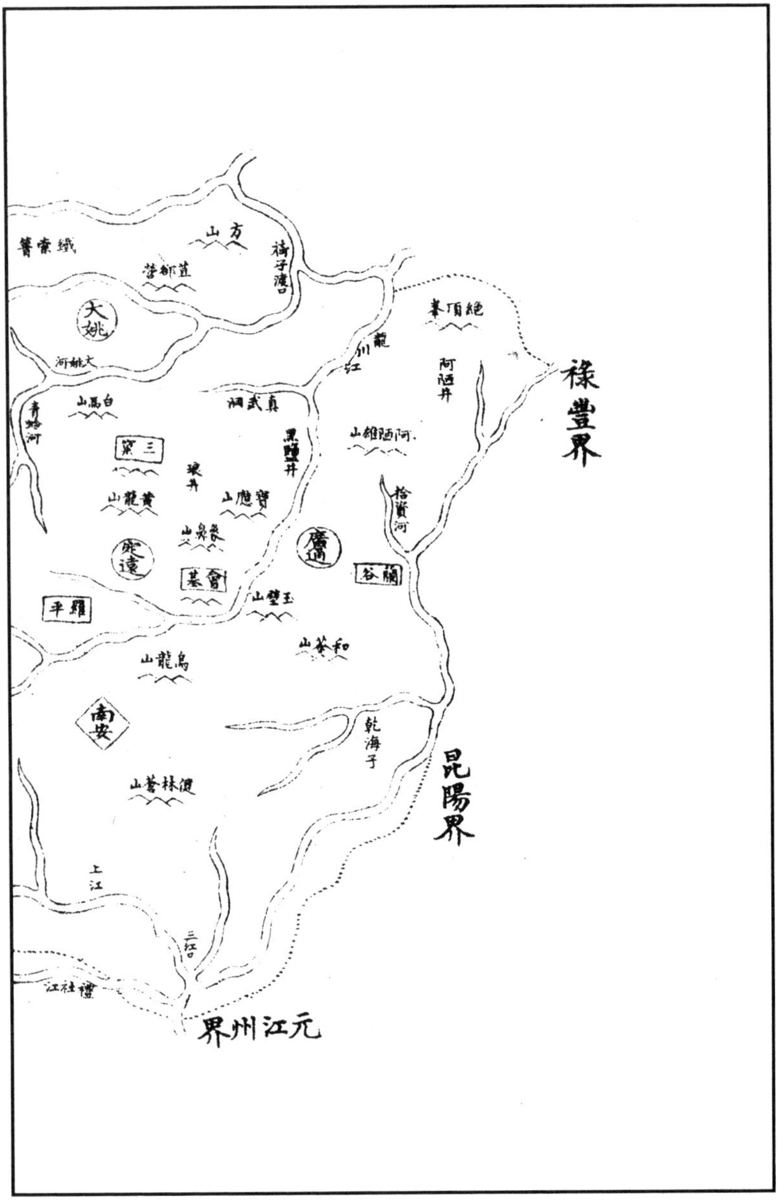

方山
鐵索箐
苴郁箐
椅子渡口
大姚
大姚河
絕頂峯
龍川江
阿陋井
祿豐界
白馬山
真武硐
青蛉河
黑鹽井
琅井
黃龍山
寶應山
拾資河
廣通
定遠
會基
關谷
羅平
玉璧山
烏龍山
南安
乾海子
昆陽界
上江
三江口
禮社江
元江州界

四川界
永北廳界
賓川界
大理府界
雲南界
景東廳界
白鹽井
普昌
姚
英武
鎮南
鎮南
楚雄
楚雄府
馬龍江
大場河
大江

楚雄府表

	楚雄府	楚雄縣
兩漢	益州郡地。	益州郡地。
三國		
晉	安州咸康四年置，八年廢。	
宋		
齊		
梁		
隋		
唐	貞觀二十三年置傍、望、覽、丘、求五州，屬郎州都督府。後蒙氏置銀生節度。	蒙氏置安州及威楚縣。
宋	段氏以其地屬姚州，號當筋瞼，尋改白鹿郡，又改威楚郡。	段氏屬姚州。
元	威楚路憲宗六年立威楚萬户，八年改爲路，屬雲南行省。後又置威楚、開南等路宣撫司。	威楚縣路治。初立威楚千户，至元十五年升威州，二十一年降爲縣。 富民縣至元十五年置，二十一年廢。
明	楚雄府洪武十五年改置府，屬雲南布政司。	楚雄縣府治。洪武中改名。

續表

	鎮南州	南安州
	益州郡地。	益州郡地。
	宗州 武德七年置西宗州。貞觀十一年改名，屬戎州都督府。後蒙氏置俗富郡。 蒙氏置石鼓縣，尋廢。	黑爨蠻所居，名摩芻寨。
浄樂縣 至元十五年置，二十一年廢。	鎮南州 憲宗七年立欠舍千户，至元二十二年改置州，屬威楚路。 石鼓縣 憲宗七年立石鼓百户，至元二十二年復置縣，屬鎮南州，二十四年省。	南安州 初立摩芻千户，至元十二年改置州，屬威楚路。
	鎮南州 屬楚雄府。	南安州 屬楚雄府。

續表

	定遠縣	廣通縣
	益州郡地。	益州郡地。
	牟州地。	
	髳州武德四年置西濮州，貞觀十一年改名，屬戎州都督府，天寶末廢。	
		尹州武德四年置，屬戎州都督府，後蒙氏置路睒縣。
	定遠縣憲宗四年立牟州千户，至元十二年改置定遠州，後降爲縣，屬威楚路。	
至元中立碍嘉千户，屬威楚路。	定遠縣屬楚雄府。 南寧縣憲宗四年立黃蓬穽百户，至元十二年改置縣，尋廢。	廣通縣憲宗七年立路睒千户，至元十二年改置縣，屬南安州。
碍嘉縣改置縣，屬楚雄府。		廣通縣屬楚雄府。

續表

姚州
梇棟縣 屬益州郡。
梇棟縣 屬雲南郡。
興寧郡 梇棟縣 咸康初置郡，屬寧州，以縣爲郡治。
興寧郡 梇棟縣
興寧郡 梇棟縣
廢。
姚州都督府 姚城縣 武德四年置都督府，屬劍南道。麟德初置縣，爲府治。後蒙氏改置梇棟府。 瀘南縣 垂拱元年置長城縣。天寶初改名，屬姚州，尋廢。 裒州 武德七年置，屬戎州都督府，後廢。
段氏改梇棟府爲姚州。
姚安路 姚州 憲宗七年立統矢千户。至元十二年置州，屬大理路。天曆初置姚安路，以州爲路治。
姚安軍民府 姚州 洪武中置軍民府，屬雲南布政司，以州爲府治。

大姚縣
青蛉縣地，屬越巂郡。
蜀漢屬雲南郡。
咸康中改屬興寧郡。
青蛉縣 武德初置，屬西濮州。貞觀十一年改屬髳州，後入於南詔。 縻州 武德七年置西豫州。貞觀三年改名，屬戎州都督府。後廢。 微州 武德七年置西利州。貞觀十一年改名，屬戎州都督府。後廢。
段氏名大姚堡，屬姚州。
大姚縣 憲宗七年立大姚堡千户。至元十一年置縣，屬姚州。
大姚縣

大清一統志卷四百八十

楚雄府

在雲南省治西四百二十里。東西距三百八十里，南北距七百五里。東至雲南府祿豐縣界一百五十五里，西至大理府界二百二十五里，南至元江州界三百里，北至四川寧遠府鹽源縣界四百五里。東南至雲南府昆陽州界二百三十里，西南至景東廳界二百五十里，東北至祿豐縣界一百五十八里，西北至永北廳界七百五十里。自府治至京師一萬一千二十里。

分野

天文東井、輿鬼分野，鶉首之次。

建置沿革

禹貢梁州荒裔。漢益州郡地。明統志：晉咸康中置安州於此。後爲雜蠻所居。元史地理志：夷名俄碌，歷代無郡邑，後爨酋威楚築城，俄碌睒居之。唐初諸蠻内附，置傍、望、覽、丘等州，隸郎州都督府。唐書南蠻傳：爨蠻之西有徒莫祇蠻、儉望蠻，貞觀二十三年内屬，以其地爲傍、望、覽、丘、求五州，隸郎州都督府。滇志：五州惟求州在新興州境，餘皆府境。天寶末，入於南詔蒙氏，府志：時蠻王閤羅鳳與張虔陀搆隙，據守内楚州城，即今楚雄。置銀生節度。石晉後大理段氏以其地隸姚州，號當筋瞼，尋改白鹿郡，復改爲威楚郡。元志：高昇泰執大理國柄，封其姪子明量於威楚，築外城，號德江城，傳至其裔長壽。元憲宗六年立威楚萬户府，八年改威楚路，隸雲南行省，後置威楚、開南等路宣撫於此。明洪武十五年改爲楚雄府，隸雲南布政使司。本朝因之，隸雲南省。乾隆三十五年裁姚安府，以府屬姚州，大姚縣並隸焉。今領州三，縣四。

楚雄縣。附郭。東西距九十里，南北距九十里。東至廣通縣界四十里，西至鎮南州界五十里，南至南安州界四十五里，北至定遠縣界四十五里。東南至南安州界四十里，西南至鎮南州界一百三十里，東北至廣通縣界四十里，西北至姚州界九十里。漢益州郡地。唐時南詔置安州及威楚縣，後爲爨蠻所據。宋段氏時屬姚州。元初置千户所，至元十五年改置威州，爲威楚路治，二十一年降爲威楚縣。明改曰楚雄縣，爲楚雄府治。本朝因之，有土官楊姓世襲縣丞。

鎮南州。在府城西北七十里。東西距一百十里，南北距七十里。東至楚雄縣界二十里，西至姚州界九十里，南至楚雄縣界二十里，北至姚州界五十里。東南至景東廳界一百八十里，西南至大理府趙州界二百二十四里，東北至定遠縣界七十里，西北至大姚縣界七十里。漢益州郡地，樸、落蠻所居，地名欠舍川，中有城曰雞和。唐武德七年，置西宗州。貞觀十一年，更名宗州，隸戎州都督府。後没於蒙氏，置石鼓縣，又置俗富郡於此。宋段氏封高氏，地皆隸之。元憲宗七年，置欠舍千户，至元二十二年改爲鎮南州，屬威楚路。明屬楚雄府，本朝因之。有土官段姓世襲州同，陳姓世襲州判。

南安州。在府城東南五十里。東西距一百五十里，南北距二百五十五里。東至雲南府易門縣界一百四十里，西至楚雄縣界十里，南至景東廳界二百五十里，北至楚雄縣界五里。東南至雲南府昆陽州界一百八十里，西南至易門縣界一百里，東北至廣通縣界一百五十里，西北至廣通縣界七十里。漢益州郡地。唐時爲黑爨蠻所居，寨名摩芻。宋段氏時爲高氏地。元初立摩芻千户所，隸威楚萬户府。至元十二年，改爲南安州，隸威楚路。明屬楚雄府，本朝因之。康熙六年，裁碍嘉縣併入州。

定遠縣。在府城北一百二十里。東西距七十里，南北距一百八十里。東至廣通縣界四十五里，西至鎮南州界二十五里，南至楚雄縣界五十里，北至大姚縣界一百三十里。東南至廣通縣界四十里，西南至鎮南州界二十五里，東北至武定州元謀縣界九十里，西北至姚州界二百三十里。漢益州郡地，蠻名目直睒。三國漢諸葛亮經此，號爲牟州。唐武德四年，置西濮州。貞觀十一年，更名髳州，亦名牟州。後没於蒙氏，遣爨蠻居之，築城曰耐籠〔一〕。宋段氏時爲高氏地。元憲宗四年，置牟州千户。至元十二年，改爲定遠州，後降爲縣，屬威楚路。明屬楚雄府，本朝因之，有土官季姓世襲主簿。

廣通縣。在府城東七十里。東西距一百一十里，南北距一百三十里。東至雲南府禄豐縣界八十里，西至楚雄縣界三十里，南至南安州界九十里，北至定遠縣界四十里。東南至雲南府易門縣界六十里，西南至南安州界九十里，東北至武定州元謀縣界九十里，西北至定遠縣界八十里。漢益州郡地，蠻名路睒。唐武德四年置尹州，隸戎州都督府。南詔蒙氏立路睒縣。元憲宗七年，立路睒千户。至元十二年，改爲廣通縣，隸南安州。明洪武中，改屬楚雄府，本朝因之。

姚州。在府城西北二百四十二里。東西距二百一十里，南北距九十五里。東至定遠縣界七十里，西至大理府雲南縣界一百四十里，南至鎮南州界七十里，北至大姚縣界二十五里。東南至定遠縣界九十里，西南至雲南縣界二百七十里，東北至大姚縣界二十五里，西北至雲南縣界二百四十里。漢爲梇棟縣，屬益州郡。三國漢屬雲南郡。晉成帝時爲興寧郡治，宋、齊因之，後廢。唐置姚城縣，爲姚州都督府治，隸劍南道。天寶末，入於南詔蒙氏，爲梇棟府治。宋時大理段氏仍置姚州。元爲姚安路治。明爲姚安府治，本朝初因之。乾隆三十五年，裁姚安府，以州屬楚雄府，有土官高姓世襲同知。

大姚縣。在府城西北三百二十里。東西距一百七十里，南北距二百五十五里。東至武定州元謀縣界一百四十里，西至姚州界三十里，南至姚州界四十五里，北至四川鹽源縣界二百一十里。東南至定遠縣界一百三十里，西南至姚州界三十里，東北至四川會理州界三百六十五里，西北至姚州界四十里。本漢青蛉縣地，屬越巂郡。三國漢屬雲南郡。晉咸康中，改屬興寧郡。隋廢。唐初，復置青蛉縣，屬西濮州。貞觀十一年，改屬髳州。後入於南詔，蠻名大姚堡。宋段氏時屬姚州。元憲宗七年，置大姚堡千户所。至元中，改置大姚縣，屬姚州。明初改屬姚安府，本朝初因之。乾隆三十五年，改屬楚雄府。

直隸黑鹽井鹽課提舉司。在府西北一百五十里。東至武定州界二百里，西至定遠縣界七十里，南至廣通縣界八十里，北至武定州元謀縣界一百五十里。本定遠縣寶泉鄉。明洪武十六年置，天啓元年裁。本朝設提舉官，轄鹽井及廣通縣阿陋、猴井兩鹽課司，康熙四十五年改直隸提舉。

直隸琅井鹽課提舉司。在府東北一百二十里，四界俱屬定遠縣。本定遠縣之寶泉鄉。明初置琅井鹽課司，分屬安寧、黑井二提舉。天啓三年，裁鹽課司，移雲南安寧州之安寧提舉於此，改爲琅井提舉司，屬楚雄府。本朝康熙四十五年，改直隸提舉。

直隸白鹽井鹽課提舉司。在府北三百二十二里。東至金沙江三百里，西至大理府賓川州界二百里，南至姚州界一百二十里，北至鐵鎖橋一百二十里。東南至大姚縣界九十里，西南至大理府雲南縣界二百四十里，東北至阿拜河十里，西北至天乙山五十里。漢青蛉縣地，屬越巂郡。三國漢屬雲南郡。晉屬興寧郡。唐爲髳州地。宋段氏時，屬姚安大姚堡地。元爲大姚縣地，始設官提舉。明屬姚安軍民府，本朝初因之。康熙四十五年，改直隸提舉。按：乾隆三十五年，裁姚安府，以所屬姚州大姚縣隸曲靖府。五十二年，改隸楚雄府，白鹽井地因與黑井、琅井並列焉。

形勢

當陽之地，山川清秀。南瞰金齒，北距羅婺，東接昆若諸郡，西連大理，最爲大部。元志。地當四達之衝，鹽井之利，商民走集。通志。諸峯環拱，兩川縈迴，有隘可守，迤西九郡之咽喉，會城之屏蔽。府志。

風俗

土田饒沃，士多務學，鹽井之利，贍乎列郡，故其俗裕而畏法。元樊綽志。崇重釋教，喜於爲善。元志。文教日興，士風馴實。滇志。婦女不尚澤飾，貧賤不嫁爲妾。郡志。

城池

楚雄府城。周七里，有池，門六。舊土城，明洪武十六年征蠻都督袁義創建石城。本朝康熙五年修，雍正八年、乾隆二十六年、三十七年累修。

鎮南州城。周三里，門四。舊土城，明弘治間土築，萬曆四十三年甃甎。本朝康熙八年、四十年累修。

南安州城。周一里，門二。明萬曆十五年土築。本朝康熙五十一年、乾隆六年累修。

定遠縣城。周一里，有池，門四。舊土築，明洪武二十二年甃甎。本朝康熙五十一年修。

廣通縣城。周三里，有池，門四。舊土築，明萬曆四十五年建甎城。本朝順治十七年、康熙二十三年、乾隆二十七年累修。

姚州城。周四里有奇，門三，因青蛉河爲池。明洪武初築。本朝康熙八年、乾隆二十五年累修。

大姚縣城。周三里有奇，門四，東西北依山，南門有池。明洪武二十八年築，永樂元年甃甎。

黑井司城。周一里，明崇禎七年築。

琅井司城。舊土城，本朝康熙元年、雍正三年累修。

白井司城。明土築，本朝乾隆十九年修。

學校

楚雄府學。在府治東。明嘉靖六年建，本朝康熙二十二年重建。入學額數二十名。

楚雄縣學。舊在府學左，明泰昌元年遷建於西門外鳳山之麓。本朝順治初遷附於府學，乾隆十一年修。入學額數二十名。

鎮南州學。在州治南。明永樂七年建，本朝康熙二十二年修。入學額數十五名。

南安州學。在州治東。明洪武二十七年建，本朝康熙二年、雍正十一年累修。入學額數十二名。

定遠縣學。在縣治東南。明嘉靖二十六年建，本朝康熙二十二年、雍正十一年累修。入學額數十五名。

廣通縣學。在縣治東。明嘉靖二十五年建，本朝康熙三年、五十四年、雍正十一年、乾隆十二年累修。入學額數十二名。

姚州學。在州治南，即舊姚安府學。明永樂元年建，本朝康熙二十九年修。入學額數二十名。

大姚縣學。在縣治東北。明嘉靖二十五年建，本朝康熙三十年修。入學額數二十名。

黑井司學。在司治東南。明天啓中建，本朝康熙三十八年修。入學額數八名。

琅井司學。在司治東。明天啓中建，本朝康熙四年修。入學額數八名。

白井司學。在司治北。明崇禎間建，本朝康熙五年、二十二年累修。入學額數十二名。

新建書院。在楚雄縣西。本朝康熙四十六年知府盧詢建。

雞和書院。在鎮南州。本朝康熙四十一年知州陳元建。

山天書院。在南安州。本朝康熙四十九年知州張倫至建。

文龍書院。在定遠縣。本朝嘉慶七年建。

樹人書院。在廣通縣。本朝乾隆三十八年知縣張鐸建。

棟川書院。在姚州。明正德中建，本朝康熙三十三年修。

日新書院。在大姚縣治。按：楚雄縣有龍泉書院、南峯書院、龍岡書院，並明嘉靖中建；姚州有南中書院，萬曆中建；南安州有及泉書院。今皆廢。

萬春書院。在黑井。本朝乾隆四十七年提舉朱璋等建。

琅井書院。在琅井。本朝乾隆四十三年提舉蓋天祥建。

靈源書院。在白井。原設龍吟書院，本朝乾隆五十七年提督王子音移建明倫堂東，改今名。

户口

原額人丁一萬三千七十，今滋生男婦大小共三十八萬四千四百四十名口，計七萬四千七百九十八户。又屯民男婦大小共一十三萬。

田賦

田地八千七百三十六頃三十二畝二分有奇，額徵地丁正、雜銀二萬三千七百二兩七錢八分九釐，米二萬二千八百二十一石四斗一升六合三勺。

山川

慈烏山。在楚雄縣東，城跨其上。通志：在雁塔山東。

雁塔山。在楚雄縣城南門内。即古金礦山，爲郡學案山。

碌摩山。在楚雄縣西南三十里。明通志：山頂有石，如人戴笠狀，土人以金貼其面，事之甚謹。

九臺山。在楚雄縣西南九十里。府志：上有九臺，曰大本，曰廣珠，曰甘露，曰聚仙，曰大中，曰振衣，曰寫經，曰滿月，曰湧蓮。又有三十峯，曰慧照，曰捧日，曰法鼓，曰西來，曰鉢盂，曰錫杖，曰香爐，曰屏翰，曰觀音，曰普賢，曰紫炁，曰筆架，曰天馬，曰童子，曰東勝，曰達摩，曰聚星，曰南瞻，曰老人，曰學士，曰犀牛，曰太白，曰玉屏，曰彌勒，曰扶杖，曰須彌，曰天鐘，曰玉女，曰五老，曰北拱，各以形似名，參差聳峙，一郡之勝。

碧藏山。在楚雄縣西南一百二十里。産銀礦，開採榷税，名永勝場。

峩崇山。在楚雄縣西門外。通志：上有石形似屏，高八尺，郡之得名以此。

鳴鳳山。在峩崇山左。蜿蜒起伏，環峙十數里。通志：相傳蒙詔時有鳳鳴其上，故名。

文殊山。在峩崇山南。石壁崚嶒，石泉甘冽，山石擊之有聲。

薇溪山。在楚雄縣西三十里。高千仞，峯巒百餘，溪箐如之，每溪有泉，分流三十里，合流入卧龍江。按：卧龍江即龍川江。

紫溪山。在薇溪山右，高與之埒，濱卧龍江。峯巒秀麗，爲一郡之勝。

金雞山。在鎮南州東五里。峯巒峭拔，高出羣峯，每日出時，望山尖如火輪。

石鼓山。在鎮南州東三十里。明統志：山有石，排列如鼓，舊石鼓縣以此得名。

五樓山。在鎮南州東三十里太乙村後。嵯峨峭拔，産美石，可琢爲器。

小天台山。在鎮南州東四十里。州志：山多松竹，巖壑幽勝。

五摩山。在鎮南州東南三里。山勢峻險，旁有深箐，白龍河經流其下。

會逢山。在鎮南州東南十里。峭拔倚空，草木翳茂。

石吠山。在鎮南州南三里。上有一石如犬，故名。山産煤炭，有碎石如朴硝，粉之可愈創疾〔二〕。

見性山。在鎮南州西北十五里。羣山環抱，泉水交流。

鸚鵡山。在鎮南州北一里。又名照應山。又南安州西北亦有鸚鵡山。

十八盤山。在鎮南州北十五里。山最高，紆迴十八折，乃至其巔。

紫石山。在南安州東一里。

健林蒼山。在南安州東五里。元史地理志：山巔稠疊，内一峯竦秀，林麓四周，其頂有泉，昔黑爨蠻祖瓦晟吳立栅其上，子孫漸盛，不隸他部。至高氏封於威楚始隸焉。明統志：山半有泉，相傳中有乖龍，可祈年豐。今訛爲阿姑娘山。通志：山在州東三里。

卧象山。在南安廢碍嘉縣東。形如蹲象。元設千户所於其上。

安龍堡山。在南安州東南。州志：山高險，蠻人嘯聚之所。明嘉靖中奚德、奚本倡居於此，知州荀詵討平之，立哨於此。

茶山。在南安州南七里。産茶。

表羅山。在南安州西南四十里。滇志：一名老場，滇省銀場此稱最。

羊連山。在南安州西南，正向學宫。

羅甸山。在南安州西南。

黑初山。在南安州廢碍嘉縣西。明統志：五峯環列，連亘百里。山有石，狀如冬瓜，色如鐵，土人呼爲黑初石。滇志：一名虛初山，土人又呼爲照初山。通志：元泰定間星隕化爲黑石，即此。

烏龍山。在南安州東北五里。樹木叢密，形勢蒼麗，中出泉有龍，禱之即應。

卜門山。在南安州廢碍嘉縣東北，即楚威峩嵸之支。有泉下繞爲卜門河。凡三十六折，乃至其巔。亦名北門山。

象鼻山。在定遠縣東五里。

石門山。在象鼻山東二十五里。二山相向壁立，零川出其中。明通志：俗呼爲水口山。

玉壁山。在定遠縣東六十里。雲南山川志：高可千仞，色如玉壁，其東有鳳羽山，南有易者山，皆丹崖壁立，高出羣山之表。

金榜山。在定遠縣東七十里，爲黑鹽井司之向。形如錦屏，旁有瀑布。

萬春山。在定遠縣東七十里，元李道源真覺寺記：山在黑井西里許，牆立屏峙，東龍江之水，踞虎嶺之麓，爲縣最勝處。

會基山。在定遠縣東南三十里。明統志：高三千仞，延亘數百餘里，有五十餘峯，羣山之脈皆起於此。

獅子山。在定遠縣南三里。環曲如屏，上有浮圖七級。

羊牟泥山。在定遠縣西四里。

雲龍山。在定遠縣西二十里。舊志：延袤二十餘里，一名文龍山。一名卧龍山，因武侯遺跡而名。文龍川出其下。一名伏虎箐，又有黄龍、烏龍二山，左右環拱，邑之名山也，爲大姚來往要衝。

赤石山。在定遠縣西三十里。山多赤石，一名赤土山。林木幽邃，延亘二百餘里，其東有泉，下流爲零川。圖經：即楚雄之峩嵸山也。

化佛山。在定遠縣西三十里紫甸鄉。一名自久山。明初，土酋自久據山爲砦，故名。舊志：洞泉深碧，流爲瀑布，木葉落水中，常有雙翠鳥啣去。府志：山廣四十餘里，有龍洞不可測，禱雨多應。

劉大山。在定遠縣北二十里。通志：山高林密，路通元謀，蠻人潛伏剽掠，明時知府邵敏立哨其上，行人便之。

獨立山。在定遠縣東北三十里。舊志：一名諸葛山，亦曰破軍山，相傳孔明過此，鑿山岡左右以厭勝。有井舊出滷水，今竭。下有白石泉，民資灌溉之利。通志：山形如圓樹。

高登山。在廣通縣東三里。元時有鹽井，建鹽司於此，今廢。亦名鹽食山。

東山。在廣通縣東十里。勢如魚躍龍門。

九盤山。在廣通縣東五十里。回旋險峻，道路九盤，立關其中。

伏獅山。在廣通縣東南。相近有卧象山，與伏獅山相對拱峙，山麓俱産銀礦。又有金雞山，在獅、象二山之間。通志：伏獅、卧象、金雞三山俱在廣通縣羅川東南。又縣南五里有馬鞍山。

和茶山。在廣通縣南十五里，清水河源出焉。

阿納香山。在和茶山東，與和茶山相連，高聳峭拔，延亘二百餘里。

鳳山。有二。一在廣通縣西一里，形如飛鳳。通志：每四、五月間，宿雨初霽，山間若有羣羊奔趨，即之不得，俗謂之仙羊，或以爲蛟影所成也。一在黑井北，山勢翔舞，上有真武祠。

營盤山。在廣通縣西二里。相傳諸葛亮嘗駐兵於此。

回蹬山。在廣通縣西十五里。相傳閣羅鳳侵柘東城至此，雷雨天昏，其下勸之回，因名。

羅苴甸山。在廣通縣西十五里。四山環立，平原沃野，一縣物産公輸大半出此。

翠屏山。在廣通縣西北四十里。峯巒圍峙如屏障，箐中小石名湯團箐。

蟠龍山。在廣通縣北十里。曹學佺名勝志：山勢蟠曲，下有龍泉。

鶴翥山。在廣通縣東北十里。環繞縣治，形如鶴翥。

凋林山。在廣通縣東北十里。府志：舊名雕龍山，又名雕翎山，高峻爲楚雄諸山之長。

阿陋雄山。在廣通縣東北十五里。高踰千仞，泉水分流。

寨子山。在姚州東八里。府志：明洪武末土爨自久叛，立寨於山上，官軍討之，敗賊於東山箐，即此山也。今遺跡猶存，山下有泉，流入烏魯溯。

飽煙蘿山。在姚州東十里。明通志：一名東山，其西有武侯塔，相傳諸葛亮南征，駐兵於此，後人建塔於上。

白馬山。在姚州東十五里。府志：舊有白馬現其上，土人立祠祀之，有禱輒應。

燕子山。在姚州東二十里。形如燕壘。

三窠山。在姚州南四十里。山有古樹三窠，夜發光怪，爨人以爲金銀器，掘之，枯其一。

筆架山。在姚州南五十里。三峯聳峙，中峯有井，雲出即雨。

黿祥山。在姚州西。山形如黿，石皆赤色，上有黿祥泉，旁有萬花谷。一名赤石山。

金秀山。在黿祥山西五里。山下有泉，流爲陽派河。

稽肅山。在姚州西十七里，有泉亦入陽派河。

仙景山。在姚州西北十五里。明統志：一名西山，一名石雲山，其麓有赤甲、西嶺二泉。

矣保山。在姚州北十五里。

龍鳳山。在姚州北二十里。一名白塔山，上有石塔，晉天福中建，高十五丈。

龍馬山。在姚州北四十里。叠嶂懸崖，壁立千仞，舊傳雨霽時有神馬出没。

黎武山。在姚州北一百里。峯高而長，中有蘭若。又明統志有緑蘿山，在府北一百二十里。

九鼎鐘山。在姚州東北五十里。一名華山，峯巒有九，形如懸鐘，春時花木茂盛，遊人不絶。

几山。在大姚縣南一里。山之東有石穴，一名石壁洞。俗名紗帽山。

四奇山。在大姚縣南五里。四峯高聳插雲。

文筆山。在大姚縣西一里。又山後二里有鳳凰山，左二里有觀音山。

玉屏山。在大姚縣西北三里。

馬家山。在大姚縣北十里。高出羣山，林木葱蒨。

方山。在大姚縣北三十里。山多産藥，有菩提子，圓浄而瑩，勝他郡之産。舊志：上有巨人跡及石碁、石盤，俗傳仙人對局處，人有懷碁去者，不覺失之，仍歸其所。

龍山。在大姚縣北五十里，有邃谷崇巖、茂林修竹之勝。

書案山。在大姚縣東北一百五十里。形如几案，大姚河出焉。

鼇峯山。在琅井司東。一名瑞螺山。危峯屹立，琅溪尾閭，藉爲鎖鑰。山之左爲文華山。

寶應山。在琅井司東。一名寶泉山，又名三台山。鹽井出其麓，爲滷脈結穴處。

四髻山。在琅井司東。環疊如髻，山勢昂聳。

北極山。在白井司南一里。

迴龍山。在白井司西一里。

寶關山。在白井司西一里。山高百仞，爲行鹽要路，土人以鹽爲寶，因名「寶關」。

象嶺山。在白井司北一里。形如象，故名。

柴坵嶺。在大姚縣東二十里。名勝志：雲合即雨，旱時尤應。上有古砦。

白草嶺。在大姚縣北八十里。嶺極高，爲諸山之冠。

虎嶺。在黑井司西南，延亘二十餘里。河東人民多卜築於其麓。

絶頂峯。在黑井司北。明統志：在玉壁山北，丹崖壁立，高出羣山之表。通志：自麓至巔約十里。

卧龍岡。在楚雄縣西北七里。明統志：上有盤石，高五尺餘，廣稱之，其裂隙内有物如小蛇，隱見不測，人以爲龍。通志：以諸葛武侯經此而名。

青峯坡。在楚雄縣北。明統志：上有一石，高八尺，廣半之，名曰「俄碌石」，撼之微動，拽之不倒。

赤石崖。在大姚縣西北，與大理府十二關長官司接界，出武定之要地。

芭蕉箐。在琅井司北。箐口多植芭蕉，内有石砦三層，高百餘仞，每層可容數十百人，俗名三層樓。

龍街洞。在廣通縣北七十里。俗傳洞中嘗聞音樂之聲。

神石。在南安州西五里，石高十餘丈。明統志：蒙氏號爲南嶽社靈安邊之神，土人每歲以金貼其頂，有禱輒應。通志：神石在鳳凰山巔，形狀怪異。

馬蹄痕石。在定遠縣清和鄉。崖半有石池，石上有六七馬蹄痕，或鑿磨之，經宿仍舊。

大江。即馬龍江。自蒙化廳舊定邊縣界東流，入鎮南州西南一百八十里，又東南流楚雄縣南、碍嘉州判治北，又東南流南安州西南，至明直廠西北會禄豐河南流，入元江州東。在鎮南州曰馬龍江，至楚雄縣之永勝廠曰大江，至南安州曰上江，遶卜門山下曰卜門河，亦曰大場河，又曰大廠河。滇志：上江河在碍嘉縣西五十里，與南安州分界，其地有弔索瀾，每春暮雷雨，有老黿據河石吐涎，土人急取蒸之，皆成硃砂，少緩則化爲土。舊志：卜門河一名大場江，流經新平縣界，入元江。通志：下流入元江州界，爲禮社江，又東南流經臨安府東南爲河底江，東南流，出交趾入南海。

龍川江。上源曰白龍河，自鎮南州西之沙橋東南流，流經州南，亦曰平彝川，又東南流經府城北，過青峯下爲俄碌川，折而東北，經定遠縣東南，出石門山下，與定遠縣南江水合，又東北經廣通縣北，名大河，又北經黑井司東，又北流入武定州元謀縣界，入金沙江。通志：苴水一名虹江，源出苴力鋪，至鎮南州前爲白龍江，下流爲龍川江。又定遠縣龍川江，一源出雲龍山右之老虎箐，一源出其山左之斗箐，二派合流，自縣西北迤邐而南，又東折三十里，遶石門山會龍川江而北。本朝乾隆四十九年，因河溜日近郡城，開挖引河，建築隄壩，俾資利賴焉。

金沙江。在姚州東北一百四十里。自大理府賓川州東流入府境，又東經大姚縣北，又東折而南流，府境諸水皆流入焉。又東流入武定州元謀縣界。明地理考：姚州東北有金沙江，自麗江府流經此，又東至武定州北，而入四川境内，合瀘水入大江。按：今江中有渡，謂之椅子渡口。

一泡江。在大姚縣西北一百四十里。自大理府雲南縣界流入，經姚州之西北注金沙江。

龍蛟江。一名苴泡江。源出大姚縣西北鐵索箐，東流合大姚河，入金沙江。按：一泡江與龍蛟江二水不同，舊志誤合爲一。

羊蹄江。在大姚縣北一百六十里。發源麽岁村，東北流入金沙江。按：舊志誤爲平蹄江。

平山河。在楚雄縣東三里。源出南安州山中，北流經府城，東北入龍川江。按圖有青龍河，其流經於此並合，當即是平山河。

泊魚河。在楚雄縣西五十里鵝毛嶺下，南流入於大江。

清水河。在鎮南州東十里。源出多蕨廠龍潭，南流入白龍潭。按圖，清水河即紫甸溪，舊志有子甸溪，在州東北，溉田甚多，子與紫音同而誤也。又滇志有紫溪，在府西三十里，亦即是水。

響水河。在鎮南州北十里，東合清水河入白龍河。

黑石河。在南安州南二百餘里，流經新平縣界，入元江。按圖，南安州之南有二水合而南流，注元江，又西南流爲三江口，當即黑石河也。

沙甸河。在南安州西南八十里，東流與妥稍河合，又東南流經雲南府易門縣界入元江。

馬鹿塘河。在南安州廢碍嘉縣西四里。通志：在南安州南一百四十五里，流入卜門河。

妥稍河。在南安州西四十里，流經州東南界，合沙甸河。

清水河。在定遠縣東二十里。又東六十里有苴苗河，又東十里有青場河，東北三十里有大基河，西有紫甸河，南有土木龍河，凡六河皆清水支流，北會於龍川江。

清風河。在廣通縣東三里，源出和荼山。

拾資河。在廣通縣東五十里。源出武定州界，下流入南安州境。通志：拾資河東流入元江。按輿圖，「拾資河出廣通縣東九盤山西，南流與一水合，又東南流與羅次縣流入禄豐縣之河水合，其西妥甸、沙甸二河合流亦會焉。又南經乾海子東，又西南經南安州南，與馬龍江合，其地曰三江口。又南流入元江州界。通志所謂元江當即羅次流入禄豐之河水也。

立龍河。在廣通縣西一里。源出馬鞍山，下流入孤山角，經縣城西定門外。又乙溪河，在廣通縣東南，源出於阿陋納香山。

關山河。在廣通縣西五里。一名觀山河。通志：源出赤摩村，東至元謀縣界入龍川江，注於金沙江。

羅申河。在廣通縣北五十里。一名羅繩河。源出阿陋雄山，西經定遠縣之黑井，合龍川江，北入金沙江。

阿陋河。在廣通縣東北。一名雕龍河，源出阿陋井，流出盤龍山南溉田。

蜻蛉河。在姚州南，舊名三窠戍江。源出三窠山西，北流至州南四十里，瀦爲大石淜，周廣二百餘畝，分爲東泅溪、西泅溪，灌溉田畝，至州城北復合流，又北至大姚縣南，合大姚河，又東流入金沙江。水經注：蜻蛉水出蜻蛉縣西，東逕其縣下，縣以氐焉。隋書史萬歲傳：爨翫叛，以萬歲爲行軍總管擊之，入自蜻蛉川，經橩棟，次小勃弄、大勃弄，至於南中。

陽派河。在姚州西十五里。自金秀山發源，東流匯爲陽派河，入西泅溪而合於蜻蛉河。

香水河。在姚州北一百里。源出黎武山下，流注大姚河。

大姚河。在大姚縣城南一里。與姚州蜻蛉河之水合，流經縣東書案山下，又東合龍蛟江之水，又東入金沙江。

土橋河。在大姚縣西。源自白鹽井、香水河分派，東流合大姚河入於金沙江。

三道河。在黑井司東南易者村、觀音閣、加場村，三水合一，西入龍川江，爲行鹽通衢。

連水。在姚州西三十里。源出鎮南州之木盤山，流經府西二十里之連場，亦曰連場河。西轉七十里，下流合龍蛟江入大姚河。

一字水。在姚州境。源出黎武山，北流入一泡江。

蓆草湖。在楚雄縣南，周五里。

曲甸湖。在楚雄縣東北三十里。川原平闊，多水族之利。有南壩，本朝康熙年修築。

零川。在定遠縣西三十里。源出赤石山，一名牟苴河，東流經石門山，入馬龍江。又通志有文龍川，在縣西雲龍山下。

擣練溪。在楚雄縣西三里。流泉三疊，清冷宜釀。

琅溪。在定遠縣東南。源自清水河，從西北分注溪内，東經楚雄縣境入馬龍江。舊志：高柳長隄掩映，遊人常集於此，隄左有樂飢亭。

茶山溪。在定遠縣西十里許，下流入龍川江。

龍門溪。在定遠縣東北。深闊爲一方巨浸，建塔水濱，水不爲患。

龍泉溪。在白井司西南三里。水出峽中，味甚清洌。

波羅澗。在楚雄縣西一里。滇志：其麓有夜合榆，榆下有滷水。

龍潭。有四。一在鎮南州南三十五里力戈村，水出高山，溉田甚廣。一在州西北三十里雙甸村。一在阿雄鄉七村，潭深不可測。一在州北十五里，水出山隈，溉田千畝，每歲二月知府致祭。

黄蓮池。在定遠縣東南五里。相傳有黄蓮産其中。

龍馬池。在定遠縣西南二里。相傳有龍馬現池中。

七局龍池。在黑井司西北。每將雨，山鳴如雷，雲霧中有光，聞鼓吹導引之聲，春夏水漲，巨石多墜，民相率致祭。

鳳泉。在楚雄縣東慈烏山麓。水甘冽，自平地湧出，四時不竭，注而爲池。

龍泉。在楚雄縣南雁塔山下。水澄潔，應月而潮。

雲泉。在楚雄縣西鳴鳳山雲泉寺，水甘爲南中第一。

玉泉。在鎮南州東二里，泉温可浴，有灌溉之利。又有丹桂泉、汛泉，俱在州東五里。又舊志有熱泉，在州西六十里，其水如湯。

白馬泉。在姚州東白馬山谷。又有黄龍泉，在東山黄龍寺右，流溉民田甚廣。

温泉。有三：一在姚州西黑泥只村，一在州北交摩村，一在大姚縣東。

三窠泉。在大姚縣北十里。又北二十里有歷岁泉，四時不竭，可備旱。

石井。在南安州東北二里。其泉隨取隨滿。

石羊井。在定遠縣北五里。明統志：上有石如羊。

烏牛井。在姚州東十五里。又春郎井，在州東南。

金龜井。在姚州西十里。其水清冽，土人取汲焉。

醉翁井。在大姚縣東。相傳有人醉殁於此，後出泉清冽不竭。

阿陋鹽井。在廣通縣境。又有猴井、奇興井、吧喇井、袁信井、袁朝奉井、羅木井、納甸井，地皆相近，今多湮塞。

黑鹽井。在定遠縣東七十里。舊名巖泉，其産鹽之井曰復隆井。又有大井、東井，凡三井，俱産鹽。元李道源記：威楚東北五舍，沿琅山入長谷，有鹽井，利甚溥。名勝志：唐有李阿台者，牧黑牛飲於池，肥澤異常。跡之，池水皆滷泉，報蒙詔，開黑井。官之不受，求爲僧，賜袈裟。井民世祀之。

琅鹽井。在黑鹽井東寶泉鄉。舊志：明洪武中開，尋閉，成化中復開。

白鹽九井。在白鹽井司境。華陽國志：青蛉縣有鹽官。府志：司旁有九井，曰觀音井、曰舊井、曰橋井、曰界井、曰中井、曰灰井、曰尾井，俱在司治前後。曰白石谷井，在司治南五里。曰阿拜小井，在司治東十里。滇略：有羝羊石，在提舉司里許。蒙氏時，有女牧羊於此，一羝舐土，驅之不去，掘地得滷泉，因名白羊井，後訛爲白鹽井。

古蹟

石鼓故城。在鎮南州東三十里。元史地理志：昔樸、落蠻所居，川名欠舍，中有城曰雞和，唐時蒙氏併六詔，征東蠻，取和子、雞和二城，置石鼓縣。又於沙却置俗富郡。沙却即今州治。至段氏時，封高明量爲楚公，欠舍、沙却皆隸之。元憲宗七年内附，立石鼓百户，至元二十二年改欠舍千户爲鎮南州，立定邊、石鼓二縣。二十四年並革爲鄉。明統志：廢石鼓縣在州東三十里，蒙氏取雞和城置此縣。

姚州故城。在姚州北，即漢所置梇棟縣也。漢屬益州郡，晉屬雲南郡，梁以後廢。舊唐書志：姚州置在姚府舊城北百餘步，武德四年，安撫大使李英以此州内人多姓姚，故置姚州。麟德元年，移治於梇棟川，自是朝貢不絶。天寶末，命鮮于仲通討閣羅鳳，大爲所敗，自是臣附吐蕃，侵寇四川。新唐書南蠻傳：南詔外有六節度，一曰柟棟。寰宇記：姚州東至安寧鹽井二百五十里，西南至羊咀咩城三百里。府志：今有舊城在府治北，唐景雲元年御史李知古所築，又有古城在唐山南麓，去府十五里，唐刺史張虔陀所築。

德江城。在楚雄縣西北二里。元史地理志：威楚路爲雜蠻耕牧之地，爨蠻威楚築城，俄碌睒居之。唐時閣羅鳳侵俄碌，立郡縣，諸爨盡附。蒙氏有六節度，銀生節度即今路也。及段氏時，高昇泰執國柄，封其姪子明量於威楚，築外城，號德江城，傳至其裔長壽。元憲宗三年征大理平之。明統志：德江城在府城外。府志：府城初築於爨蠻，明洪武中都督袁義謂南山高峻近郭，奏請拓築。明統志：有德江村在府西北二里，段氏故相高量成避位居此，築城而隱，一村化其德。

和子城。在鎮南州東三里。元史地理志：鎮南州在路北，唐時併六詔，取和子城。

耐籠城。今定遠縣治。唐蒙氏時遣爨蠻酋擡蕚鎮牟州，築城曰耐籠。

易裒城。在廣通縣。元史地理志：廣通在南安州之北，夷名爲路睒，雜蠻居之，南詔閣羅鳳立路睒縣，段氏封高明量於威楚，其後宜州酋些莫徒裔易裒等附之，至高長壽遂處於路睒。易裒去舊堡二十里，山上築城曰龍戲新柵。憲宗七年長壽內附，立今縣。

武侯土城。在大姚縣馬鞍山麓。爲漢諸葛亮南征屯駐之所，有鐵樁尚存。通志：苴泡江石壁上有人馬戰鬭之形，俗謂武侯陣圖。又州境有孔明遺壘二處，一在州東十五里，一在州北十二里。

廢裒州。在姚州北。唐書南蠻傳：柟棟蠻，白蠻種也。其部本居柟棟縣鄙地，昔爲裒州，有首領爲刺史，誤殺其參軍，挈族北走，後散居麼些江側。又地理志：裒州，武德七年置，本柟棟地，南接姚州，縣二：楊波〔三〕、强樂〔四〕。

廢髳州。在大姚縣境。唐書地理志：髳州本西濮州，唐武德四年置，貞觀十一年更名。漢越嶲郡地，南接姚州，縣四：

濮水、青蛉、岐星、銅山。

廢縻州。在大姚縣西北。唐書地理志：縻州本西豫州，武德七年置，貞觀三年更名。南接姚州，縣二：磨豫、七部。

廢微州。在大姚縣北。唐書地理志：微州本西利州，武德七年置，貞觀十一年更名，北接縻州，縣二：深利、十部。

富民廢縣。在楚雄縣東。元史地理志：至元十五年立富民、浄樂二縣，二十一年革二縣爲鄉。滇志：廢富民縣在府東，今爲富民村。通志：訛爲阜民村，其浄樂縣今爲浄樂鄉。

楚雄廢縣。在楚雄縣東。明統志：洪武十五年廢征緬招討司，置衛，隸雲南都司。本朝康熙六年裁。

碍嘉廢縣。在南安州西南。舊爲虚初蠻地，元至元中立碍嘉千户所，屬威楚路。明置碍嘉縣，屬楚雄府。本朝康熙六年裁，雍正十年設州判駐其地。

南寧廢縣。在定遠縣南。元史地理志：高氏專大理國政，命雲南些莫徒酋夷羡徙民三百户於黄蓬穽，憲宗四年立黄蓬穽百户，至元十二年改爲南寧縣，後革縣爲鄉。明統志：在定遠縣境。

瀘南廢縣。在姚州。唐置縣，以地在瀘水之南，故名。唐書地理志：瀘南本長城縣，垂拱元年置，屬姚州，天寶初更名。又南蠻傳：鮮于仲通討南詔，大敗於瀘南。寰宇記：瀘南縣在姚州北五里，後廢。又有長明縣，亦唐置，屬姚州。天寶以後没於南詔。

青蛉廢縣。今大姚縣治。漢置青蛉縣，屬越巂郡。後漢書郡國志：青蛉有禺同山，俗謂有金馬碧雞，晉屬雲南郡，梁以後没於蠻。隋書史萬歲傳：開皇十七年，擊南寧叛爨，自青蛉川入南中。唐書南蠻傳：貞觀四年，擊西爨，開青蛉、梇棟爲縣，尋以青蛉縣屬髳州。元史地理志：唐髳州統縣四，一曰青蛉，即此地，夷名大姚堡，與梇棟川相接。

姚安廢所。在姚州北。明洪武二十八年置，屬楚雄衛。本朝康熙二十六年省。

諸葛營。在定遠縣西十里。明統志：亮討南中，於目直睒北傍山下築營，夷稱望子洞，基址尚存。

思政樓。在府治。明成化七年知府趙熙修，有記。

桂香樓。在楚雄縣。明洪武十六年建。

迎恩樓。在鎮南州東。明景泰三年建。

威遠樓。在鎮南州西。明景泰三年建。

聚遠樓。在姚州。明景泰間土舍高青建，宏壯高敞，全部在目。

呂閣。在楚雄縣西三十五里。名勝志：古閣關灘也。南詔時呂純陽來此，因名地爲呂閣。明楊慎詩：「雲送沙橋雨，風迎呂閣花。」

東臺。在楚雄縣内。明弘治初知府邵敏建。

風臺。在定遠縣黑鹽井東。明弘治十六年建。

會講亭。在楚雄縣内。明正德年建。

仙人跡。在楚雄縣十里觀音山。山巔大石有巨人跡。

關隘

阿雄關。在鎮南州東南二百四十里。與景東府火石哨接，有土巡檢世襲。

鎮南關。在鎮南州西二十五里，有土巡檢世襲。

英武關。在鎮南州西七十里。一名鸚鵡關。通志：英武關躡山脊，越峻坂，箐莽陰翳，行者寒慄，舊設土官巡司。

羅平關。在定遠縣西南三十里。俗訛爲羅那關。大理府交界處舊有巡司。

會基關。在定遠縣會基山上，與廣通縣接界。一名會溪關。

蘭谷關。在廣通縣東五十里。一名響水關，兩山夾水，鳥道最爲險隘，接雲南府禄豐縣之六里箐。滇程記：響水關産蘭，緑葉紫莖。

前場關。在姚州東四十里。

三窠關。在姚州南三窠山上。爲南面之險。

普昌關。在姚州西一百二十里。以上三關舊皆有巡檢司，明洪武二十八年建，今俱省。

寶山關。在白井司西。舊有兵戍守。

回蹬關巡司。在廣通縣西四十五里，元末紅巾陷中慶，梁王奔威楚，求救於大理，段功率兵攻紅巾古田等，追至回蹬關，大破之，即此地。明洪武十七年置巡司，土官楊氏世襲。本朝因之。

沙矣巡司。在廣通縣東北五十里。明洪武二十八年建，本朝因之。土官蘇氏世襲。

蔑架營。在南安州南三百里，與元江州接界。

沙橋驛。在鎮南州西三十里。滇程記：有鴛鴦、白塔二坡，自此往西山确道，凡八亭達普淜，經小孤山、鸚鵡關、七里坡、普昌關、麥地哨，皆巨箐危石，爲險阨之所。州志：沙橋驛舊有土官。

普淜驛。在姚州西南一百五十里，爲雲南縣、鎮南州必經之道。舊有丞，本朝雍正十年添設姚州州判駐其地。

鐵索箐。在大姚縣西北。逶迤千里，山徑深險，蠻人多聚於此。明史：鐵索箐本猓種，依山阻險，弘治間稍有歸命者，分隸姚安、姚州，嘉靖中始專屬姚安，久之其渠羅思有幻術稱亂，萬曆元年巡撫鄒應龍與總兵官沐昌祚討之，七十二村皆平，置屯戍於此。

津梁

凌虛橋。在楚雄縣東三十五里腰站。

白塔橋。在鎮南州西三十里，跨平夾川，爲迤西孔道。

苴力橋。在鎮南州西四十里。

清風橋。在廣通縣東三里清風河上。相近有明月橋。

關山橋。在廣通縣西二十五里回蹬關下，通大道。

楝川橋。在姚州南門外。

青跨橋。在姚州西北，跨青蛉河。明弘治中重建。

承恩橋。在大姚縣南，跨大姚河，爲屋五楹以覆之。明永樂中建。

五馬橋。在黑井司中街，爲行鹽要道。怒濤洶湧，築石基三洞，架木石上，覆以板屋，翼以扶欄。

小石橋。在琅井司西門外孔道。

椅子渡口。在姚州東北金沙江中。

隄堰

城南堰。在楚雄縣南三里。可灌田千餘畝。

東堡堰。在鎮南州東三里。又西堰在州西，南堰在州南，溉田二千餘畝。

梁王壩。在楚雄縣東三十五里平山門外，元梁王巴咱爾斡爾密所築〔五〕。

〔五〕「巴咱爾斡爾密」舊作「把匝剌瓦爾密」，今改正。

跨苴壩。在楚雄縣南四十里。

大琶壩。在楚雄縣南七十里。

五排壩。在楚雄縣西四十五里。

曲甸壩。在楚雄縣北三十里。本朝康熙十年重修築。

河洞壩。在鎮南州東南十五里，有前、後二壩。又索埸壩，在州西二十里。兩旗壩，在州北二里。東堡壩，在州東三里。

黄連箐壩。在姚州東南九里。

石峽口壩。在姚州南二十五里。

右所衛壩。在姚州西南六里。

陽派壩。在姚州西北七里。

七溯。在姚州西南，凡七處：曰大石、地摩、烏魯、陽派、塔鏡、小邑、長壽。又在州西一，曰當陽院。在州北五，曰地角、香縈嶺、赤額坪、黑壩村、摩苴邑，皆前代所築，豬水以灌田。

上閘。在大姚縣東二里，又有下閘，離縣三里，俱明弘治間築。

金家閘。在大姚縣南一里。又冷水閘、白塔閘，俱在縣西，葉家閘、楊家閘，俱在縣東。

陵墓

周

楚小卜墓。在姚州西北，楚莊蹻之將小卜，平定滇中，戰没於此。明統志：蒙氏時立廟祀之，土人有禱輒應。

明

楊畏知墓。在楚雄縣北三里。

祠廟

諸葛武侯祠。舊在楚雄縣雁塔山麓，本朝康熙十一年復建於古山寺址。又有武侯祠，在姚州城東十五里東山寺，相傳爲征南時遺壘。

楊文烈祠。在楚雄縣東門内，祀明副使楊畏知，又一祠在雲泉寺中。畏知以金滄道平土司吾必奎之亂，克復楚雄，遂留鎮，及沙定洲叛，百計攻楚雄，終不能下，姑解去。郡人德之。

碌摩神祠。在楚雄縣西鳴鳳山。

紫溪龍神祠。在楚雄縣西二十五里。明成化中知府趙敏路過洞庭，舟中夢一方巾藍袍來謁曰：「紫溪龍神也。」及抵郡祀龍神，見塑像宛如夢中，遂立廟宇祀之。

三賢祠。在南安州烏龍寺。明萬曆初，知州李翹有惠政，州人肖像，偕温可貞、殷輅爲三賢祠。

武安王廟。在定遠縣獅子山。明嘉靖中縣民孟繼祥虔奉武安王，繼祥客廣東，念其母妻欲歸，夢王以刀柄導之歸，及旦徑到家，與母妻相對無恙，因捨宅爲廟。

神女廟。在白井司北，祀蒙詔時牧羊女。

昭忠祠。在楚雄縣城隍廟東，本朝嘉慶八年建。

寺觀

平南寺。在府城西南一里。相傳諸葛亮南征時建，明嘉靖中復修。

雲泉寺。在府城西鳴鳳山巔，丹崖翠壁，古木蒼藤，蔚然深秀。寺以井泉得名，又以山産礐石，一名礐石寺。

西山寺。在鎮南州西三里。

烏龍寺。在南安州烏龍山上。明萬曆中建。

真覺寺。在定遠縣黑井司北萬春山上。

慈應寺。在姚州東飽煙蘿山。舊名護國寺，唐張虔陀建。

興寶寺。在姚州西十五里。大理段氏建。

妙光寺。在姚州北四十里。元至玄中建，歐陽玄有記。

矣保山塔〔六〕。在姚州北十五里。宋紹興二十四年建，碑記猶存。

高陀山塔。在姚州北二十里。晉天福間建，高十有五級，碑記猶存。一名白塔，西南數里有池，塔影倒映其中，因名塔鏡。

名宦

漢

韓說。與司馬相如同開益州，領梇棟、蜻蛉諸縣，有賢聲。

元

楊寶。姚州路判官。時梁王與段氏構難，兩軍相持，有兵餉供億之苦，寶極力解之，民受其賜。

明

朱守仁。徐州人。洪武中任楚雄知府，撫民勤政，招集流移，授以田土，均賦役，建學校，鋤强梗，境内大治。

袁義。廬江人。洪武中沐英遣守楚雄，時蠻猓侵逼，義積糧高壘，調兵力戰，蠻遁去。升楚雄衛指揮使，築堰墾田，建橋梁，修城郭，畫久遠之計。嘗入覲，帝惜其老，令醫黑其髮，仍撫治以威遠人。後徵還，歷官都督。

戴都。江西人。洪武初以指揮守禦姚安，姚僅土城，甚闊難守，都撤而小之，易以瓴石，至今恃爲保障。

田本。太原人。洪武中任姚州知州，行己剛方，聽斷明決。夷賊自久等叛，死之。

吴潤。武進人。永樂間任姚安知府，居心平恕。白鹽井滷竭虧課，潤爲奏豁免，竈丁德之。

印岳。楚雄衛千户。事母至孝，母病不解衣而侍。常見屍骸暴露，脱衣覆之，死不能殯者皆與之棺。正統間征麓川，戰死。

李保。正統中爲南安州琅井巡檢。其鄉老言本州俱羅舞、和泥、烏蠻雜種，向無土官約束，多致流移，自保署州事，民胥向化。乞擢爲本州土官，吏部難之，帝曰：「古人爲治，在順民情。」遂如其請。

邵敏。湘陰人。成化間知楚雄府。郡中不植桑麻，敏始教之藝植，課織紡，擇文士質美者館之雲泉寺，教課嚴密，暮歲減從適館〔七〕，以稽勤惰。時郡學祀禮未備，敏創設祭器樂器，崇尚文行，風俗一新。

虎臣。麟遊人。成化間知碍嘉縣。黜奸崇良，招徠夷猓。次年委勘景東陶土官讐殺事，投賄不納，被毒而卒。

馬自然。内江人。成化間任姚安知府。時大石淜散溢，民田患水不均，自然築隄，開東、西二閘，以時啓閉，遂永爲利。

王家慶。内江人。弘治中任姚安知府，以剛介稱。建東、西、南三城，甃石橋於蜻蛉諸渠，民不病涉。

蔣哲。貴州衛人。弘治初任廣通知縣，剛介廉明。沐國公家人有恃勢作威者，按治如法。卒於官，百姓哀之。

范璋。餘姚人。弘治初以工部主事忤權貴，謫吕合驛丞，尋升楚雄知縣。卜遷學宫，誨勵諸生，多所成就。

董樸。麻城人。正德中知楚雄府。重學校，朔望詣學講論，四時考校，以示勸懲。諸生貧不克葬者，捐資以助。增祭器，建學舍，立哨堡，課農桑。尋升江西參政。

黄澍。侯官人。正德中知姚安府。雪冤獄十三人，建棟川書院以課士。

祝宏舒。温江人。嘉靖間任楚雄知府。篤意學校，易五顯祠爲龍岡書院。武定鳳朝文之亂，遠近歸之，賊不敢入其境。

戚慎。宣城人。嘉靖間任楚雄知府，清介不畏强禦。卒於官，同僚爲殮。

劉名弼。長垣人。嘉靖間以通判署楚雄縣。仁恕清慎，創建義學，邑之人文蔚起，皆其力也。

何應和。東莞人。嘉靖間任南安知州，撫民以仁，禦盜以信，境内肅然。後以終養歸，踰年有安竜之變，州人感曰：「何公在，當不至是。」

苟詵。華陽人。嘉靖中知南安州，清苦茹淡。時蠻賊安竜焚掠州境三十餘年，詵出奇設策，入巢穴格殺之，地方以安，立祠祀焉。

莫相。全州人。嘉靖中知姚州，才敏行潔。安鳳之亂，首倡大義，得衆萬餘人，晝張旗鼓，夜則登陴守城，賊憚不敢入，民賴以安。

趙恒。晉江人。嘉靖間知姚安府，有才識，善決獄，曲直莫能逃。

楊曰贊。揭陽人。嘉靖間任姚安知府，剛方廉潔。時苴刦蠻荼毒民人，曰贊白大吏除之，並設守備，督營兵爲守禦，民立石頌功。

王鼎。汝州人。嘉靖間以御史出知姚安。修城池，飭學校，教民植桑麻，務紡織，教以男冠女髻，禁婦人不得市易，立保甲以察盜賊，姚境稱治。

何昺。枝江人。嘉靖間任姚安知府。修築夾口壩，注水以濟大石淜之不及，至今利賴。

張大亨。全州人。弱冠領鄉薦，以嚴嵩爲其大父門生，故二十餘年不出仕。隆慶初擢楚雄府同知，攜一蒼頭一稚子自隨，於吏事迎刃而解，芟除九場巨憝，民賴以安。

侯文才。營山人。萬曆中知楚雄府。郡人不知紡織，文才始教之蠶桑，布帛之利以興。

温可貞。東莞人。萬曆中知南安州。時鎮莊民施成信乘武定之亂脅衆肆掠，可貞募鄉勇三千人，築兩龍營寨，擒巨魁殲之，邊境獲安。

殷輅。博羅人。萬曆間任南安知州。奉母至孝，風動一州。尤多惠政。

李翹。大邑人。萬曆初由雲南府通判升南安知州。視民如子，州人肖像，偕温可貞、殷輅稱「三賢」，祠祀之。

周希尹。宜山人。萬曆間任姚安知府。務敦大，去煩苛，土官皆奉法惟謹。捐修南中書院，甃大石淜諸閘，士民德之。

郭蚪。昆明歲貢生，任楚雄訓導。與參謀楊畏知倡建守城策，後爲孫可望杖殺，妻葛氏先投井死。

童述先。沔陽人。萬曆中任姚安府推官。姚自武定變後，人民凋瘵，述先署府事，革軍民火耗及所解公費米鹽雜税，民困以甦。

人物

羅廷璠。豫章人。崇禎間知楚雄府。與民休息，興學除奸。卒官，士人肖像祀之。

孔元德。威清衛人。崇禎中任姚安知府。姚曠遠，各泖聚水，難以全濟，元德自行擇地，捐築豐樂泖，聚水溉田，歲增穀千餘石。

元

量成。段氏臣。世居威楚，代高泰運爲相，遣使内附，能恤孤寡老幼，風俗化之，稱「夷中君子」。

楊惠。威楚人。父早逝，母疾，禱神求代，母感神夢，以子孝延年，翌日病痊。年八十五卒，惠負土營墳，廬墓三年。有司以聞，表其門，蠲徭役。

明

高惠。姚州土舍。洪武十七年，土官自久寇品甸，惠爲姚州同知，從西平侯沐英擊平之。二十年，普定侯陳桓總制雲南，於姚安等處立營屯糧，時惠治姚安，安輯其民，稱能吏。

王用之。鎮南州人。宣德間任交阯慈廉州知州，交人叛，被執，不屈死。事聞，贈官賜祭。

趙和。白鹽井人。天順間母遭兵掠，和年十四，晝夜涕泣，隨至遼東，見其母，主者留不即遣，和泣血哀求，乃與母俱還。

高梓潼賜。姚州土州同。五歲喪父，母譚氏病痿痺，朝夕稽顙北辰求代。母病目，賜時舐之，病癰，又吮之，俱愈。成化中詔予旌表。

高棟。姚州土舍。弘治十六年普安賊叛，屠郡縣，棟與指揮唐永擊之，奮勇殺賊，追至板橋驛遇伏，孤身轉戰，身中數鎗而死。

宋鈺。楚雄人。正德中蘄水教諭，擢知岳池，多惠政。登仕籍二十年，所得俸資悉周親族，家無餘財。

王鳴鳳。大姚人。事母以孝聞，知府王鼎奇其學行，爲擇娶，則一醜女也。鼎欲更娶，鳴鳳不可，曰：「此女見棄，終身失所矣。」鼎益奇之。以貢謁選，至京師從王守仁學，獻籌邊六策，授安福丞，轉峨眉令，興利除弊，政聲大著。

高鵠。姚安府土舍。多謀，善騎射，盜賊斂戢。嘉靖三十年元江之變，布政使徐樾遇害，鵠赴救，死之。有司以狀聞，詔予優卹。

孫學易。楚雄人。萬曆中進士，授寧國府推官，斷獄無冤。升遵義副使。土官奢崇明有逆志，屢請上官先事以折其謀，不納，後猖獗，三省騷然，人服其先見。歷官陝西布政使，致仕，卒。

吴繼勳。楚雄人。授楚雄衛指揮。萬曆中督軍征緬，屢捷，孤軍無援，歿於陣。事聞，賜祭，子起周襲職。

孫學詩。楚雄人。萬曆中由舉人累遷吏部員外。著四民圖説進呈，帝嘉之，擢四川永寧道，有惠政。以疾歸。

李邦相。楚雄人。家貧甚，父殁，賣身以葬，留妻養母。未幾母卒，妻亦願賣身葬姑，妻父怒，訟於郡，郡高其事以上聞，詔建坊旌之。

蘇德馨。廣通人。父寵異母，逐之居外，益盡孝，耕田養親，不怨不怒，鄉黨稱之。萬曆中任茂州學正。

陶希臯。姚安人。萬曆中石阡推官，發奸擿伏如神。及守永寧，平賦役，擒巨寇，以剛直忤上官，遷王府教授，歸里。

金鯉。姚安諸生。性至孝，母楊氏病篤，鯉晝夜禱，夢神授方，母病遂愈。後母歿，廬墓側，時羅賊刦掠，感其孝，舍之而去。兄鯤舉家疾疫，鯉與同寢處，供湯藥。萬曆七年，詔賜銀幣，建坊旌獎。

劉九疇。姚安人。由貢生知綦江縣。方出仕，盡以遺産讓諸弟，鄉里重之。萬曆間賜「孝友馳聲」扁額。

靳時芳。姚安人。侍父赴京，父在途疾，不能乘馬，時芳背負而行。母病癱，時芳晨夕抱扶，歷三十二年如一日。家貧教授，跬步有繩尺，遊其門者皆有規程。姪仕清幼孤，撫之成立。年八十三卒。

周孔徒。定遠人。性孝友，撫兄子，育弟妹，周濟貧乏，鄉里稱之。子昌祚，天啓進士。少孤，事母以孝聞，官大理評事。

丁師義。楚雄人。崇禎中知霸州，時州城被兵，竭力戰守，城陷，死之，贈參議。本朝乾隆四十一年，賜謚節愍。

俞觀。楚雄人。與弟益潛心理學，教授生徒，遠近負笈而至。時土賊陷城，聞其名，迫之使見，不屈，自投泮水，遇救，遂隱不出。

杜天楨。楚雄人。崇禎末土賊沙定洲攻城，天楨創議力守。監軍楊畏知敗於流寇，城中瓦解。天楨至西城樓書壁曰：「恨滇南無一赤心男子，求後世免一青史罪名。」正衣冠自縊。

王承憲。楚雄人。崇禎末襲職爲楚雄衛指揮，中武舉，授遊擊，爲楊畏知前鋒。沙定洲圍城，承憲擊却之，賊陰誘其部曲，承憲大呼，手刃數人，與弟承瑱俱戰死。本朝乾隆四十一年，賜謚烈愍。

謝琯。楚雄人。任四川遵義推官，適流寇攻城，琯戰敗不屈，賊令屠城，琯曰：「苟止殺，吾當從汝。」賊喜，遵義人遂獲免。迫與偕行，至貴陽自縊於學宫。本朝乾隆四十一年，賜謚節愍。

陳士性。楚雄人。崇禎末任冀州州同〔八〕，流賊陷城，不屈死之。本朝乾隆四十一年，予入忠義祠。

王家祥。楚雄廩生。流賊入城，闔家二十九口皆投水死。本朝乾隆四十一年，予入忠義祠。

張朝綱。廣通人。崇禎時任渾源州州同，解職歸。流寇至廣通，朝綱謂妻馮氏曰：「吾受國恩，何忍偷生！」與妻從容自縊。長子耀葬親訖亦死。本朝乾隆四十一年，賜謚節愍。

包洪策。廣通人。崇禎末任新都知縣，甫四月，流寇至，策力守孤城，兵少食盡，城陷，被執不屈，罵賊死。

李師泌。姚安人。邑武生。吾必奎叛，楊畏知任楚雄監軍，以守備委師泌協守。必奎陷城，師泌不屈，直前大罵，賊令鍘其首，師泌罵曰：「賊奴鍘人何不先其足乎？」遂從足鍘至首而死，楚人莫不哀之。本朝乾隆四十一年，予入忠義祠。

席上珍。姚安人。崇禎中孫可望等入雲南，上珍與州守何思、大姚舉人金世鼎嬰城固守，城陷，世鼎自殺，上珍被執至昆明，罵賊磔於市，思亦不屈，死之。本朝乾隆四十一年，予入忠義祠。

本朝

楊三奇。南安人。順治間有賊刦其家，父被執，三奇年十四，奮身抱賊曰：「但傷我，毋傷我父。」遂受刃死，父得全。

陳士驥。南安人。順治舉人。吴三桂反，檄官之，拒不受。事平，授隆德縣知縣。

徐達乾。字躋菴，楚雄人。康熙癸丑進士。吴三桂叛，杜門八年，脅以僞命，不屈。賊平，滇撫疏薦，授山東高苑縣，有殊績，累遷吏科都給事中。

張肫仁。楚雄人。康熙癸卯舉人。吴三桂叛，脅以官，不受。貧居，教授以終。

李天秩。楚雄人。康熙庚午舉人。當事重其才，延爲山長，議論開發，一時人士多所成就。

薩綸錫。楚雄人。康熙乙未進士。選庶常，授檢討，氣度安詳，詩文博雅，爲迤西甲科之首。

夏詔新。姚州人。雍正七年選拔，歷官瀘州，所至以廉能著，致仕歸。與兄弟共財產，多義舉，且以家藏十三經、廿一史送書院，三姚人士無不佩其德。

陳綏端。定遠人。純孝性成，乾隆五十一年旌。又白井季魯望，嘉慶間以順孫旌。

流寓

唐

李善。江都人。善屬文，淹貫古今，號爲書簏。顯慶中累遷崇文館直學士，爲文選注，敷析淵洽。坐與賀蘭敏之善，流姚州，尋赦還。

宋

高量成。大理人。世爲段氏相，避位不仕，築城於威楚之德江村，恤孤寡，教子弟，風俗爲之一變。

明

黄輔。巴縣人。成化間以舉人任南安州學正。後寓廣通，聚徒講學，士類賴其陶成，今子孫猶在南安。

列女

黄守鐘。宋黄庭堅之後，官於姚，遂家焉。

明

王定邦妻孫氏。楚雄人。年二十九夫亡，守節，訓二子承寵、承憲以忠義立身，後俱死國難。氏年八十三卒。

王俊妻嚴氏。楚雄人。夫卒無子，甘貧守節而終。

楊時泰妻何氏。鎮南人。年二十七夫卒，撫孤教子，壽至百歲。

鞠以和妻楊氏。南安人。年二十三夫亡，無子，誓志守節，年至九十一歲。

楊焕袍妻楊氏。南安人。年二十值沙賊之亂，氏被執，厲聲罵賊，冒刃而死。

包遇景女。定遠人。爲野寇所掠，女不辱，被殺。

周國正妻張氏。定遠人。年二十夫踰垣失足死，氏舐其血，大慟，自縊以殉。

周如盤妻陸氏。定遠人。年十五夫卒，氏悲涕不已，至夜遂死於屍側。

孟宗聖妻温氏。定遠人。年二十餘夫歿，事姑孝，教子成立，壽至百歲。

李大中妻張氏。定遠人。遇賊刦掠，恐爲所污，投河死。

蘇蘭妻董氏。廣通人。年二十六夫亡，守節，安鳳之變，劫掠至縣，氏負姑遠避，崎嶇山谷間，卒免於難。

楊世恩妻韋氏。廣通人。崇禎五年野賊焚民居，氏恐受辱，投烈焰中死。

徐光鼎妻萬氏。廣通人。崇禎五年，野賊破城，氏投池死。

段元臣妻王氏。廣通人。野賊破城，爲賊兵所獲，投水死。

劉襄妻高氏。姚州人。明末流寇陷城，氏懼辱，抱幼子投井死。

陳友忠妻魯氏。江南人，隨父戍姚安所，年二十八夫戰死交趾，氏撫孤守節。成化中旌。

靳志妻趙氏。姚安人。守節撫孤，子復卒，撫孫成立。

王經妻張氏。大姚人。夫卒，苦節事親。撫子鳴鳳成立，後官縣令，以清節著，人以爲母教。

施經綸妻張氏。大姚人。夫卒於官，臨訣託以養父母，氏扶櫬歸，有欲奪其志者，氏泣曰：「違夫何以相見地下！」孝事舅姑，守節終身。

景同春妾趙氏。琅井人。同春夫婦相繼殁，氏爲立嗣，殮如禮，葬前一日自縊死，家人哀之，同穴葬焉。

張震妻王氏。白鹽井人。年二十夫卒，撫子世榮，及長娶婦，世榮又殁，姑媳相依，守節不渝。

席上珍妻封氏。白鹽井人。流寇張虎陷姚州，上珍罵賊死，氏亦被執，將逼之，氏紿曰：「姑俟七日乃可。」賊禁氏廟中，伺間潛出，投井死，今名其井曰節井。

王鳴鳳妻王氏。鳴鳳由嵩明遷居白井，黔國公委理迤勳莊。流寇之變，天波出奔，鳴鳳率莊人起義往衛，臨行謂氏曰：「藐孤一綫，其付之卿乎？」後力戰死。氏年二十八，攜孤英避居麗江，土知府木瑶嘉其忠節，庇之，遂撫英成立。壽七十七終。

本朝

謝泰來妻金氏。鎮南人。夫亡守節，事親教子，康熙間旌。

袁尚義妻李氏。楚雄人。年少夫亡，事親守節，與同縣陳所養妻羅氏、白璋妻王氏均雍正間旌。

張天琯妻孟氏。定遠人。守節撫孤，雍正間旌。

魯達道妻李氏。姚州人。夫亡守節，孝慈兼至，雍正間旌。

倪光捷妻王氏。大姚人。年少夫亡，撫孤成立，雍正間旌。

王希孔妻張氏。白鹽井人。夫亡守節，雍正間旌。

陳天成妻薩氏。楚雄人。夫亡無子，撫姪成立，與同縣江長源妻劉氏、劉宗孟妻王氏、宋學平妻卜氏均乾隆間旌。

李德湛妻段氏。南安人。夫亡守節，孝慈兼至，乾隆間旌。

李濬妻楊氏。定遠人。夫亡守節，與同縣金淳妻田氏、唐廷對妻李氏、李森榮妻王氏均乾隆間旌。

張鏡妻徐氏。姚州人。夫亡守節，與同州由虞陞妻冉氏〔九〕、李望道妻袁氏、王式良妻朱氏、唐德焯妻羅氏均乾隆間旌。

張天瓊妻宋氏。黑鹽井人。撫孤守節，乾隆間旌。

王九章妻張氏。白鹽井人。夫亡守節，與同里王肇統妻何氏、楊世基妻王氏均乾隆間旌。

花筆平妻宋氏。楚雄人。夫亡守節，與同縣卜爾松妻陳氏、倪毓衛妻麥氏均嘉慶間旌。

侯德周女。定遠人。守貞不字，嘉慶間旌。

高代空妻何氏。姚州人。夫亡守節，嘉慶間旌。

沙應龍妻趙氏。大姚人。夫亡守節，與同縣陳玠妻華氏均嘉慶間旌。

李輝魯妻洪氏。白鹽井人。夫亡守節，與同里張燦祖妻王氏、陳統舜妻唐氏、夏元璋妻張氏、王惟相妻郭氏均嘉慶間旌。

仙釋

唐

楊波遠。葉榆人。永徽時嘗騎三角青牛，逍遥威楚間，滇池、鹽井四十餘處，皆楊所開。

王載元。南詔時同友張明亨棲威楚之五樓山，有道人至，自稱「無心昌道人」，與飲歡噱，起謂二子曰：「來年秋風起塞外，吾當再來。」及期道人果至，攜醇酒與二子飲，飲畢，騰空而上，二子亦俱仙去。後人謂「昌無心」乃「吕」字也，其吕巖乎？遂名閣闞灘爲吕閣。

土産

金。唐書地理志：姚州土貢麩金。明統志：龍蛟江出。

銀。楚雄、南安出。

鹽。白鹽井出。

墨鹽。定遠縣出，黑井、琅井、廣通縣阿陋井、猴井俱産鹽，色黑。

麝香。唐志：姚州土貢。

莎羅布。寰宇記：姚州有橦木，皮可爲布。府志：即梭蘿布。

越𧝑。寰宇記：姚州産。又引蜀記云：「雲南越㲣㲪，罽也。」

響石。出楚雄縣文殊山。聲清越，宜爲磬，今無。

錦雞。白鷴。俱府境出。

龍目。寰宇記：姚州産，似荔枝。

菩提子。俗名「木槵子」，可爲念珠，圓净勝他産。世傳高泰祥死節，一女流亡民間，未知兄弟所在，手植此樹，以卜存亡，九植咸茁，久之盡得，今存者九族。

校勘記

〔一〕築城曰耐籠　「籠」，原作「龍」，據乾隆志卷三七九楚雄府建置沿革（下同卷簡稱乾隆志）及元史卷六一地理志改。按，本志雲南府山川姚陵山條云：「蠻語呼城曰籠」。

〔二〕粉之可愈創疾　「創」，乾隆志作「瘡」。

〔三〕楊波　讀史方輿紀要卷一一六雲南四同，乾隆志作「揚波」，舊唐書卷四一地理志作「揚彼」，新唐書卷四三下地理志作「楊彼」。字形互有異同，莫知孰是。

〔四〕强樂　乾隆志及讀史方輿紀要、舊唐書地理志同，新唐書地理志作「樂彊」。

〔五〕元梁王巴咱爾斡爾密所築　「斡」，原作「幹」，據乾隆志改。按，明史本傳作「瓦爾密」，瓦、斡音近，幹音相差太遠，顯誤。

〔六〕矣保山塔　「保」，原作「寶」，據乾隆志、雍志雲南通志卷二六古蹟及本志前文山川矣保山條改。

〔七〕暮歲減從適館　「歲」，乾隆志作「夜」。

〔八〕崇禎末任冀州州同　「冀州」，原作「翼州」，據乾隆志及雍正雲南通志卷二一之一人物改。

〔九〕與同州由虞陞妻冉氏　「陞」，乾隆志作「陛」。

澂江府圖

宜良界
明湖
羅藏山
舞鳳山
澂江府
河陽
天馬山
玉笥山
迴龍山
撫仙湖
海口
鐵池河
彌勒界
寧州界

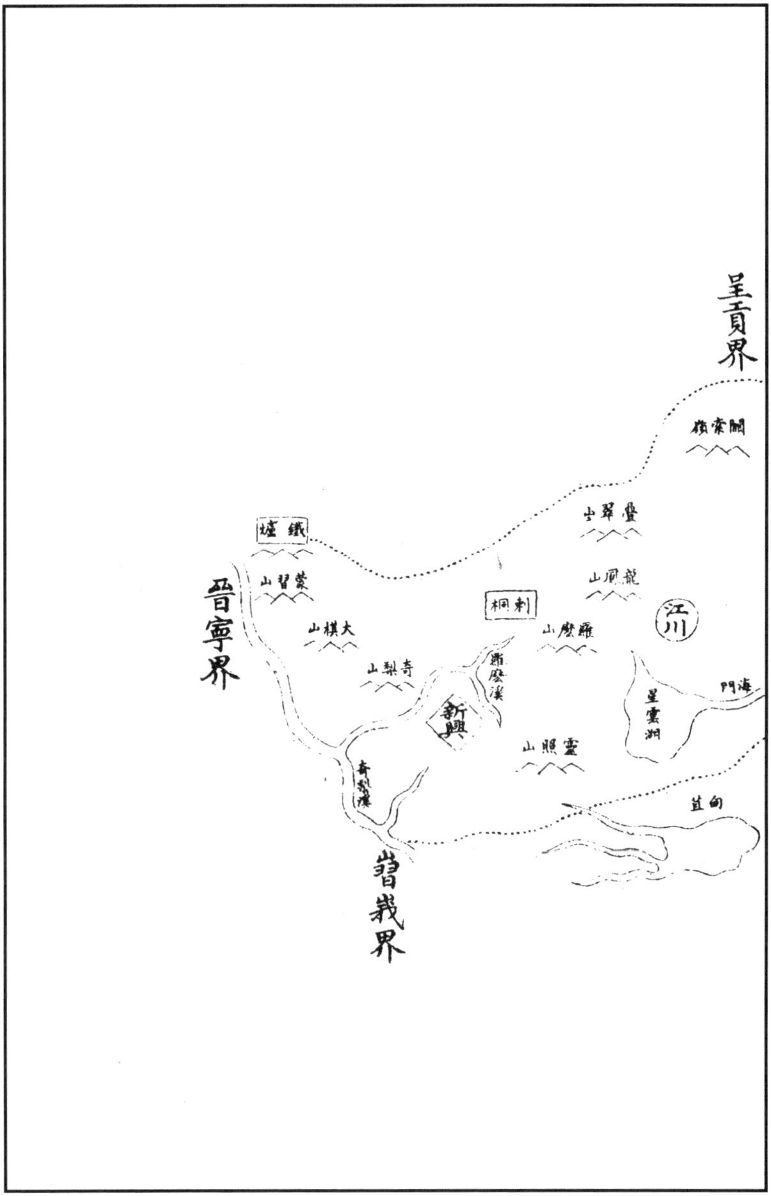
呈貢界
關索嶺
疊翠山
鐵爐
龍鳳山
蒙習山
刺桐
晉寧界
江川
大棋山
羅藏山
奇梨山
羅藏溪
海門
新興
星雲湖
靈照山
奇梨溪
向道
嶍峨界

澂江府表

	澂江表	河陽縣
兩漢	益州郡地。	俞元縣屬益州郡。
三國	蜀漢建寧郡地。	俞元縣
晉	建寧郡地。	俞元縣屬建寧郡。
宋	建寧郡地。	省。
齊	建平、晉寧二郡地。	俞元縣復置，屬晉寧郡。
梁	南寧州地。	廢。
隋	昆州地。	
唐	黎州地，後蒙氏置河陽郡。	初屬昆州，後屬黎州，南詔爲河陽郡治。
宋	段氏爲羅迦部。	段氏爲强宗部。
元	澂江路憲宗六年立羅迦萬户。至元三年改爲中路，十六年改澂江路，屬雲南行省，治河陽。	河陽縣路治。初立羅伽千户，至元十六年升州，二十六年降爲縣。
明	澂江路洪武十五年改置府，屬雲南布政司。	河陽縣府治。

續表

	江川縣	新興州
	益州郡地。	益州郡地。
		新興縣 東晉置，屬建寧郡。
		新興縣
		新興縣 屬左建平郡。
		廢。
梁水縣 初屬南寧州，武德七年割屬西寧州。後廢。	絳縣 初置，屬南寧州，後屬黎州，南詔徙曲旺蠻居此。	求州 貞觀二十三年置，屬戎州都督府。後蒙氏改爲温富州。
	段氏爲步雄部。	段氏爲休制部。
陽宗縣 初立强宗部千户，至元十三年改置縣，屬澂江路。	江川縣 初立千户，至元十三年改置州，二十年降爲縣，屬澂江路。又置雙龍縣，尋省入。	新興州 初立部傍千户，尋改休納縣。至元十三年於縣置州，後省縣入州，屬澂江路。
陽宗縣 屬澂江府。	江川縣 屬澂江府。	新興州 屬澂江府。

續表

	州南路
	益州郡地。
	建寧郡地。
	昆州地，蠻名路甸，天寶末號落蒙部。
普舍縣初立千户，十三年改置縣，屬新興州。 研和縣初立百户，至元十三年改置縣，屬新興州。	路南州初立落蒙萬户，至元十三年改置州，屬澂江路。 邑市縣至元十三年置，屬路南州。 彌沙縣至元十三年置，屬路南州，二十四年省入邑市。
洪武十五年省入州。 洪武十五年省入州。	路南州屬澂江府。 邑市縣屬路南州，成化中省。

大清一統志卷四百八十一

澂江府

雲南省治東南一百二十里。東西距二百三十六里，南北距一百七十五里。東至廣西州彌勒縣界二百里，西至雲南府晉寧州界三十六里，南至臨安府寧州界一百二十里，北至雲南府呈貢縣界五十五里。東南至彌勒縣界二百五十三里，西南至臨安府嶍峨縣界二百一十五里，東北至雲南府宜良縣界七十里，西北至呈貢縣界一百三十里。自府治至京師八千三百二十里。

分野

天文東井、輿鬼分野，鶉首之次。

建置沿革

禹貢梁州荒裔。戰國時爲滇國地。漢置俞元縣，屬益州郡，按：明史漢爲牂牁郡地，隋牂州。後漢因之。三國漢屬建寧郡。晉增置新興縣，宋因之。齊爲建平、晉寧二郡地。梁屬南寧州。隋屬昆州。唐武德元年隸戎州都督府，七年析南寧州二縣地置西寧州。貞觀八年，更名黎州。天寶末入於蠻，後南詔取其地，置河陽郡。宋段氏時爲羅伽部。元志：唐天寶末麽些蠻居之，號羅伽甸，後爲僰蠻所奪。南詔蒙氏爲河陽郡。明統志：段氏析麽些蠻爲三部，曰强宗，曰休制，曰步雄。其步雄後居羅伽甸，號羅伽部。又黑爨蠻之裔居路甸，號落蒙部。元初内附，置羅伽萬户府，至元三年改爲中路，十六年升爲澂江路，隸雲南行省。明洪武十五年改爲澂江府，隸雲南布政使司。本朝因之，屬雲南省，領州二、縣二。

河陽縣。附郭。東西距一百里，南北距一百八十五里。東至路南州界九十里，西至雲南府晉寧州界十里，南至臨安府寧州界一百三十里，北至雲南府呈貢縣界五十五里。東南至寧州界三十三里，西南至江川縣界三十五里，東北至雲南府宜良縣界七十里，西北至呈貢縣界二十九里。漢俞元縣地，屬益州郡，後漢因之。晉屬建寧郡。隋屬南寧州。唐初屬昆州，後改屬黎州，天寶末入於南詔，置河陽郡於此。宋段氏爲强宗部。元初立羅伽千户所，至元十六年改河陽州，二十六年降爲縣，屬澂江路。明爲澂江府治，本朝因之。

江川縣。在府西南九十里。東西距九十里，南北距一百里。東至臨安府寧州界五十里，西至新興州界四十里，南至寧州界七十五里，北至河陽縣界二十五里。東南至寧州界二十里，西南至臨安府河西縣界三十里，東北至河陽縣界三十五里，西北至雲南府晉寧州界三十里。本漢益州郡地，名碌雲異城，蠻名易籠。唐初置絳縣，南詔徙曲旺蠻於此，以白蠻守治之，後麽些蠻裔居此。宋段氏時名步雄部。元初置千户所，至元十三年改爲江川州，二十年降爲縣，屬澂江路。明屬澂江府，本朝因之。

新興州。在府西一百二十里。東西距七十里，南北距一百里。東至江川縣界二十里，西至雲南府昆陽州界五十里，南至臨安府嶍峨縣界五十里，北至昆陽州界五十里。東南至臨安府河西縣界四十四里，西南至嶍峨縣界四十七里，東北至雲南府晉寧州界五十里，西北至昆陽州界四十里。漢益州郡地，晉置新興縣，屬建寧郡，宋因之。齊屬建平郡，梁末土酋爨瓚居之，分爲西爨地。唐貞觀中置求州，屬戎州都督府，蒙氏改爲温富州。宋段氏時麽些蠻據其地，號休制部。元初置千户所，至元十三年改爲新興州，隸澂江路。明屬澂江府，本朝因之。

路南州。在府東一百三十里。東西距一百二十里，南北距一百十五里。東至廣西州彌勒縣界八十里，西至雲南府宜良縣界四十里，南至臨安府寧州界九十里，北至宜良縣界二十五里。東南至廣西州彌勒縣界八十里，西南至河陽縣界七十八里，東北至曲靖府陸涼州界六十里，西北至曲靖府馬龍州界一百八十里。漢益州郡地，蜀漢爲建寧郡地。唐屬昆州，蠻名路甸，天寶末爲黑爨蠻落蒙所據，號落蒙部。元初置落蒙萬户府，至元十三年改爲路南州，屬澂江路。明屬澂江府，本朝因之。

形勢

北倚會城，南接臨安，襟水負山，土田饒沃。通志。金蓮、玉筍，卓兀東西；撫仙、星雲，瀠洄内外。挾湖山之勝，號魚稻之鄉。府志。崎嶇崖石，地鮮平夷。明統志。

風俗

士知尚學，民務耕織。勤生力本，以勁特相慕效，恥爲委蛇。通志。其性質野，其俗豪强，蠶衣耕食，不事逐末。明統志。

城池

澂江府城。周五里有奇，門四，池深五尺，引東西泉注之。明隆慶五年建。本朝康熙五十一年、乾隆元年修，二十五年又修。

江川縣城。周一里有奇，門四，有池。明崇禎七年築。本朝康熙五十六年修，乾隆二十五年又修。

新興州城。周三里，門四，有池。明正德二年築土城，萬曆六年易以磚。本朝康熙四十七年修，乾隆三十六年又修。

路南州城。周二里有奇，門四，有池。明弘治中築，隆慶六年易以磚。本朝雍正七年、十一年修，乾隆二十六年又修。

學校

澂江府學。舊在金蓮山麓，明隆慶中遷建於舞鳳山。萬曆三十一年復遷於金蓮山。本朝康熙三十年修，四十一年又修。入學額數二十名。

河陽縣學。在府治西北。明天啓六年建。入學額數二十名。

江川縣學。在縣治東。舊在城南，本朝康熙三十二年改建。入學額數十二名。

新興州學。在州治東南。舊在城東三里，本朝康熙四十八年改建。入學額數二十名。

路南州學。在州治東關外。明嘉靖三十五年建。本朝順治十七年、康熙五十年屢修。入學額數十二名。
河陽書院。在河陽縣西北。本朝康熙五十七年知府柳正芳修建。
玉溪書院。在新興州治。本朝康熙五十年知州任中宜建。
敬一書院。在路南州治。本朝康熙二十四年知州徐瀛翥建。舊志：河陽縣澄心書院在縣東，明隆慶中建。黔蒼書院在縣西，明嘉靖中建。並久廢。

户口

原額人丁共八千四百三，今滋生男婦大小共三十萬三千四百四十五名口，計四萬四户。又屯民男婦大小共二十六萬一千九百四名口，計三萬三千一百五十一户。

田賦

田地六千一百二十一頃七十七畝九分有奇，額徵地丁正、雜銀一萬三千三百二十七兩四錢六分八釐，米一萬三千六百九十五石六升八合二勺。

山川

金蓮山。在河陽縣東五里。明統志：一名龜山，高圓平正若蓮花然。又有重珠山，在縣城東五里，一名倚鐸山。

闕摩山。在河陽縣東五里。巖穴幽勝。又縣東五里有暘浦山。

雲龍山。在河陽縣東六里。相傳諸葛亮盟蠻於此，一名訂盟山。

繡毬山。在河陽縣東七里，金蓮山之南。

迴龍山。在河陽縣東南十里。明統志：一名象鼻嶺，上接暘浦，下及撫仙湖，山勢蜿蜒如龍盤。通志又有赦文山，在撫仙湖口。

天馬山。在河陽縣東南十里。兩山夾護，山形如馬。陟其巔，東見大池江，南望撫仙湖，西連梁王山，北覩湯池，有流泉環繞如帶。

南峯山。在河陽縣南十里。磅礴高厚，中峯秀拔。

龍爬山。在河陽縣西南十五里，撫仙湖西。相傳龍鬬於此，如爪爬跡，故名。

玉筍山。在河陽縣西南三十里。舊名湧拔山，兀立撫仙湖上，高峯獨秀，狀如玉筍。其旁爲誥軸山。

虎山。在河陽縣西七里。雄峭如虎踞，横亘百里。

舞鳳山。在河陽縣北。勢自羅藏山中支逶迤而來，左右兩山夾峙，如鳳展翼，爲一郡之鎮山，府治建於其麓。

羅藏山。在河陽縣北十里。後漢書郡國志：俞元裝山出銅。明統志：漢志云「裝山」，後誤爲「藏」。又蠻云「虎柵」爲「羅藏」。昔有虎自碧雞渡滇池至此，土人造柵取之，故名。通志：山有龍湫，時興雲霧。元梁王幹爾密聞曲靖破〔一〕，走入羅藏山，結寨其上，亦名梁王山。其南有泉流，爲羅藏溪；北有泉流，爲錦溪；西有泉流，爲彌勒石溪。「幹爾密」舊作「瓦爾密」，今改正。

玗扎山。入河陽縣北二十里。一名無詐山，今名烏剳山。其麓有泉，流爲玗扎溪。

覺卜山。在河陽縣北，羅藏山之分支。險峻陡絶，呈貢路經此。

夾浦山。在河陽縣北。彌勒石溪及冷塘二水合流其下，故名。

化石祖山。在河陽縣北。

仙迹山。在河陽縣北。山腹有仙人洞。

碌碕山。在河陽縣東北十里。蒼巒如疊，下有莊鏡泉。

碁枰山。在河陽縣東北四十里。一名棋和山。

寶珠山。在河陽縣東北四十五里。後倚石壁，前瞰明湖。

鍾秀山。在河陽縣東北。高峻隆厚，下有三春池。

海瀛山。在江川縣東南。一名孤山，特起湖中，四壁如削。通志有東山，在縣東三里。其巔有古塔。

蟠坤山。在江川縣南十五里，東臨撫仙湖，西際星雲湖。山頂石皆赭，無草木，有蟠坤洞，舊爲禱雨處。

覆盆山。在江川縣西南三十里。其山無石，皆螺螄甲，形如覆缶，居民社日祈年之所。

龍鳳山。在江川縣西三里。崇岡疊阜，爲縣鎮山，温泉、冷泉皆出其麓。

西山。在江川縣西四里。峯巒起伏，山麓多泉，合流入星雲湖。

緑籠山。在江川縣西北十里。林木蒼翠，下有泉。

屈顙顛山。在江川縣西北十五里。一名疊翠山。昔有人獵於此，終日無獲，土語謂屈爲犬，顙爲惜，顛爲勞而無獲，因名。山勢如塞，其半湧泉三派，西入滇池，東入撫仙湖，南流阿仲溪。

靈照山。在新興州東十里。旭日東升，光照林麓。

白塔山。在新興州東二十里。上有塔，元時建。

真武山。在新興州南二十里。形如龜蛇盤繞，上有真武廟。

鳳凰山。在新興州西南。形如鳳翼，故名。

奇梨山。在新興州西十里。林木茂蔚，下有泉，流爲奇梨溪。

大棋山。在新興州西北十五里。上有石枰，傳爲仙人弈棋遺跡。

蒙習山。在新興州西北七十里。一名適饑山，山頂與昆陽州分界。

羅麽山。在新興州東北二十里。一名石崖山，有石洞巉巖奇怪，下有白龍泉，流爲羅麽溪，凡九曲入大溪。

鹿母山。在路南州治東。

劄龍山。在路南州東八十里。峯巒高聳，下有小石，可煉爲銅。

木龍山。在路南州東。又東北有羊鼻山，山頂有泉。

遮日山。在路南州東南十五里。山勢峭拔，一名些亦山。

午山。在路南州東南。一名印山。

紫玉山。在路南州南半里。色如紫玉。

竹子山。在路南州西南五十里。山周百餘里，高千仞，有蠟燭、香爐諸峯。

照鏡山。在路南州西北二里。山前有池如鏡。

休柔山。在路南州東北十五里。今名九盤山。下有流泉，名休柔谿。

龜山。在路南州東北八十里。山勢俯瞰交、廣，昔土酋秦氏居之。

劍嶺。在河陽縣東羅藏山之右。西折而南，山脊隆直如劍。

賓陽嶺。在河陽縣東。由羅藏山分支，疊嶂崔嵬，日出先照，故名。

關索嶺。在河陽縣西北十里。山阜高數百丈，險峻難渡，若關隘然，牽繩而過。

陸赫嶺。在河陽縣東北。山脈自羅藏山奔馳延亘，至此突起，高秀巀嶪，望之赫然，宜良路南道經其下。

貴人峯。在河陽縣西南玉筍山後。羣峯拱攝，儼如巨人。

金雞巖。在河陽縣東華藏寺石壁間。相傳聞巖鳴則米價騰貴，人以爲怪，擊去其首。

竹園坡。在河陽縣西北。長亘十里，平衍多竹。

仙人洞。在江川縣南五里。有巨人跡，俗謂之「仙人跡」。有石如牛馬磨臼之形。

菜花坪。在河陽縣羅藏山東。野菜徧生，可爲虀。相傳元梁王遊宴之所，耕者往往得其遺物。

石林。在路南州東北。舊名李子箐。怪石森立，嵌結玲瓏，下有伏流，深遠莫測。通志有「貼金石」，在州東三十里，俗傳昔廣西蠻酋過此，石忽有聲，後以金箔貼之。

巴盤江。在路南州西。自宜良縣流入府境，東南流入廣西州界。

鐵赤河。在河陽縣東二十里，一名鐵池河。源自雲南府宜良縣流入，又東南入路南州界。漢書地理志：俞元縣橋水，東至毋單入温，行千九百里。水經注：橋水上承俞元之南池，一名河水。通志：鐵赤河，源自曲靖府陸涼州，流經宜良縣，至鐵赤鋪入山峽數十里，會撫仙湖尾閭，又東入路南州，河外竹山數重，林木深密。

隴丘衝河。在河陽縣北。發源龍丘衝，流入明湖。

大衝河。在河陽縣東北十里羅藏山下，匯溪澗諸水爲河，流入明湖。明隆慶中水漲隄決，知縣文嘉謨濬深之。

上河。在江川縣。源出阿化沖，分灌前、廣二衝田。

中河。在江川縣，抵烏鵲村。

下河。在江川縣，分中河之流，灌左衛營田。

密羅河。在新興州西南三十里。一名奴喇河，又名奇梨溪。源出奇梨山，經密羅村，西南流經甸尾，入臨安府嶍峨縣界。其衝口有壩三座。

羅木箐河。在新興州西北五里。府志：源自晉寧州流經大堡，又西南流入臨安府嶍峨縣界。有壩三座，分溝溉田。明統志：有羅麼溪，源出羅麼山下，白龍泉流爲九曲，入於大溪。州志：此即晉寧之大堡河，北流通滇池。

大溪河。在新興州北五里。一名玉溪河，源出夾雄山，自州東北遶州西南，過羅麼、奇梨二溪，出臨安府嶍峨縣入曲江，即嶍峨縣大河上源也。

撫仙湖。在河陽縣南十里。漢書地理志注：俞元縣，池在南，橋水所出。明統志：一名羅迦湖，又名青魚戲月河。周三百餘里，北納諸溪流，南受星雲湖，中多石，玉筍山撫其上，宛如仙人，故名。中產㾓窅魚，可以辟瘴毒。尾閭從東入鐵赤河，南折寧州，北繞宜良，會盤江達於南海。

明湖。在河陽縣東北。一名彝休湖，一名陽宗湖，源出羅藏山下，流入盤江。周七十里，兩岸陡絶，水色深黑，境内溪河泉澗諸水悉匯於此，流入雲南府宜良縣界。

星雲湖。在江川縣南。周八十里，東流五里，由海門入撫仙湖。兩湖相通處，中央有石，其所產之魚，各不相越，謂之「界魚石」。

東谷溪。在河陽縣東六里。出東谷，縈繞城中，旁溉畦陌，入於明湖。

七江溪。在河陽縣東四十里七江村。傍兩山間，流入鐵池河。

石澗溪。在河陽縣西南。出虎山兩峽間，灌溉平阜，遶北而下，入西礐。

錦溪。在河陽縣西。源出羅藏山，北流經舊陽宗縣西。

龍泉溪。在河陽縣西十五里亂石中，流入撫仙湖。

羅藏溪。在河陽縣西羅藏山南，南流入撫仙湖。

日角溪。在河陽縣北。一名芭蕉河。明統志：源出化石祖山，東北入明湖。府志：源出覺卜山下，伏流至天生橋，復出成溪，又東北入於明湖。

彌勒石溪。在河陽縣北。源出羅藏山西麓，合衆澗流爲溪，出彌勒石口，會於錦溪，溉田甚多。

朽村溪。在河陽縣東北七里。自本村發源至七里村，會於鐵赤河。

玗扎溪。在河陽縣東北二十里。源出玗扎山下，南入撫仙湖。府志：玗扎溪自寶頂山發源，流經玗扎山下，明隆慶中築渠三百七十餘丈，始利灌溉。

阿件溪。在江川縣西北。源出屈顙顛山之南，涌三派，西入滇池，東入撫仙湖，南入阿件溪，餘波流入星雲湖，溉田爲利。

興寧溪〔二〕。在路南州東二里。繞州治西南，會於鐵赤河，合流會於盤江，有壩。

休柔溪。在路南州南。源出休柔山，南流入於盤江。

西林龍潭。在河陽縣西十三里西磐泉之左。叢木中有龍湫。

鏡光池。在河陽縣東三里。注北坡泉水，圍築石隄，旁多柳樹。

一碧池。在新興州西南。又三春池，在府城東北七里，鍾秀山之麓。

九龍池。在新興州西北二十里。池聚九泉。又州北十里有蓮花池，下流入於大溪。

冷然泉。在河陽縣東三里。通志：泉出華藏山後，味甚甘洌。又有玉洌泉，在縣東三里金雞崖下，味甘色瑩，流灌阜田，會於鏡光池。

北坡泉。在河陽縣東。出闕摩山麓，周築石隄閘水，以時蓄洩灌田。又有空谷泉〔三〕，在縣東北，匯而爲池，春時頗温。

矣舊泉。在河陽縣東南十里迴龍山後。有泉穴三處。

西磐泉。在河陽縣西三十里蟠龍岡石崖下。左右潭水合流成溪，資以灌溉，一名西浦泉。舊傳水自地中接昆明池，雙湧於西山之麓，流不百武，南入於海。隆慶二年開河二道，導泉入海，仍立四壩，以時蓄洩。

漣漪泉。在河陽縣東北七里碌碕山峽。四時清澈，流溉阜田。上有石壁蒼翠，下多蒲葦。一名莊鏡泉。

七古泉。在河陽縣東北。源出麥田，流經北斗村，入於明湖。

關嶺泉。在關索嶺之麓。

阿化泉。在江川縣北十里。源出緑籠山。

雙井温泉。在江川縣海西村。兩井皆温，一流入星雲湖。

白龍泉。在新興州北二十里。亦名白龍潭，有壩四座，溉田甚多。

黑龍泉。在路南州東八里。滇志：在州東十五里，每歲正月、八月州人祀之，有黑龍潭壩。

古蹟

河陽故城。在今河陽縣東。明地理考：河陽舊治在縣東繡毬山，正德中遷於縣東金蓮山，嘉靖中復遷於繡毬山前，隆慶四年遷於舞鳳山，爲今府治。

西古故城。在河陽縣西四里。元時築，遺址猶存。

陽宗故城。在河陽縣東北四十里，明湖之南。元史地理志：陽宗在本路西北明湖之南，昔麽些蠻居之，號曰强宗部。其酋盧舍内附，立本部千户，至元十三年改爲縣。明地理考：澂江府陽宗蠻名强宗部，訛曰陽宗，元立陽宗千户所，尋改爲縣治。本朝康熙八年併入河陽縣。

絳縣故城。在江川縣。唐書地理志：自曲江經通海鎮百六十里至絳縣，又八十里至晉寧驛。元史地理志：縣在澂江路南星雲湖之北，蒙氏叛唐，使白蠻居之，至段氏，麽些徒蠻之裔居此城〔四〕，更名步雄部，其後弄景内附，即本部爲千户。至元十三年，改千户爲江川州，二十年降爲縣。明統志：唐時南詔徙曲旺蠻於此，以白蠻守治之，縣有石如龍，因名其地爲碌雲異城，即今縣治也。崇禎七年遷縣治於江川驛，始建今城，去舊治三里。

研和故城。在新興州南三十里。元史地理志：研和，麽些徒蠻步雄居之〔五〕，其孫龍鍤内附〔六〕，立百户，至元十三年改爲縣，隸新興州。明統志：研和城在州南三十里。元置縣，後省入州。又西十里有畔龍城，元置縣，後省入研和縣。

休納故城。今新興州治。元史地理志：昔有强宗部蠻之裔，長曰部傍，據普具龍城。明統志：休納城，昔部傍所築，元初置千户，尋改縣，後省入新興州。

普舍故城。在新興州北二十五里。元史地理志：普舍縣在州西北，昔强宗部蠻之裔次曰普舍，據普扎龍城，後普舍孫苴㕍内附，立本部爲千户，至元十三年改爲普舍縣，治普扎龍城，隸新興州。明地理考：新興州北有普舍廢縣，元置，洪武中省。

彌沙故城。在路南州東北。元史地理志：至元十三年即彌沙等五城立彌沙縣，二十四年併入邑市。

邑市故城。在路南州東北八十里。元史地理志：至元十三年，即邑市、彌歪二城立邑市縣，二十四年隸路南州。明統志：成化中省入州。

俞元廢縣。在河陽縣。華陽國志：俞元縣在河中洲上。酈道元水經注：俞元縣治龍池洲，周四十七里。明統志：漢元封中置。

梁水廢縣。在河陽縣境。唐書地理志：黎州縣二：梁水、絳。本屬南寧州，武德七年改屬西寧州。

西街城。在河陽縣西十里，民居稠密，明正德六年築，周三里，門四，今廢。

黑柏城。在河陽縣東。一名輸納籠城〔七〕，蠻所築也。

部椿城〔八〕。在江川縣北二十里。明統志：昔爨酋易昌所築，元置雙龍縣於此，後省入江川。今爲雙龍鄉。其北有古樹，春初葉萌，土人視其先萌之方以卜歲：北雨南旱；西則風雨時，禾稼登，歲稔；東則豐歉半；四面皆萌，旱潦饑饉。歷驗不爽。按：雙龍縣元志不載。

中古城。在新興州西二里。州志：元時梁王築以備兵，遺址猶存。又有黑村城、馬橋城、畔龍城，皆元時所築。

白城。在新興州北。元史地理志：普具龍、普扎龍二城之西有白城，漢人所築。二酋屢争其地，莫能定。明統志：州西南有禄匡城，州南有昌人城，舊研和縣有玉乞城，相傳皆漢時築。

撒呂城。在路南州東北十里。元史地理志：路南州夷名路甸，有城曰撒呂，黑爨蠻之裔落蒙所築，子孫世居之，名落蒙部。憲宗朝内附，即本部立萬户，至元七年併落蒙、羅迦、末迷三萬户爲中路，十三年分中路爲二路，改落蒙爲路南州，隸澂江路。

盟石。在河陽縣路旁。通志：蒙氏細奴邏欲張樂進求讓位，乃拔劍祝石曰：「如屬我，劍當入石。」今石裂二寸許，其遺跡也。

梁王屯。在河陽縣，舊陽宗縣東南二里棋枰山上有廢垣。元梁王屯兵於此。又名沙鍋寨。

清風亭。在府治。

豐樂亭。在河陽縣西西礐龍泉間。每歲季春郡人修禊之所。

諸葛營。在河陽縣東五里，諸葛亮曾駐兵於此。舊志：在城東十里雲龍山下。

關隘

東關。在河陽縣東。又城南有中關，城西有西關，舊皆有兵戍。

關索嶺關。在江川縣北三十里關索嶺上。明宣德中設巡檢司，土官一，流官一，今俱省。

刺桐關。在新興州北四十二里。依山帶河，兩崖高聳，北扼鐵爐關，爲全州咽喉。

鐵爐關。在新興州北四十九里。峻嶺深谷，林木幽邃，號稱險阻。嶺爲昆陽州境，嶺下爲新興州地，立碑分界，明置土官巡司，本朝康熙四年省。

革泥關。在路南州東南八十里，交彌勒縣界。

江川驛。在江川縣北三里。

和摩驛。在路南州東六十里。舊有驛丞，今省。

津梁

青雲橋。在河陽縣東街，跨玗扎溪上。舊名普濟橋。

四均橋。在河陽縣南廖官營東境内。道路至此適均，故名。

太平橋。在河陽縣西二里，跨羅藏溪上。舊名羅藏橋。

海門橋。在江川縣東南八里，爲達臨安府要路。星雲湖水由此入撫仙湖。明天順中建。

弘濟橋。在新興州南。

觀音閣大橋。在新興州東北十七里，羅木箐河洪濤擊石，居民架梁以濟。

天生橋。在路南州。有二：一在州北五十里，一在州東北十二里，皆天生石梁。

賽紅橋。在路南州西北，通雲南府大路。

隄堰

北波沿隄。在府城北。水出閼摩山之麓，明知府張順昌築石隄閘水，蓄洩溉田。

普濟堰。在江川縣。明隆慶四年築。

九龍池壩。在新興州。有壩一十七座。

魚池壩。在路南州東八里。水發黑龍潭，築壩灌田。明嘉靖中修築。

立馬閘。在河陽縣西北一里。防龍箐衝決。又太平閘，在太平橋下，疏梁玉衝溪水入新河。俱明隆慶間建。

陵墓

漢

李恢墓。在河陽縣西五里。

宋

丁連然墓。在江川縣北三十里。上覆巨石，有耕者坐其上，石忽自動起，石上勒「丁連然君神道」。宋史太宗時有交王丁連然來朝，疑即其人。

元

伊埒墓。在河陽縣三里闕摩山。「伊埒」舊作「埜喇」，今改。

段文瑞墓。在河陽縣。舊在回龍山南，後遷重珠山。

閈里伯墓。在路南州紫玉山，有廟。

祠廟

蟠坤神祠。在江川縣南蟠坤山石崖中。祠久廢，一日廢址有馬蹄跡，大如碗，平之，次日跡愈多，土人復新其廟。

武侯祠。在新興州治南。

關索廟。在府城西二十里關索嶺上。

龍驤將軍廟。在江州縣北三十里。明成化八年有虎患，太監錢能禱神獲虎，因新其廟。

昭忠祠。在河陽縣城隍廟内，本朝嘉慶八年建。

寺觀

華藏寺。在河陽縣東闕摩山，創自齊、梁時。林壑幽秀，有翠壁丹崖、清泉古樹之勝。

白雲寺。在河陽縣西十五里虎山之右，屹立峯頭，常有白雲舒卷其上。

雲集寺。在河陽縣西龍鳳山上，唐時建。

文明寺。在河陽縣西北五里，礐泉圍繞，松竹幽深。

鳳翔寺。在河陽縣東北三里，明隆慶間建。其地扼鳳山之勝，規制宏敞，遥望王筍、金蓮、迴龍、天馬諸峯。

雲巖寺。在江川縣西五里。舊名湧泉寺，明黔國公沐春改今名。

永豐寺。在新興州東白塔山，祀先農八蜡之神，元時建。

靈照寺。在新興州東靈照山。元蓮峯禪師結茅於此，爲諸刹之冠。

廣法寺。在新興州治西，宋時建。

鐘鼓寺。在新興州西北，有石音如鐘鼓，故名。

普門寺。在新興州北三十里。

獅山寺。在路南州西獅子山。寺後石壁百仞，藤蘚蒼蔚。

元和觀。在路南州西五里。

雲隱庵。在府城西北，山環水繞，左有山澗小溪，流成潭。

蓬萊庵。在府城東北，枕山倚石，側引溪澗流泉。

三元宫。在江川縣東五里。

天寶塔。在江川縣東三里東山之巔，唐天寶二年建。

名宦

元

珪納克。蒙古人。任澂江路總管，首建學宫以教民禮義。「珪納克」舊作「魁納」，今改正。

明

高恂。陝西人。洪武中恂父斗南任新興，有惠政，以老乞歸，舉恂自代。由給事中爲知州，從征交趾有功。

王彦。安福人。正統間知澂江府，招流移，除奸弊，創設三門，募民守戍，至今賴之。

晁必登。宜賓人。弘治間任澂江通判。時澂守貪暴，必登以廉佐之，屬邑民充板橋、江州驛籍者難以奔應，多破産流亡，乃建白徵銀解驛，迄今賴之。攝篆廣西、曲靖，升武定同知，皆有惠政。歷升本省右參政。

童璽。連城人。正德間任澂江知府。遷郡治於暘谷山，建仰山書院於舊學，築隄於東谷，以障溪水，政績甚多。

皮日偉。長沙人。正德間任江川知縣。奏免雜徭，民懷其德。

文嘉謨。茂州人。嘉靖中知陽宗縣。每單騎遊歷境内，凡地脈河道加意修補，築沙間之堰塘，濬大衝之隄壩，民有慈父之頌。

計朝聘。成都人。嘉靖間任澂江府。歲荒，捐俸賑民，寛徭省刑，開田三千餘畝。

徐可久。馬平人。萬曆中知澂江府。遷郡治，築磚城，開河道，義學、社倉俱舉，升本省屯田副使。郡人鑄像以祀。

林焜章。莆田人。萬曆間任澂江知府。置義學六所，以訓生童。遇有奸盜，化以廉耻，不事鞭笞。凡有勾攝，即付告人，不遣隸卒。

張維。蒲州人。天啓中以推官改知河陽縣。除火耗，絶請託，與知府郎文焕廉正相得，條議善政，一一行之。

郎文焕。孝豐人。天啓間任澂江府。河陽有額外夫馬重爲民困，條議革除，勒石永禁。

顧慶恩。吴江人。天啓四年任澂江府通判。才識敏練，以興學化民爲先務。署石屏州事，改建甎城，人爲之立祀。

李以衮。縉雲人。崇禎中爲澂江知府。修濬城池，增置礮樓二十座，以資防禦，至今賴之。

周應。興隆人。崇禎間任澂江通判，有智略。嘗攝府篆，適寧州土酋禄昌文部目李蒿鵲等率衆焚掠，至府境，應命僚屬守城，單騎詣賊所，諭以大義，詞氣嚴正，賊衆畏服解去。

周柔强。籍貫未詳。崇禎末任江川縣。流寇蹂躪，柔强殉節。

人物

三國　漢

李恢。字德昂，俞元人。仕先主爲别駕從事。章武元年庲降都督鄧芳卒，恢自薦以代，遂爲庲降都督。雍闓叛，圍恢於昆明，恢乘間出擊，大破之。南土平定，恢軍功居多，封漢興亭侯。南夷復叛，恢身往撲討，鉏盡惡類，徙其豪帥於成都。賦出叟、濮耕牛戰馬、金銀犀革充繼軍資，費用不乏。

李球。恢弟之子。羽林右都督。隨諸葛瞻拒鄧艾，臨陣死於綿竹。

唐

興爨歸王。南寧州西爨白蠻也。有才略。貞觀間爲南寧州都督，忠於唐。

元

段文瑞。河陽人。少折節讀書，奉母盡孝，母殁哀毀如禮，以手履地行一里外，負土營墳，百五十日始成。事聞，旌表曰「孝義之門」。授本路學正，歷官臨安路總管。

明

李蕃。字庭茂，河陽人。正統中進士，授户部主事，出視臨清錢穀，及九江關楮幣，豪吏斂手。以親老乞歸，爲黔國公沐斌所禮重，撥在境莊田給之，却不受。澂俗奢靡，蕃於婚喪諸禮悉從儉約，合郡化之。

王珪。字朝玉，新興人。事親盡孝，父思貞殁，哀毁廬墓，日啜一粥，不進鹽菜者三年，靈芝産墓上。正統中知州郭鎮上其事。

孫佶。河陽人。少失父，事母至孝，母疾，親除溲溺。母思飲甘露，佶夜禱天，忽甘露降注碗中，母飲之，病尋愈。

侯必登。字頤真，江川人。嘉靖中進士，歷官廣東潮州知府。有倭警，井里爲墟，必登請罷一切苛條，與民休息。嘗以事至省，經賊巢，賊見之羅拜。上官有强以事者，必登曰：「我頭可斷，事不可從也。」潮人愛慕，有「不可一日無侯公」之謡云。

陳表。號草池，新興人。嘉靖進士，任御史，剛介不撓。巡撫廬鳳，清漕運，濬河渠。致仕歸，鑿靈照山麓十餘丈，引撒喇溝水溉田千餘畝，倡建學宫。

黄閣。河陽人。建義倉，置義塚，其餘善事甚多。嘉靖間旌以義官。

劉獻可。字廷玉，新興學生。孝親睦族。偷兒入室，予以錢米，戒改行。萬曆時舉優行。

雷躍龍。新興人。萬曆中進士，選庶常。魏璫熾盛，屏不與交。崇禎中歷官禮部尚書。

楊以成。字太和，路南人。萬曆中任貴陽府通判，分署畢節，陞同知。天啓末水、藺交閧，以成潛具蠟書告變，滇撫發兵西援，至畢節賊兵圍衛城，以成督戰却之，賊衆大集，城遂陷。以成投繯未絶，賊逼擁入營，殺其家屬十三人，獨其弟以榮不死，以成函竹筒，以賊情形付以檠，入滇告變。至散納溪爲賊所獲，兄弟皆遇害。都御史傅宗龍以事聞，贈光祿寺卿，廕一子，建祠。

侯弘文。字爾士，江川人。萬曆進士，任南陽府推官。時流寇四起，弘文有智勇，以薦授七省監軍，慷慨討賊，賊聞其名，多解散。卒，贈太僕寺卿。

本朝

趙士麟。字麟伯，河陽人。康熙甲辰進士，歷官浙江巡撫。開浚河，清旗債，設法便民，浙人德之。旋調江蘇，晉吏、兵二部侍郎。祀浙江名宦。

李發甲。字瀛仙，河陽人。康熙中由靈壽知縣官御史，歷口北道、山東按察使、福建布政使、河南巡撫，皆有名。以勞瘁卒。

楊浩。河陽人。幼失父母，事伯父母如所生，伯父卒，無子，伯母張氏疾，臥牀六載，奉養無怠。

胡景武。江川人。家貧，充里催，一日詣縣，悉完所催賦，縣令怪問，曰：「母病，欲旦夕侍湯藥，不得離，又恐誤公，故稱貸以完。」及母卒，盛暑血流於地，景武號慟，吮之而殮，令察其異，給米祭其母。

陶正發。路南人。幼失父，家貧傭工，負米數百里外以供祖，侍膳問寢無少怠，闔州稱孝。

郭偉。字靖園，新興人。父上詒，以孝行聞，親嘗患瘡，上詒吮之得愈。偉成康熙丙戌進士，歷吏部稽勳司員外，孝如其父。丁憂歸，廬墓三年，以哀毀卒。

王佑命。新興人。通經史，尚氣節，有司聞其賢，召之不至，晚年自號「種松老人」。著有菜根齋集。年八十餘卒。

田理。新興人。自幼能順親，凡有所得，必歸父母。肩負薪米，恒以身先兄弟，里黨稱爲「小孝子」。乾隆三年旌。

蔣昌。新興貢生。性孝，事親能得歡心，母老失明經年，昌以舌舐之，乃復能視。家不甚贏，常節儉，以其餘助親族，年八十卒。乾隆四十七年旌。

流寓

元

伊埒。蒙古人。官右丞相，遊澂江，愛華藏寺山水，遂居其地，以詩書自娛，足不至城市。「伊埒」譯見前。

明

張澥。河汾人。元末舉進士，授迪功郎。洪武中因事南遷，寓於澂江，以文學名。

王昭。贛縣人。洪武中以御史言事，謫居河陽，教授生徒，多所成就。

本朝

陳文偉。江西舉人，流寓路南。有學識，尤精於易，學者頗得其傳。

列女

元

三姑。新興人。兩嫂一姑，姓氏失傳，避亂至團山，爲亂兵所擄，懼受污不肯前，皆被殺。血流處湧出清泉，州人甃石爲井，建廟祀之。

明

謝君用妻王氏。淮陰人。洪武中從夫戍滇，攜其子仁及姪禮、義，過采石遇盜，度不能兩全，乃棄其子，攜二姪來滇。君用卒，守節四十年，撫二姪成立。當道重其節，旌以綺幣。

李全妻張氏。河陽人。年二十夫卒，遺腹生子亦夭，氏守節不渝，歷五十餘年。

李君霑妻張氏。河陽人。未嫁夫卒，有復聘之者，氏潛往夫塚自縊，以救免，守節終身。又同縣李向陽妻施氏、江川縣王士奇妻陳氏、羅存德妻張氏，又夫姓氏失傳之陳氏，俱未嫁夫亡守節。

劉開熙妻師氏〔九〕。河陽人。年二十四，與夫攜幼子避難驚散，氏爲賊執，以威脅之，氏堅不受辱，母子俱被害。

楊涇妻秦氏。河陽人。未嫁夫亡，父亦隨歿，女誓死奉母，終身不字。有求婚者，女引繩自縊，自是無敢言婚者。

王守業妻袁氏。河陽人。未嫁，守業客死，女投河中，父母奔救得不死。嫂勸令他適，遂終身不見其嫂。閉門紡績，節操凛然。

陳幼學妻業氏。江川人。嫁甫歲餘，夫卒，撫遺腹子成立。其小姑陳氏未嫁夫亡，泣曰：「未歸而夫卒，命也，何忍再適！」遂獨處終身。

王良富妻張氏。新興人。年十四歲未嫁夫卒，父母往弔，張遂自縊於家。鄉人義之，聞於官，令合葬，墓上産連理枝，斫之復長如故。

周士彦妻白氏。新興人。年二十七夫卒，家貧無子，人曰：「無子何依？」白泣曰：「夫婦之義，豈以子之有無異哉！」族人憐之，爲之立嗣。

徐石麟妾楊氏。路南人。年十六歸徐，夫亡妻嫁，楊撫其孤，矢節不渝。孤又亡，復撫其孫成人。年八十餘卒。

李益謙妻洪氏。路南人。年二十三夫死，明末寇變，追至疊水，氏遂跳百丈懸崖而死。同州徐一鳴妻魏氏、李魁科妻朱氏，皆以守志旌表。

本朝

吴士徵妻陳氏〔一〇〕。河陽人。年少夫亡，撫孤守節，康熙間旌。

李居謙妻奚氏。河陽人。夫亡守節，雍正間旌。

趙元彦妻李氏。路南人。夫亡守節，事姑教子，與同州徐禧祺妻趙氏、譚陳堯妻官氏，均雍正間旌。

楊紫詔妻李氏。河陽人。夫亡守節，乾隆間旌。

魏方升妻李氏。江川人。夫亡守節，事親撫孤，與同縣李舒遠妻孫氏均乾隆間旌。

羅惠武妻雷氏。新興人。順治五年流寇肆掠，氏與夫妹恐見污，同投井死，乾隆間旌。

王國榮妻謝氏。新興人。傭爲乳婦，被逼不從，自縊，乾隆間旌。

常文樸妻聶氏。新興人。夫亡自盡以救免，與同州毛之瓓妻何氏，雷武增妻張氏，謝天峻妻劉氏，莊高取妻郭氏，段揚祖妻周氏，羅奇翠妻戴氏，莫高妻王氏，鄭文灼妻段氏，李世發妻徐氏，王揚桂妻郭氏，李文甲妻蔣氏、媳速氏，雷絳曾妻張氏，王卜永妻楊氏，束忠妻郭氏，魏世第妻劉氏，雷崇烈妻魏氏、媳王氏，馮文鉉妻鍾氏，劉允武妻聶氏，張安妻孫氏，管丹中妻王氏，攸皥妻王氏，攸巘妻魏氏，陸兆熊妻王氏，劉浩妻郭氏，余聯報妻張氏，均乾隆間旌。

金鏕妻張氏。路南人。夫亡守節，與同州李又紳妻趙氏、李習傳妻楊氏、張宗理妻張氏、蘇如檀妻李氏，均乾隆間旌。

張迎祥妻馬氏。河陽人。夫亡守節，與同縣李春暉妻朱氏、杜瀚妻劉氏、王鳳章妻韓氏，均嘉慶間旌。

鄭康候妻常氏。江川人。夫亡守節，嘉慶間旌。

鄭氏。名雙俸，新興人。守正捐軀，嘉慶間旌。

速世勳妻陳氏。新興人。未嫁夫卒，與同州馮恒煦妻王氏並以守貞於嘉慶間旌。

古鑑妻康氏。新興人。夫亡守節，與同州王丕顯妻陳氏、張愹妻劉氏、蔣文潔妻王氏、雷毓嵋妻周氏、雷丕承妻張氏、李萬春妻張氏、毛之璞妻王氏、蔣汝瑛妻盛氏、謝文起妻穆氏、劉于恒妻王氏、魏以避妻李氏、張登科妻陳氏、周文藻妻王氏，均嘉慶間旌。

李國賓妻李氏。路南人。夫死，氏曰：「翁異鄉人也，無人侍奉，吾當存以供子職。」且養母。嗣母與翁俱死，氏葬畢自縊。嘉慶間旌。

楊春煦妻。路南人，失其氏。春煦歿於外，柩歸自縊死。

沈光宗妻滕氏。路南人。未嫁夫卒，請奔喪，父母偕往，氏見柩大慟，以頭觸之，血流滿面，絶食而死。

楊發智妻張氏。路南人。夫亡守節，與同州趙志美妻楊氏、楊綍妻徐氏、李居敬妻趙氏、李致中妻楊氏、李減妻趙氏，均嘉慶間旌。

仙釋

明

默然。新興人。幼入空門，苦心參悟。年八十，端坐説偈而化。

李憙吾。新興人。遊江湖，學道七十餘年，歸至廣通羅川寺中，一日謂人曰：「吾其逝矣。」沐浴具衣冠，辭衆坐化，是日兩迤知識莫不見之，蓋尸解也。

本朝

鐵道人。河陽人。喜佩鐵，行路鏘鏘然，醉則枕鐵卧，言多奇中。後客彌勒蘇氏兄弟所，一日謂其弟曰：「汝兄出，吾不及别矣。」瞑目而逝。其弟哭曰：「吾兄供師三載，竟無一言訣别乎？」有頃復開目曰：「吾待之。」蘇回，合掌致謝而逝。

黄天順。新興人。佯狂行乞，市兒捶擊之，無怒色，能吞銅鐵、瓦礫，或與巴豆，服無恙。按察使許宏勳贈以金，不受，拾小塊嚥之，後不知所終。

土産

靛。新興州出。

鮊鮮魚。河陽縣出。一名䆐窫魚，雲南諸府取以避毒。

青魚膽。出明湖，能化痰，併治惡瘡。

仙茅。河陽縣出。

蔓胡桃。形如扁螺，味似胡桃，江川縣出。

碌魚。出江川縣星雲湖，似鯉而首巨。

校勘記

〔一〕元梁王斡爾密聞曲靖破　「斡」，原作「幹」，乾隆志卷三七二澂江府山川（下同卷簡稱乾隆志）同，據雍正雲南通志卷一九名宧改。參上卷校勘記〔五〕。
〔二〕興寧溪　「寧」，原作「安」，據乾隆志及讀史方輿紀要卷一一五雲南三、雍正雲南通志卷三山川改。按，本志避清宣宗諱改字。
〔三〕又有空谷泉　「空」，原作「容」，據乾隆志及明一統志卷八六澂江府山川改。
〔四〕麼些徒蠻之裔居此城　「徒」，原作「徙」，據乾隆志及元史卷六一地理志改。
〔五〕麼些徒蠻步雄居之　「徒」，原作「徙」，據乾隆志及元史卷六一地理志改。
〔六〕其孫龍鍤内附　「鍤」，原作「鍾」，乾隆志同，據元史卷六一地理志及明一統志卷八六澂江府古蹟改。
〔七〕一名輸納籠城　「籠」，原作「龍」，據乾隆志及明一統志卷八六澂江府古蹟改。按，當地土語呼城爲籠，本志前文已揭。
〔八〕部椿城　「椿」，原作「樁」，乾隆志同，據明一統志卷八六澂江府古蹟及雍正雲南通志卷二六古蹟改。
〔九〕劉開熙妻師氏　「師氏」，雍正雲南通志卷二三列女同，乾隆志作「孫氏」。
〔一〇〕吴士徵妻陳氏　「徵」，乾隆志同，雍正雲南通志卷二三列女作「徽」。

廣南府圖

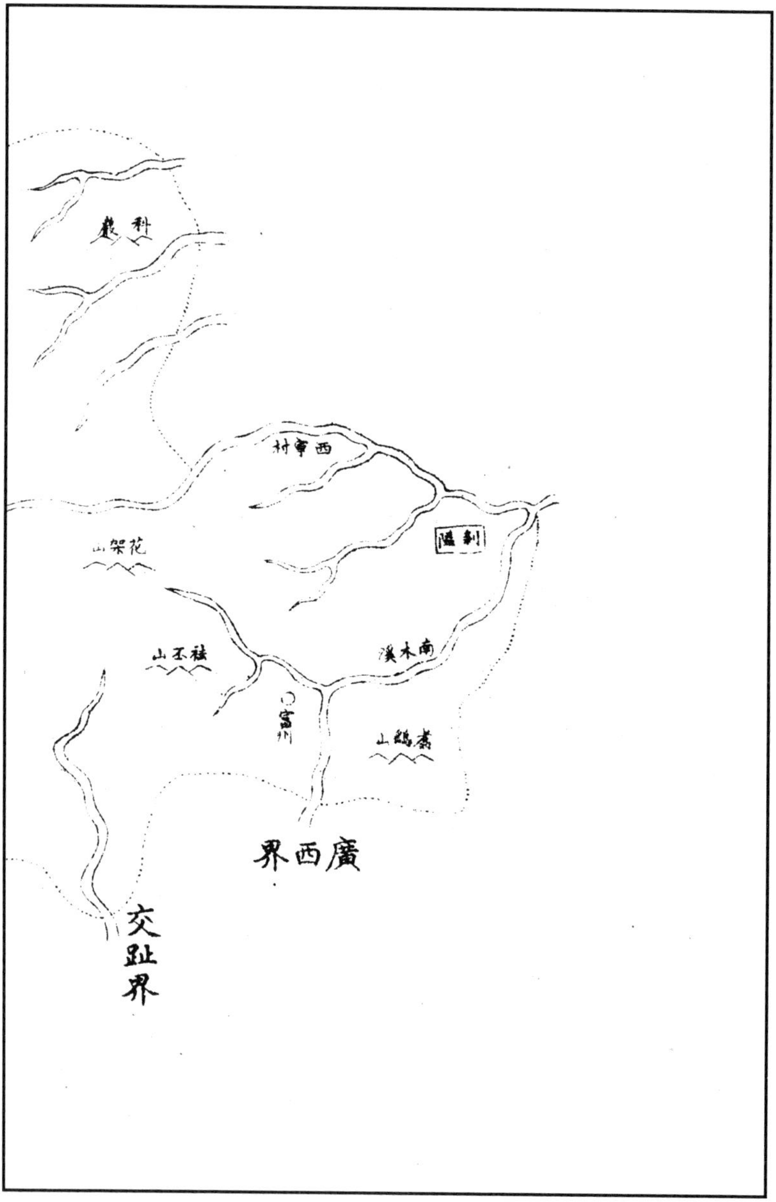
西寧村
剝隘
花架山
南木溪
富州
廣西界
交趾界

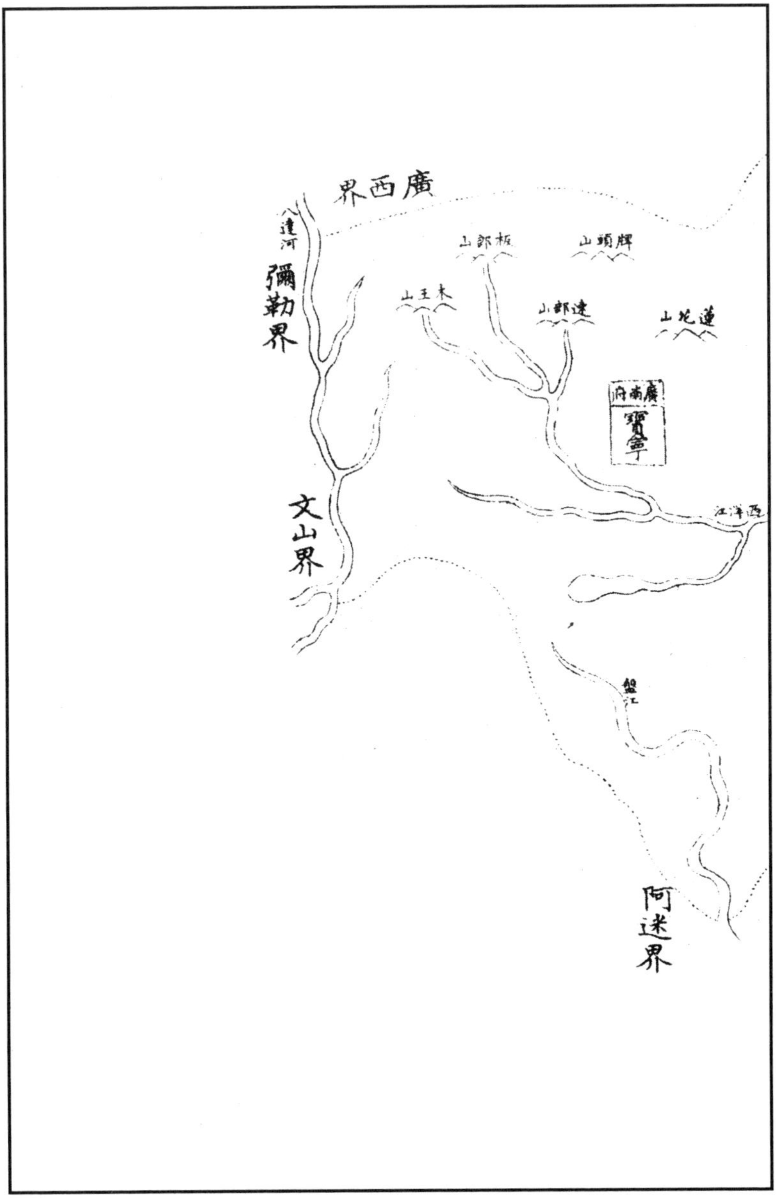
廣西界
八達河
彌勒界
板郎山
輝頭山
木王山
達郎山
蓮花山
廣南府
寶寧
西洋江
文山界
盤江
阿迷界

廣南府表

	廣南府	寶寧縣	土富州
兩漢	牂牁郡地。	牂牁郡地。	牂牁郡地。
三國			
晉			
宋			
齊			
梁			
隋			
唐			
宋	蠻名特磨道。		
元	廣南西路宣撫司至元中置，屬雲南行省。	司治。	富州至元中置，屬廣南西路。 安寧州至元中置，屬廣南西路。
明	廣南府洪武十七年改置府，屬雲南布政司。	府治。	富州屬廣南府。 省。

續表

羅佐州 初置屬廣南西路，後屬來安路。

省。

大清一統志卷四百八十二

廣南府

在雲南省治東南八百五十里。東西距七百二十里，南北距四百三十里。東至廣西思恩府土田州界四百二十里，西至開化府及廣西州界三百里，南至交趾界二百九十里，北至廣西泗城府西林縣界一百四十里。東南至廣西鎮安府界二百九十里，西南至臨安府阿迷州界四百里，東北至廣西泗城府西隆州界二百十里，西北至廣西州彌勒縣界三百里。自府治至京師九千五十里。

分野

天文東井、輿鬼分野，鶉首之次。

建置沿革

禹貢梁州荒裔。漢牂牁郡地。宋時名特磨道。明統志：儂智高之裔居之。元至元中，立廣南西路宣撫司，隸雲南行省。明洪武中，改置廣南府。明史：洪武十七年歸附，革元廣南西路宣撫司，置廣南府，以土官儂郎金爲同知。隸雲南布政使司。本朝因之，屬雲南省，領縣一、土州一。

寶寧縣。附郭。東西距五百二十里，南北距四百三十里。東至富州二百二十里，西至開化府界三百里，南至交趾界二百九十里，北至廣西泗城府西林縣界一百四十里。東南至廣西鎮安府界二百九十里，西南至臨安府阿迷州界四百里，東北至廣西泗城府西隆州界二百十里，西北至廣西州彌勒縣界三百里。漢牂牁地。元爲廣南西路宣撫司。明洪武十七年置廣南府，本朝因之，乾隆元年，增置寶寧縣，仍爲廣南府治。

土富州。在府東二百六十五里。東西距二百里，南北距一百三十里。東至廣西思恩府土田州界一百里，西至寶寧縣界一百里，南至廣西鎮安府界三十里，北至廣西泗城府界一百里。漢牂牁郡地。元至元中置富州，隸廣南西路宣撫司。明屬廣南府，本朝因之。土官知州沈氏世襲。

形勢

山崖高峻，道路崎嶇，控臨邊陲，有金湯之固。明統志。西洋江限其南，牌頭山爲之鎮。崇崖巨壑，峻阪深林。府志。

風俗

習尚儉約，男女同犂，樓居蟲食，尊巫信鬼。郡志。

城池

廣南府城。周四里九分，設西、南二門，有濠。明洪武十九年建木柵，本朝雍正十年甃以甎。

土富州城。周三里四分，門二，西、南以大溪爲池。本朝雍正十年築。

學校

廣南府學。舊未建學，本朝康熙四十八年建，雍正十一年重修，乾隆十二年又修。入學額數十五名。

寶寧縣學。未建。入學額數，附府學内。

富州學。未建。

蓮峯書院。在縣治。本朝乾隆四十五年，知府單光國建。

户口

向因蠻民雜處，未經編丁。

田賦

田地六十一頃四十二畝二分有奇，額徵地丁正、雜銀一百六十六兩三錢五分六釐，米二千一百六十九石四斗二升七合。

山川

牌頭山。在縣城西北五里。峯巒起伏，其右小山連峙如盾，土人築砦居之。

板郎山。在縣城西北。又有速部山、木王山，三山連峙，下各一泉，爲西洋江源。

蓮花山。在縣城東北二十里。五峯連聳，諸小峯參差旁峙，形如蓮花。

翥鷂山。在富州東南九十里。怪石槎枒，上有夷寨。夷人訛「翥」爲「者」。

祛丕山。在富州西。形如石獅，名獅頭寨。

花架山。在富州西北四十里〔一〕。

玉泉山。在富州西北七十里。山頂有泉，飛流如練，下有石池，溢流於西洋江。

西寧山〔二〕。在富州西北一百五十里。下多巖洞，爲蠻人避兵之地。

科巖。在縣城東北。相傳宋狄青征儂智高至此，馬跡猶存，土人謂之科巖馬跡。

西洋江。在縣城南八十里。源出板郎、速部、木王三山，三流相合，東流經富州西北，又東南流入廣西田州界，注於右江。

盤江。在縣城南。自廣西州彌勒縣流入，又東入富州界。

南木溪。在富州東三十里。源出花架山，其水常温。

南江溪。在富州西，合南木溪入右江。

古蹟

安寧廢州〔三〕。在縣東北一百三十里。明統志：元至元間，置廣南西路宣撫司，領路城等五州，後來安路奪其路城、上林、羅佐三州，惟領安寧及富二州。明初以安寧省入富州。

羅佐廢州。在府境。明統志：元置，屬廣南西路宣撫司，後屬來安路。明初省。

法土竜城。在縣城西十五里。通志：「竜」讀「隴」。其城險固，後有高山壁立，石城險峻，憑高臨下，城中每恃爲聲援。

廣南故衛。在府治。明洪武二十八年建，永樂元年遷於雲南府治東。

富州故城。在今州境。明洪武十七年建。崇禎中，土目李保叛，逐土官，土官移居州東南境，地名皈朝，今仍居之。

關隘

寶月關。在縣東南五十里。通志：府南連山峭壁，惟此鑿石通道，儂氏設關其上。踰關舊有公署，今廢。

剥隘。在縣東南三百九十里，與廣西田州之喇村及歸順州之送那邨接界。

速爲寨。在縣西六十里，即速爲驛。府志：自廣西州彌勒縣之彌勒灣，六十里至者豹，又六十里至速爲寨，又四十里至木鐵，又四十里至廣南府。

可王寨。在縣境。滇志：自寶月關南經可王寨，至西洋江，江淺處可涉。及富州界，渡江有崇坡，凡九十里，至羅貢寨。又四十里至布戛寨，又五十里至富州。

納桑寨。自富州西三十里至板籥，又三十里至納桑寨，又南入廣西，爲滇、粵箐曲最險處。

在城驛。在縣西門外。又廢維摩州有回部驛、阿母驛、維摩驛，舊皆有丞。府志：明萬曆三十二年，普溯驛丞李仲登請開廣西路以便雲南，其略曰：雲南富州與廣西賓州接界，僅一日〔四〕，欲開水路，從宜良、路南、彌勒、維摩至水下江，泛舟過富州程六日。舊有在城驛、回部驛、維摩驛、阿母驛，今皆廢。欲開陸路，從宜良、師宗、塊卜、古彰、陽達，程八日。至泗城州、田州，二十日。中間平川坦道，接三岔江，入京師七十四站。水陸較近二十餘站，中惟普鲊、鵝埂、馬蚌、古彰、夜得、板羊、阿拜等村設驛四站。土壤饒沃，道路易通。

石天井哨。在府境。又有阿九哨、倒馬坎哨、松林哨，舊皆有戍守。

津梁

西安橋。在縣西三里。舊爲木橋，明萬曆間易以石。

通津橋。在縣西五里。明萬曆間建。

祠廟

楊文廣廟。在府治西，祀宋楊文廣。府志：文廣爲狄青部將，追儂智高至此。

昭忠祠。在寶寧縣城隍廟左側，本朝嘉慶八年建。

寺觀

祝壽寺。在府治。

真武觀。在府治西，洪武中建。

觀音閣。在縣南門外。有池，方廣數畝，築臺池中，建閣臨於上。

名宦

明

王俊。合肥人。洪武間以都指揮同知，調廣南衛。適儂直佑叛，傾其巢，築城設衛而還。任三十年，戎事無巨細多所綜理。

王道廣。番禺人。隆慶間廣南知府。廉静不擾，民蠻相安。

人物

明

施昱。廣南衛人。嘉靖進士，任刑部郎中。以議國戚張延齡獄不稱旨，落職。起補貴州僉事，威惠並行，士民繪像祝之。繼任湖廣僉事，一意恤民，弗顧忌嫉。以擒巨寇李邦珍功，賜綺帛，晉光禄寺少卿。昱孝友醇飭，所著有禮經疑問。

列女

明

孫彬妻謝氏。江南人。永樂初，隨彬戍交趾清化衛，生子敬，彬殁，會詔復安南，歸廣南。同戍者强敬遁海歸吴，氏不可，匿敬神祠中，睨同戍者過盡，循故道歸，守節終身。後敬以軍功授本衛百户。

本朝

王佩瑛妻陸氏。寶寧人。生一女而佩瑛殁於高平，柩歸，氏慟不已，吞金投繯，屢以救免，防稍懈，仰藥死。

黄世麟妻王氏。寶寧人。字把總黄世麟，未婚夫卒，氏變服設位，矢志守貞。與同縣方世璧妻朱氏、王廷相妻孫氏，均乾隆間旌。

傅應奎妻高氏。三原人。乾隆五十九年，應奎權廣南府事，因勞成疾，氏隨任，年二十八，刲左腕肉和藥以進，未愈而卒。氏縞衣密紉自縊，并口含金約指，蓋慮人見即吞之也。

陸廷相妻王氏。寶寧人。守正捐軀，嘉慶間旌。

朱安太女。名小翦，寶寧人。守正捐軀。與同縣王志妻陸氏、萬朝輔妻周氏，均嘉慶間旌。

歐陽興宗妻蔣氏。寶寧人。年十九，字興宗，興宗卒，欲奔喪，父不許，遂病不能起。嫂諷之，氏曰：「我不作二姓人也。」乘間飲酖死。

土産

雲竹。

千張紙。木實也，形如稨豆。其中片片如蟬翼，焚爲灰，可治心氣痛。

草果。

校勘記

〔一〕在富州西北四十里　「四十里」，乾隆志卷三七三廣南府山川（下同卷簡稱乾隆志）作「七十里」。

〔二〕西寧山　「寧」，原作「安」，據乾隆志及雍正雲南府志卷三山川改。按，本志避清宣宗諱改字。

〔三〕安寧廢州　「寧」，原亦避清宣宗諱作「安」，據乾隆志回改。下注文同改。

〔四〕僅一日　乾隆志同，讀史方輿紀要卷一一三雲南引李仲登疏略作「僅隔一江」。

順寧府圖

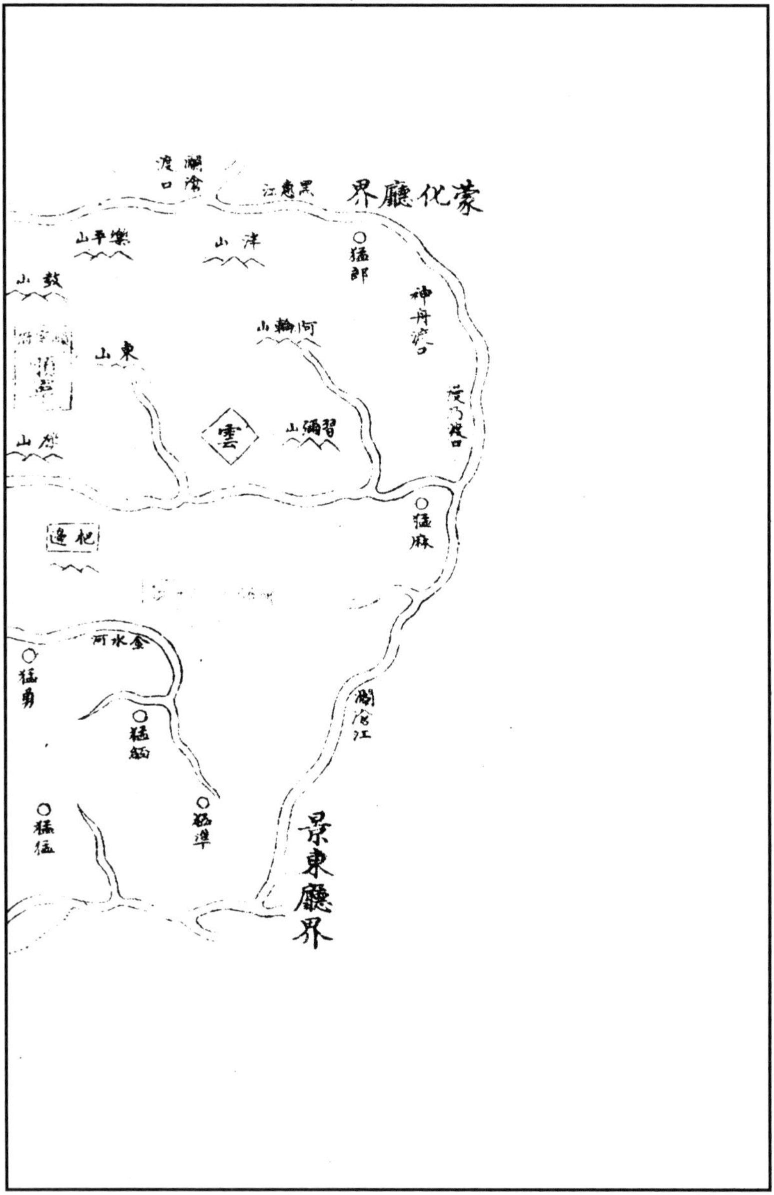
蒙化廳界
黑惠江
瀾滄渡口
樂平山
猛郎
神舟渡口
阿輪山
東山
雲
猛麻
把邊
金水河
猛勇
猛緬
猛準
瀾滄江
景東廳界

永平界
九樓山
中阿山
鳳山
保山界
潞江
騰越廳界
耿馬
阿瓦界

順寧府表

	順寧府	順寧縣
兩漢	益州郡徼外地。	
三國		
晉		
宋		
齊		
梁		
隋		
唐		
宋		
元	順寧府天曆初置，隸雲南行省。	府治。 慶甸縣天曆初置，屬順寧府。 寶通州天曆初置，屬順寧府。
明	順寧府洪武十五年置順寧土府，萬曆二十五年改置，屬雲南布政司。	府治。 洪武十五年省。 洪武十五年省。

雲州
益州郡徼外地。
中統初屬麓川路。
雲州洪武二十四年置大侯長官司，正統三年置大侯土州，萬曆二十六年改置，屬順寧府。

續表

大清一統志卷四百八十三

順寧府

在雲南省治西一千一百五十里。東西距三百二十里，南北距六百八十里。東至蒙化廳界一百里，西至騰越廳界一百二十里，南至猛緬長官司界三百二十里，北至永昌府永平縣界三百六十里。東南至景東廳治二百六十里，西南至耿馬土司界二百五十三里，東北至蒙化廳界三百四十里，西北至永昌府保山縣界二百二十六里。自府治至京師一萬一千六百二十里。

分野

天文東井、輿鬼分野，鶉首之次。

建置沿革

禹貢梁州荒裔。漢益州郡徼外地，名慶甸，蒲蠻居之。隋、唐以後，蒙氏竊據，叛服不常。宋棄於段氏，中國道絕。元泰定間始内附，天曆元年，置順寧府及慶甸縣，見明統志。隸雲南行省，後省縣入府。明洪武十五年，仍爲順寧土府。萬曆二十五年，設流官，隸雲南布政使司。本朝因之，屬雲南省，領州一、縣一、宣撫司一、長官司一。

順寧縣。附府。東西距三百二十里，南北距四百四十里。東至蒙化廳界二百里，西至永昌府灣甸土縣界一百二十里〔一〕，南至雲州界八十里，北至永昌府永平縣界三百六十里。東南至雲州界九十里，西南至耿馬土司界二百四十里，東北至蒙化廳界三百四十里，西北至永昌府保山縣界二百二十六里。本古蒲蠻地，歷代叛服不常。元初内附，置慶甸縣，屬順寧府，後省縣入府。明初爲順寧土府。萬曆間改設流官，本朝因之。乾隆三十五年，設順寧縣，附順寧府治。

雲州。在府城東三十里。東西距一百三十里，南北距四百二十里。東至景東廳界一百二十里，西至順寧縣界十里，南至緬寧通判界三百里，北至蒙化廳界一百二十里。東南至猛麻土司界二百六十里，西南至順寧縣界六十里，東北至景東廳界一百里，西北至順寧縣界八十里。本古蠻地，爲白夷所據，蠻名孟祐，地名大侯寨。元中統初内附，屬麓川路。明洪武二十四年，置大侯長官司，正統三年，改大侯土州。土官李氏世襲。萬曆二十六年，改爲雲州，屬順寧府。本朝因之。

緬寧通判。在府城南三百里。東西距二百九十里，南北距二百四十里。東至戛里江二百里，西至邦忽九十里，南至猛準一百里，北至習項邦伍一百四十里。西南至耿馬土司及猛麻土司界九十七里，東北至雲州界一百十八里。本蒲蠻地。明初置猛緬長官司，土官奉姓世守其地，直隸雲南布政使司。萬曆二十五年，改隸雲州，升宣撫司。本朝因之，尋復爲長官司，改隸順寧府。乾隆十三年，以右甸通判移駐猛緬，改爲緬寧通判，又設巡檢一員，同城駐劄。

直隸耿馬宣撫司。在府西南二百五十三里。東至威遠州界一百五十里，西至舊木邦宣撫司界一百二十里，南至孟連長官司界一百里，北至鎮康土州界一百五十里。自司治東北至省城二十二程。古蠻地，原係木邦村寨，與孟定土府隔喳哩江而居，孟定居南，耿馬居北。明置安撫司，萬曆十二年升宣撫司，隸孟定土府。本朝平滇，罕悶括投誠，仍授宣撫司承襲。歲徵差發銀五十四兩，輸金騰道，嗣裁道員，因輸於司，爲直隸宣撫司，仍羈縻於永昌。乾隆二十九年，改屬順寧府。

孟連長官司。在府東南一千四百二十里。東至車里宣慰司界，西至舊木邦宣慰司界，南至孟艮土府界，北至威遠州界。自司治北至省城二十三程。本古蠻地，名哈瓦。明永樂四年設，隸雲南都司。正統四年，其長官降於麓川。七年，王驥征麓川，招降孟連長官司亦保等寨。嘉靖中，孟連與孟養、孟密諸部相仇殺者數十年，司廢。萬曆十三年，隴川平，復設孟連長官司。本朝因之，屬永昌府。乾隆二十九年，改隸順寧府。

形勢

衆山環繞於西南，兩江襟帶於東北。雲州有建瓴之勢，三甸分犄角之形。南鄙藩籬，防禦宜密。府志。二水交纏，萬山圍峙。神舟渡天塹之雄，永鎮關扼吭之險。雲州志。

風俗

服習惡陋，鮮習文字。九種雜居，相見屈膝爲禮。俗信鬼，以雞骨占卜。明統志。士多渾樸，人敦古道。俗尚節儉，守分懼法。府志。

城池

順寧府城。周四里有奇，門四，在鳳山。明萬曆中始建甎城。本朝康熙三年修，雍正二年、乾隆二十六年累修。

雲州城。周三里有奇，門四，池深一丈。舊爲土城，明萬曆中移建於大栗樹鎮。

緬寧廳城。舊有土城，周三里三分。本朝乾隆三十一年改建甎城，嘉慶二十四年修。

學校

順寧府學。舊在府治西南。本朝康熙八年，遷建枝龍之麓，二十二年重修。入學額數十二名。

順寧縣學。附府學。入學額數八名。

雲州學。舊附府學，本朝康熙中遷學於守備舊治，其後屢修。入學額數十二名。

鳳山書院。在府治南。本朝雍正十一年建。

瞻雲書院。在雲州治。

户口

原額人丁共九千七百九十五，今滋生男婦大小共十一萬四千一百六十五名口，計三萬二千五百六十三户。

田賦

田地二千四百六十頃五十四畝六分有奇，額征地丁正、雜銀三千四百五十五兩七錢四分三釐，米五千七百八十四石六斗四升五合一勺。

山川

交鳳山。有二，一在縣東，一在縣西，如雙鳳之交翔，故名。中有泉流於城北，掬春橋跨其上。又城西有旗山、鼓山，皆近郊之勝。

泮山。在縣東一百二十里。峻峭極險。其下即瀾滄、黑惠二江合流之處，土人名曰泮江。

把邊山。在縣南四十五里。兩山對峙，一徑中通，阨塞險隘之地。

鐸山。在縣西南一百八十里。山勢百盤，林谷深奥，下臨絶澗，渡以籐橋，土人呼爲阿鐸互山。山水迅疾，流爲阿鐸河。

西粤山。在縣西南二百里。疊壑層峰，石壁峭絶，與緬寧接界。中有洞如城闕，廣十餘丈。石乳下垂，宛如華蓋。内有石鼓、鐘磬之屬，擊之有聲，名曰瓊英洞。

中阿山。在縣西十五里。奇峯秀嶺，林泉環鬱。明正德中，有人於此山得方石尺許，鐫曰：「襟滄江，帶錫河，爲崑崙山冢子，厥名曰中阿。」下十數字剥落。

樂平山。在縣西北十五里。明嘉靖時，慶雲見此山之巔，萬曆中再見。山下有塘，周里許，土知府猛寅所鑿，以資灌溉。

九層樓山。在縣西北八十里。重巖紆折，盤旋而上，山椒有聚落，土名蟒顙雞。

偰山。在縣北十五里。一名元玉山。重岡疊巘，蒼翠如畫。

阿魯使泥山。在縣北一百八十里，兩山道絶，中有路可百步，平直如砥，俗呼爲「觀音接路」。又有洞，深十餘丈，層疊如樓臺，常有白氣出入，因名白霞洞。

赤鼂山。在縣北二百三十五里。狀如赤鼂，黑惠江如長蛇盤繞其下。山阿有聚落，名阿城，爲行旅止宿之所。

蜢蟆者石山。在縣東北二百四十里。土少石多，嵌空玲瓏。山麓有聚落，土名蜢蟆者。

習彌山。在雲州東六十里。高踰千仞，下瞷蒼江。一作昔彌山。

猛卯山。在雲州南十里。形如列戟。

巒彌山。在雲州南二百五十里。林木陰森，石巖壁立。山東南麓即瀾滄江。

阿輪山。在雲州西南三百里。下臨瀾滄江。高二千仞，連峯險峻，山上積雪不消。

蠻賴山。在雲州西六十里。多竹木。

天馬山。在雲州北四里，爲州主山。兩峯高峙，中平凹處如馬。

八剌山〔三〕。在雲州北十里。

鎮夷山。在雲州北。

天喜山。在緬寧東。又有接天山，高矗雲表，多積雪。

邦偏山。在緬寧南。一作偏邦。

梳頭山。在緬寧西南，高六十里。又有善水山，上多古柏。

三尖山。在耿馬司西。昔罕虔之黨罕老聚衆於此，官兵平之。又司境有養馬山。

黑惠江。在縣北一百八十里。明楊慎雲南山川志：即漾備江也，亦曰濞溪江。自蒙化廳流入境東，百里至泮山下，合於瀾滄江。二水合流，至雲州南，又東南入景東廳界。蒙氏所封四瀆之一。通志：源出洱海，由下關天生橋至合江浦，爲漾備江。又南流三百里爲碧溪江。入府界爲黑惠江，至雲州神舟渡，會瀾滄江東流入景東界。

瀾滄江。在縣東北七十里。自永昌府東南流入境，與黑惠江合，經雲州東北折而南，東流入景東廳西界。又南入鎮沅州西北界，又西南經猛甸長官司東南，又東南流入鎮沅州界。其在府境者，石齒嶙峋，波濤洶湧，實爲險隘。又江中有寶峯山，江干有三台山，尤險峻。明洪武二十年，詔沐英於瀾滄江津要築壘置戍，以備平緬，即其地也。酈道元水經注：瀾滄水與禁水合，自永昌而北，逕其郡西北。水旁瘴氣特惡，氣中有物，黑如霧，光如火，聲如折木裂石，中木則折，中人則死，或曰瘴母也。文選謂之鬼彈，内典謂之禁水。

順寧河。在縣東，縣之帶水也。源出甸頭村山箐内，下流經雲州東爲孟祐河，會諸水東入瀾滄江。按：圖表有右甸河，源出府城西北右甸城之北，東南流經城東，又東南經城南，又東合南北諸水，疑即順寧河上源。

甕磜河。在縣南一里。源出南山，與浴甸、臘門諸河俱南流，與順寧河會而東注。

浴甸河。在縣南三十五里。出中阿山下，流入順寧河。

阿鐸河。在縣南一百八十里。源出鐸山，水勢迅疾，土人搆籐而渡。

西添河。在府西北五十里。源出喻甸都甕村，東流入瀾滄江。

臘門河。在縣北七十里。南流與順寧河合，分以溉田。

阿魯使泥河。在縣北一百八十里。源出阿魯使泥山，下流入黑惠江。

虎墟河。在縣北一百九十里阿城舊村。與阿魯使泥河合流，俱入黑惠江，其旁有虎穴。

南看河。在雲州東。自順寧河分流至州境，東入瀾滄江。

大河。在緬寧北，流入雲州境，爲猛賴河上源。又猛麻有大河，南流入臘遜江。猛撒司亦有大河，北入山穴中，出爲猛短河。

金水河。在緬寧北，流入猛賴河。按：順寧一府之水，皆東合於瀾滄，惟緬寧水獨西流。圖表所載，司南猛準有二水，合而北流，經司東。又北有嵧堡河自東來注之，又北有李至河自東來注之。又北爲猛緬河，又東受分水嶺之水，曲而西流，又南經猛勇西北。虎口河自東南來注之。又西南爲南丁河，有南路河自南來注之，又西經孟定土府東北，有南底河、南滚河自南來注之。又西有小南朋河、大南朋河自北來注之，西南流入緬甸界。

蘊古泉。在縣西。夷語謂「泉」爲「蘊」，謂「湧」爲「古」。有亭曰福壽亭。

温泉。在府境者有二，一在城南阿柱村，一在城西西添村。

洪塘。在雲州北鎮夷山下，有灌溉之利。

龍湫。在縣南山麓。林木蓊鬱，傳有龍潛，祈雨輒應。

觀音井。在縣北九十里。俗傳一老人以杖觸地，泉水湧出。又象脚井，在府城北一百八十里，相傳象脚所踐而成。

古蹟

右甸故城。在府城西南二百里矣渚十三寨之中，右甸川之西山麓。明萬曆中巡撫陳用賓築，爲郡城藩蔽，周三里有奇，今遺址尚存。

大侯故城。舊雲州治，與雲夢接界。土官奉氏世爲知州，明萬曆中有奉赦、奉學者，分兩署自號上下二衙，奉赦居上衙，爲大侯寨，學居下衙，不受制於赦。雲夢土官猛廷瑞，其壻也，聲勢相倚，頻年搆兵。萬曆二十五年討平之，改雲夢爲新州，而赦守大侯如故。子奉光復抗命，二十六年再征之，改爲雲州。明史：雲州舊治在州南，萬曆三十年移治。明統志：自州治東北至布政司二十三程，舊係土城，明萬曆三十一年，遷建於大栗樹，爲今州治，而故城遂廢。

木來廢府〔三〕。在孟連司東南。元史地理志：至元二十九年，雲南省言，新附金齒適當蒙固圖嚕彌什出征軍馬之衝，資其芻糧，擬立爲木來路。中書省奏置散府，即用其土人馬列知府事。通志：府尋廢。「蒙固圖嚕彌什」舊作「忙兀禿兒迷失」，今改正。

慶甸廢縣。在縣南八里。本蒲蠻所居，元泰定中始内附，天曆中始置府及縣，明初省。明史：順寧府郭内有寶通廢州及慶甸廢縣，俱元置，洪武十五年省。

孟獲寨。在縣南。滇記：孟獲南走慶甸，今城南有孟獲寨遺址。

亦保寨。在孟連司境。明正統六年討麓川，分軍從東路會合木邦諸軍，元江府同知杜凱率車里、大侯諸蠻，招降孟連長官司亦保等寨，攻破其烏木弄、戛邦等寨，餘黨詣軍門降附。

眺闕樓。在縣東一里許。飛甍架空，明土知府猛寅顔曰「眺闕」。

瞰川樓。在縣西南半里，遠瞰平川。

聚書樓。在府境。明土知府猛寅購經史子集，建樓貯之。又名萬卷樓。

巒景亭。在縣西三里陶家園。水竹環匝，爲遊人燕賞所集。

石柱。在右甸達丙里田畦間。舊志：爲諸葛亮遺制，以懾服羣夷者。宋時有夷人掘得此柱，撼之則微動，欲窮其根，竭千人之力，卒不可拔。

關隘

把邊寨關。在縣南把邊山上。路通蒙化、景東二廳，爲順寧咽喉。又有温馬罕關、等臘關、望城關，皆險阨處。

永鎮關。在雲州南五十里，爲往來各土司路。前有四十八道水，深箐茂林，五六十里皆陰翳泥淖。明於此設關，有堡堞城闉，委員戍守，爲邊隅重地。

大猛麻司。在緬寧境。明萬曆中，有奉恭者隨征有功，授猛麻土巡檢，俾世襲。本朝因之。府志：又有猛撒土巡檢，亦明萬曆中置，今久廢。

矣渚寨。在縣西南。明萬曆二十八年，矣渚十三寨莽元等叛，官軍討平之，順寧、雲州復定。

猛淋寨。在縣西境。又有亦壁嶺寨、蟒水寨，明初皆有兵戍守。

挨羅箐。在雲州北一百里。自猛郎永鎮橋至林後哨四十餘里，兩山夾流，線路泥濘，雨霽皆然，喬木藤蘿，迷漫如霧。

牛街驛。在縣北一百八十里瀼溪江上，路通蒙化廳。有渡深險不測，飛濤亂石，舊刳木如竹半破，渡者畏阻，近建橋以渡。

錫鉛驛。在縣北八十里。有土驛丞，今廢。

景線村。在孟連司東。道通車里，出普洱、元江，可達交岡。又有路通老撾，可達交趾。滇記：自景線渡江出猛烏，又越黑江走沙仁孟乃，更渡江便可達交岡，入交趾。按：交岡在臨安府阿迷州境，沙仁孟乃近元江州西南。

津梁

祝嵩橋。在縣東五里，跨順寧河之中流。明土知府猛寅重修，爲石址以釃水道，上有扶欄瓦屋。

藤橋。在縣南阿鐸河。河水東注，土人搆藤爲橋。

靖邊橋。在縣治砰裏村，南跨順寧河之下流，長七丈，闊二丈。

右甸大橋。在縣西南。明崇禎十五年，通判謝天禄建。本朝康熙三十七年，知府董永艾重建。

濟虹橋。在縣西三百五十里，俗呼枯河大橋。明知府李忠臣建，本朝康熙四年重修。

大橋。在縣北一百六十里，路通蒙化廳。又名猛家橋，明末知府曹巽之建。

來宣橋。在縣北一百八十里，跨㵐溪江上，路通蒙化，其渡最險。本朝康熙元年重建。長九丈，挽以鐵索，上有瓦屋二十一楹。康熙二十八年、五十四年累修。

掬春橋。在縣北。水出交鳳山下，流爲河，橋跨其上，瓦屋扶欄，居然幽勝。

迎恩橋。在縣東北二里。明知府王政建。本朝雍正三年，改木以石，爲永昌、蒙化必經之道。又府東一里有迎春橋。

瀾滄江浮橋。在縣東北八十五里，編竹十五丈，廣五丈。

石橋。在雲州北，路通蒙化廳。

鎮水橋。在雲州舊城。係府境河水下流所經。

黑惠江渡。在縣東北赤鼊山下。

神舟渡。在雲州境，與蒙化交界處。

漫乃江渡。在雲州阿輪山東五里，往景東廳之咽喉。

祠廟

諸葛武侯祠。在縣南一里。

昭忠祠。在縣治城隍廟後，本朝嘉慶八年建。

寺觀

萬慶寺。在縣東四里。有木觀音像，漁者於瀾滄江網得之。

曹溪寺。在縣東北四十里，山水清奇，稱爲勝地。

廣佛寺。在雲州舊城西五里，殿宇清幽，有松竹之勝。

名宦

明

董寶。大理人，南詔清平官董成之後。洪武中任順寧府經歷，清廉勤慎，郡民安之。後屢有功，遷大理土經歷。麓川之役，多著勞績，以死事諭祭。

余懋學。貴州人。萬曆中任順寧知府。時郡初設流官，凡城池、官署、學校、祠廟、糧役，皆所經畫。陞金騰兵備道。

李忠臣。貴州永寧人。萬曆末任知府。立政寬大，與前守余懋學媲美，郡人建余、李二太守祠祀之。

金可教。湖廣興山人。天啓中知雲州。始教民紡績，立學校，開水利，躬親畎畝，增墾田至三千九百餘畝，建義倉以儲穀，荒旱有備，州人賴之。

曹巽之。湖廣人。明末知雲州。後值蔣朝臣叛，巽之與吏目曹世昌嬰城固守，城賴以全。

本朝

蔣斆。直隸保定人。康熙四十一年，任雲州知州。剔除積弊，實心愛民。州屬舊有夷俗，派爲里長，惟視册開田糧之多寡，輪月應辦公差，因而奸滑推卸他人，其愿者每以擔石之糧賠累破家。斆洞察弊端，革除殆盡。至今稱頌不忘。

人物

明

尹良輔。順寧人。萬曆間領兵攻定善寨，勇敢當先，歿於陣。

周重謨。雲州人。性至孝，童時刲股以愈母病，有司旌獎之。

朱錫命。順寧人。萬曆中以殺賊陣亡。妻羅氏，年二十八，誓死撫孤，長登仕籍。

本朝

黎雍熙。雲州人。順治五年，枯柯土司蔣朝臣叛，攻州城，雍熙固守拒賊，出戰歿於陣。同時黄文達亦戰死。

弟祠。

楊波目。緬寧人。因被猓匪裹脅不從，同子成元、開元、登元、爲元，孫小披、小二，俱被害。嘉慶六年旌，入本邑忠義孝弟祠。

流寓

本朝

楊應鶚。奉天人。原任貴陽府同知。當吳逆弄兵，屢檄授官，獎誘逼迫，堅志不從。乃安置順寧，羈留數年。至大兵入滇，逆黨郭壯圖恐其内應，使僞將致之死。應鶚知不免，劇談痛飲，既而對使大駡，將自縊。有妾佟氏，遼陽人，每見辭語過剛，從容諫之，遂失寵。至是佟於屏内窺良久，厲聲曰：「大丈夫當毅然引決，勿戀戀如兒女子，轉誤大事。妾先行，不令公遺憾泉下。」遂投繯，應鶚聞之曰：「可以爲吾婦矣。」亦雉經。此康熙十九年事也。雍正三年，知府范溥訪其宅兆，記以穹碑。

列女

明

猛緤妻易朵、猛朋妻易喬。二氏俱以相夫成功。洪武初，沐英上其事〔四〕，皆贈恭人。

奉禄妻猛氏。順寧人，土司猛雍女，適大侯土官奉禄。雍惑於後妻，欲使女改嫁土舍奉詰。會猛氏歸省，詰以木邦兵攻大侯州，掠奉禄。氏憂憤，素服獨居一樓。雍諷以服飾之陋，女曰：「夫存亡未可知，何以改服乎？」雍因約詰將脅之，女佩刀自衛，數月餌毒死。留緬書一紙，詞意悲憤。巡撫王啓命有司致祭，且爲之贊。

刀派羅妻招囊猛。刀派羅爲孟連長官司舍人，死時妻年二十五，守節二十八年，詔旌其門。

僰婦夜梅。順寧人。木邦侵境，兵潰，男子皆敗北。婦持長劍，敗其黨百十餘騎，木邦自是不敢犯境。

本朝

黃文達妻周氏。雲州人。順治間，文達擊賊死。氏守節撫孤，教子成名。與同州楊濂妻陳氏、陳國相妻楊氏、蔡瓊華妻吴氏、宋科妻楊氏、王賜瓚妻李氏、王賜齡妻劉氏、徐經元妻陶氏、楊明俊妻李氏、陳大勳妻葉氏、陳大典妻張氏、王伯槐妻楊氏、張允誠妻沙氏、楊文偉妻段氏、羅鏡妻王氏，均乾隆間旌。

李東升妻禹氏。順寧人。夫亡殉節，嘉慶間旌。

李文興妻施氏。順寧人。節孝最著。與同縣廖正乾妻董氏、張守藴繼妻龔氏、林之育妻李氏、李欒妻陽氏、王御中妻李氏，均乾隆間旌。

段恂妻史氏。雲州人。自幼許聘，未嫁夫卒，氏聞信自縊。

袁際清妻楊氏。雲州人。夫亡守節。與同州徐國昇妻黄氏、楊芹妻徐氏，均嘉慶間旌。

楊波目妻俸氏。緬寧人。波目被猓匪脅，不從殉節。氏同媳普氏、孫女一均自縊，嘉慶間旌。

楊琥妻張氏。順寧人。夫亡守節。與同縣董瓊芳妻龔氏、張美煥妻楊氏、張煥妻陳氏、陳纘妻楊氏、楊汝泰妻陳氏、熊珩妻華氏、王峻妻梅氏、王夔倫妻蔣氏，均嘉慶間旌。

土産

長鳴雞。身小形昂，其鳴無時，聲異常雞。

矮犬。毛深足短，即竹書所謂矮狗。

緑鳩。

脆蛇。見人則斷，人去復續。

蛤蚧。雲州出。

金剛纂。色青，狀如刺桐，性毒。

濮竹。即南中所云節去一丈可受一斛者，今産不過二三尺而已。

垂絲竹。枝葉軟弱，皆下垂。

猩猩果。色紅味酸，子即酸棗仁。

漆。

棉花。雲州出。

訶子。味苦後甘，秋熟。

校勘記

〔一〕西至永昌府灣甸土縣界一百二十里 「土縣」，乾隆志卷三八一順寧府建置沿革（下同卷簡稱乾隆志）同，據本志永昌府，當作「土州」。

〔二〕八剌山 「剌」，原作「刺」，據雍正雲南通志卷三山川改。按，乾隆志作「八喇山」，喇、剌音同。

〔三〕木來廢府 「來」，原作「耒」，據元史卷六一地理志改。下文同改。

〔四〕沐英上其事 「上」，原作「止」，據乾隆志改。

曲靖府圖

貴州界
威寧界
可渡河
木冬河
羅山
石龍山
宣威
白水驛
霑益
桂花洞
交河
白石江
松韶
曲靖府
南寧
青龍山
湯池山
紫溪山
瀟湘江
蓮花山
清溪洞
滇南勝境
廣西州界
八部山
禄布山
羅平
淑龍山
白蠟山
鐘山
八達河
貴州普安界

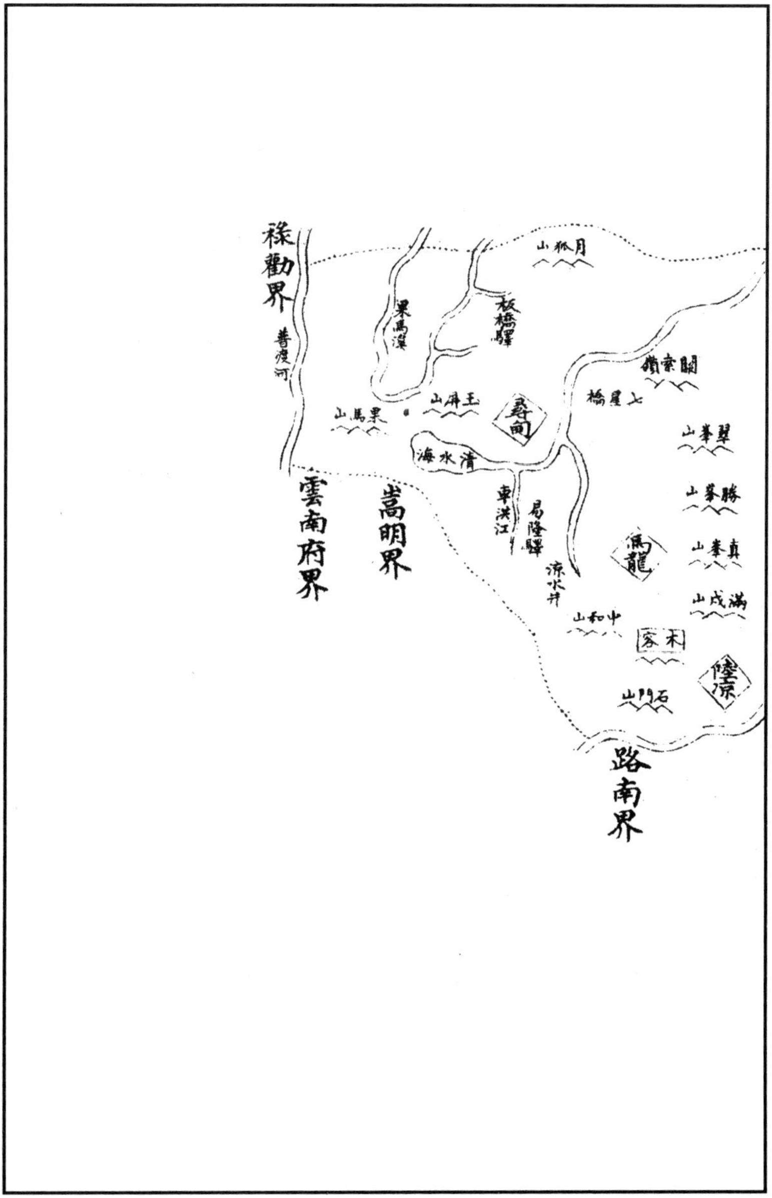

祿勸界
普渡河
果馬溪
板橋驛
月狐山
鎖索關
七星橋
王屏山
果馬山
尋甸
清水海
翠峯山
勝峯山
車洪江
易隆驛
真峯山
馬龍
涼水井
滿戌山
中和山
陸涼
石門山
雲南府界
嵩明界
路南界

曲靖府表

	曲靖府	南寧縣
兩漢	益州、牂牁二郡地。	味縣屬益州郡。
三國	建寧郡蜀漢建興三年改置，治味縣。	味縣郡治。
晉	寧州建寧郡泰始七年置州，太康三年省，太安二年復立。	味縣州郡治。
宋	寧州建寧郡	味縣
齊	寧州左建平郡改郡名，治同樂。	味縣屬左建平郡。
梁	廢。	廢。
隋	恭州、協州地。	
唐	南寧州武德初置，四年置總管府。八年更名郎州，開元五年復故名，治味縣，隸戎州都督府。天寶末没於蒙氏，置石城郡。	
宋	段氏因之，後爲摩彌部據。	
元	曲靖路宣撫司憲宗六年立摩彌部萬户。至元八年改爲中路。十三年改曲靖路總管府。二十五年升宣撫司，屬雲南行省。	南寧縣路治。憲宗六年立千户。至元十三年改置南寧州，二十二年降爲縣。
明	曲靖軍民府洪武中改軍民府，屬雲南布政司。	南寧縣府治。

	霑益州
	牂牁郡宛温縣地。
	蜀漢興古郡地。
同樂縣 武帝時置，屬建寧郡。	西平郡 宛暖縣地。永嘉五年分興古置，屬寧州。 西平縣 郡治。
同樂縣	西平郡 西平縣
同樂縣 州郡治。	西平郡 西平縣
廢。	廢。 廢。
味縣 州治。武德初置，天寶末廢。	盤州地。
越州 憲宗六年立千户。至元十二年改置州，屬曲靖路。	霑益州 至元十三年置，屬曲靖路。 交水縣 至元十三年置，屬霑益州。 石梁縣 至元十三年置，屬霑益州。
洪武末省。	霑益州 屬曲靖府。 永樂初省。天啓三年移州來，治交水城。 永樂初省。

續表

		陸涼州	羅平州
1		牂牁郡平夷縣地。	牂牁郡漏臥、宛温二縣地。
2		興古郡地。	興古郡地。
3		同樂縣地。	興古郡地。
4			
5			
6			
7			
8		平夷縣地，天寶末入於蠻。 蒙氏置陸郎縣，屬落温部。	天寶末入於蠻，尋爲羅雄部。 盤州地。
9			
10	羅山縣 至元十三年置，屬霑益州。	陸涼州 憲宗三年立落温千户。至元十三年改置州，屬曲靖路。 芳華縣 至元中置，屬陸涼州。 河納縣 至元中置，屬陸涼州。	羅雄州 至元十三年置，屬曲靖路。 亦佐縣 至元中置，屬羅雄州。
11	永樂初省。	陸涼州 屬曲靖府。洪武三十一年增置陸涼衛，屬雲南都司。 永樂中省。 永樂中省。	羅平州 屬曲靖府，萬曆十四年改名。 亦佐縣 永樂初改屬曲靖府。

續表

馬龍州	尋甸州
益州郡律高縣地。	益州郡地。
興古郡地。	
西安縣地。	
西安縣地。	
西中縣地。	
麻州地。	蒙氏爲仁地部。
馬龍州 初立納垢千户，至元十三年改置州，屬曲靖路。 通泉縣 初立易籠百户，至元十三年改置縣，屬馬龍州。	仁德府 憲宗五年立仁地萬户。至元十三年改置府，屬雲南行省。 爲美縣 至元二十四年置，屬仁德府。
馬龍州 屬曲靖府。 永樂初省。	尋甸府 洪武中改尋甸軍民府。成化中爲尋甸府，屬雲南布政司。 洪武中省。

續表

	平彝縣	宣威州
	平夷縣 屬牂牁郡。	牂牁郡地。
	平夷縣	興古郡地。
平蠻郡 永嘉五年分牂牁立平夷郡，後改名，治平蠻，屬寧州。	平蠻縣 郡治。	興古郡地。
平蠻郡	平蠻縣	
平蠻郡	平蠻縣	
廢。	廢。	
	平夷縣 武德七年置，屬盤州，天寶後入於蠻。	盤州地。
歸厚縣 至元二十四年置儻俸縣，二十五年改名，屬仁德府。	普安路地。	霑益州地。
洪武中省。	平夷衛 洪武二十三年置，屬雲南都司。	初設烏撒衛後三所，後爲霑益州地。

大清一統志卷四百八十四

曲靖府

在雲南省治東北三百里。東西距三百九十里，南北距六百二十里。東至貴州普安直隸廳界一百七十里，西至雲南府嵩明州界二百二十里，南至廣西州界一百七十里，北至貴州大定府威寧州界四百五十里。東南至普安廳界二百五十八里，西南至澂江府路南州界一百三十里，東北至威寧州界二百七十里，西北至武定州祿勸縣界四百六十七里。自府治至京師七千九百里。

分野

天文東井、輿鬼分野，鶉首之次。

建置沿革

禹貢梁州荒裔。漢爲益州、牂牁二郡地。三國漢改置建寧郡。東境爲興古郡地。晉置寧州，東境分置平蠻郡，東北境分置西平郡。宋因之。齊改建寧郡曰左建平郡。梁末州郡俱廢。爲爨氏所據。隋置恭州、協州。唐武德初開置南寧州，改恭州置曲州，析協州置靖州。四年置總管府，八年更名郎州。唐書地理志：武德元年開南中，因故同樂縣置，治味。五年，僑治益州。八年，復治味，更名郎州。貞觀元年罷都督府，開元五年復故名曰南寧州，隸戎州都督府。按：南蠻傳永徽初始罷郎州都督府，與志異。天寶末没於蒙氏。僞置石城郡。宋時段氏因之，後爲摩彌部所據。元初内附，置摩彌部萬户府，至元八年改爲中路，十三年改曲靖路總管府，二十五年升爲宣撫司，隸雲南行中書省。明洪武中改爲曲靖軍民府，隸雲南布政使司。本朝因之，屬雲南省，今領州六、縣二。

南寧縣。附郭。東西距一百里，南北距一百二十五里。東至平彝縣界七十五里，西至馬龍州界二十五里，南至陸涼州界一百里，北至霑益州界二十五里。東南至羅平州界三十里，西南至馬龍州界十八里，東北至平彝縣界二十八里，西北至馬龍州界二十五里。漢置味縣，屬益州郡，後漢因之。三國漢爲建寧郡治。晉分置同樂縣，宋因之。齊以同樂縣爲郡治，味縣屬焉。梁末入於蠻。唐武德初置南寧州，復立味縣。貞觀八年，改南寧爲郎州。天寶末入於蠻，蒙氏改置石城郡。宋時段氏據之，後又爲烏蠻摩彌部酋所據。元初置千户所，隸摩彌部萬户府。至元中升爲南寧州，二十二年改爲南寧縣。明曰南寧縣，省越州石堡山之地入之，爲曲靖府治。本朝因之。

霑益州。在府城北三十里。東西距二百六十里，南北距一百二十五里。東至平彝縣界八十里，西至東川府界一百八十里，南至南寧縣界五里，北至宣威州界一百二十里。東南至陸涼州界九十里，西南至馬龍州界十五里，東北至貴州普安廳界九十里，西北至東川府界九十里。漢牂牁郡宛温縣地。三國漢屬興古郡。晉爲宛暖縣地。宋、齊因之。唐初置西平州，貞觀中改爲盤州，天寶末入於蠻，僰、剌二種居之，後又爲摩彌部所據。元初隸摩彌萬户府，至元中改置霑益州，領交水、石梁、羅山三縣，隸曲靖路。明永樂初省三縣入州，隸曲靖府。本朝因之。

陸涼州。在府城南一百二十里。東西距一百三十里，南北距一百二十里。東至羅平州界八十里，西至馬龍州界五十里，南至澂江府路南州界七十里，北至南寧縣界五十里。東南至廣西州師宗縣界六十里，西南至雲南府宜良縣界九十五里，東北至南寧縣界五十里，西北至南寧縣界五十里。漢平夷縣地。三國漢屬興古郡。晉置同樂縣，屬建寧郡。唐初置平夷縣，後改屬盤州，天寶末入於蠻。南詔時號落温部。元初置落温千户所，屬落蒙萬户府，至元中改置陸涼州，領河納、芳華二縣，隸曲靖路。明洪武三十一年增置陸涼衛，永樂初省二縣入州，屬曲靖府。本朝因之，康熙六年裁衛入州。

羅平州。在府城東南二百七十里。東西距一百四十里，南北距二百里。東至貴州普安廳界九十里，西至廣西州師宗縣界五十里，南至廣南府界一百十里，北至南寧縣界九十里。東南至普安廳界一百里，西南至師宗縣界八十里，東北至平彝縣界七十五里，西北至陸涼州界八十里。漢牂牁郡漏臥、宛温二縣地。三國漢爲興古郡地。晉因之。唐天寶後入於蠻，名塔敝納夷甸，尋爲羅雄部。元初内附，隸普摩千户所，至元十三年割夜苴部併入，改爲羅雄州，隸曲靖路。明萬曆十四年改土設流，爲羅平州，屬曲靖府。本朝因之。

馬龍州。在府城西南五十里。東西距九十五里，南北距九十里。東至南寧縣界二十五里，西至尋甸州界七十里，南至陸涼州界六十里，北至霑益州界三十里。東南至陸涼州界六十里，西南至澂江府路南州界八十里，東北至霑益州界五十五里，西北至尋甸州界五十里。漢益州郡律高縣地。三國漢爲興古郡地。晉析置西安縣。齊爲西中縣，梁末廢。唐爲麻州地。天寶末没於蠻，爲撒匡部，僰、剌居之，尋爲盤瓠蠻納垢所據。元初置納垢千户所，至元中改爲馬龍州，領通泉縣，隸曲靖路。明曰馬龍州，永樂初，併通泉縣入焉，隸曲靖府。本朝因之。

尋甸州。在府城西一百三十里。東西距三百七十五里，南北距一百三十里。東至馬龍州界七十五里，西至武定州祿勸縣界三百里，南至雲南府嵩明州界六十里，北至東川府界七十里。東南至馬龍州界五十里，西南至嵩明州界六十里，東北至東川府界一百一十五里，西北至東川府界一百八十里。漢滇國地。後僰、剌蠻居此，號仲扎溢原部。晉爲烏蠻之裔，號新丁部，語譌爲仁地。唐蒙氏時爲仁地部，烏蠻居此。宋時段氏因之。元初置仁地萬户府。至元十三年改爲仁德府，領爲美、歸厚二縣。明洪武中改尋甸軍民府，省二縣入焉。成化中改設流官，爲尋甸府。本朝康熙八年降爲州，改隸曲靖府。

平彝縣。在府城東北九十里。東西距八十里，南北距二百三十五里。東至貴州普安廳界四十里，西至南寧縣界四十里，南至羅平州界二百二十里，北至霑益州界十五里。東南至羅平州界四十里，西南至南寧縣界一百一十里，東北至霑益州界六十七里，西北至馬龍州界一百七十里。漢平夷縣，屬牂牁郡，後漢因之。晉改曰平蠻，屬平蠻郡。宋、齊因之。梁以後廢。唐武德七年復置平夷縣，屬盤州，天寶後入於蠻。元爲普安路地。明洪武十四年設平夷千户所，二十三年升爲平夷衛，屬雲南都司。本朝康熙二十六年省入霑益州，三十四年改爲平彝縣，屬曲靖府。

宣威州。在府城東北二百三十里。東西距一百七十里，南北距一百七十五里。東至貴州普安廳界七十里，西至東川府界一百里，南至霑益州界四十五里，北至貴州大定府威寧州界一百三十里。東南至普安廳界一百六十里，西南至尋甸州界九十五里，東北至威寧州界一百五十里，西北至東川府界一百二十五里。漢牂牁郡地。三國漢屬興古郡，晉因之。唐屬盤州，後入於蠻。元置霑益州。明初設烏撒衛後三所，後改爲霑益州。本朝順治十六年移州治於交水，雍正五年割霑益州新化里至高坡頂，設宣威州，屬曲靖府。

形勢

控制二爨，帶水環山，平疇廣野，爲全滇之鎖鑰，作迤西之門庭。城池高深，與烏川接壤，實西南之重鎮，視諸郡爲最衝。通志。東通兩廣，西接四川，北連貴竹，南近滇藩，據白石江，可當一面之阻。府志。

風俗

土和平，無瘴毒。水經注。勤耕勉織，兼事商賈，習尚簡樸，士風漸興。通志。椎髻皮服，力耕好訟。明統志。

城池

曲靖府城。周六里，門四。明洪武二十年建。本朝雍正四年重修，乾隆二年又修。

霑益州城。周三里，門四。舊爲交水縣城，後廢，明天啓三年改築。本朝順治十六年遷州治於此，雍正八年重修。

陸涼州城。周六里，門四。舊爲陸涼衛城，明洪武三十一年建。本朝康熙五年裁衛歸州，移州治於此。雍正七年重修，乾隆四年又修。

羅平州城。周二里有奇，門四，引河水爲濠。明萬曆十五年建。本朝康熙三十八年重修，乾隆四年又修。

馬龍州城。周二里，門四。明萬曆四十一年建。本朝雍正五年重修。

尋甸州城。周三里，門四，東、西引澗水爲濠。明成化十九年創築土城，嘉靖十二年甃磚。本朝康熙五十二年重修，乾隆三年又修。

平彝縣城。周二里，門四。舊爲平夷衛城，明洪武七年築，天啓三年修。本朝康熙三十五年改設縣治，三十八年重修，乾隆三年又修。

宣威州城。周三里，門四。舊爲霑益州治，明洪武十六年築土城，永樂元年甃磚。本朝順治十六年移霑益治交水，雍正五年爲宣威州治，八年重修，乾隆元年又修。

學校

曲靖府學。在府城東水閘口。明洪武十七年建，後燬。本朝順治十七年改建，雍正五年重修。入學額數二十名。

南寧縣學。附府學。入學額數二十名。

霑益州學。在州治南。舊在今之宣威，明天啓七年，移建交水。本朝康熙、雍正中屢修。入學額數十五名。

陸涼州學。在州治西。舊在陸涼衛左，明嘉靖二十一年建。本朝康熙八年遷建今所，雍正十二年重修。入學額數十五名。

羅平州學。在州治西北。舊在城北舊軍營址，明萬曆十五年建，後燬。本朝康熙三十一年遷建城東門外，乾隆二十年移建今所。入學額數十二名。

馬龍州學。在州治南。明嘉靖二十一年建。本朝雍正三年重修，乾隆十二年又修。入學額數十二名。

尋甸州學。在州治西北。舊爲尋甸府學，明正德九年建，嘉靖十一年遷州治南，隆慶二年復遷州治東北。本朝康熙七年改爲州學，遷建今所，雍正四年重修，乾隆十二年又修。入學額數二十名。

平彝縣學。在縣治右，即舊平夷衛學。本朝康熙二十七年裁衛歸府，後爲書院。三十四年設平彝縣，改爲縣學。乾隆十二年修。入學額數十二名。

宣威州學。在州城南。舊爲霑益州學，本朝雍正八年重建，乾隆十二年修。入學額數八名。

興古書院。在南寧縣東東山寺右。明天啓間建，崇禎間修。

南城書院。在南寧縣南正法寺内。本朝康熙三年知縣程封建。

曲陽書院。在南寧縣。本朝乾隆三十一年知府暴煜建。

西平書院。在霑益州南門外。本朝康熙四年知縣王作楫建，今改爲龍華書院。

羅峯書院。在羅平州。本朝嘉慶四年知府張應垣等建。

萃華書院。在尋甸州東五里。

鳳梧書院。在尋甸州。

平成書院。在平彝縣。本朝嘉慶四年知縣王子音建。

榕城書院。在宣威州。

户口

原額人丁共一萬五千一百五十二，今滋生男婦大小共四十四萬八千五百五十三名口，計八萬九千四百二十七户。又屯民男婦大小共一十三萬三千六百四十五名口，計二萬五千四百二十九户。

田賦

田地八千六百一十六頃八畝八分有奇，新墾地六十七畝，夷田一十四畝，共額徵地丁正、雜銀一萬六千九百二十二兩四錢，米一萬八千六百一十一石四斗一升五合二勺。

山川

青龍山。在南寧縣東二十里。一名朗目山。山色蒼翠，遠望如畫，俗謂之黄榜山。

湯池山。在南寧縣東南。明洪武十五年南征越州未下，沐英駐師於此，諭降其衆。

紫溪山。在南寧縣東南。府志：明洪武二十六年，越州蠻阿資叛據龍窩，沐春討之，至紫溪敗其黨，直抵龍窩擒之。

蓮花山。在南寧縣東南三十里。府志：與府之西南真峯山對峙。

分秦山。在南寧縣南二十里。通志：即石堡山，四望平原，孤峯獨立。藤蘿掛壁，鳥道縈紆，相傳諸葛武侯南征與諸蠻會盟於此。

負金山。在南寧縣西南十五里。明統志：山石多青黑，又有石穴，狀如馬蹄，水深尺餘。童子初學書汲水注研，云可善書，俗因號爲「羲之硯池」。其東北有峯，高百餘仞，上有望大石。

真峯山。在南寧縣西南二十里。林巒秀麗，花木繁瑰，亦奥區也。山半有彌陀崖，後有普賢洞。

勝峯山。在南寧縣西里許。山脈自金馬山來，爲羣山長。舊名妙高山。明洪武中潁川侯傅友德、西平侯沐英與元平章達爾瑪戰，勝之，因名。「達爾瑪」舊作「達里麻」，今改正。

翠峯山。在南寧縣西北二十里。通志：層巒疊嶂，屏障府城。

龍華山。在南寧縣北二十里。阿幢河源出此。

楊梅山。在南寧縣廢越州衛東十五里。山産楊梅。又衛南二十里有瀟湘山。

東山。在霑益州東二十里。明統志謂之曲靖東山。

伯蒙山。在霑益州東南二百里，高出諸山之上。

推湧山。在霑益州東南。延亘二百餘里，峯巒突兀如湧，故名。

羅山。在霑益州東北九十里。

丘雄山。在陸涼州東七里。通志：上有方池，水無盈縮。下有十八泉，其一曰黑龍泉，旱禱輒應。

石門山。在陸涼州西。州志：州西平壤之上有石門山，石笋森密，參差不齊，周匝十餘里，行者穿其中，故曰石門。又東出數百步有離石，狀類西岳三峯，宛然如畫。

部封山。在陸涼州西四十里。高聳多林木。

木容山。在陸涼州舊州西北二十五里。

滿戍山。在陸涼州北二十里。高出羣峯，林木鬱茂。

瑞霞山。在羅平州東五十里。山後有泉，噴薄林麓，映日如霞。

淑龍山。在羅平州東七十里。四面險峻，爲土酋負固處。

羅莊山。在羅平州東南六十里。山多林木。

五臺山。在羅平州南五里。

鍾山。在羅平州南二十里。羣峯羅列如屏。

樓閣山。在羅平州南二十里。屏幛學宫。

白蠟山。在羅平州西南十三里。爲一州之望，蒙氏封爲安邊景帝之神，至今祀之。

八部山。在羅平州西北八十里。高二百餘丈，其麓百餘里，岡巒八面聳立，故名。

禄布山。在羅平州北八十里，與八部相近。峭石巉巖，盤亘百里。

矣層山。在羅平州東北。有清泉，蠻語「水」曰「矣」，因名。

龍鼎山。在馬龍州東十里。山形如鼎。

連雲山。在馬龍州東南十五里。一名松子山。

木容箐山。在馬龍州東南六十里。下有木容箐溪，流注府南，即瀟湘江之源也。

伯刻山。在馬龍州南六十里。

中和山。在馬龍州西南四十五里。通志：山自宜良縣蜿蜒起伏，至此結爲兩峯〔一〕，左右環列各十二，有「旗鼓二十四峯」之號，後枕尋甸羣山，曲水迴繞於前。又有仙人洞、五龍潭，上下屯田千頃，雲南前衛屯兵數百家居此。

多羅山。在馬龍州西南六十里。峯巒峻峭，爲州之望山。

羅仵侯山。在馬龍州西。唐書南蠻傳：永徽初，大勃弄寇麻州，高宗以趙孝祖爲總管，與懷玉至羅仵侯山敗之。

磨盤山。在馬龍州西北。明天啓五年烏撒土酋安效良犯馬龍，官兵追敗之於磨盤山，賊自尋甸遁去。

哇山。在尋甸州東十里，廢歸厚縣治。秀削如劍，上有土寨，險不可攻，名安樂城。

龍頭山。在尋甸州東四十餘里，地名乞曲里。下有三溝水合爲河，流入東川府界。

筆架山。在尋甸州東南，舊木密所之南。

巖蜂山。在尋甸州東南，地名可郎馬，爲通滇中徑路。山多蜂房，土人割其蜜曰「巖蜜」，其味特異。

洗納山。在尋甸州南可郎馬之地。有塹水塘兩塘相對，中有古樹亭亭如蓋。

落耳山。在尋甸州南可郎馬之界。有洞泉，四時不絶。

蜂岡山。在尋甸州南可郎馬之界。上有黿塘，産黿，其水四時澄碧。

五華山。在尋甸州南，地名欸莊馬。有石洞出泉。

梁王山。在尋甸州南七十里，其地名普按馬，接嵩明州界。相近又有海岳山，接洗納山。

龍吸山。在尋甸州廢歸厚縣東一百里。下有泉曰龍吸泉。

隱毒山。在尋甸州西八里。地多嵐瘴，惟此山開朗，土人夏月避居其上。下有隱毒泉。

勇克山。在尋甸州西八里。夏有積雪，又呼爲雪山。下有泉流爲儻俸溪。

果馬山。在尋甸州西六十里。下有泉流爲果馬溪，其派别入昆明縣，注滇池。一名龍巨江。

三稜山。在尋甸州西六十里，地名亦郎里。上有九十九泉，俱入昆明縣，爲盤龍江上源。相近又有鳳凰、麒麟二山，皆以形似而名。

米花洗馬山。在尋甸州西亦郎里。相傳土人據是山，漢兵攻之，謂其無水，土人以米花洗馬，攻者疑不敢逼。

玉屏山。在尋甸州西北五里，爲州主山。

珀瑠山。在尋甸州北十里。下有泉水穿山，流入府河。

金鞍山。在尋甸州北怒郎村。相近有獅子山。

月狐山。在尋甸州東北八里，延亘五十餘里。山頂有雲氣則雨，舊志一名鳳梧山。明天啓四年，安效良敗於磨盤山，賊間道走尋甸，官兵追及，戰於鳳梧山下，賊從山頂分兩路遁去。

巒岡山。在平彝縣東八里。山勢高聳，雄視諸山。

旱感山。在平彝縣東十五里。禱雨輒應。

定南山。在平彝縣西十里。明沐英駐兵於此，營址猶存。

蒙洞山。在平彝縣西北五里。下有從源洞。

石龍山。在宣威州東七里，黔、蜀之交，險阻四塞。其西麓有石如龍。明萬曆末，土官安邊與烏撒搆兵，據險設營於此。

炎方山。在宣威州南七十里。

吴山。在宣威州東北五十里，地名平川。一峯突兀，怪石峥嶸，可以避兵。其上有城遺址。

小關索嶺。在尋甸州易龍驛東五里。上有關，旁立一石標，漢諸葛亮南征時駐此。滇志：自馬龍西南行八十里，上小關索嶺，嶺路盤曲，人行其上如之字。

揚威嶺。在平彝縣西七里。多毒蛇。

怒勒峯。在尋甸州東乞曲里。州志：中有海，饒漁利。界連霑益州，乾夷居之，有六寨，曰沙必郎，曰折瑙，曰則千，曰按羊，曰怒勒，曰納鼂。

額吾峯。在尋甸州北乞曲里。州志：上有清水塘，下有温泉，乾夷往來兩峯之間，以爲窟宅。通志：其地有寨五，曰額吾，曰竹圭，曰東那，曰沙黑，曰額峯，亦乾夷所居也。

那多峯。在尋甸州東北，有大石寨，接東川府界。下有龍泉。

觀音洞。在南寧縣南二十五里。寬平可容數百人。

花山洞。在霑益州北一百里，爲交河之源。

排額洞。在尋甸州東三十里，近三岔河半里許。深廣各二丈許，多石笋及鳥獸形。

仙人洞。在尋甸州西南四里。有碓磑、石牀、石柱，洞深二十里，其下又有水洞。

龍洞。在尋甸州北五里。洞口有雀，木葉落水中，雀輒銜去，俗呼爲龍雀。洞泉溉田甚多，注爲螳螂河。

仙臺洞。在平彝縣西。樵者時聞弈碁聲。

清溪洞。在平彝縣西北三里。下有鯉魚潭。洞在蒙洞、定南兩山間，高十餘丈，闊如之。中爲平臺，石級右垂，石至洞口昂起丈許，成獅象形。又有石柱下垂，當洞門中，如笋森立，不可名狀，遠通山後，石徑非一。明楊慎滇行紀：清溪洞口廣延數丈，上有臺，石乳下滴成柱，燃炬入，則石牀石几備焉。再入里許，旁有石縫容一人，盤曲而升，有堂奥門户。土人言十餘里通紫泉洞。旁又有一洞，上有石鐘鼓形。

紫泉洞。在平彝縣西北清溪上。洞後寬敞，有臺數座，泉水曲折環繞。

桂花洞。在平彝縣北十里。巖穴幽深，有老桂高百尺，根盤洞底，枝横洞外，花時香徹他山。

龍馬石跡。在尋甸州西南五里。石上有龍馬遺跡。

烏龍箐。在馬龍州西南三十里，亦謂之箐口哨。相近有黄土坡、青石坡。

瀟湘江。在南寧縣南。源出馬龍州木容箐溪，繞勝峯山下，流入縣境。至陸涼州，過石門山，會廣西州師宗縣水達南海。通志：夏秋水泛，有洞庭、瀟湘之勢，故名。按：交河、八達河、瀟湘江、南盤江，實一水也。在霑益發源之處，曰交河。會臘溪諸水注府城東北，曰瀟湘江。至陸涼州，曰八達河。經羅平州西北，曰南盤江。蓋隨地而異名也。通志：又有北盤江，在宣威州北一百二十里，自貴州威寧州東南流入州界。又東合於南盤江。

白石江。在南寧縣東北八里。源自馬龍州界，經此，東南合瀟湘江。滇考：明初傅友德、沐英等征雲南，擒元平章達爾瑪於此。有白石江橋跨其上。

矣則江。在羅平州東北六十里，與塊澤河合流入南盤江。

寧革江〔二〕。在尋甸州南款莊馬西，流入雲南府昆明縣界。

勺諾江。在宣威州東三十里，東南流入北盤江。

車翁江。在宣威州西一百六十里。一名車洪江，上流爲牛欄江，自雲南府嵩明州流入，北流入東川府境。

八達河。源出霑益州花山洞，南流經南寧縣東北，爲瀟湘江。又南至陸涼州匯爲中埏澤，折而西爲大赤江，入雲南府宜良縣界。通志有南河，在南寧縣東二十里，衆水所匯，下達陸涼。按：八達河上承霑益交河之水，下達陸涼，旋繞府城，會瀟湘、龍潭諸水，實一府巨浸。通志以爲在羅平州東南九十里，查羅平州東南係貴州普安廳界，不與霑益、陸涼諸州接壤，八達河應在羅平州西，即所謂南盤江也，不應在東南境。而通志所載南河源流與八達河頗相合，疑南河即八達河之誤。

阿幢河。在南寧縣北二十五里。一名臘溪水，源出龍華山，與交河匯流。

雙河。在南寧縣北三十里。源發巖口，流入阿幢河。

交河。在霑益州南一百七十里。自花山洞發源，經州東北，會臘溪之水，注瀟湘江。

塊澤河。在羅平州東六十里。自舊亦佐縣流入，會矣則江、大渡河諸水，入八達河。

大渡河。在羅平州西南二里。馮甦滇考：宋王全斌平蜀，以滇圖進，太祖鑑唐之禍起於南詔，以玉斧畫大渡河曰：「此外非吾有也。」由是雲南不通中國。

東河。在馬龍州南。又有西河在州西，一名九曲河，東流合東河入尋甸州界。

蝗螂河。在尋甸州北五里。源出白龍洞，磨浪水流合焉。亦名龍洞渠，俗語兔兒河。

可渡河。在宣威州北一百二十里。自貴州威寧州西流入，又東南流入雲南府界，爲滇、黔交界，川、陝入滇要路。

木冬河。在宣威州東北一百五十里，即拖長江。與可渡河交會入盤江。

東海子。在南寧縣東五里。輪廣五十餘里，夏秋霖雨，浩淼無際。

多羅海子。在平彝縣西十三里。廣六七里。

清溪水。在平彝縣南二里。少西有十里河，合清溪水入羅平州界〔三〕。

雅扒箐水。在宣威州西南。州城倚以爲塹，北流入車翁江。

太液湖。在羅平州北一里。

車湖。在尋甸州西三十里。一名清水海，四面皆山，其水澄碧，中産嘉魚。

黑龍潭。在南寧縣東二十一里。旁有石洞，其上怪石巉巖，林木茂密，潭水泓深，資以灌溉。

中埏澤。在陸涼州東南丘雄山下。瀟湘江諸水至是匯而爲澤，州境十八泉與南澗諸水皆注之。

儻俸溪。在南寧縣西。其源出湧克山，流經此有九灣，繞城而流。

喜舊溪。在羅平州東南。源出州西南龍甸村，環流州境，下流入盤江。

南澗。在陸涼州西北。東南注於中埏澤。

龍泉。在南寧縣南十里。泉分兩派，灌溉之利甚多。

温泉。在南寧縣南分秦山下，闊二丈許，沸如湯。

珍珠泉。在南寧縣北門外。水色澄澈，有泡如珠，纍纍浮水面。

靈泉。在馬龍州西南三里。水色清碧，引流灌溉。

冷水塘。在尋甸州東五里。俗名矣部烏泉，發源七里橋，分二派入車翁江。

雙井。在南寧縣北。一井兩竅，相傳諸葛亮所築。

小龍井。在馬龍州東三里。又大龍井，在州南三里。

涼水井。在馬龍州南五里。

古蹟

越州故城。在南寧縣東南十五里。元史地理志：越州在曲靖之南，其川名魯望，普麽部蠻世居之。憲宗四年内附，六年立千户，隸末迷萬户。至元十二年，改越州，隸曲靖路。通志：明洪武二十一年，越州酋長龍阿資叛，傅友德擊敗之。洪武末廢州，改置越州衛城。本朝康熙六年裁，今號其地爲南城村。

南寧故城。在南寧縣西十五里平川中，舊名共範川。兩漢志益州郡皆有味縣。三國蜀志：建興三年改益州郡爲建寧郡，治味縣。宋志：寧州刺史，晉武帝泰始七年分益州南中之建寧、興古、雲南、永昌四郡立。太康三年省，立南夷校尉。惠帝太安二年復立。建寧郡，治味，又領同樂縣，晉武帝立。齊志：寧州道遠土瘠，蠻夷衆多，諸爨氏强族，恃遠擅命，故數有土反之虞。州鎮建平郡治同樂〔四〕。水經注：味縣，故滇國都也。隋書梁睿傳：睿上疏曰：「梁南寧州刺史徐文盛，被湘東徵赴荆州，土民爨瓚遂竊據一方，國家遥授刺史。」唐志：南寧州，武德元年開南中置，北接曲州，治味。隋廢同樂縣，武德初復置，改名味。南蠻傳：兩爨蠻自曲州、靖州西南昆川、曲軛、晉寧、喻獻、安寧距龍和城，通謂之西爨白蠻。自彌鹿、升麻二川南至步頭，通謂之東爨烏蠻。高祖即位，益州刺史段綸遣俞大施至南寧，治共範川，誘諸部皆納款。永徽初，趙孝祖定西南夷，罷郎州都督。開元中南寧州都督爨歸王襲殺東爨首領蓋聘，自石城徙共範川。爨崇道殺歸王，詔以其子守隅爲南寧州都督。南詔閣羅鳳立，以兵脅西爨，徙户二十餘萬於永昌城〔五〕，後烏蠻種復振，徙居西爨故地。寰宇記：南寧州在戎州西南二千六百五十三里。舊志：南寧故城在府西十五里，舊名共範川。通志：今其地名三岔，故城遺址尚存。按：梁本紀大寶元年湘東王繹遣前寧州刺史徐文盛率兵拒任約。是時無南寧州之文。隋梁睿以關中有寧州，故加「南」字以別之耳。

石城故城。在南寧縣北二十里。唐書南蠻傳：爨歸王爲南寧州都督，居石城。五代晉天福二年，南詔爲楊干貞所篡，其故臣段思平借兵東方諸爨，起兵石城。元志：蒙氏廢南寧州，改石城郡，至段氏時爲烏蠻莫彌部所據。元憲宗三年内附，立千户於此。明統志：石城有一碑，乃段氏與三十七部立盟之所。通志：石城碑在今城北二里許。

霑益故城。在南寧縣東北二百十三里。元史地理志：霑益州在曲靖路之東北，據南盤江、北盤江之間。唐初置州，天寶末没於蠻，爲僰、刺二種所居，後磨彌部奪之。元初其孫普垢剛内附，憲宗七年以本部隸曲靖磨彌萬户府，至元十三年改霑益州。明地理考：霑益州舊治府南石堡山西，元置，漢武二十七年改置於此。府志：州城周三里有奇，與松林、炎方三城犄角，爲曲靖捍蔽。明天啓二年陷於賊，四年收復重葺之。按：松林城在霑益州西南一百六十里，明天啓五年築周三百丈，炎方城即在炎方山下，今宣威州所轄。

交水故城。即今霑益州治，在舊州南二百里。元史地理志：交水治易陬籠城，其先爲磨彌部酋蒙提居之，後大理國高護軍逐其子孫爲私邑。憲宗五年内附，至元十三年即其城立縣。明統志：交水廢縣，在州南二百三十里交水村。舊志：天啓二年，霑益土婦設科，叛目李賢陷州城，并據炎方、松林、交水諸城，分兵四掠，官軍討之，自交水進，爲賊所敗。三年，巡撫閔洪學築交水城，移平夷右所官軍戍守。通志：本朝順治十六年遷州治於此。按：學校志，天啓七年遷廟學於交水，未有州治未遷而先遷廟學者，蓋明末篤撒之亂，於天啓三年參將尹啓易遷州治於交水〔六〕。本朝順治十六年始定滇，遂因其舊。通志不詳其先耳。

羅山故城。在霑益州東南一百二十里平彝縣。元史地理志：羅山，夷名落蒙山，乃磨彌部東境。明地理考：霑益州東南有羅山廢縣，元置，永樂初廢。郭子章黔記：石梁、羅山二縣俱在普安州西一百里香爐山。

石梁故城。在霑益州東北五十里石梁山。元史地理志：石梁係磨彌部，又名五勒部，其酋世爲巫，居石梁原山。至元十三年立爲縣。明地理考：霑益州東北有石梁廢縣，元置，永樂初廢。

陸涼故城。在今陸涼州東北二十五里。舊志：陸涼州城，萬曆二十八年始建土城，周二里有奇。州志：舊州城在今州北。本朝康熙初年州城廢，而衛城堅完如故，後裁衛歸州，移州治於衛城内。今舊州城故址尚存。

羅雄故城。即今羅平州治。元志：州與溪洞蠻獠接壤，歷代未嘗置郡。俗傳盤瓠六男，其一曰蒙由丘，後裔有羅雄者居此甸，至其孫普恐，名其部曰羅雄。元憲宗四年内附，七年隸普摩千户，至元十三年割夜苴部爲州。舊志：萬曆十二年羅雄酋者繼榮作亂，討平之，改土設流，賜州名羅平。

亦佐故城。在羅平州。本漢牂牁郡之宛温縣地。唐爲盤州地，後没於蠻，號夜苴部，後謁曰亦佐。元至元間併入羅雄州，尋復置縣，永樂初改屬曲靖府。本朝康熙八年省入羅平州，城址尚存。

通泉故城。在馬龍州西南四十里。元史地理志：通泉與嵩明州楊林縣接壤，盤瓠後納垢之孫易陬分居其地，元初爲易龍百户，隸馬龍千户，至元十三年改名通泉縣，隸馬龍州。明統志：在州西南四十里通泉鄉，永樂初省入州。

尋甸故城。在今尋甸州城東五里。元仁德府遺址也。舊志：尋甸府在今州城北一里，明成化十五年建土城甚隘，後徙魯兀山下，嘉靖六年爲安銓所破，十二年徙今治。張志淳築城記：元仁德遺址在今城東五里，其遷於舊治莫考厥時。今城在舊城之右踰一澗〔七〕。

歸厚故城。在尋甸州西一百三十里。元置縣。元史地理志：歸厚縣治在仁德府西，地名易浪南籠，舊隸仁地部。至元二十四年分立儻俸縣，二十五年改儻俸曰歸厚。明統志：洪武中廢。州志：今州境有九層城，即歸厚縣故址也。

爲美故城。在尋甸州北三里。元置縣。元史地理志：爲美縣治在仁德府北，地名溢浦適侶睒甸〔八〕，即仁地故部，至元二十四年置縣，屬仁德府。明統志：洪武中廢。

平夷廢縣。在南寧縣境。漢書地理志：牂牁郡有平夷。三國蜀志李恢傳：章武元年以李恢爲庲降都督，使持節領交州刺史，駐平夷縣。裴松之曰：「庲降，地名。去蜀二千餘里，時未有寧州，號爲南中，立此職以總攝之。」宋書州郡志：晉懷帝永嘉五年，寧州刺史王遜分牂牁、朱提、建寧立平夷郡。

河納廢縣。在陸涼州南八十里。元史地理志：在州南朐蔡村。明統志：蒙氏時嘗置陸郎縣，後併於落温部。元初置百户，至元中改爲縣。明永樂初省入州。

芳華廢縣。在陸涼州西四十里。本落温部之地，蠻名忻歪，又名部封。元初置千户所，改爲縣，明永樂初省入州。

魯婆伽嶺城。在馬龍州南二十里。明洪武十八年建，舊有巡司戍守，今廢。

尚瓚城。在馬龍州東南。又有耶城，皆土蠻所築。

馬龍所城。在馬龍州北。明永樂二年設千户所，建城，本朝康熙二十六年廢。

鳳梧所城。在尋甸州左。明嘉慶六年建，本朝康熙五年廢。

木密所城。在尋甸州東南七十里。明洪武二十三年建，本朝康熙二十六年廢。

曲靖廢衛。在南寧縣西。明洪武二十年建，本朝康熙六年裁，今爲南寧縣署。

平夷故衛。在今平彝縣巒岡山。明統志：地名厄勒鋪，一名早上村。明洪武十四年討越州叛酋經此，以山勢峭險，設千户所於此。後升爲衛，弘治七年改遷今治。

定雄廢所。在羅平州南。明萬曆十五年平者繼榮餘黨，移調曲靖中左所駐防於此，賜名定雄。本朝康熙五年省入州。

武侯閣。在南寧縣北迎恩門外。四面荷池，中間爲閣。

八塔。在南寧縣東。府志：漢諸葛武侯建，以鎮地脉。

方圓塔。在羅平州西南羅甸村。一方一圓，俱元梁王建。

義象塚。在馬龍州北。州志：明天啓四年安效良叛，至馬龍，景東土兵統象馬逆戰，大破之。一象奮勇衝陣，被流矢死，建坊表曰「忠勇義象」。

關隘

三岔關。在南寧縣西十五里。今名三岔堡。又分水關，在縣東北，驛道所經。亦謂之分水嶺哨。

白水關。在南寧縣東北八十里。舊有土官巡司、流官驛丞，後裁巡司設白水關驛，以驛丞兼巡司事。本朝乾隆二十一年裁汰，移白崖巡檢駐此，兼管驛務。滇程記：自烏撒達霑益而南，謂之西路。自普安達平驛而西，謂之東路。合於白水關，謂之十字路。又白水驛達南寧驛，南寧驛達馬龍州，號「三亭實八里」。交水川平，可走輪蹄，守以盧荒夷。按：盧荒夷，即玀玀之傳訛也。

松韶關。在霑益州南一百里。舊有土巡檢司李姓，今裁改置關。

阿幢橋關。在霑益州南一百八十里。有阿幢橋跨臘溪水上，舊置阿幢橋巡檢司，在州南一百九十里。旅途志：自南寧驛達白水驛，經阿幢橋，有大道走曲靖府，號三岔路。有鐵溝哨。通志：今爲阿幢橋關，在今州南三十里，巡檢司廢。

大生關。在陸涼州南八十里。

木容關。在陸涼州西五十里。

石嘴頭關。在陸涼州北三十里。又州北有僧伽坡關，皆自昔設險處。

三叉口關。在馬龍州東三十五里。

分水嶺關。在馬龍州西南二十里。有哨兵。

豫順關。在平彝縣北二里。

宣威關。在宣威州西。設有哨兵。

滇南勝境哨。在平彝縣東十五里，接貴州普安州界。有坊題曰「滇南勝境」，爲滇、黔分界處，設有哨兵。自黔至此山始平坦。

寧越堡〔九〕。在南寧縣南。通志：明洪武二十四年，越州酋長阿資再叛，何福討平之，扼其險要，置寧越堡於此。今廢。

定南堡。在南寧縣東北八十里。

霑益站堡。在霑益州城外。

儻塘站堡。在霑益州儻塘驛西。

易龍堡。在馬龍州西南九十里。明地理志：易龍堡一名木密關，在州西南。又州北有馬龍堡，即舊守禦所。

古城堡。在尋甸州木密所北三十里之下板橋驛道。

可渡堡。在宣威州北可渡橋。今設巡司於此，有關。

南寧驛。在南寧縣西北十五里。舊在府治，本朝順治十七年改設霑益州交水城内，今屬南寧。

松林驛。在霑益州西南松林城内。舊名普魯吉堡，明置松林驛，與交水、炎方犄角，爲曲靖捍蔽。今仍設驛，後改隸炎松巡司。

儻塘驛。在霑益州北八十里。有丞，今裁，歸可渡巡司管，貴州威寧要道。通志：明天啓二年，霑益土婦設科等焚刦霑益、儻塘、炎方、松林、交水及曲靖白水驛六站，官軍討之。明年收諸站，蜀道通。

霑益驛。在霑益州北。有站。

普陀驛。在陸涼州南三十里。通志：明洪武十七年置驛丞，萬曆四十三年裁。

易龍驛。在馬龍州西南九十里易龍堡。滇城記：南寧驛四十里達馬龍驛，自驛達易龍堡，經魯婆伽嶺巡司及下板橋、古城堡、小關索嶺，凡七十里，又七十里達雲南府之楊林驛，與尋甸州接界。今設易古巡司，兼管易龍、古城二驛。

馬龍驛。在馬龍州北一里。

多羅驛。在平彝縣城内。

炎方驛。在宣威州南八十里炎方城内。舊名太忽都堡，明置炎方驛，今設炎松巡司，兼管二驛。

蕎甸。在陸涼州西南，與澂江、雲南二府接。山道迴曲，奸宄竄聚。通志：明萬曆二年，撫臣鄒應龍征蕎甸等蠻，平之，立營戍守。尋復叛，四十一年宜良官兵拒却之。四十八年又四出剽掠，撫臣沈儆玠招降之，設法古甸、籠峒等營戍守，又奏設蕎甸守備治之。天啓二年改設遊擊，蓋防禦要地也。

津梁

箐口橋。在南寧縣東八十里。一名魏家墩橋。

澄清橋。有三：一在南寧縣東南七里，爲中橋；一在南寧縣西九里，爲上橋；一在南寧縣西三岔關，爲下橋。俱明弘治中建。本朝康熙九年重建下橋，又名濟衆橋。

石堡山橋。在南寧縣南二十里，跨河。

瀟湘江橋。在南寧縣南，跨瀟湘江。明景泰中建。

中政石橋。在南寧縣西南二十里，水通瀟湘江源。本朝康熙六年建。

白石江橋。在南寧縣北八里，跨白石江上。明洪武中建，本朝康熙十一年重修。

新橋。在南寧縣北二十里。驛道所經。

砥道連虹橋。在南寧縣北八十里，地名小路口。夏秋水漲，沙岸衝決，明萬曆中經歷李廷倡衆築隄四百丈，石橋三門洩水，行者稱便。

迎恩橋。在南寧縣北雙沼之間，有閘。明洪武初建。又有迎恩橋在尋甸州城南，舊爲木橋，明成化二十三年易以石。

柳家壩橋。在南寧縣東北五里。

石龍橋。在霑益州東半山。

山塘橋。在霑益州南一百七十里，自塘溪山水經其下。

阿幢橋。在霑益州南一百九十里。

太平橋。去阿幢橋三十里。長八十尺，闊二十尺，交河水經其下。

衍嗣橋。在霑益州南。明御史繆文龍以石易木。

水西橋。在霑益州北三十里。

儻塘橋。在霑益州北八十里。架木爲之。

魯沂河橋。在羅平州西二里。明萬曆七年建。

塊澤橋。在羅平州東北塊澤江上，兩山壁立。江上又有天生橋、永平橋。

關東橋。在馬龍州南二十五里。建於魯婆伽嶺巡司東，因名。

關西橋。在馬龍州西南二十五里。

通靖橋。在尋甸州東二十里。長三丈，闊五尺，跨阿交合溪。

七星橋。在尋甸州東二十里。長十丈，闊三尺。

南安橋。在尋甸州東南木密所之東二十里。俗呼青石橋。又所東十五里有代磚橋。

温泉橋。在尋甸州南三十里。長十五丈，闊八尺，跨温泉下流，明嘉靖初建。

引鳳橋。在尋甸州南三十五里。跨河水，本朝康熙四十九年建。

靖邊遠橋。在尋甸州北三里。

紅崖璋河橋。在平彝縣東三里。明萬曆間建。

界牌鋪橋。在平彝縣北十五里。又界牌橋，在縣西北八里。俱明萬曆年間建。

可渡橋。在宣威州可渡河，甚險。本朝康熙二十八年建，乾隆五十五年修，嘉慶七年又修。

隄堰

歸龍隄。在尋甸州南二里。明萬曆間知府李遇春築石隄三十餘丈，民德之，名李公隄。

梅家壩。在南寧縣。府志：水瀉，夜作笑聲不絶，次日即有淹溺之患。

天生壩。有二，一在南寧縣南瀟湘江上，一在縣北四十里，灌溉甚溥。

西湖壩。在南寧縣東北十里。明洪武間甃，有閘，積水灌田。

大壩。在霑益州東南。明洪武初築，溉三鄉四堡田。又有小壩，在州西五里。

福村壩。在陸涼州東三里。

楊柳壩。在馬龍州東七里。

石橋壩。在馬龍州東十五里。

龍潭閘。在尋甸州北四里。引水資灌田畝。

陵墓

明

胡潔墓。在南寧縣東。

唐時英墓。在南寧縣北五里白石江上。

朱家民墓。在南寧縣西十五里王家屯。

貞烈任氏墓。在南寧縣境。嘉靖中督學趙維垣爲置墓地，與其夫陳蕃合葬，旌其門曰「貞烈」，乃建祠於墓。

祠廟

五雷廟。在南寧縣西勝峯山。明永樂初建，歲於驚蟄日祭。

白蜡山神祠。在羅平州治後，有龍潭，歲三月上辰日祭。

李元禮祠。在南寧縣南三里。城南一里有古碑，上刻篆書，有「漢光和五年閏四月十五日漢李膺」等字，餘不可辨，相傳黨錮之禍流李膺妻子、門人於此。歲於二月戊日致祭。

馬忠廟。在南寧縣。

武侯祠。在南寧縣北。又尋甸州西北一里亦有祠。

英烈侯廟。在尋甸州東六十里。滇南記遊：木密關有小關索嶺，上有武侯及關索祠，祠前銅馬一，乃唐時物也。古柏大數圍，有碑云：「武侯平蠻會盟於此。」史稱亮盟南人於木密，即此。按：蜀志關忠義傳惟次子興隨丞相亮征南中有功，所謂關索者，即其人也。苗民稱父曰「索」，故有「關索」之稱。

去思祠。在尋甸州治東，祀明知府戴鰲、林斌。

烈婦祠。在南寧縣西，祀明曲靖衛卒陳蕃妻任氏。

昭忠祠。在南寧縣。本朝嘉慶八年建。

寺觀

正法寺。在南寧縣南十五里。唐貞觀中建。

玉泉寺。在南寧縣西南龍頂寺旁。有温泉如玉，故名。元至正間重修。

東山寺。在霑益州南東山。

龍鳳寺。一名正覺寺，在陸涼州東丘雄山。元至正七年建。

覺照寺。在馬龍州西六十里。地多奇勝。

歸龍寺。在尋甸州南四里。明成化間建。又有報恩寺，在州北，元至正間建。

石龍古寺。在平彝縣北十五里。左右有兩坊，一曰滇南勝境，一曰彩徹雲衢。

三清觀。在霑益州治北。

武清觀。在馬龍州西四十里中和山。明嘉靖間建。

玉貞觀。在平彝縣東五里。明建，本朝康熙八年修。

玉龍菴。在南寧縣西三岔關上。

名宦

三國　漢

李恢。俞元人。爲别駕從事。章武元年庲降都督鄧方卒，先主問恢誰可代者，對曰：「先零之役，趙充國曰：莫若老臣。臣竊不自揆，惟陛下察之。」遂以恢爲庲降都督，駐平夷縣。南土平定，恢功居多。

馬忠。巴西閬中人。庲降都督常駐平夷縣，至忠乃移治味縣，處民夷之間。忠寬濟有度量，處事能斷，威恩並立，蠻夷畏愛之。及卒，莫不流涕，爲立廟祀之。

晉

霍弋。枝江人。領建寧太守，統南郡事，邊境綏静。自蜀漢歷魏、晉，稱南中保障。

爨琛。興古郡人。永嘉中與姚岳仝破李雄兵，仕爲本郡太守。

謝恕。毋斂人。咸和中，寧州爲李雄弟李壽所破，雄盡有南中地，惟恕不從，獨保郡城以事晉，授寧州刺史。

明

王政。洪武間授曲靖知府，創制立法，民夷至今守之。

方用。全椒人。洪武間由總旗累官至指揮使。隨西平侯沐英入滇，開設陸涼衛，即掌衛印。修城池，建公署，興屯田，安民禦寇，著有嘉績。

陳敬。增城人。洪武十四年舉賢良，官禮部郎中，左遷雲南曲靖府經歷，署劍川州事。鄰寇來攻，力戰死。

王正。江西人。永樂中授曲靖知府，有惠愛，得民心，郡立學校自正始。

徐麒。桂林中衛指揮使。宣德初，與南寧千户蔡顒守丘温〔一〇〕。時賊勢熾，將吏多遁，麒等帥戍卒固守，城陷皆死，無一降者。

焦韶。灌縣人。弘治間授曲靖知府。興學平賦，弭盜招亡，郡産嘉禾，民歌之曰：「一本兩穗，嘉禾滿田。太守焦公，其德格天。」

羅環。吉水人。弘治間授馬龍知州。時始改流官，環勤其職，蠻風丕變。

戴鰲。鄞縣人。正德間授尋甸知府。立法變蠻俗，拓土城，建學校。

龐松。南海人。嘉靖中由曲靖府治中，遷知府。政先教化，立各鄉社學，訓蠻中子弟，有不率者，以誠感之。

李珊。臨川人。嘉靖間授馬龍知州。爲政寬静不苛，安銓之變，挺身抗敵，城賴以全。

張秉正。滑縣人。嘉靖間任羅雄州州同，剛正自持。嘗請設流官，卒如其議。

王尚用。安福人。嘉靖間授尋甸知府。創書院，新學宫，平賦養孤，能以德化。與通判蕭時中清丈田畝，除浮荒，請改折，至今便之。

胡光。徽州人。隆慶中授曲靖府同知。剖决如流，興廢舉墜，城池堤堰多所修治。

諸藩裕。尋甸所守禦指揮。大理堡作亂，寇尋甸，藩裕與千户戚貴卿、陳萬國、土舍資有能同死於難。

李仲武。鳳梧所軍。萬曆間征東川，已擒土酋，賊刼營，仲武遂力戰死，有司勒碑表之。

李遇春。閩縣人。萬曆中授尋甸知府。濬渠道，築河隄，置義田，寢征調，嚴禁納石岡等礦場，分屬四十二寨，士人德之。

郭俊儀。山西人。天啓初授陸涼知州，時酋婦設科擁兵入境焚劫，俊儀率鄉勇家丁，躬搏戰以禦之，衆寡不敵，遇害。

周嘉映。雲南中衛人。天啓初署霑平守備。安詔慶死，霑益内亂，諸蠻謀不測，時發兵援蜀，嘉映密書告變，謂蘭州之亂，遠在千里，霑益之憂，近在目前，宜爲之備。語泄，諸蠻銜恨。後從參將尹啓易出陣，馬躓爲賊所害，函其首以去。時平夷衛指揮李加培同死於陣。

曹三捷。平夷衛指揮。天啓二年，李天常兵敗於白水，時酋婦設科、酋目李賢等叛，衛城陷，力戰死。

鄧繼遠。廣西人。天啓間守陸涼，政務不擾，往還州衛惟一騎，清潔自矢。

焦潤生。上元人。修撰竑子。明末以户部郎中出爲曲靖知府，流寇陷城，同御史羅國瓛被執不屈死。

朱壽鉌。兗州人。失其官。孫可望至曲靖，被執不屈，强以官，復大罵，題詩於壁，與三僕皆遇害。

人物

三國　漢

尹珍。字道直，牂牁郡毋斂人。始受許靖、應奉之學，以教南中。

南北朝　宋

爨龍顔。同樂人。仕宋，累官龍驤將軍、鎮蠻校尉、寧州刺史，封邛都縣侯。

魏

爨雲。郡人。仕魏，累官驃騎大將軍、開府儀同三司、南寧州刺史，封同樂郡侯。

唐

閉珊居集。盤州烏蠻。精卜筮，其法用細竹四十九枚，占輒應，蠻中以爲筮師。

阿畸。納垢夷之後。隱巖谷，撰爨字如蝌蚪，二年始成字母一千八百四十，號韙書，爨人至今習之，以爲書法。

明

徐可繼。南寧人。性孝友。父病目，以舌舐愈，母尋病目，又舐之復明。父母卒，廬墓三年。同縣張浩親卒，鬻子治棺，每言及父母，輒泣下，終其身如一日。

張化。尋甸人。居家孝友，爲里閈所重。初尋甸無學，化與弟文忠呈請建學，不報，遂鬻産赴京叩閽，得俞旨而歸。

胡潔。字汝清，曲靖衛人。正德進士，授黄岡知縣。興賢剔蠹，皆有成績。後遷御史，巡按直隸、浙江，所至軫民瘼，懲貪墨。以母喪歸，不復出。

張璁。字廷璧，平夷衛人。成化進士，歷官刑曹，以明允稱。知重慶府事，郡大治。弘治中，南贛、閩、廣蠻寇爲亂，陞璁兵備副使。建七縣城堡，民便之。與當事不合去，盜復起，特詔留之。建學校，築南康城，盜聞風解散。尋以疾告歸，橐無遺貲。

張濂。平夷衛人。成化進士，知泉州府，有風裁。改辰州，郡多虎患，濂焚香祝天，引咎自責，虎即遠遁。

陳漢。字天章，馬龍州人。正德舉人，歷黔江知縣、廣安知府，養士牧民，所至有循聲。歸田杜門，不入城市。

唐時英。字子才，南寧人。嘉靖進士，知平陽縣。以賦役不均，鋭意履田，凡六閱月而得其平。又濬陂塘〔一二〕，興水利，明年大旱，民得以濟。入爲户部郎中，出知真定府，有水鏡之頌。累官陝西巡撫，邊境晏然。

趙愷。尋甸人。性行誠樸，爲鄰里所重。嘉靖六年，安銓叛，攻城，愷率鄉民拒賊，爲賊所執，刃脅之，愷紿之曰：「待率家口相從。」愷至家，集衆泣曰：「吾死，汝等舉火焚屋，毋致吾屍暴露也。」遂自縊，闔門自焚。

呂應科。尋甸諸生。安銓叛，地方官皆得罪，應科以守者素賢，乃赴闕籲請，願以身代，守罪從輕典，人皆義之。

馮世傑。尋甸人。始爲諸生，有氣節。安銓反，世傑偕母李氏及弟妹匿迎恩橋下，爲賊所獲，母同其妹投水死，世傑兄弟亦皆投水死。

趙俸。馬龍所千户。安銓之難，力戰，死於陣中。

必沙。尋甸恕郎村火頭，有勇力，知文史。安銓叛，同類皆附從，獨沙抗言拒賊，賊素知其勇，不敢加兵。沙訪府民之忠義者段愷、杜文美等二十餘家，饋而送之，護出境，臨別對衆泣曰：「我不殺逆賊，非丈夫也。」銓聞，飲以毒酒而死。

朱家民。字同人，南寧人。萬曆舉人，歷任貴陽知府，著能聲。擢貴州監軍道，勦安賊之亂，建城十七座，更建盤江鐵鎖橋。以勦賊功特晉一品服，誥封三代，廕一子，世襲指揮使。歸里後置田郡中，爲士子科舉之費。又置萬卷樓，使合郡士誦習其中。

高其勳。字懋功。初襲馬龍所千户，後舉武鄉試，洊擢參將，守武定。沙定洲來攻，固守月餘，城陷服毒死。

邵元齡。陸涼人。世襲指揮。沙定洲餘黨趙應元攻陸涼，城陷，罵賊死。

尹大任。陸涼人。定番學正。孫可望入滇，大任語人曰：「明倫堂，我之西山也。」冠帶拜闕自縊。本朝乾隆四十一年，入忠義祠。

錢士用。南寧人。任千户。流寇入滇，罵賊被殺。

皇甫信。羅平人。知銅梁縣。流寇陷城，與子皆殉難。

本朝

李瀚。南寧人。康熙中，嵋峨教諭。猓賊犯境，瀚理諭之，賊遂退。知南昌縣，有黑魚爲祟，焚檄驅之，患遂息。

繆以正。南寧人。康熙丙午舉人。不受吴逆僞職，後知南和縣。

丁運亨。南寧人。康熙己酉舉人。事親孝。吴逆强官之，不就。後任景東教授。

查奉璋。馬龍人。康熙己卯舉人。以孝聞，工書善詩。任路南學正，父喪廬墓，不復出。督學蔣炯旌其廬。

鄒旦。宣威人。孝事繼母，待後母弟極友愛。

王國卿。尋甸人。魯甸把總。雍正八年隨征烏蒙，力戰不支，投崖死。奏入，賜祭，卹廕一子。

朱服遠。南寧人。積書萬卷，日以考定爲事，著有聖門言行録。

余聯甲。霑益諸生。事見雲南府嵩明州陳清註。

李敬躋。馬龍人。乾隆間進士。父戍卜魁，距滇萬四千里，凡三省視。父令歸養祖母，及歸而祖母亡。計就官納贖，父殁，遂致心疾，未幾死。人稱爲李孝子。

竇晟。羅平人。由拔貢舉乾隆戊子鄉試第一。性孝友，理學尤精，親書孝弟傳，引誘後進，人多感奮。兩任教職，倡修文廟、書院，士林樂從。知洪洞縣，專務德化，至今民猶感戴焉。

流寓

明

彭綱。弘治間以翰林謫戍曲靖，有才名，郡中學者師事之，多所成就。

諸葛元聲。不知何許人。萬曆間至郡賣筆，一日見諸生課藝，投筆改正數處，羣相嘆服，因請入書院教授生徒。所著有咏水集、五經闡藴、詩雅、詞林等書。後與弟元敬歸故鄉。

列女

明

王子臣妻趙氏。南寧人。年少夫亡，甘貧守節，正統間旌。同縣楊威妻王氏、曹撑妻陳氏，俱夫亡苦節，詔旌其門。

張神武妻呂氏。南寧人。耆酋水蘭叛，夫陣亡，氏年二十二，聞訃哀毀，死而復甦，苦節自勵。監軍巡按交奏夫忠婦節，詔旌其門。

李元静妻楊氏。南寧人。年少夫亡，苦節自矢。同縣林宜春妻伯氏，夫亡子幼，苦節五十餘年。

段尚雲妻周氏。南寧人。流寇之亂，爲賊所執，欲污之，奮身投井，賊提其髪，氏以爪傷賊手，賊怒，以石擊之，乃死。同縣王民瞻妻朱氏，曾刲股救父母疾，賊至，與父母弟妹共死燕山壁下。李士升妻周氏，夫隨父任卒，氏聞哀毀而死。

錢士用妻莊氏。南寧人。夫任千户，流寇入滇，夫語之曰：「吾分當守城，汝可遠避。」氏曰：「願在城同死耳。」及城陷，攜幼女投井死，夫亦駡賊被殺。

陳蕃妻任氏。曲靖衛人。夫客死他郡，氏年甚少，生女甫一歲，翁姑迫令改適，氏紿之曰：「媳既失所天，但得夫葬，不敢以子女重累翁姑也。」數日夫柩歸葬，遂負女投瀟湘江。

王家冠妻潘氏。霑益人。流寇陷城，氏年二十七，被擄至海家閘，奮身投水死。

俞嘉言妻王氏。陸凉衛人。夫任本衛指揮使，流寇入滇，奉調赴越州防禦。氏聞賊至州境，恐被辱，率妾方氏及幼女投井死。

皇甫信妻魏氏。羅平人。夫任銅梁知縣，流寇陷城，夫及子被害，氏聞之泣曰：「父死忠，子死孝，吾死節可也。」遂投井死。

阮元聲妻杜氏。馬龍人。夫以稽勛郎典陝西試，氏隨翁居曲靖，流寇陷城，氏駡賊而死。

李萬年妻李氏。鳳梧所人。夫亡苦節，安賊臨城，恐身被玷，自縊死。同所袁謙妻蘇氏，夫亡守志，爲安賊所逼，以刀引決，賊感而釋之。

王愛妻徐氏。木密所人。夫及姪王立與安銓戰死，氏欲以身殉，姑泣止之，忍死事姑，壽八十九。臺使旌其門。

李文妻戴氏。平夷衛人。年十九，夫亡，遺一女尚幼，姑欲遣嫁之，自縊死。同衛繆昌運妻譚氏，夫亡守志，流寇之亂，子以貞被擄，氏冒死尋之，遇賊斷其右手，死而復甦，母子獲聚，苦節終身。

董祖舒妻李氏。平夷人。土酋叛，城陷，祖舒在省考選，氏與長幼七人闔門自焚死。

本朝

浦聯泗妻劉氏。霑益人。年少夫亡，孝慈兼至，雍正間旌。

董履義妻李氏。南寧人。年二十五，夫亡守志。與同縣龍文妻王氏、張理妻尹氏均乾隆間旌。

方之益妻李氏。陸涼人。年少夫亡，苦節終身。與同州蕭會之妻邵氏、陳玿妻黄氏、李松妻張氏均乾隆間旌。

亞受。羅平夷婦。守正被戕，乾隆間旌。

楊均妻張氏。尋甸人。夫亡守節，事親撫孤。與同州潘志廣妻趙氏、黄位中妻張氏均乾隆間旌。

杜雙得妻普氏。尋甸人。守正被戕，乾隆間旌。

朱級妻范氏。宣威人。夫亡守節。與同州包文周妻王氏均乾隆間旌。

吴仲傑妻芮氏。南寧人。夫亡守節。與同縣鄧聯洲妻趙氏均嘉慶間旌。

駱伏氏。霑益人。夫失名，被翁誘嫁，自縊。嘉慶十九年旌。

李根深妻耿氏。羅平人。夫亡守節，事親撫孤。嘉慶間旌。

間旌。

呂開元女。尋甸人。遇暴自盡。與同州楊德華妻尹氏均嘉慶間旌。

吴傑妻呂氏。平彝人。夫死於廣南，氏遠涉扶櫬歸，事姑教子，苦節終身。與同縣賀朝宣妻郭氏、龍在乾妻沙氏均嘉慶間旌。

仙釋

唐

阿闍黎。南寧人。段姓，人呼段長老，驅龍不事符牒，凡有禱輒應。人自遠方來迎者，第令先往，其人抵家，則已先至矣。

明

鏡中長老。南寧人。正統間住真峯寺，苦行四十餘年，夜常以念珠撒地，一一探之，仍掐貫成串，竟夜不寢。侍者問何苦如是，曰：「不苦不真，吾以伏魔耳。」一夜有盜入室，勒取衣鉢，與飲食遣之。比曉，尚旋繞廊廡下，相率膜拜，還其物。後建寺卜地，得一龍潭，祝曰：「爾能借我地，汝亦有功。」次日泉果遷於山巔。今泉溜樹杪，繞寺廊焉。

所庵。名真澄，曲靖人。年十五，慕玉龍發光和尚，思見之，適園中柿熟，欲取作供，甫登樹，輒墮地，昏昏如夢中。赴光座下，光曰：「汝事辦否？」曰：「辦。」及甦，仍仆墮處。遂悟生死不在色身裏，乃禮光，受五戒。年十八，謁古梅於曲江，爲薙髪，且令遍參天下。真澄至北都，歷參諸宿，久之至千佛寺，依徧融，多所發明，遂嗣融後，常住五臺。復還雞足。

大千。大同人。七歲出家，來滇居曲靖玉龍庵，年五十，夜誦經，虎常守户，後百歲無疾而逝。

土産

鐵。陸涼、霑益二州出。

石緑。土名銅緑，出羅平、霑益二州。

棉花。出羅平州。

石燕。出陸涼州。類燕有文，雄大雌小，遇風雨則飛，能療目疾。

校勘記

〔一〕至此結爲兩峯　「峯」，原作「岸」，據乾隆志卷三七〇曲靖府山川（下同卷簡稱乾隆志）改。

〔二〕寧革江　「寧」，原作「安」，據乾隆志及雍正雲南通志卷三山川改。按，本志避清宣宗諱改字。

〔三〕合清溪水入羅平州界　「清」，原作「青」，據乾隆志及上文改。

〔四〕州鎮建平郡治同樂　「建平郡」上，原有「左」字，據乾隆志及南齊書卷一五州郡志删。

〔五〕徙户二十餘萬於永昌城　「二十餘萬」原作「二千餘萬」，「城」下原有「東」字，乾隆志均同，據新唐書卷二二二下南蠻傳下改、删。按，二千餘萬理無可能。南蠻傳此句下有「東爨以言語不通，多散依林谷」一句，乾隆志史臣蓋誤以「東」字屬上，本志承訛未察。

〔六〕於天啓三年參將尹啓易遷州治於交水　「易」，原作「已」，據雍正雲南通志卷六城池及本志下文改。

〔七〕今城在舊城之右踰一澗　「踰」，原作「渝」，據乾隆志及雍正雲南通志卷二九之七載張志淳新建尋甸府城記改。

〔八〕地名溢浦適侶睒甸　「睒」，原作「賧」，乾隆志同，據元史卷六一地理志改。「侶」，乾隆志及讀史方輿紀要卷一一四雲南同，元史地理志作「侣」。

〔九〕寧越堡　「寧」，原作安，據乾隆志及雍正雲南通志卷一六下師旅考改。按，本志避清宣宗諱改字。

〔一〇〕與南寧千户蔡顒守丘温　「顒」，原作「容」，據明史卷一五四徐麒傳改。按，本志避清仁宗諱改字。

〔一一〕又濬陂塘　「陂」，原作「坡」，據乾隆志改。

麗江府圖

金沙江
鐵橋遺址
把塘
蒙番界
雪山
石門
永北廳界
麗江府
麗江
黃山
東山
三台山
漾共江
劍川
鶴慶
宣化
劍湖
月山
觀音山
金沙江
浪穹界
賓川界

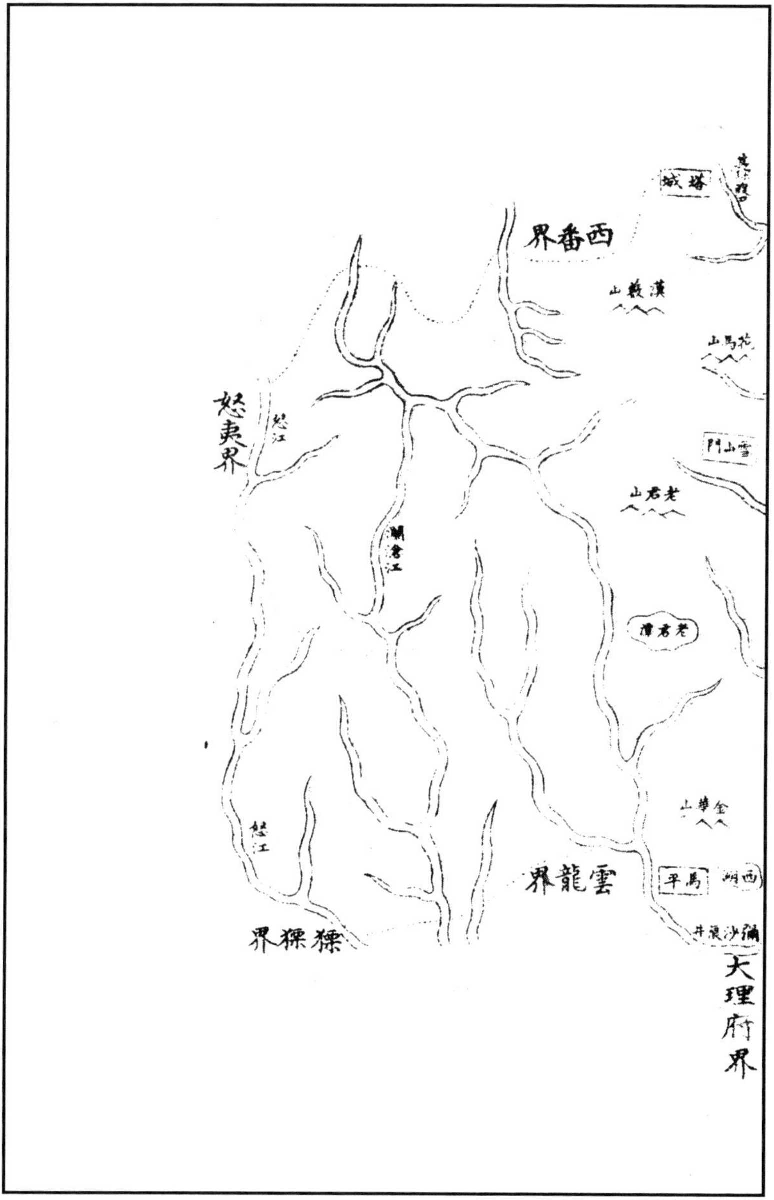
西番界
塔城
花馬山
雪山門
老君山
怒夷界
怒江
瀾滄江
老君潭
金華山
怒江
雲龍界
馬平
傈僳界
大理府界

麗江府表

	麗江府
兩漢	越巂郡西徼地。
三國	蜀漢建寧郡地。
晉	寧州地。
宋	
齊	
梁	
隋	巂州地。
唐	蠻名越析詔，蒙氏置麗水節度。
宋	磨些蠻地。
元	麗江路軍民宣撫司至元八年置宣慰司，十二年改爲路，置總管府。二十二年府罷，置宣撫司，屬雲南行省。 通安州中統四年置察罕章管民官。至元十四年改置州，屬麗江路。
明	麗江軍民府洪武十五年改置府，三十年改軍民府，屬雲南布政司。 通安州府治。

續表

麗江縣	
	盧鹿蠻部。
	段氏置蘭溪郡。
	寶山州 至元十四年置寶山縣，十六年升爲州，屬麗江路。 蘭州 憲宗四年屬察罕章管民官，至元十二年改置州，屬麗江路。 巨津州 至元十四年置，屬麗江路。 臨西縣 至元十四年置，屬巨津州。
通安州治。	寶山州 屬麗江府。 蘭州 洪武十五年改屬鶴慶府，後屬麗江府。 巨津州 屬麗江府。 臨西縣 改屬麗江府，正統中廢。

鶴慶州	劍川州
益州郡地，後漢永昌郡地。	益州郡地，後漢永昌郡地。
建寧郡地。	
越析詔地，太和中蒙氏立謀統部。	初爲羅魯城，又名劍川，南詔置劍川節度。
	段氏爲義督瞼。
鶴慶路軍民府 憲宗三年置鶴州，屬大理萬户。至元二十三年升爲路，置軍民府，屬雲南行省。	劍川縣 憲宗四年立義督千户。至元十一年改置縣，屬鶴慶路。
鶴慶軍民府 洪武十三年改府，尋仍改軍民府，屬雲南布政司。	劍川州 洪武十七年升州，屬鶴慶府。

大清一統志卷四百八十五

麗江府

在雲南省治西北一千二百四十里。東西距七百四十五里，南北距二百九十里。東至永北廳界一百三十里，西至怒夷界六百十五里，南至大理府賓川州界二百三十五里，北至蒙番界五十五里。東南至永北廳界三百二十里，西南至大理府雲龍州界六百三十里，東北至永北廳界四百八十里，西北至西番界四百五十里。自府治至京師一萬一千七百六十里。

分野

天文東井、輿鬼分野，鶉首之次。

建置沿革

禹貢梁州荒裔。漢越巂郡西徼地。三國漢爲建寧郡。晉以後爲寧州。隋屬巂州。唐因之，後入於蠻，爲越析詔。唐書南蠻傳：其先渠帥有六，自號六詔，南詔一曰越析詔，又越析詔居故越析州。南詔蒙氏，置麗水節度。宋時磨些蠻據此。元初擊降之，元史地理志：麗江路，兩漢至隋、唐，皆爲越巂郡西徼地。昔磨蠻、些蠻居之，遂爲越析詔。二部皆烏蠻種，居鐵橋。貞元中，其地歸南詔。元憲宗三年征大理，從金沙江濟，磨、些負固不服，四年春平之。明統志：宋時爲磨些蠻酋蒙錯錯所據。置察罕章管民官。至元八年改爲宣慰司。十三年改置麗江路軍民總管府。二十二年府廢，更立宣撫司，元史地理志：於通安、巨津之間立宣撫司。隸雲南行省。明洪武十五年改麗江土府，三十年改爲麗江軍民府，隸雲南布政使司。本朝因之，順治十六年仍改麗江土府。雍正元年改土官設知府，屬雲南省。今領州一、縣一。舊有土官木氏世襲知府，雍正元年降襲通判。乾隆三十五年設麗江首縣，又改鶴慶府爲州，并所領劍川州俱歸府轄。

麗江縣。附郭。東西距七百四十五里，南北距一百里。東至永北廳界一百三十里，西至怒夷界六百十五里，南至鶴慶州界四十五里，北至中甸界五十五里。東南至鶴慶州界一百三十五里，西南至大理府雲龍州界六百三十里，東北至永北廳界四百五十里，西北至維西界四百五十里。本朝乾隆三十五年置。

鶴慶州。在府東南三百五十五里。東西距二百十里，南北距一百七十里。東至永北廳界一百二十里，西至劍川州界九十里，南至大理府賓川州界一百二十里，北至麗江縣界五十里。東南至永北廳界一百二十里，西南至大理府浪穹縣界一百八十里，東北至永北廳界四百八十里，西北至劍川州界一百十五里。漢益州郡地。後漢改屬永昌郡。三國漢屬建寧郡。唐初爲越析詔地，貞觀二十三年屬南詔蒙氏。大和時，蒙氏置謀統部，後爲鄭買嗣所奪。後唐據於楊干真。後晉歸於段思平。宋世因之。元初内附，置鶴州，屬大理萬户府。至元二十三年置鶴慶路軍民府，屬雲南行省。明洪武中改爲鶴慶府。本朝初因之，乾隆三十五年改爲州，屬麗江府。

劍川州。在府城南九十里。東西距一百九十里，南北距二百四十里。東至鶴慶州界四十里，西至麗江縣界一百五十里，南至大理府浪穹縣界一百九十里，北至麗江縣界五十里。東南至鶴慶州界四十里，西南至大理府雲龍州界一百六十里，東北至麗江縣界二十里，西北至麗江縣界五十五里。漢益州郡地。唐時爲羅魯城，又名劍川。顯慶初，浪穹詔與南詔戰不勝，走保劍川，更稱劍浪〔一〕，後爲南詔所併，置劍川節度。宋段氏時，改爲義督瞼。元初置義督千户，至元中改爲劍川縣，屬鶴慶路。明洪武十七年升爲州，屬鶴慶府。本朝初因之，乾隆三十五年屬麗江府。

中甸同知。在府北五十五里。東西距三百六十里，南北距五百六十四里。東至麗江縣界二百三十里，西至維西界一百三十里，南至麗江縣界二百八十四里，北至四川里塘界二百八十里。東南至麗江縣界一百五十里，西南至維西界二百一十里，東北至里塘界一百二十里，西北至維西界一百四十里。本唐吐蕃鐵橋節度使地。元爲麗江路地。明爲麗江府地，本朝因之。吴逆之變，以地與達賴喇嘛。雍正五年來屬，移劍川州判駐防其地。乾隆二十一年改同知，仍隸麗江府。

維西通判。在府西北五十七里。東西距一千一百五十里，南北距三百三十五里。東至麗江縣七十里，西至川、藏擦瓦岡界一千八十里，南至麗江縣界二十五里，北至中甸界三百一十里。東南至麗江縣界七十里，西南至麗江縣界七十里，東北至中甸界三百二十里，西北至川、藏界七百二十里。本唐吐蕃鐵橋節度使地。元爲麗江路地。明爲麗江府地，本朝因之。吴逆之變，以地與達賴喇嘛。雍正五年來屬，移鶴慶府通判駐防其地。乾隆三十五年鶴慶改州，通判亦屬麗江，仍駐維西。

形勢

横連千里，雄據九睒，明統志。天塹則金沙、黑水，地利則鐵橋、石門。通志。内固大理，外控番戎。山川明秀，險阻足據。舊鶴慶府志。金華爲鎮，劍水爲帶。左鎖石關，右截江嘴。劍川州志。

風俗

衣同漢制，俗不頹澤。板屋不陶，焚骨不葬。帶刀爲飾，服食儉約。明通志。士習雅飭，民風淳朴。舊郡志。

城池

麗江府城。周四里，門五。本朝雍正元年築，乾隆十六年修。

鶴慶州城。周四里有奇，門四，濠深五尺。明洪武十五年因舊址築，永樂中甃以甎。本朝康熙中修，雍正七年、乾隆十六年累修。

劍川州城。周三里，門四，池深五尺。明洪武中築，崇禎中甃以甎。本朝康熙中修，雍正七年、乾隆十九年累修。

中甸城。周二里，門四。本朝雍正六年築，乾隆二十四年修。又有阿敦子、浪滄江、其宗喇普、奔子欄格等四土城，俱雍正八年築，設兵駐防。

維西城。周二里有奇，門四。本朝雍正六年築。

學校

麗江府學。在府治北。本朝康熙三十六年初建於府治東，雍正三年改遷今地。入學額數八名。

麗江縣學。在縣治。本朝乾隆三十五年建。入學額數七名。

鶴慶州學。在州治南，舊爲府學。明正德十一年建，崇禎四年重建。本朝康熙、雍正中累修，乾隆三十五年改爲州學。入學額數二十名。

劍川州學。在州治南。明洪武二十三年建。本朝康熙中重修，乾隆十一年移建城外西北隅。入學額數二十名。

雪山書院。在府治。本朝乾隆二年知府管學宣修。

玉河書院。在府治西。本朝乾隆四年修。

復性書院。在鶴慶州治南。明隆慶間建。

金華書院。在劍川州西門外金華山。明隆慶間建。

户口

原額人丁共二千三百四十四，今滋生男婦大小共三十一萬七千三百五十九名口，計五萬五千二百四十九户。又屯民男婦大小共三萬三千二百七十七名口，計五千八百五十八户。

田賦

田地四千四百九十五頃六十五畝有奇，額征地丁正、雜銀六千六百三十兩一錢六分，米一萬二千七百六十八石八斗七升四合五勺。

山川

東山。在麗江縣東二十里。一名吴烈山。峯巒起伏，環拱郡治。通志：有吴烈山神祠，在東山麓。

阿那山。在縣境廢寶山州南二十五里。上有阿那和故寨。又州北八十里有珊蘭閣山。

三臺山。在縣南十五里。三峯聳秀，爲郡之案山。

馬左墅山。在縣南三十五里。土人常爲牧地。

珊碧外龍山。在縣西南二十里。孤峯聳翠，多産箭竹。

雪盤山。在縣西南舊蘭州南十里。四時常有積雪。

老君山。在縣境舊蘭州西北二十里，古名如刺鈞。山頂有深潭五所。土人常放犛牛於此，謂之牧牛山。舊志：在府西南二百五十里，一名羅鈞山。自番界來，亘四百餘里。金沙環其左，瀾滄繞其右。世傳老君修丹於此，山頂丹竈尚存。又有梓潼遺筆在巖上，乃化書「春光洩柳條」之句。山上有龍潭，凡九十，犯之風雨輒至。

福源山。在縣境舊蘭州北，延亘東南五十餘里。

黄山。在縣西。峯巒秀美，綴若聯珠，爲郡右翼，民居市肆，環繞其下，中通二衢，爲中甸、維西要路。

象山。在縣西北五里。形如伏象，山下有泉。府志：即鶴慶州漾共江源也。

雪山。在縣西北二十里。明楊慎雲南山川志：一名玉龍山。條岡百里，巋嵬十峯，上插雲霄，下臨麗水。山巔積雪，經夏不消。巖崖澗谷，清泉飛流。蒙氏異牟尋封爲北嶽。滇載記：一名聳雪山。其山九峯，積雪四時，玉立萬仞，千里望之，若在咫尺。圖説：遥望之若與蜀松州諸山相接，或謂之雪嶺。唐貞元中，韋皋約雲南共襲吐蕃，驅之雲嶺之外，蓋即雪嶺外也。通志：雪山兩崖壁立，金沙江貫其中。

花馬山。在縣境舊巨津州東南一百五十里。崖壁上有石，色斑斕類花馬，因名。昔磨些詔自名其國爲花馬，本此。通志：元世祖滅大理時，三睒土酋麥良内附，破鐵橋之花馬國，以功授職，即此。

漢藪山。在縣境舊巨津州西北二百八十里。高萬仞，上有三湖，各寬五畝，深不可測。又金馬山，在州東北二十里，有石五色，狀如馬。

果鋪山。在縣境舊臨西縣西，今入番界。

峯頂山。在鶴慶州東十七里。明統志：峯巒起伏，南接龍珠山，北抵麗江界。下有五泉，可以溉田。府志：一名石瑶山。高三十餘里，遠瞰洱水。頂有佛寺，郡人於三月望日，投弓矢祈嗣。

月山。在鶴慶州東南二十里。積石圍繞，形如半月。又十里爲龍華山，林壑深秀，石泉迸洌，上多梵字，一郡之勝觀也。

象眠山。在鶴慶州南二十五里。有石穴百餘，潛洩漾共之水，入金沙江。

龍珠山。在鶴慶州南二十五里。明統志：前聳後平，下有石穴，漾共江過焉。每歲四月，郡人祀之，以禳水災。俗傳昔有龍吸珠於此，因名龍珠山。按：是山疑即象眠山之連麓而異名者。

豸角山。在鶴慶州南二十五里，以形似故名。桃樹江出其下，山峯突起，建塔于上。

天馬山。在鶴慶州南三十里。其狀如馬。

半子山。在鶴慶州南一百二十里。産礦。山北有泉，自大凹中石牀下湧出，伏流半里許，出爲二流，民甚利之，謂之仙女井。

方丈山。在鶴慶州南一百二十里。巍然峻拔。山半有洞，中有池，深不可測，水滴巖下，若金石音。蒙氏琢觀音像於壁，故又名觀音山。南詔名山十七，此其一也。南接點蒼，去大理府浪穹縣四十里。

朝霞山。在鶴慶州西南十里。常有霞籠其頂。又西南十里有宣化山，又西南二里有馬耳山。

佛光寨山。在鶴慶州西南一百二十里。昔普顔篤作亂，據此。

覆釜山。在鶴慶州西五里。爲州鎮山。形如覆釜，峯巒秀拔，南北諸山皆拱翼之。又有金燈山，在覆釜下，亦名秀臺山。其相抱者曰仰止山。

逢密山。在鶴慶州西二十五里。三峯入雲，中有青元洞，石孔玲瓏，伏流相接，頗稱奇境。每歲六月六日，遊人燃松炬而入，乃窮其勝。

拱面山。在鶴慶州西北五里。高百仞，一峯聳秀，拱向州治。林巒環映，山多白石，瑩然如雪。又西北二里有石寨山，四面皆險，頂稍平。

湯乾山。在鶴慶州北三十里。産紫石。

青崖山。在劍川州東十五里。上産青石，狀如翠屏。

金山。在劍川州南。有二山并峙，一赤色如金，一白色如銀，謂之金山、銀渡，相傳其地不可耕。

夜合山。在劍川州南二十里。形如卧牛，劍湖繞山麓而出。

石寶山。在劍川州南五十里。層巒峭壁，上有石坪，方數十畝，昔爲高僧養道之所，中有羅漢跡。州志：山在州西南二十里。有石自然具佛座、獅象、鐘鼓之形。梵刹淩空，花木叢匝，最爲奇境。明李元陽有遊石寶山記。

中山。州志：在石寶山南一里。巖石壁立，鐫梵像數百，莊嚴經久不變，謂之中山石佛。旁有石如羣蛙，俗呼爲聽法蛙。又有峻崖，名金棲雞，在中山南二里，石面有巨人掌跡，其大如箕。

金華山。在劍川州西一里。山脈自番界羅均山來，延亘四十餘里。山頂常有紫氣如金，爲一州之鎮。

劍和山。在劍川州西四里。山形如劍。

石羅摩山。在劍川州東北七十里。峯高百餘丈，屹立如巨人狀，又名將軍山。

白芝山。在維西通判治西北四百二十里，冬春積雪。

梭石坡山。在維西通判治北三百餘里，亂石如梭。

南松嶺。在鶴慶州南二十里。

鍾賢嶺。在劍川州南六里，與金華山峯巒相接。

土岡。在鶴慶州西南十八里。

南岡。在劍川州南二十五里。一名羊鼻山。俗謂點蒼山落足於此。又有石明月，在州南一百三十里。崖壁上有白石如輪，田間水映，皎若明月。

文壁峯。在鶴慶州東十里。羣峯秀異。

七坪峯。在鶴慶州南七十里。通志：在龍珠山東南。

筆架峯。在鶴慶州東北二十里。三峯並峙，中峯特出如筆架。

大孟巖。在鶴慶州東南一百三十里。石壁横亘三十餘里，形如城郭。上多古樹幽禽。其相近又有煉場巖，巖石疊架數十仞。

大成坡。在鶴慶州東南六十八里。頂有泉，深廣尺許，不溢不涸，謂之一碗水。其西又有小成坡，爲舊順州及大理府并永北廳之孔道。

金斗坡。在鶴慶州西南五十里。下有銀泉。

瀾滄江。在麗江縣西南三百里。明統志：源出吐蕃嵯和歌甸，流經舊蘭州西北三十里。李元陽黑水考：禹貢導黑水至於三危，入於南海。隴、蜀之水，無入於南海，惟滇之瀾滄江、潞江二水皆由吐蕃，西北、東與雍州相連接，其水皆入南海。然潞江西南流，蜿蜒緬中，内外皆夷，於梁州境若不相屬。惟瀾滄由西北迤邐向東南，徘徊雲南郡縣之界，至交趾入海。今水内皆爲漢人，水外則爲夷緬，禹之所導，於以分别梁州界者，惟瀾滄之水足以當之。元史：至元八年，大理勸農官張立道使交趾，并黑水，跨雲南以至其國。此亦一證。隴、蜀、滇三方鼎立，雍以黑水爲西界，對西河而言也。梁以黑水爲南界，又對華陽而言也。惟三危之山，不可考耳。禹貢錐指：瀾滄居河源之東，黑水自三危而南，則必入於河矣，安能越河而南，與瀾滄相接以入南海？瀾滄非雍州黑水之下流甚明。滇志：瀾滄江源出嵯和歌甸之鹿石山，一名鹿滄江，亦曰浪滄江，亦作瀾滄水，南入大理府雲龍州界。按輿圖，源出西二十二度，北極出地三十四度，土名苦克噶巴阿林之東北，卓爾長阿林之西，二源合而東南流，會諸水，經蒙番怒界，入府境你那山西，又南經樹苗汛、小甸塘、上江汛西。

怒江。在縣西。通志：源出西域，經怒夷地，故曰怒江。入府境西，訛爲潞江。又南經野人界，入永昌府境。按輿圖，源出西二十六度，北極出地三十二度之布喀鄂模，番中大澤也。西北流，折而東南，連匯爲澤，東南流，會諸水，經數千里，從怒夷界流入府境。

金沙江。在縣東北一百五十里。源出吐蕃界，自舊巨津州流入府境。環府境三面，流入廢寶山州境，繞而南入鶴慶州界，即古若水也。又名神川。山海經：南海之内，黑水之間，有木名曰若木，若水出焉。水經注：若木之生，非一所也。黑水之間，厥木所植，水出其下，故水受其稱焉。若水沿流，間關蜀土。唐書南蠻傳：貞元九年，南詔異牟尋大破吐蕃於神川，遂斷鐵橋。又吐蕃破麟州，韋皋督諸將分道出，或經神川、納川。元史地理志：麗江路因江爲名，謂金沙江出沙金故云。源出吐蕃界。今麗江即古麗水。憲宗三年，征大理，從金沙江濟。明統志：古名麗水，源出吐蕃犁石下，名犁水。流經巨津、通安、寶山三州。明張機金沙江源流考：金沙，源出吐蕃共隴川犁牛石下，謂之犁牛河，即古麗水。其流經吐蕃鐵橋城，東經麗江府巨津、寶山二州。又東經鶴慶、永北、姚安。又自武定州北界，經犁溪州〔二〕。蒙氏僭封四瀆之一，即此。按輿圖，金沙江源最遠，其地在西二十七度半，北極出地三十五度零，土名勒寫烏藍打普蘇阿林東麓，東南流會諸水，經蒙番界，入府境西北邊界之塔城關東，又東南經巨甸汛東，又東南經橋頭汛北，又南經石鼓汛北，又東北經石門關阿喜汛北，又東北繞雪山北麓而東南流，又南經府境東，東北受無量河水，又南流入鶴慶界。其源較黃河源所出又遠過之。

漾共江。在鶴慶州東五里。源出麗江府南界，流經劍川州東南，至龍珠山，入石穴，復出注金沙江。通志：一名鶴川。闊十餘丈，自麗江之清溪入州東北，盤折五十餘里，溪流衆水趨赴於此。其自西北來會者曰石洱河，自東北來會者曰大水漾泉，自西來會者曰落鐘河、長康河、温水河、銀河、桃樹河。至象眠山麓，羣峯環合，瀦而爲湖，名漾共湖。入石穴中，伏流三里而出，名腰江，東流入金沙江。

長康河。在鶴慶州南十里。源出城西黑龍潭，州南田多資灌溉。册説：在城西南黑泥哨，南至長康里，名長康河，東流注漾共江。

温水河。在鶴慶州南十五里。源出宣化山麓，合州東南三莊河，入漾共江。

南供河。在鶴慶州南二十里。一名銀泉。發源金斗坡。瀕河爲大溝，引水而北者四，引水而南者二，謂之南供渠，溉田數萬，亦東流入漾共江。

桑木箐河。在鶴慶州南一百十里。源出馬耳山，流入金沙江。

落鐘河。在鶴慶州西南五里。源出朝霞山之龍湫，截官道而東。上有落鐘橋。相傳唐時有僧自葉榆舁所鑄元化寺鐘歸，及橋，鐘墜水中，取之不獲，因名。

桃樹河。在鶴慶州西南二十五里。源出豸角山，流入南山巖穴中。居民引水溉田，謂之桃樹渠。

觀音山河。在鶴慶州西南一百里。源出黑泥、山神二哨，入大理府浪穹縣，會寧河〔三〕。

石洱河。在鶴慶州西北十里。册説：源出石寨山，會白龍潭水爲石洱河。

大橋頭河。在劍川州東二里。即古之合惠尾江，亦曰黑惠江。南入劍湖，遇潦泛溢。

桃羌河。在劍川州南三十里，東南流入於漾濞江。

沙溪河。在劍川州南六十里。源自劍湖流出，南流會彌沙浪河。

彌沙浪河。在劍川州南一百里白水場。與劍湖水匯而南流，入大理府浪穹縣界。

老君潭水。在縣境舊蘭州西北老君山下。其水流入鶴慶州、劍川州境，注於劍湖。

春水。有四：一在鶴慶州東七里石朵河，自石板中出；一在鶴慶州東南三十里龍珠山麓；一在鶴慶州南觀音山東南十里石碑坪；一在劍川州南七十里沙雞村。每春水盛，有硫黄氣，郡人於二三月間，和鹽梅椒葉飲之，謂能袪疾。

鸚哥水。在鶴慶州東南七十里。水自石崖注下，常有鸚鵡懸崖仰飲，故名。

崖場水。在劍川州西一里。源出老君山，流入劍湖。

劍川湖。在劍川州南五里。亦名東湖，周廣六十里。尾繞羅魯城，流爲漾濞江。亦曰濞溪江，俗呼爲海子。歲辦魚課。州志：劍川在州南十五里，即劍湖之尾，曲流三折形，如「川」字，故名。

西湖。在劍川州西一里金華山麓。秋水時，與東湖相連。至冬水落，民始播種。下流入大理府浪穹縣界。

羅牧社海。在鶴慶州西十里觀音山西。周迴八里，舊有魚課，隸劍川州河泊所。

清溪。在麗江縣東南，即漾共江之上源也。有二源，一出東山，一出雪山，至縣東東圓里合流，繞縣治南，灌溉甚溥。冊說：清溪源出雪山，會清源、渠象二水，流入鶴慶州界爲漾共江。

白石溪。在縣境舊蘭州南。中多白石，下流入瀾滄江。按輿圖有工江，即瀾滄支水，自風羅山東流，折而南，經工江汛西，又南經河西汛西北，又東南經汛東，有麥雞河自東來注之。又東南經通甸西北，又東南經分江塘西，又西南經舊蘭州東南，有水自蘭州南東經之〔四〕。又南有磨刀河，自東來注之。又南爲白石江，又南經彌沙井西，又東南與濞水合。舊志、新通志俱未載。

龍潭。在縣西南十里。廣數畝，深不可測。四畔草結如葑牌，履及一方，三方皆動，人或近之，風雨輒起。

大水潭。在鶴慶州東九里。一名大水漾泉。出東山麓，周二百餘丈，溉田甚溥。

龍潭。在鶴慶州者十有五。其流入漾共江者曰黑龍、青龍、白龍、西龍、龍寶、吸鐘、石朵、香米、北渼〔五〕、柳樹，又曰小柳南，曰赤土和，曰宣化。流入金沙江者曰龍公，渟蓄極深者曰大龍。皆隨地衍注，民田賴之。在劍川州境者有九，曰老君，曰易堤坪，曰仙女煉，曰隔渼，曰建和，曰白難陀，俱流入劍湖。曰花叢，曰白龍，曰青龍，俱流入湖尾。

諸葛池。在劍川州北四里。相傳諸葛亮南征，飲馬於此。

石菜渠。在劍川州南。灌溉甚溥。又有連漢墩、甸和頭二水塘，俱瀦水溉田。

温泉。在廢通安州南八十里，地名阿失村。水沸如湯，春冬可浴。

苦泉。有二，一出吴烈山澗内，一出鶴慶州南剌沙村，味皆微苦，飲之謂能除疾。

諸葛泉。在鶴慶州南一百四十里羅陋村。相傳諸葛亮駐師之地。泉均二流，甚爲民利。

白石渼泉。在鶴慶州東北十里。又小柳場泉，在東北十五里。西墩泉，在東北三十五里。

温泉。在鶴慶州。有三，一在煉場巖，一在觀音山，一在觀音山驛南。在劍川州者亦有三，一在州南三里，一在州南百里，一在州西一百三十里。浴之可以療疾。

靈泉。在劍川州南五十里。出石寶山頂石崖中，甚寒洌，不涸不盈。每春遊人飲之，謂可愈疾。

龍馬井。在鶴慶州東南一百里，水甘洌。又城西南八里有菩提井，城南一百三十里有仙女井。

麗江鹽井。在麗江縣境。有鹽課大使駐此。

彌沙鹽井。在劍川州西南一百五十里。有鹽課大使駐此。又橋後鹽井在州西南一百四十里，舊設鹽課大使，今裁。

古蹟

劍川故城。在劍川州境。元史地理志：劍川縣治在劍川湖西，夷云羅魯城。按唐史南詔有六節度，劍川其一也。初蒙氏未合六詔時，有浪穹詔與南詔戰不勝，遂保劍川，更稱浪劍〔六〕。貞元中，南詔擊破之，奪劍、共諸川地。其酋徙居劍睒西北四百里，號劍羌。至段氏，改劍川爲義督瞼。憲宗四年内附。七年立義督千户。至元十一年罷千户，立劍川縣，隸鶴州。明衛炳州治記：元初高氏請劍川爲縣，今柳龍充即其治。元季土酋楊慶要於雲南梁王，以縣爲州。洪武十四年戡定雲南，沿舊爲縣。未幾普顏都旅拒慶弟楊奴，潛詣軍門欵附，因命知州事，而劍川還復爲州，即上登之廣明寺爲治。尋又創治於下登羅魯城，背山阻水，險僻湫隘，遂負固以起妄圖。克平後，仍於廣明寺設州。二十三年，州判趙彦良遷治於柳龍充，始復舊制。州志：羅魯城在州南十五里，唐時有此城，即瓦窑村址。羅魯，蠻云海也。

鐵橋城。在麗江縣西北，舊巨津州北一百三十里鐵橋南。唐書：天寶初，南詔叛唐，于磨些九睒地置鐵橋，跨金沙江，以通吐蕃來往之道。貞元十年，異牟尋歸唐，襲破吐蕃鐵橋十六城。十五年吐蕃襲南詔，分軍屯鐵橋。南詔毒其水，人畜多死。元史地理志：磨、些二部，皆烏蠻種，居鐵橋。明統志：鐵橋之建，或云吐蕃，或云隋史萬歲及蘇榮，或云南詔閣羅鳳、異牟尋歸唐時，斷之以絶吐蕃。其處有鐵橋城，吐蕃嘗置鐵橋節度于此。府志：橋所跨處，穴石錮鐵爲之。冬月水清，猶見鐵環在焉。城在鐵橋南，吐蕃十六城之一，今遺址尚存。

望德城。在劍川州南三里。周五百丈，段氏所築。今爲民居，名水寨村。又東北六十里有達子城，即蒙古入大理駐師處。

通安故州。今府治。元置，屬麗江路。元史地理志：通安州在麗江之東，雪山之下，昔名三睒，僕繲蠻所居。其後磨些蠻葉古乍奪而有之。世隸大理。憲宗三年，其二十三世孫麥良内附。中統四年以麥良爲察罕章管民官。至元九年，其子麥兀襲父職。十四年改三睒爲通安州。通志：今府治在大研廂。明洪武十六年，土知府木得修建。本朝省通安州入府。

寶山故州。在縣東二百四十五里。元置，屬麗江路。元史地理志：寶山州在雪山之東，麗江西來，環帶三面。昔磨些蠻居之，其先自樓頭徙居此，二十餘世。元世祖征大理，自卞頭濟江，由羅邦至羅寺，圍大匱等寨，其酋内附，名其寨曰察罕和羅噶。至元十四年，以大匱等七處立寶山縣。十六年升爲州。明統志：唐時磨些蠻兄弟七人，據七寨，曰大匱，曰羅邦，曰羅寺，曰礙場，曰卞頭場，曰當波羅場，曰當將郎，俱在寶山州境。府志：元初内附，後改州，明因之。本朝省入府。「和囉噶」舊作「忽魯罕」，今改正。

故蘭州。在縣西南三百六十里。元置，屬麗江路。元史地理志：蘭州在蘭滄水之東。漢永平中始通博南山道，渡蘭滄水，置博南縣。唐爲盧鹿蠻部。至段氏時，置蘭溪郡，隸大理。元憲宗四年内附，隸察罕章管民官。至元十二年，改蘭州。明統志：唐時獹蠻所居，名羅眉州。閣羅鳳嘗徙之於鄯闡陽城堡。宋時段氏以董慶者治之。後有周姓者强盛，遂與董分爲二部，以江爲限。洪武十五年，嘗改屬鶴慶，後仍屬麗江府，在府西三百六十里。本朝省入府。

巨津故州。在縣西北三百里。元置，屬麗江路。元史地理志：巨津州昔名羅波九睒，北接三川、鐵橋，西隣吐蕃。按唐書，南詔居鐵橋之南，西北與吐蕃接。今州境實大理西北陬要害地，磨、些大酋世居之。憲宗三年内附。至元十四年，于九睒立巨津州。蓋以鐵橋自昔爲南詔、吐蕃交會之大津渡，故名。府志：古西番地。唐時爲羅波九睒，樸、獹二蠻所居。後磨、些蠻奪其地，南詔又并之，屬麗水節度。元初内附，後改置州。明因之。本朝省入府。

廢副州。在鶴慶州境。元置，明初省。明統志：府境有廢副州及廢木按州，二州皆元置，而元志不載。

臨西廢縣。在縣西北。元至元十四年置，屬巨津州。明洪武中改屬麗江府，正統中廢。

廢鶴慶所。在鶴慶州北。明洪武二十年建，隸大理衛。本朝康熙五年裁。今州北門月城即舊守禦所。

松桂營。在鶴慶州南六十里。明傅友德征佛光寨，駐兵於此。

白馬寨。在縣西北。明統志：在巨津州南二里，唐姐羌白馬氏之裔居此。

清涼閣。在鶴慶州南一里。閣下有池，中壘石山，前架小橋。

清虚閣。在鶴慶州北八里。明知府馬卿建。知府吴堂記：閣跨白龍祠山麓，山亘數十里，最高一峯名金山頂，下流泉注，匯爲白龍潭，閤面東，侵水潭二丈許，左洲右石。

象跪石。在鶴慶州北八里，石如狼牙。相傳元世祖自麗江石關乘一白象至此，象跪不行，故名。

關隘

坵塘關。在麗江縣舊寶山州境。一作泥塘關。通志：在府城西二十里，郡之門户。又有把塘關，在巨津州北境，俱與蒙番分界。

石門關。在縣西一百二十里。唐書韋皐傳：貞元九年，皐遣幕府崔佐時由石門趨雲南，復通石門南道。明統志：傅友德略定麗江，破石門關。明史：洪武十八年，巨津州土酋阿奴聰叛，襲劫石門關，吉安侯陸仲亨討之，復其關。二十四年，木初守巨津州石門關，與西番接境。既襲職，無守之者。沐英請以初之弟虧爲千夫長戍守，從之。通志：明洪武十七年置巡司守禦，今裁。

雪山門關。在縣北。明統志：在巨津州東北，舊名越滅根關，當吐蕃磨些之界，極爲險峻。

宣化關。在鶴慶州南二十里宣化山上。舊有巡司，今裁。

觀音山關。在鶴慶州西南一百二十里。明初置巡司，今裁。

在城驛。在鶴慶州南。明洪武十五年設土驛丞，今裁。

津梁

東圓橋。在麗江縣東南五里，跨清溪上，以石爲之。

萬鈞橋。在縣南三里。

東山橋。在鶴慶州東五里。又東十里爲火龍潭橋。

金燈橋。在鶴慶州東南二十里。

跨鰲橋。在鶴慶州南一里。又里許爲新生橋。又南有迎貴橋。又州南五里有落鐘橋，跨落鐘河。

鶴川橋。在鶴慶州南十里，地名長康里，爲往來通衢。又南四里爲石固橋。又南有永濟橋。又有濟川橋。又南二十五里有通濟橋。

天生橋。在鶴慶州南一百二十里。又南五里爲觀音山橋。

鎮遠橋。在鶴慶州西門外。又西四十里爲清水江橋。

周官屯橋。在鶴慶州北七里。又北八里有象跪石橋。又逢密橋，在州西三十里。

勸農橋。在劍川州東一里。又東二里有平濟橋。

羅城橋。在劍川州南十五里。又南十里爲桃羌橋，跨桃羌河。

柳色橋。在劍川州北半里。相近者爲巖江頭橋。

顛場頭橋。在劍川州北十五里，達府城。

隄堰

龍寶隄。在鶴慶州境龍寶潭下，周四百餘丈。

西墩泉隄。在鶴慶州境。

小柳場壩。在鶴慶州境。

老君水壩。在劍川州西。舊有上、下二壩，今廢。

陵墓

明

段高選墓。在劍川州西門外。

楊朝棟墓。在劍川州石龍山西南三里。

祠廟

北嶽廟。在麗江縣西北二十里雪山麓。相傳昔有人於山中得異石，負而歸，至此少憩，重不可舉，鄉人神之，爲立異石祠。及封山爲北嶽，以此石爲嶽神。元世祖封爲大聖北嶽定國安邦景帝，至今祀之。

潁川侯廟。在鶴慶州南松桂營，祀明傅友德。

水洞祠。在鶴慶州南象眠山下。

西龍潭祠。在鶴慶州西。又龍寶、黑龍、白龍諸潭皆有祠。

武侯祠。在劍川州北。

昭忠祠。在劍川州西門，明萬曆間敕建，祀段高選。又麗江縣昭忠祠，本朝嘉慶八年建。

寺觀

福國寺。在麗江縣西北雪山西南麓。舊名解脱林，明天啓時賜此名。

龍華寺。在鶴慶州東南十八里，元至正中建。

元化寺。在鶴慶州西南半里。昔蒙氏因梵僧崛哆卓錫通水，遂建此寺。

蘭若寺。在鶴慶州境觀音山驛西南三里。中有石洞極深，飛泉瀑布。

石龍寺。在劍川州南五里石壁之上，有生成觀音像。

廣明寺。在劍川州南十里，蒙氏時建。

太玄宫。在鶴慶州南，明隆慶間建。規制宏敞，藻繪奇麗，爲州境寺觀之最。

積慶觀。在劍川州西南三里，明洪武間建。

萬松觀。在劍川州西二里。

名宦

元

章吉特穆爾。麗江人。從世祖征大理，屢戰有功，賜名章吉特穆爾，任北勝府知府，兼管麗江宣撫司事，民夷咸服焉。「章吉特穆爾」舊作「章吉帖木」，今改正。

麥良。父宗，見人物。良附元世祖爲察罕章管民官。擒段興智，功列烏哩特哈達之右。以副元帥佩虎符鎮磨些，又破鐵橋城、花馬國，加授銀印，爲提調諸路統軍司。「烏哩特哈達」舊作「兀良合台」，今改正。

明

阿得。元時麗江宣撫司副。洪武十五年，兵下雲南，率衆歸附，改姓木。十六年開設府治，授麗江知府。本年兩番劫瀾滄江，得引兵却之。又破石門關寨，授世襲土知府。又從征巨津，擒阿奴聰于吐蕃，斬僞元帥朱保。得死，子初襲，從征麓川有功。

高賜。鶴慶人。仕元爲義兵萬户。洪武中率衆來歸。招安助餉，授通安州同知，世襲。

羅克。蘭州人。仕元爲萬户。洪武中率衆來歸。以軍功授蘭州土知州。其孫羅牙從木初征伯刀干孟，亦著軍功。

陳敬。鹽城人。洪武中署劍川州事。隣寇來攻，力戰死。

林遒節。莆田人。歴官瀘州知州。正統間，鶴慶土知府高倫暴虐，靖遠伯王驥奏革之，薦遒節爲流官知府。撫蠻民有恩，壇廟驛鋪，多所修建。

胡信。丹徒人。正統間知鶴慶府。耿介清儉，有興學造士之功。

王珉。錢塘人。景泰中知鶴慶府，凡三載，有麥秀兩歧之瑞。

劉讓。吉水人。弘治中知劍川州。能除民害，民頌其德。

劉珏。内江人。正德間知鶴慶府。歲凶盜起，捐金設賑，以活飢民，羣盜解散。

馬卿。林縣人。嘉靖間知鶴慶府。築隄防，興水利。與諸生講學，多所造就。

姚大英。烏撒人。以永昌府推官攝鶴慶府事幾二年。清介不染，毁淫祠，清吏弊。及去，士民泣送，有至數百里外者。

方啓念。巴陵人。嘉靖中知劍川州，恤民疾苦，有愷悌聲。

越民牧。貴州人。嘉靖間授劍川知州。居官有善政，百廢具舉，去任日，民咸思之。

木增。阿得八世孫。萬曆間襲麗江知府。值北勝州搆亂，增以兵擒首逆高蘭。三殿鼎建，輸金助工。增陳十事，下部議可。朝廷嘉其忠誠，特加參政秩，給誥命。

祁汝東。山陰人。萬曆中知鶴慶府。先是北衙礦課累及里甲，會恤使江盈科至，汝東極力詳請蠲免，民賴休息。

余廷櫃。鄞縣人。知鶴慶府。興利除害，嚴戢吏胥。初至，見民間争訟，猥細不情，以片言麾之。久之，民悟訟息。

李光芬。忠州人。萬曆間任順州知州，創州城社學，墾田增賦。

陳開泰。廣東人。任鶴慶府。值歲飢，賑粥全活無算。罷耗羨，絶請託，百廢具舉。

本朝

孔興詢。山東曲阜人。康熙三十六年通判府事。時學校未設，興詢力請開學造士，捐俸創建學宮，化導夷民，咸知詩禮。康熙五十五年，入祀名宦。

金培生。襄平人。康熙間知鶴慶府事。問民疾苦，凡地方旱澇宣洩之利，身親任之。設義學十餘所，教習生童。在任三年，奸民斂手，折獄不冤，士民思慕之。

人物

元

麥宗。通安州磨些人。生七歲即知文字，及長，凡吐蕃、白蠻諸種皆有書契，無不通曉，旁及鳴禽，亦解其語，蓋介葛盧之流也。相傳曾入玉龍山飲盎漿，遂得夙慧，蠻中稱爲異人。

高惠直。鶴慶人。爲本路總管，有德行，衆所愛戴。

明

趙和。字達道，鶴慶人。以貢生任銅仁訓導。以孝弟教人，人信愛之。丁内外艱，當别補，銅仁諸生兩次乞還舊任，俱報可。致仕歸，生徒遮道泣送。後學道胡貴時榜其行於明倫堂。子子僖，由舉人訓導臨安，人皆重其模範，超遷南陽府同知，入兩地祠祀。著有碧莎、蛙鳴二集。

李繼兒。鶴慶前所百户。正統中從征麓川，力戰死。子轅痛父死，奮入賊營，亦死。靖遠伯王驥以事聞，詔遣官諭祭，贈繼兒武略將軍、副千户，轅忠顯校尉、管軍千户鎮撫，仍録其子孫，優加賞賚。

張勉。字希安，劍川人。弘治中任黔江知縣。有膽略，至未匝月，平巨寇。又請于上官，止督運，民賴以安。明年卒于官，將屬纊，妻問何以歸櫬，曰「寄葬重慶可也」。士民哀之。士子受其教者，稱爲龍溪先生。

趙德宏。字有容，鶴慶人。正德間舉人。孝友謙恭。父歿于京師，德宏徒跣偕傭人負柩歸。既葬，廬墓三年，時稱其孝。歷官所至，以清白稱。判順慶，決疑獄三事，洗十餘人冤。及知潼川，積贖鍰，得粟萬八千石，以濟歲凶。累官鶴慶長史。子恩能繼父志，德宏卒，亦廬墓三年，事繼母盡孝。

楊敘年。鶴慶人。正德中，隨父斌之京，至天津，爲賊所執，欲殺之，敘年哀號求代，賊感悟，並得免。

朱珮。字鳴朝，鶴慶人。正德中進士，初任大理寺評事，平反冤獄。出爲貴州僉事，調停驛傳，民賴以安。歷廣東參政，平猺寇，禦盜賊，定交南莫登庸逆叛。陞陝西按察使，致仕居鄉，恂恂若未嘗爲官者。

彭當。字仲禮，鶴慶人。嘉靖中進士。由知縣至貴州巡撫，歷官三十餘年，所至有聲。致仕歸，家無贏產，蔬食敝衣，恬然自適。

木公。字世卿，麗江人。襲土知府。性嗜學，以琴書自娛，所著有雪山詩集。

楊全。劍川人。父繼宗爲土官下役海真所殺，時全方在襁褓。及長，知父冤，佯拜海真夫婦爲父母，一日治酒邀真，俟飲酣殺之。不果，乃潛入麗江。適麗江土官欲遣人入京奏請，全願往，因發其事，海真死于獄。

尹端。字正之，劍川人。性剛介，動必循禮。以吏授清浪衛知事。發摘無遺，疏指揮蔣維賢以下不法十餘人，當道以「再來楊震」目之。常曰：「端生平不愛官，不愛錢，不愛命，任人誹謗。」軍士每舉手加額曰尹青天。弟竭亦司吏，耿介如其兄，任敘南衛經歷，累官通判，所至有異政。

張宗載。字一寧〔七〕，鶴慶人。萬曆中進士，知江津縣。值採山、運餉諸大役，咄嗟而辦。楊應龍以兵萬人應調，覈其實多虛，宗載俟其成列，以數示之，應龍驚服。後召入爲御史，以不能隨人俯仰，乞歸事母。

楊方盛。字大豫，鶴慶人。萬曆中進士，知大冶縣。縣多巨猾，獷悍難治，不數月刑清訟理，考授御史。天啓初，巡按河南，鋤奸剔蠹，風采赫然。巡視長蘆，補京畿道。適遇奢安之叛，條陳邊事甚悉，廷議韙之。歷官户部侍郎、總督糧儲。

楊朝棟。鶴慶人。萬曆中進士，爲禮科給事中。時值魏璫煽虐，屢疏抗劾，削奪歸里。復補吏科，遷光禄寺卿。其諸疏與楊、左争光焉。

段高選。字讓予，劍川人。萬曆中進士，任巴縣知縣。會奢賊亂，闔門死節，賜祭葬，謚恭節，廕子暄錦衣衛千户。

陳奇猷。字襄宸，劍川人。天啓中進士，累擢御史。疏陳滇事甚悉，因彈主政貪穢，爲所擠落職，道卒。

本朝

梁健值。鶴慶人。順治己亥奉父避兵，父被執，健值叩頭乞哀，願代父死。賊遂殺之，而釋其父。

木懿。麗江土知府。康熙十二年，吴三桂將叛，計由中甸外結蒙番，西連川、陝，道必出麗江，因調懿至省，煽誘迫脅，授以僞帥。堅志不從，羈省七年。辛酉大兵復滇，遣其孫堃首先投誠，隨師効力，立有戰功。

李夢頎。鶴慶人。少耽書籍，尤精易理，下筆千言，絶無蹊徑。嘗云「文不秦漢，詩不漢魏，不可爲作者」。晚年悉屏去，專研理學。總督范承勳徵之，不至。所著有希顔録、自知録、名賢格言、小寒山集。同郡諸生孫相，少以詩文著名，晚契伊洛淵源，著有説石山房集、碧磊集、驢背集行世。

李衍芳。鶴慶人。康熙中舉人。吴三桂反，遁入山。三桂物色之，不可得。賊平，知廬江縣，以母老乞歸。

蔣綗。字國器，鶴慶諸生。博學多陰德。康熙辛酉，吴三桂潰將吴國柱奔鶴，欲入城肆掠，至松桂，脅綗引路，大兵未至，郡皆惶恐。綗登三莊坡，指城西石灰冢紿之曰：「提督諸謨圖領滿漢兵自劍川來，已劄營西山下矣。」國柱遥望之，若無數營盤，遂信，乃自河東遁，城賴以全。至今有「白墳駭走長毛」之語，時稱其功。

流寓

明

卓全節。福建侯官人。洪武間兵科給事中，以建言謫戍鶴慶，因家焉。

車文琮。臨川人。父業商，寓籍劍川。文琮幼勤學，登賢書。知彭山縣，有廉聲。卒于官。鶴慶人士多出其門。

列女

明

木青妻羅氏。麗江人。青爲土知府，忽卧病，氏竭力調護，卒不起。喪中有番寇來犯，氏曰：「彼以我新喪，子在襁褓，欺我婦人無能爲耳。」乃涕泣誓師，親擐甲，躍馬先士卒，一鼓克敵，邊鄙以安。事姑盡孝，教子以忠勤稱。年五十一終，部民追思，立石紀其功。

許喬遷妻樊氏。鶴慶人。喬遷卒於京，氏年十八，舅姑欲奪其志，氏剔目割鼻，以死自誓。

龐大治妻陶氏。鶴慶人。年二十二，夫卒無子，家貧姑老，氏紡績養姑。有欲奪其志者，泣血自誓。姑年八十卒，氏葬如禮。

李醜妻里氏。鶴慶人。年二十二，夫歿，子未週歲，遺腹復生子，後相繼殀，氏矢志不渝，守節五十餘年。

楊嗣光妻阮氏。鶴慶人。年二十二。明末，隨夫任陽宗，因兵亂返鶴慶。至洱海，亂兵四至，避石硐中，爲所獲，氏奪刀自刎。

李樂道妻楊氏。劍川人。樂道爲諸生，事繼母孝。楊事繼姑如其夫。樂道疾篤，籲天求代，及卒，葬畢，遂縊以殉。

張周妻張氏。劍川人。未嫁夫卒，氏欲往弔，父母不許，氏伺間走詣夫塚自縊。

本朝

周應祥妻范氏。麗江人。夫亡，氏年二十五，孝養翁姑，教子成立。與同縣李繼恒妻寸氏、楊成初妻趙氏，均乾隆間旌。

楊述文妻施氏。鶴慶人。夫亡，氏年二十七，撫孤守志。與同州趙履上妻張氏、潘宗洙妻林氏、高景隆妻蔣氏、童其昌妻蔣氏、吕月先妻梅氏、高景燦妻李氏、趙裕仁妻楊氏、毛國翰妻居氏、楊廷鳳妻楊氏、楊飛熊妻李氏、楊裔旺妻羊氏、劉雄妻趙氏，均乾隆間旌。

李報甲妻趙氏。劍川人。與同州王治妻羅氏，俱以未婚守志，於乾隆間旌。

楊續曾妻王氏。劍川人。年少夫亡，守節教子。與同州楊發祖妻沈氏、楊清溢妻李氏、王瑜妻趙氏、歐陽晉妻段氏、李愈焻妻趙氏、董性妻段氏、楊璜妻陳氏、李可禎妻阿氏、樊時妻趙氏、何錫麟妻尹氏、楊文會妻羊氏，均乾隆間旌。

和錫瑞妻蘇氏。麗江人。夫亡守節。與和保泰妻楊氏均嘉慶間旌。

曾成林妻王氏。鶴慶人。守正捐軀，嘉慶間旌。

張貴興妻楊氏。劍川人。夫亡守節。與同州蕭恕妻周氏、王熥妻蕭氏，均嘉慶間旌。

仙釋

唐

贊陀崛哆尊者。西域僧。自摩伽國來，又號摩伽陀，結茅於郡之峯頂山。郡地舊爲澤國，贊陀以法洩水，山石迸開，水遂奔洩。

土産

鹽。明統志：雪盤山有鹽井。

金。元史地理志：金沙江出。

鐵。滇略：磨些蠻出。

麝香。滇略：磨些蠻出。

無芒黍。通志：出舊寶山州，穗無芒而實圓。

犛牛。尾可作纓。

葡萄。通志：出府境者佳。

琥珀。滑石。自然銅。青石。漆。花馬石。俱府境出。

海棠果。劍川州出，類花紅而小，味酸。

青銅魚。出漾共江中，細鱗，長不盈尺，夏月始出。

榧子。劍川州出。

石耳。通志：形如木耳，感極清之氣而生，久食延年。

校勘記

〔一〕更稱劍浪　「浪」下原有「治」字，乾隆志卷三八二麗江府建置沿革（下同卷簡稱乾隆志）同，據新唐書卷二二二中南蠻傳中删。

〔二〕經犁溪州　「犁」，乾隆志同，明史卷四六地理志作「黎」。

〔三〕會寧河　「寧」，原作「安」，據乾隆志及本志大理府山川改。按，本志避清宣宗諱改字。

〔四〕有水自蘭州南東經之　「經」，疑當作「注」。

〔五〕北渼 「渼」，原作「漾」，據乾隆志及讀史方輿紀要卷一一七雲南、雍正雲南通志卷一三水利改。

〔六〕更稱浪劍 「浪劍」，乾隆志同，據新唐書南蠻傳，當作「劍浪」。中華書局點校本元史卷六一地理志據新唐書南蠻傳改正，是。

〔七〕字一寧 「寧」，原作「凝」，據乾隆志及雍正雲南通志卷二一之二宦迹改。按，本志避清宣宗諱改字。

普洱府圖

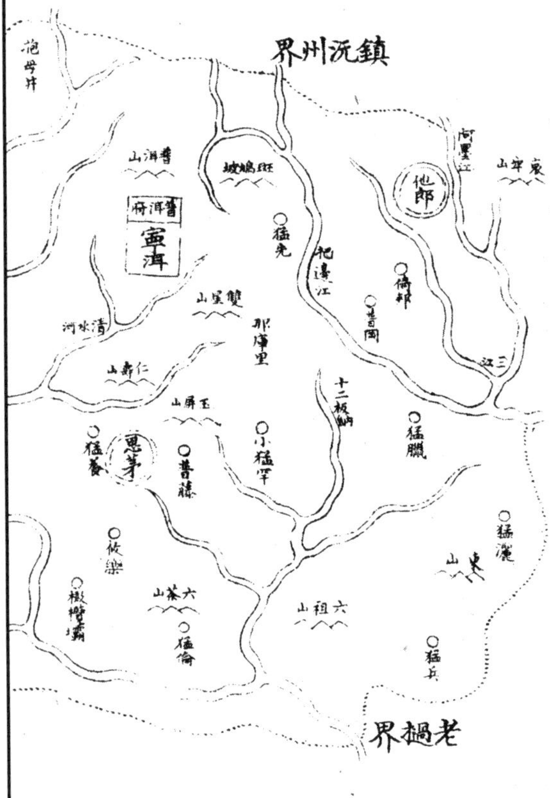

鎮沅州界
元江州界
老撾界
抱母井
普洱山
普洱府
寧洱
班鳩坡
他郎
阿墨江
猛先
把邊江
倚邦
雙星山
清水河
仁壽山
三江
十二版納
玉屏山
思茅
猛養
普藤
猛臘
攸樂
六茶山
六祖山
橄欖壩
猛倫

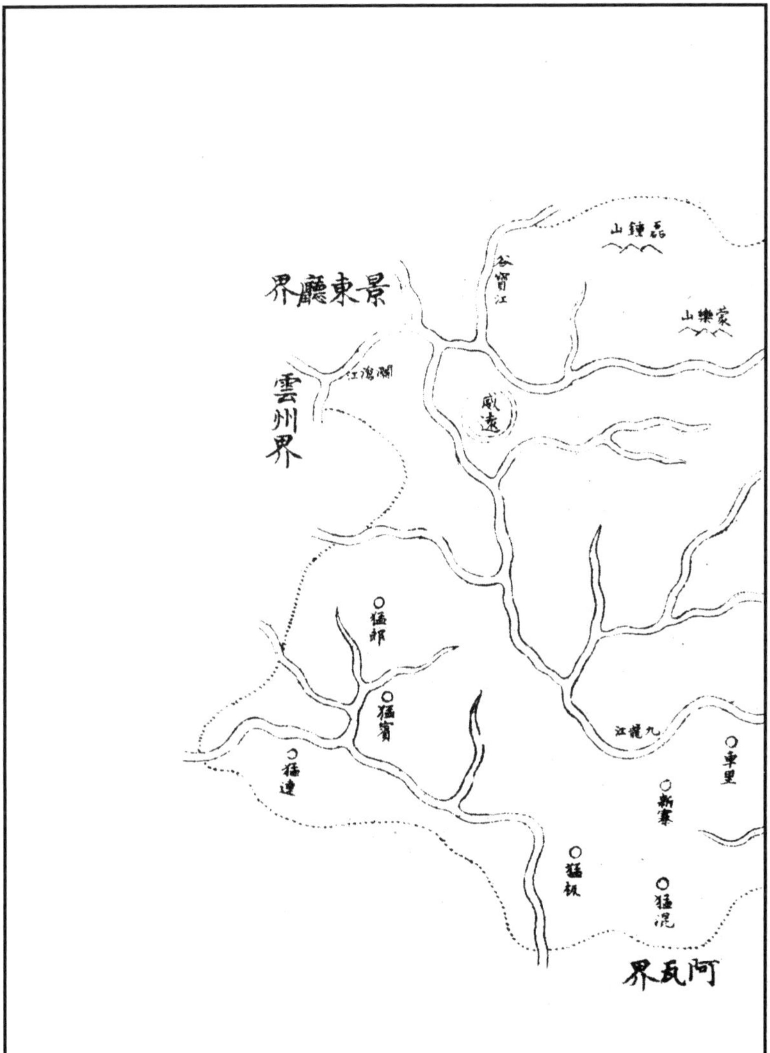
磊鍾山
蒙樂山
景東廳界
雲州界
威遠
猛郎
猛賓
猛連
九龍江
車里
新寨
猛混
阿瓦界

普洱府表

	普洱府	寧洱縣
兩漢		
三國		
晉		
宋		
齊		
梁		
隋		
唐		
宋		
元	大德中置撒里路總管府。	撒里路地。
明	洪武十四年置車里宣慰司，屬元江府。	車里司地。

大清一統志卷四百八十六

普洱府

在雲南省治西南一千二百三十里。東西距六百八十里，南北距一千二百四十里。東至元江州界二百五十里，西至順寧府界四百三十里，南至緬甸界一千五十里，北至鎮沅直隸州界一百九十里。東南至老撾南掌界一千四百一十里，西南至緬甸界一千三百里，東北至元江州界二百二十五里，西北至景東廳界二百七十里。自府治至京師九千四百五十里。

分野

天文東井、輿鬼分野，鶉首之次。

建置沿革

禹貢梁州荒裔，本古產里地，倭泥貂獵諸蠻雜居之。自漢及五代、唐、宋以來，不通中國，元世祖時伐交趾，經所部降之。大德中置撒里路軍民總管府，領六甸。明洪武十四年開滇，土酋那直率衆來歸，置車里宣慰司，屬元江府，後爲那崑所據。本朝順治十六年平雲南，編隸元江府。雍正七年，分車里宣慰所轄江内六版納地置普洱府，隸雲南省，領縣一。

寧洱縣。附郭。東西距四百三十里，南北距二百七十里。東至元江州界二百五十里，西至威遠界一百八十里，南至思茅界八十里，北至鎮沅直隸州界一百九十里。東南至老撾南掌界一千四百一十里，西南至威遠界二百一十里，東北至元江州界二百二十五里，西北至景東廳界二百七十里。本古産里地，宋以前不通中國。元初内附，爲撒里路軍民總管府地。明爲車里宣慰司地。本朝雍正十三年裁攸樂通判，置縣，爲普洱府治。

威遠同知。在府西三百四十里。東西距五百八十里，南北距三百八十里。東至本府界二百三十里，西至順寧府界三百五十里，南至思茅界二百四十里，北至鎮沅州界一百四十里。東南至本府界二百五十里，西南至孟連長官司界四百里，東北至鎮沅州界一百六十里，西北至景東廳界一百四十里。元置威遠州，明開設威遠土州，隸雲南布政使司。本朝初因之，雍正三年改置直隸威遠撫夷清餉同知，乾隆三十五年復改爲府屬。

思茅同知。在府南一百二十里。東西距四百九十里，南北距七十里。東至猛旺界一百二十里，西至孟連界三百七十里，南至本府界三十里，北至本府界四十里。東南至寧洱界二百二十五里，西南至江外猛阿界三百六十里，東北至本府界一百四十里，西北至本府界一百七十里。本名思茅村，雍正七年移府通判駐劄其地，十三年裁通判，移攸樂同知駐此。

他郎通判。在府東北一百六十里。東西距一百七十五里，南北距二百三十里。東至元江州界十五里，西至鎮沅州界一百六十里，南至本府界一百二十里，北至元江州新平縣界一百十里。東南至元江州界六百三十里，西南至鎮沅州界二百五十里，東北至元江州界二十五里，西北至新平縣界一百五十里。本恭順州地，明爲他郎寨，本朝順治十八年省入元江府，雍正十年設通判駐此，乾隆三十五年復改爲府屬。

形勢

西通車里，南接老撾。地衍平川，天開曠野，實南陲之屏蔽。通志。

風俗

民皆僰夷，性樸風淳。舊志。蠻民雜居，以茶爲市。通志。

城池

普洱府城。周四里有奇，門四。舊土築，本朝雍正九年易以磚，乾隆四十五年重修。

威遠城。周二里有奇，門四。本朝乾隆八年築土城，三十二年易以石。

思茅城。周二里有奇，門四。本朝雍正九年土築，乾隆三十一年改建磚城。

他郎城。舊土築，本朝乾隆四十六年修。

學校

普洱府學。在府治南，本朝雍正九年建。入學額數十五名。

寧洱縣學。未建。入學額數附府學内。

鳳鳴書院。在府治，本朝乾隆六十年建。

鳳山書院。在威遠，本朝乾隆四十年同知趙希兗建。

户口

向因蠻民雜處，未經編丁。

田賦

田地一千七百六十頃七十一畝八分有奇，夷田二十七段，額徵地丁正、雜銀四千六百六十五兩四錢四分六釐，米五千六百四十三石八升五合三勺。

山川

普洱山。在府境。山產茶，性温味香，異於他產，名普洱茶，府以是名焉。滇程記：自景東廳行一百里至者樂甸，又行一日至鎮沅州，又行二日至車里宣慰司，又行二日至普洱山。

光山。在縣東五里。山勢雄峙，一名錦袍山。向有車里頭目居之。滇程記：蜀漢諸葛亮營壘址存焉。

仁壽山。在縣南五里。

六茶山。在縣南六百五十里。層巒複嶺，多茶樹。

蒙樂山。在威遠同知治北，與景東廳鎮沅州接界。

磊鍾山。在威遠同知治北，延亘數十里。

筆架山。在威遠同知治北。形勢峭拔，高插雲表。

玉屏山。在思茅同知治西八里。羣峯攢列，儼若屏風。

東山。在他郎通判治東十五里。上有中嶽廟。

六祖山。在他郎通判治，舊新化州里許。峯巒森秀。明統志：在他郎司治西。

鸚哥山。在他郎通判治，舊新化州西四十里。高五十里，幽深險峻，内多猛獸。

哀牢山。在他郎通判治，舊新化州西大江之外。延亘八百餘里，爲滇山最高處，六月冰雪不化。

馬籠山。在他郎通判治，舊新化州西一百里。蠻酋常結寨其上，號馬籠部。

陀崆山。在馬籠山北。上有砦，土酋居之。又法龍山，在陀崆山北，亦險峻，舊爲土酋所居，遺砦尚存。通志：法龍山在舊新化州西北，一名象山。

徹崇山。在他郎通判治，舊新化州西北五十里。林木蓊葱，巖石峻險，延亘一百五十里。明統志：山與礫閣山並在馬籠他郎司治北。

迤陑山。在他郎通判治西北二百里，舊新化州東。山勢來自昆陽，連屬不絶。又迤祖山，在州治西，與迤陑山對峙。明統志：在馬籠他郎司治東。

遮碧靈山。在他郎通判治北四十五里。中有石洞，常有奇雲繞護，每遇災異，其鳴如雷。

礫閣山。在他郎通判治，舊新化州北一百里。五峯環列，峯北一泉下注。

斑鳩坡。在縣東北二十里。高出衆峯，即天氣晴明，常有雲霧封鎖。

大川原。在府境。滇程記：自光山行二日至大川原，廣可千里，蠻人豢象於此。旁有山，曰孔明寄箭處，有古碑，蠻人亦謂之孔明碑。又行四日，始至車里司界。西南行八日，則八百媳婦宣慰司也。

猛撒江。在縣南二百四十里，入九龍江。

九龍江。在縣南五里，爲瀾滄江之委，自西北流繞，山勢九嶺相向，矯若游龍，故名。

整董江〔一〕。在縣東南一百八十里，入猛撒江。

小江。在縣西一百二十里，發源鐵廠，入九龍江。

谷寶江。在威遠同知治西北。明統志：谷寶江自遮放甸流入土州境，正統五年麓川叛酋思任發遁入威遠州，土知州刁蓋扼之於威遠江，敗之。明史：威遠州西北有威遠江，一名谷寶江，下流合瀾滄江。

南堆江。在威遠同知治東北。自筆架山發源，下流合把邊江。

三江。在他郎通判治西南三百里。江流三合，故名三江，即瀾滄江下流也。江又經車里司東北九龍山下。通志：上流之東曰阿墨江，發源景東廳無量山之西，曰把邊江，即阿墨分流，至他郎西又名九龍江。又東南合流出車里宣慰司，至交趾入南海。按：九龍江在普洱府西，未嘗與阿墨江合。三江之名，當以李仙江入之。府志「李仙江在城南三百五十里，合阿墨、把邊二江，南入交趾」，是也。

漫達河。在縣東南九百一十二里。繞六茶西南流入九龍江。

清水河。在縣南二十里。流入普籐，會漫達河流入九龍江。

扒泥河。在縣東北一百四十里。東入漫達河。

莫蒙寨河。在威遠。汲其水澆炭上，煉之即成鹽，土人以爲利。

平湖。在縣南五里。匯納衆流，漣漪澄澈。

南澗。在縣南四十里。繞西北，會清水河入猛撒江。

平塘。在縣南二里。

龍潭。在縣東北五里。

整董井。在府南二百五十里。蒙詔時夷目叭細里佩劍游覽，忽遇是井，水甚潔，細里以劍測水，數日視其劍化爲銀。後土官襲職，務求是水沐浴，得者皆敬服焉。

烏得鹽井。在府境。本朝雍正七年設鹽大使，駐猛烏，管理井務，今裁。

磨者鹽井。在府境。本朝雍正七年設鹽大使駐整董，管理井務，今裁。

抱母鹽井。在威遠同知治東。本朝雍正三年設鹽大使駐此，嘉慶八年移駐於香鹽井，以抱母井歸威遠同知兼管。

香鹽井。在威遠同知治東。本朝嘉慶八年移抱母井大使駐此，改爲香鹽井大使，十九年兼管抱母井鹽務，更名抱香井大使。

古蹟

恭順故州。在府東北二百四十五里。明初改他郎寨土司爲恭順州，本朝順治十八年廢州，以元江府通判駐劄其地，即今他郎通判。

新化故城。在他郎通判治西北二百里。元史地理志：馬籠部因馬籠山立寨，在元江路北，所居蠻阿僰元初立爲千户，屬寧州萬户，至元十三年改隸元江萬户，二十五年屬元江路。明統志：馬籠、他郎本二甸，至元間以馬籠并入他郎，明初置爲馬籠、他郎甸長官司，直隸雲南布政使司。弘治中，改爲新化州，嘉靖五年築土城，萬曆十九年改屬臨安府。通志：本朝康熙五年併入新平縣，今州城故址猶存。雍正十年改屬元江府。

步日廢部。在府城西。元史地理志：步日部在本縣之西，蒙氏立此甸，徙白蠻鎮之，名步日瞼。明史：因遠羅必甸長官司西有步日城，蒙氏置，元曰步日部。明洪武中廢。按：元志共二十一部，其見於沿革者，惟羅槃、步日、馬籠部，餘皆不載。

舊車里軍民宣慰司。在府城南七百四十五里，古產里地。呂覽：伊尹四方獻令曰「產里以象齒短狗獻」。後周公作指南車導之歸，故名車里。明史：車里爲倭泥、貂黨、蒲剌、黑角諸蠻雜居，不通中國。元大德中置撤里路軍民總管府〔二〕，明改車里宣慰司。本朝雍正七年改土歸流，分車里司所轄内江六版納，思茅、普籐、整董、猛烏六大茶山，橄欖壩置普洱府，其餘江外六版納仍隸車里，而改屬於普洱府。

小徹里。在車里宣慰司東，即小車里也。明統志：車里别部曰小車里，嘉靖間車里附於緬，外有二宣慰司，在大車里者應緬，在小車里者應漢。

耿凍路。在車里宣慰司境。明統志：元時車里路軍民總管府，領六甸，後又置耿凍路耿當、孟弄二州。

孟遠箐。在車里宣慰司東南。又有孟累箐在司西，慢法箐在司西北，皆車里别部也。

祭風臺。在縣南六茶山中，相傳諸葛亮於此祭風。

猛烈村。在威遠東八十里。滇紀：威遠之地東八十里至猛烈村界，南八十里至車里所轄三圈江界，西百里至猛猛達笨江界，北六十里至景東廳蠻折哨界，又東至元江府界。

孔明塔。有二：一在九龍江之西。一在九龍江之南，有樹名「萬年青」，玲瓏環抱，最爲奇異。

諸葛營。在思茅東北班鳩坡下，亮征孟獲，往來駐軍於此。

關隘

通關哨。在縣北一百九十五里。

猛班巡檢司。在威遠西南三百里。本朝雍正三年置巡檢司一員，就近辦理民事，今改設威遠知事一員駐此。

津梁

普澤橋。在縣南門外。
車橋。在思茅南十五里，係車里孔道。
木橋。有二：在他郎觀音、九道二河，乾隆十年建。
漫達河渡。在縣南九百一十二里，通車里路。

隄堰

龍王廟隄。在廢新化州。明隆慶間導溪水甃石隄，以灌近州田畝。

祠廟

四堂廟。在縣東北。

馬王廟。在四堂廟左。

程巽隱祠。在廢新化州西，祀明謫他郎甸吏目程本立。

昭忠祠。在縣城隍廟左，本朝嘉慶八年建。

寺觀

觀音閣。在縣西北臨蓮池上，又名蓮臺寺。

普濟寺。在縣北三十里。寺在半山間，俯瞰城郭，臨眺山溪，花竹週環，煙雲出没。

名宦

明

程本立。崇德人。洪武時爲他郎甸長官司吏目。白蠻爲亂，單騎入其巢，諭以利害，諸酋感悦。未幾復變，本立且撫且禦，山行夜宿，不避險難，往來綏輯，民蠻樂業如常時。

本朝

劉洪度。廣濟人。雍正五年，以石屏知州調威遠同知，皆有善政，事蹟詳見鎮沅州名宦。

章倫。紹興人。試用州同。雍正十年委辦攸樂城工事竣，回至漫蚌村，值猓夷叛，被圍，罵賊被害。賜祭葬，予廕卹。

陳天申。湖廣武陵人。普洱鎮把總。猓賊叛，戰於通關哨，死之。賜祭葬，予廕卹。

烈女

本朝

包景運妻趙氏。寧洱人。夫亡守節，乾隆間旌。

陳易安妻徐氏。威遠人。守正捐軀，乾隆間旌。

劉廷對繼妻彭氏。寧洱人。夫亡守節，嘉慶間旌。

金殿龍妻段氏。他郎人。夫亡守節，與同治黃恩妻李氏均嘉慶間旌。

土産

茶。產府境普洱山。

鹽。威遠出。

石青。神黄豆。稀痘藥中用之，俱寧洱縣出。

鐵。威遠出。

校勘記

〔一〕整董江　「董」，原作「東」，據乾隆志卷三七七普洱府山川（下同卷簡稱乾隆志）及雍正雲南通志卷三山川改。本志下文亦作「整董」。

〔二〕元大德中置撒里路軍民總管府　「里」，原作「黑」，據乾隆志及明史卷三一五雲南土司列傳改。

永昌府圖

乾海子
阿荒山
瀾滄江
大理府界
黃連堡
銀龍江
沙木河
和邸山
永平
土縣丞
青華海
安樂山
博南山
順寧界
孟通山
潞江安撫司界

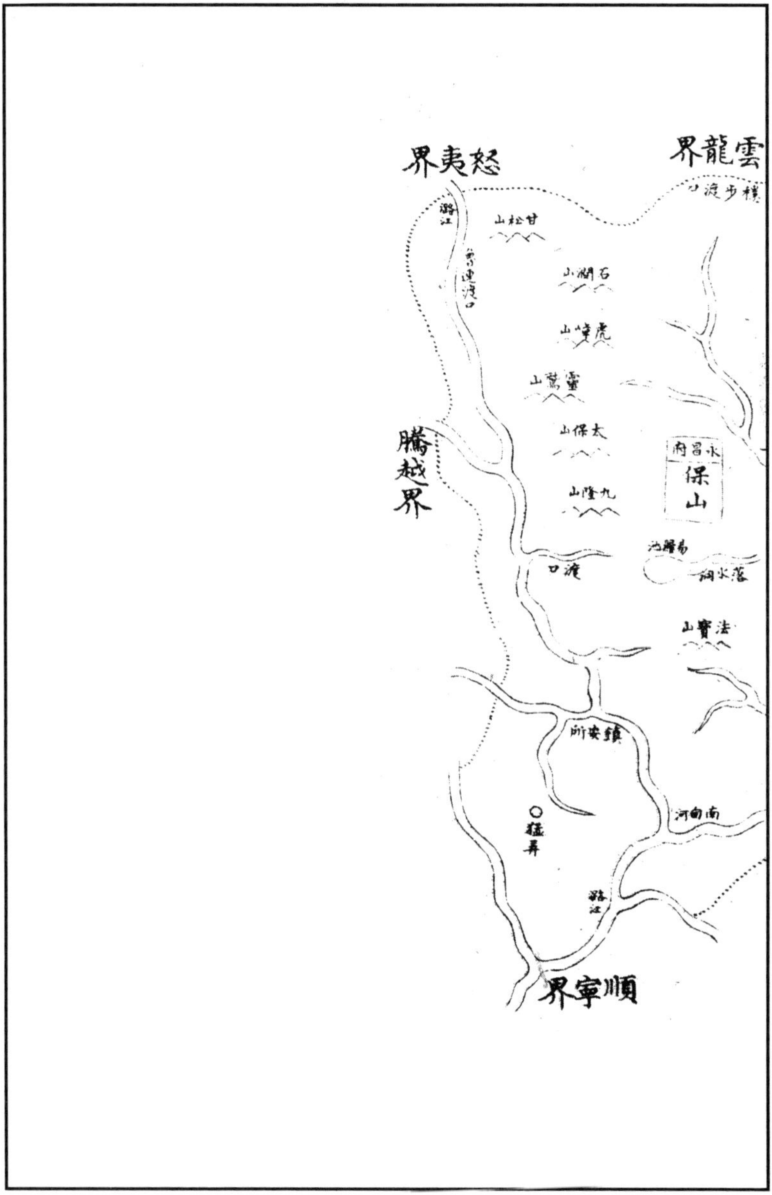
怒夷界
雲龍界
橫步渡口
潞江
甘松山
虎嘯山
靈鷲山
太保山
永昌府
保山
九隆山
騰越界
渡口
落水洞
法寶山
鎮安所
南甸河
猛弄
潞江
順寧界

永昌府表

	永昌府	保山縣
兩漢	永昌郡 後漢永平十二年割益州西部都尉置，治不韋縣。	不韋縣 元狩初置，屬益州郡，後漢爲永昌郡治。 哀牢縣 後漢永平十二年置，屬永昌郡。
三國	永昌郡	不韋縣 哀牢縣
晉	省。	省。 省。
宋		
齊	永昌郡 復置，治永安縣。	不韋縣 復置，屬永昌郡。 永安縣 郡治。
梁	廢。	廢。 廢。
隋		
唐	初爲雲南、姚州二郡地，後爲蒙氏所據。	
宋	段氏置永昌府，高氏因之。	
元	永昌府 初立千户。至元十一年改置永昌州。十五年升爲府，屬大理路。二十三年改置金齒宣撫司。	府治。
明	永昌軍民府 洪武十五年仍置府，又立金齒衛。二十三年府廢。嘉靖元年復置，屬雲南布政司。	保山縣 嘉靖元年置，爲府治。

永平縣
博南縣 後漢永平十二年置，屬永昌郡。
博南縣
省。
博南縣 復置，屬永昌郡。
廢。
蒙氏置勝鄉郡。
永平縣 憲宗七年立永平千户。至元十一年改置縣，屬永昌府。
永平縣 洪武二十三年屬金齒衛，嘉靖二年仍屬永昌府。

續表

大清一統志卷四百八十七

永昌府

在雲南省治西一千二百里。東西距三百一十里，南北距一千一百二十里。東至順寧府順寧縣界一百四十里，西至騰越廳界一百七十里，南至孟定土府界一百七十里，北至大理府雲龍州界二百五十里。東南至順寧縣界一百一十七里，西南至天馬關界一千一百一十里，東北至雲龍州界三百五十二里，西北至馬面關界三百里。自府治至京師一萬一千八百十里。

分野

天文東井、輿鬼分野，鶉首之次。

建置沿革

禹貢梁州荒裔，古哀牢國。九隆氏居之，未通中國。漢武帝元狩二年，置不韋縣，屬益州郡。

後漢永平初於縣置永昌郡，治焉。三國漢因之。晉成帝時省。蕭齊復置永昌郡。南齊書州郡志：有名無民曰空荒不立。隋廢爲益州總管府地。唐初爲姚州雲南郡地。通典：後漢永昌郡，即今雲南郡。唐書南蠻傳：姚州境有永昌蠻，居古永昌郡地，咸亨五年叛，高宗以太子右衛副率梁積壽爲姚州行軍總管，討平之。武后天授中，遣御史裴懷古招懷至長壽，時大首領董期率部落内屬。後爲蒙氏六節度之一，徙西爨蠻居之。段氏、高氏皆稱永昌府。元初立千户，隸大理萬户府，至元十一年置永昌州，十五年升爲府，隸大理路，二十三年改置金齒等處宣撫司於此。元史地理志：中統初，金齒、白夷諸酋各遣子弟朝貢。二年，立安撫司以統之。至元八年，分金齒、白夷爲東西兩路安撫司。十二年，改西路爲建寧路，東路爲鎮康路。十五年，改安撫爲宣撫，立六路總管府。二十三年，罷兩路宣撫司，併入大理金齒等處宣慰司。明洪武十五年仍置永昌府，又立金齒衛。二十三年省府，以金齒衛爲軍民指揮使司。嘉靖元年，改爲永昌軍民府。滇志：景泰中設鎮，嘉靖中罷。本朝爲永昌府，屬雲南省，領縣二、土府一、土州二、安撫司一。

保山縣。附郭。東西距三百一十里，南北距四百十里。東至順寧府順寧縣界一百四十里，西至騰越廳界一百七十里，南至潞江安撫司界一百六十里，北至大理府雲龍州界二百五十里。東南至順寧縣界一百十七里，西南至騰越廳界一百四十里，東北至永平縣界一百六十七里，西北至野人界一百四十七里。本漢不韋縣，屬益州郡。後漢爲永昌郡治，晉省。齊復設永安縣，爲永昌郡治，不韋屬焉。梁以後廢，元爲永昌府治。明洪武十五年，改爲永昌、金齒二千户，屬金齒衛。正德十四年改設新安千户，嘉靖元年始置保山縣，爲永昌府治。本朝因之。

永平縣。在府城東北一百七十里。東西距二百三十五里，南北距一百五里。東至蒙化廳界一百八十里，西至保山縣界五十五里，南至順寧府順寧縣界二十五里，北至大理府雲龍州界八十里。東南至蒙化廳界六十里，西南至順寧縣界三十五里，東北至雲龍州界一百三十里，西北至保山縣界五十里。本漢益州郡地，後漢置博南縣，屬永昌郡。晉省，蕭齊復置，梁以後廢。唐時蒙氏置勝鄉郡，段氏因之。元初立永平千户，至元十一年改爲縣，屬永昌府。明洪武二十三年改屬金齒衛，嘉靖二年仍屬永昌府。本朝因之。有土縣丞馬氏世襲。

孟定土府。在府東南八百七十里。東至順寧府雲州界，西至木邦界，南至孟連長官司界，北至鎮康土州界。自府治東北至省城一十八程。本古蠻地，名景麻甸。元至元十六年立孟定路軍民總管府，領二甸，隸大理金齒等處宣慰司。明洪武十五年改置孟定土府。本朝因之，隸永昌府，土官罕氏世襲。

灣甸土州。在府東南二百二十里。東西距五十里，南北距九十里。東至順寧縣界二十里，西至猛波羅界三十里，南至鎮康土州界二十里，北至保山縣界七十里。自州治東北至省城二千里。本古蠻地，名細睒，元中統初内附，屬鎮康路。明洪武十七年置灣甸土州，永樂元年改爲長官司，尋仍改爲州。本朝因之，隸永昌府，土官景氏世襲。

鎮康土府。在府南三百八十里。東西距一百十里，南北距一百十里。東至順寧府順寧縣界四十里，西至潞江安撫司界七十里，南至耿馬宣撫司界六十里，北至灣甸土州界五十里。自州治東北至省城二十三程。本古蠻地，名石睒，黑僰所居。元中統初内附，至元十三年立鎮康路軍民總管府，領三甸，隸金齒等處宣撫司。明洪武十五年改爲鎮康土府，十七年改爲土州。本朝因之，隸永昌府，土官刁氏世襲。

潞江安撫司。在府城西南一百三十五里。東至保山縣界十五里，西至騰越廳界六十里，南至芒市界一百五里，北至保山縣界一百五十里。本後漢永昌郡地，舊名怒江甸，訛爲潞江。元至元十三年置柔遠路軍民總管府，治怒江甸，隸金齒等處宣撫司，後爲麓川宣撫司所據。明洪武十五年改爲柔遠府，二十三年改爲潞江長官司，永樂九年升安撫司，屬永昌衛，土官線氏世襲。本朝因之，屬永昌府。

形勢

北接大理，東界瀾滄。明統志。滄江、怒水，爲襟帶於東西；九隆、三崇，作屏藩於前後。據八關三堡之形勝，扼三宣六慰之咽喉。通志。

風俗

風俗敦直。漢諸葛亮表。衣冠禮儀，悉倣中土。明統志。男務農桑，女勤織紝。府志。

城池

永昌府城。周十三里有奇，門八，有濠。舊土城，唐天寶中南詔皮羅閤所築，西倚太保山麓，段氏因之。元至元間修，明洪武十五年又因舊址重修，尋廢。十八年，改甃磚石，又於太保山絶巘爲子城，設兵守。二十八年闢城西，羅太保山於城内，本朝康熙中累修。

永平縣城。周三里有奇，門四，引江水爲濠。舊與永平守禦同城。明洪武十九年立木栅，跨銀龍江上，二十六年易以磚。

學校

永昌府學。在府治西。明嘉靖二十六年改建，本朝康熙中修。入學額數十五名。

保山縣學。在縣治北。明嘉靖十一年建，本朝康熙九年修。入學額數二十名。

永平縣學。在廢守禦所西。明嘉靖十二年改建，本朝康熙八年遷西山下，三十一年復還故址。入學額數十二名。

保山書院。在府學明倫堂左側。明嘉靖間知府楊朗建。

永保書院。在府城内。知府徐本僊建。

見羅書院。在保山縣治。明萬曆間建。

博南書院。在永平縣學前。

户口

原額人丁共一萬五百三十一，今滋生男婦大小共十六萬九千五十三名口，計二萬七千七百一十七户。又屯民男婦大小共八萬二千五百四名口，計一萬四千三十九户。

田賦

田地二千四百九十五頃二十五畝四分，額徵地丁正、雜銀八千九百五十五兩四錢六分九釐，米一萬五百一十八石六斗五升七勺。

山川

太保山。在保山縣内，郡之鎮山也。舊志：舊時府城西倚山麓，洪武中於山之絶巘爲子城，設兵以守，尋闢城之西，羅山於内。府志：嵯峨東向，横亘數里，山巔平衍，可習騎射。林木蒼翠，嘗掘地得巨磚，上有「平好」二字，相傳爲諸葛武侯所遺。

寶蓋山。在太保山後。以形似得名。山勢崚嶒，爲衆山之冠。羣峯層疊，皆此山支裔。又有五福山，在寶蓋山北二里。滇志：寶蓋山右二里曰梯山，左曰玉壺山。有石竇流泉甚清，每白雲從澗底起，穿掛山椒，如玉壺然。

安樂山。在保山縣東二十五里。夷語訛爲「哀牢」。孤峰秀聳，延袤三十里。絶頂有石，巉巖如人坐懷中。府志：絶頂一石有二穴，相去一寸五分，名天井。土人於春首視穴水盈縮卜歲豐歉，相傳武侯鑿以濟軍者。山下有一石，二泉出焉，一温一涼，號爲玉泉，故又名玉泉山。

峽口山。在保山縣東南十里。通志：下有石洞，廣二丈，洩一郡之水，陰流地中，達施甸枯柯河，下入瀾滄江。府志：洞多魚，又名魚洞。

法寶山。在保山縣南十里。府志：法寶山勢接九隆，而沙河限之。異牟尋於此建法寶寺，故名。

卧獅山。在保山縣南十五里。滇略：山以形名，袤二里，俗號卧獅窩。舊志：下有芭蕉洞，石乳垂結如花。又名石花洞。洞南即官市山也。縣志：山北有官市堰。

秀巖山。在保山縣南，廢施甸長官司東南二里。巖下出泉，注於小羅窑河，北流經峽口洞，入瀾滄江。又東二里有摩蒼山，一名施甸山，孤峯聳秀。又秀巖山西七里有石栅山，又司西北二十五里有當歸山，又十五里有新栅山。

茨竹坪山。在保山縣南，舊鎮姚所南三十餘里，接猛波羅界。

屋牀山。在保山縣南七十里。滇程記：由永昌過蒲縹驛，經犀牀山，箐險路窄，馬不得行，過山至潞江之外，爲高黎共山。

九隆山。在保山縣西龍泉門外十里。後漢書西南夷傳：哀牢夷婦沙壹居牢山，捕魚水中觸沈木有感，懷妊十月，産子男十人。後沈木化爲龍出水上，九子驚走，小子不能去，背龍而坐，龍因舐之。其母鳥語，謂背爲九，謂坐爲隆，因名子曰九隆。後牢山下有一夫一婦，生十女，九隆兄弟皆娶以爲妻，漸相滋長，世世相繼。明統志：有九嶺，又名九波嶺，溪沙河源出此。府志：諸葛亮南征，嘗鑿斷山脉以洩其氣，今迹存焉。

瑪瑙山。在保山縣西百里。産瑪瑙石。山之後曰茶山，其上産茶最佳。

靈鷲山。在保山縣西北八里。府志：高如寶蓋，延袤七里餘，山間産茶，香踰諸品。

大富山。在保山縣西北二十里。其北又有銀壺山，狀如懸壺。

雲巖山。在保山縣西北二十五里。明統志：山高百丈，盤迴三里許。巖深處一横石，鑿爲卧佛，因以建寺。扁曰「雲巖卧佛」。又五里爲石澗山，層疊如列屏。

棲賢山。在保山縣北四里。

白龍山。在保山縣北十一里。相傳東漢時有白龍之祥，故名。

虎嶂山。在保山縣北二十五里。高一百丈，袤三里許，下有温泉。

鳳溪山。在保山縣東北三十里，與安樂山並峙。上有吕公臺。府志：不韋廢縣在其麓。

天井山。在保山縣東北四十里。岡陵四圍，中有平陸，故名。山北有大樹，段氏時獠蠻爲盜，出没此中，過者輒彎弓射樹以厭之。樹高五丈餘，箭鏃如蝟毛，俗謂之「萬箭樹」。

羅岷山。在保山縣東北八十里瀾滄江西岸，延袤四十餘里。通志：相傳蒙氏時有僧羅岷自天竺來此，作戲舞術，石亦相隨而舞，迄今岸下時有飛石，過者驚趨。又傳天將曉時，石自江中飛入霧表。

地寶藏山。在永平縣東七十里。一名觀音山。相傳諸葛武侯南征，至此迷道，遇一老嫗呼犬，從絶境中出，始得路，因建廟祀之。俗名叫狗山。

羅武山。在永平縣東一百里。高五百丈，山半有泉，勝備江發源於此。

髑髏山。在永平縣西南五里。相傳昔有妖食人，多存髑髏，有僧於山上立神祠，下建佛刹鎮之，害遂息。

花橋山。在永平縣西南三十五里。高二十里許，上有鐵礦。

博南山。在永平縣西南四十五里。華陽國志：博南縣西山高三十里。酈道元水經注：博南，山名也，縣以氏之。明統志：漢武通博南山，即此。一名金浪巔山，俗訛爲丁當丁山。極險隘，爲蒲蠻出入之所。昔南詔遣將軍征緬，回師多齎金寶，經此山遇盜死。後因立祠曰金浪巔山神祠。北麓有泉，流爲花橋河。滇南略：山上有鐵柱，爲西陲要道。通志：崇坡有峻坂，委曲嶙峋，上下約三十里。

和丘山。在永平縣西三十里。盤迴五十里，衆峯聳秀入雲，遠近屬目。東麓一潭，四時澄澈，流爲木里場河。西麓有泉，流爲曲洞河。

羅木山。在永平縣北八里。翠列三峯，狀如筆架，西臨銀龍江。又萬松山，在縣北三十五里，山多古松，上有萬松閣。又北七十里爲羊街山，山半湧泉，周圍五尺，名一碗水，地名碗水哨。又縣西北三十五里有七盤山。

横嶺山。在永平縣東北一百三十五里。山極陡峻，驛路經其上，其西有泉，下流爲九渡河。府志：横嶺山高三十里，延袤七十餘里。春時山花如錦繡，又名繡嶺山。

阿荒山。在永平縣東北一百七十里。銀龍江發源於此。

無量山。一名無糧山。在孟定土府北，鎮康土州西南，接耿馬司界。

孟通山。在灣甸土州境。產茶。

烏木龍山。在鎮康土州西南。與無量山俱産大藥。

和場山。在潞江司東三十餘里。通志：在府西南一百三十五里。

雷弄山。在潞江司東八十里，接雷弄岡，爲干崖境。

掌亢山。在潞江司南三十里。通志：司南又有高崙山。

龍王巖。在保山縣西十五里。一山中斷，兩壁如斧劈然。

甘松坡。在保山縣西北五十里。其前有白龍、虎嶂二山，分拱左右。

打牛坪。在永平縣北七十里。相傳諸葛亮南征至此，教土人牛耕，因名。

風洞。在保山縣北八十里。風自洞中出，四時不息。

潞江。在保山縣西百里。舊名怒江，以波濤洶湧而名。源出吐蕃界雍望甸，自麗江府經野人界，經府西北境，過魯庫渡口西，又南爲孫足渡口，又南爲猛賴渡口，東南流至潞江安撫司西北，爲潞江渡口。又東南過司北，又東南經府境，又南經舊鎮安所東。又南，南甸河自東北來注之。又西南流經芒市司之東，又西南經孟定土府北，又西南流入緬甸界。兩岸陡絶，夏秋瘴癘尤甚。蒙氏僭封四瀆之一。唐書地理志：永昌故郡，西渡怒江至諸葛亮城二百里。明統志：正統三年麓川土酋思任發作亂，斷潞江，立栅守，都督方政渡江擊走之。四年復命沐昂等征麓川，敗賊於潞江。府志：潞江渡昔以繩橋，明嘉靖間置巨舟，可渡百人。下流達木邦、緬甸，入南海。

瀾滄江。在保山縣東北八十里。自大理府雲龍州南流入，經永平縣西，又東南流入順寧府界，達車里，入南海。江廣二十六丈，其深莫測，其流如奔。後漢書西南夷傳：顯宗始通博南山，度瀾滄水，行者苦之，歌曰：「漢德廣，開不賓。度博南，越蘭津。渡瀾滄，爲他人。」水經注：永昌郡瀾滄水出博南縣博南山。水出金沙，越人收以爲黃金。又有光珠穴，穴出光珠。又有琥珀、珊瑚、黃白青珠也。唐書南蠻傳：望苴蠻在瀾滄江西。滇程記：自沙木和十亭至永昌府，經瀾滄江，介二山之址，兩崖壁峙，因爲橋基，纜鐵梯木，懸跨千尺，束馬以渡，名博南津。又西爲江坡，有徑新闢，建一亭，跨瀾滄江上，爲霽虹橋。守永昌者往往扼江爲險，橋其重地也。通志：瀾滄江，保山縣東北八十里，經羅氏山下，有鐵鎖橋，爲往來要津。本朝康熙四十二年，御賜「飛虹彼岸」扁額懸於上。府志：源出吐蕃嵯和哥甸，一云出涉州石下，度雲龍江至於永昌。

勝備江。在永平縣東一百里。明統志：源出羅武山，南流經縣東南境，合九渡、雙橋二河，至蒙化府合漾備江。縣志：源出大羅黑麻山。通志：江自大理府雲龍州界山箐發源。按：大羅黑麻山當是羅武山異名，山與雲龍州接界。輿圖漾備江之西有一水發雲龍州東北，東南流經黃連鋪東，又東南注漾備江。當即是水也。

銀龍江。在永平縣北半里。一名太平河。源自縣北阿荒山，南流合木里場河，又南流穿縣城出，又南合曲洞河，又東南過薩佑河、花橋河，又東南會勝備江，流入順寧府界。縣志：每歲孟冬，近曉有白氣横江如龍，故名。通志：源有二，一出阿荒山，一出羅木山，合流貫城，經打牛坪諸寨入瀾滄江。明萬曆中濬西濠爲河，分水流城外。

碧溪江。在永平縣東北二百里。舊志：即漾濞江，自大理府浪穹縣之羅舍河流入，經縣界，東南入蒙化廳界。

上水河。在保山縣内。名勝志：城内有上水河，又有下水河，源出九龍池及寶蓋山箐，合流入城，貫穿委港，達於東河。府志：東河亦曰郎義河。源出龍泉，流經郎義村，合清水河，南入峽口洞，復西南流爲枯柯河。鐵索橋跨其上。

小羅窑池河。在保山縣東南一百二十三里。府志：在施甸長官司東南二里，源自秀巖山下，流入瀾滄江。

沙河。在保山縣南七里九隆、法寶二山兩崖間。水勢盈涸無常，引以灌溉。明統志：源出九龍池，南流入峽口洞。

坪市河。在保山縣南。有二源。明統志：一出甸頭，一出石甸寨，合流施甸司西，又南合蒲縹寨澗水，經新棚山口，陡崖飛下，下流入潞江。

清水河。在保山縣北五十里。府志：河有二源，一出府北五十里阿隆村，一出府北十七里甘松坡下，合流東至鳳溪山下，合鳳溪。又南合郎義河，至城東南合沙河諸水，入峽口洞，伏流數里，出爲枯柯河，下流入灣甸土州界。按輿圖，即南甸河，三源並發縣北，合流經縣東，匯爲青華海，又東南流繞哀牢山南麓，又南入峽口洞，又南流經老姚關東，又南經灣甸土州西北，又西南注龍川江。

沙木河。在保山縣東北一百二十里。自順寧府流入，合沿山澗水，匯流三十里，入瀾滄江。

雙橋河。在永平縣東八十里。源發上西里，流經黄連堡東二里許，匯諸澗水，下流入勝備江。

花橋河。在永平縣西南三十里。源出博南山下，流入銀龍江。滇程記：下關石橋至碗水哨，又西爲四十里橋，又西爲響水澗橋。循澗行，巨石峭崿，鳴若轟雷。近關有花橋，架木飛梯，所謂花橋河也。

曲洞河。在永平縣西三十里。源出和丘山西麓，下流入銀龍江。其河之南有温塘，水暖澄澈，四時可浴。

木里場河。在永平縣北三里。又縣北四里有桃源河。俱發源縣西之和丘山。桃源河即木里場河上源，一水異名，下流入銀龍江。

九渡河。明統志：在永平縣東北五十里，源出横嶺山，流入勝備江，沿山繞流，上跨九橋。

青華海。在保山縣東五里。匯諸流爲池，廣十餘里。

荷花水。在保山縣西北。匯仁壽泉水，多植荷花。

黑龍潭。在保山縣北七十里。禱雨以銅牌激龍，即雨。

易羅池。在保山縣南。明統志：池周三百餘步。傳昔哀牢婦觸沈木感孕，即此池。府志：在九隆山下，即龍池泉。泉由地噴者九穴，因甃石爲池承之，其下匯爲大池，可三十畝。明洪武中，度田分水爲四十一號，爲民利。歲以武官一員司之。

黑龍塘。在鎮康州北三十里。

金雞泉。在保山縣東五里金雞村。泉出二池，一温一涼。泉畔有石，高五尺，圍丈餘。石上數孔聚水澡浴，俗謂之「立舒石」。相傳吕凱所立。又雞飛泉，在縣東南一百里。有石洞，洞旁二泉，一温一涼，清瑩見底。

龍泉。府志：有龍王泉，在保山縣北三十里。上有龍王祠。泉由石穴湧出，流爲三溝，一由龍灘流經郎義村，浮於中溝壩〔二〕。明嘉靖間，甃以磚石，歲久淤塞。本朝康熙初重修二溝，灌田一萬二千餘畝，下溝入於東河。

寶峯泉。在永平縣東四十里，引流灌溉。

黑泉。在灣甸土州。泉色如黝漆，漲時飛鳥過之即墜，人犯之立斃。

安遠井。在保山縣。水極清洌。

光明井。在保山縣東五里。相傳唐大曆間，於井旁見三角牛、四角羊、鼎足雞，井中有火燭天，南詔以爲妖，遂塞之。今建風雷雨壇於其上。

古蹟

永昌故城。今府治。舊志：元置金齒等處宣撫司，其地在大理西南，瀾滄江界其東，緬地接其西。土蠻凡八種，曰金齒，曰白夷，曰僰，曰峨昌，曰驃，曰繲，曰渠羅，曰比蘇。唐南詔蒙氏興，異牟尋破羣蠻，盡取其地。及段氏時，金齒諸蠻浸盛。元中統初，諸酋各遣子弟朝貢。二年，立安撫司以統之。明統志：元金齒宣撫司治於此。明楊廷和建府治記：元立金齒等司於銀生厓甸，其地去今府千餘里。後以遠不可守，移就永昌，仍冒金齒之名，實非金齒故地。滇志：永昌府城，即唐天寶二年蒙氏皮羅閣所築。

鎮姚所城。在保山縣東南一百五十里。明萬曆十三年改永昌所建。又鎮安守禦所，在縣西南潞江外三百五十里，萬曆十三年改金齒所建。二所俱隸永昌府。滇志：鎮姚所城，在老姚鳳山之阿。鎮安所城，在猛林寨。舊爲潞江安撫司屬郡。通志：今所裁，兩城俱存。

景杏土城。在孟定土府境。其相近又有馬援城，今名馬援營。

謀粘廢路。在孟定土府東南。元至元中，置謀粘路軍民府於此，後廢。

哀牢廢縣。在保山縣東。漢置縣。後漢書郡國志：永昌郡哀牢，永平中置，故哀牢國。又西南夷傳：建武二十七年，哀牢王賢栗等率種人詣越巂太守鄭鴻降〔二〕，求内屬。又永平十二年，哀牢王柳貌遣子率種人求内屬，以其地置哀牢、博南二縣。府志：府治東即漢哀牢縣故址，元爲永昌府治，明洪武中改爲中千户所軍營。

不韋廢縣。在保山縣。漢置，晉廢。孫盛蜀譜曰：初秦徙吕不韋子弟宗族於蜀，漢武帝開西南夷置郡縣，徙吕氏以充之，因置不韋縣。華陽國志：武帝渡瀾滄水，置不韋縣，徙南越相吕嘉宗族以實之，名曰不韋，彰其先人惡行也。水經注：不韋縣，蓋秦始皇徙吕不韋子孫於此，故名。北去葉榆六百里。按常璩之説近是。府志：不韋縣，相傳在鳳谿山下。

博南廢縣。在永平縣東。漢置縣。後漢書西南夷傳：建初元年，哀牢王類牢叛，攻博南，肅宗募昆明夷鹵承等〔三〕，率種人與諸郡兵擊類牢於博南，大破斬之。又郡國志：永昌郡博南，永平中置。元史地理志：永平縣在府東鹿滄江之東，即漢博南縣，唐蒙氏改勝鄉郡，屬永昌。至元十一年改永平縣，隸永昌府。縣志：博南廢縣在縣南，其地今爲江東村。

永昌故衛。即金齒衛，在保山縣西南。明洪武十五年建，本朝康熙二十六年省。

永平廢所。在今永平縣治東北。明洪武十九年建，本朝康熙五年省。

廢鳳溪長官司。在保山縣東二十五里。元永昌府地。明洪武二十三年置長官司，土官莽姓。本朝順治十六年省。

廢施甸長官司。在保山縣南一百里。唐時蒙氏銀生府北境。宋時段氏置廣夷州。元至元十一年置石甸長官司，後訛爲施甸。明初因之。萬曆十一年，灣甸酋景宗真導緬入姚關，焚掠施甸。官軍敗緬，復收其地。府志：土官莽姓，本朝順治十六年省，今設巡檢司。

諸葛營。在保山縣南十里。相傳諸葛亮南征屯兵之所。舊志：地名諸葛村，孔明既旋師，漢人有遺於此者，聚廬世居，至今稱爲舊漢人。又營前小海子内有土阜一區，周遭三十六丈，隨水高下，雖巨潦不能浸，俗傳爲孔明旗臺。

諸葛寨。在永平縣北三里。又有闞索寨，在縣東四里，周迴二里。其下有洞，首尾相通，樵牧者嘗聞洞中有戈戟聲。

孟賴寨。在孟定土府東南。明正統二年，麓川思任發叛，犯景東、孟定，破孟賴寨。寨乃孟定之別部也。

昔剌寨。在鎮康土州南境。明正統五年，大軍討麓川，至金齒，鎮康土官悶孟乞降。王驥命別將冉保分兵據其城，因其兵破昔剌寨，移攻孟連是也。

控尾寨。在鎮康土州西南。明萬曆十三年，木邦酋罕思禮誘鎮康酋悶枳歸緬，枳不從，遂令其黨海慶襲控尾寨，據之。又欲取孟犇，孟犇亦州境別部也。

阿坡寨。在潞江司南。明隆慶六年，金騰兵備許高征蒲蠻阿坡寨，擒其將蔣裕，於是桑科等二十八寨皆畏服之。潞江、烏色、平戛三寨蠻亦來附。

景罕寨。在潞江司西南境。明洪武末，平緬諸蠻刁幹孟叛，何福破之於南甸，還兵擊景罕寨。蠻乘高據險，堅守不下。福糧垂盡，沐春馳至，徑渡怒江，馳躪寨下，蠻出不意，遂降。乘勝復擊崆峒寨，賊潰走。又正統三年，方政破麓川賊於潞江西岸，賊走景罕寨，官軍復敗之。

孟纏甸。在孟定土府東北。一作孟羅。明正統五年，思任發自麓川屯孟羅，進據鎮沅府之者章硬寨，爲沐晟所敗。

細甸。在潞江司東南。明正統中，麓川酋思任發叛，督臣王驥言：江北細甸、昔剌等處，係賊左臂，恐乘虛竊發，侵犯金齒，阻絶糧道。今分軍二路，別將冉保從細甸直取孟定，合木邦、車里之兵爲東路。大將由西路至騰衝與保會，使賊背腹受敵云。

石塔。在潞江西岸。相傳諸葛亮征孟獲時建，有大樹裹塔，周十餘畝。

將臺。在保山縣東金雞村温泉之北。世傳蜀漢吕凱所築。凱金雞村人也，今遺址尚存。其村又有立釪石，高五尺，周二丈許，中斷處深尺餘，相傳吕凱立戟於此。

右軍書臺。在保山縣南諸葛營東。府志：舊有晉王羲之手書碑刻，今皆廢，僅存遺址。

明詩臺。在保山縣南。郡人張含築，含長於詩，明楊慎爲之題。

敕書樓。有二，一在兵備署，一在府治。

安邊定遠樓。在保山縣南，高五丈有奇。明洪武十七年建，括蒼王景常有記。

觀騎樓。在保山縣南七里，明永樂二十年建。府志：在諸葛營東嶽廟前，俗以三月二十七日，俠遊少年聚此走馬，登樓觀者如市。嘉靖中，參議劉鶴年毁之。

一鑑樓。在保山縣南門外龍泉寺東，俯臨易羅池。明洪武中建。

德化樓。在永平縣治南。壯麗可登覽。

關隘

老姚關。在保山縣東南一百七十里。明萬曆十一年，灣甸酋長景宗導緬寇姚關，焚掠順寧。十三年，添守備駐之，今省。

蒲關。亦曰蒲蠻關，在保山縣南三十五里。明洪武初，建金齒巡司於此，後省。滇略：蒲人散居山谷無定所，鳳谿、施甸二司及十五哨、二十八寨皆其種也。元時，有可蒲寨。至元十六年，廣西宣撫司討平和泥蠻，遂徇金齒甸七十城，越麻甸，抵可蒲寨，皆下之。按唐南蠻傳，永昌蠻西有樸子蠻，以青娑羅爲通身袴，善用竹弓，入林射飛鼠，無不中者。無食器，以蕉葉藉之。人多長大趫悍，負排持矟而鬬。滇程記以爲即蒲蠻孟獲之裔也。通志：百夷即僰夷，又名蒲蠻。又有熟夷，名小白夷，環永昌西南境。

潞江關。在保山縣潞江東岸。

水眼關。在保山縣南五十里。明置巡土官，莽姓世襲，今省。

清水關。在保山縣卧佛山。明置巡司，今省。

馬面關。在保山縣西北二百五十里上江外蠻雲喧山頂。山極峻削，壁上有石，名黄牛石，行者險阻，必祭而後行。

甸頭關。在保山縣北十里。明置巡司，土官莽姓世襲，今省。以上各關，俱有墩臺、關樓、營房，明萬曆二十二年建。

山塔關。在保山縣東北七十五里阿章寨，亦曰山達關。

玉龍關。在永平縣西南四十里。下有花橋河，控扼險隘之處也。即古花橋關。

丁當丁山關。在永平縣博南山。崇坡峻坂，陟降三十餘里，爲西陲通衢，舊置哨於此。

上甸關。在永平縣北二十里。明初置上甸定夷關巡司，後省。

全勝關。在潞江司西，當灣甸、猛波羅兩路中。又南有偃草坡，明萬曆十一年，參將鄧子龍敗緬軍於此，因設關。時緬人崩潰而下，至今草皆下生，不能上指。

施甸巡司。在保山縣南一百里。明洪武二十二年，置巡司戍守。本朝仍舊。

沙木和堡。在保山縣東北一百二十里。滇程記：自永平縣七亭而崎，達沙木和。土人謂「坡」爲「和」也。途經鐵場坡、花橋哨、蒲蠻哨、丁當丁山關，皆高險。明洪武二十二年，置巡司、驛丞。本朝裁驛丞，仍留巡檢司。

永平堡。在永平縣城東五里。又有漾備上堡，在縣東七十里。

打牛坪堡。在永平縣東九十里。明正統間置土巡司、土驛丞，今皆裁。滇程記：東去六十里，爲蒙化府之漾備堡，九亭而達打牛坪。途經横嶺，其高傍雲，梯箐以升。又西爲雲龍橋，又西爲大牛坡而後至坪。又自打牛坪十亭而畸，達永平縣，有畢勝橋、娘娘叫狗山，其間有九轉十八灣之險。

黄連堡。在永平縣東一百里。又有蒙能哨、莽卜浪哨，舊俱有戍兵防禦。

津梁

衆安橋。在保山縣南七里，跨沙河下流。明洪武二十三年，指揮胡淵創建，正德、嘉靖中復修治。本朝康熙二十九年重修。

神濟橋。在保山縣南諸葛營東。明永樂間建，嘉靖中甃以磚石。

血戰橋。在保山縣南全勝關外。明時官兵與緬戰處，參將鄧子龍建。

北津橋。在保山縣北二十里。又府城東北一百二十里有鳳鳴橋，跨沙木河上。

霽虹橋。在保山縣北八十里，跨瀾滄江。府志：漢諸葛武侯南征，架橋濟師，後以索爲之。元至元中，額森布哈重修，名曰霽虹。明初，鎮撫華岳置二鐵柱於兩岸以維舟，時遭覆溺，後架木爲橋，又爲火所焚。弘治十四年，兵備使者王槐構屋於上，貫以鐵繩。本朝順治、康熙間累修。南北往來孔道，亦曰瀾滄江橋。「額森布哈」舊作「也先不花」，今改正。

昌平橋。在永平縣治東半里許銀龍江。亦曰太平橋。以木爲之，長四十丈。其東北又有安定、通市二橋。

漾濞橋。在永平縣東北。制如府境之霽虹橋。

潞江渡。在保山縣南。舊刳木爲舟，以通往來。明嘉靖中，始製巨舟，可渡百人，兩岸各建官廳憩息。

隄堰

大諸葛堰。在保山縣南法寶山下。周遭九百八十餘丈，中深二丈。漢諸葛武侯所濬，歲久淤漲。明成化三年，巡按朱暟修築。水分口爲三，洩以灌田，俗呼爲大海子。又有中堰，俗呼爲中海子，下堰爲小海子。

石花堰。在保山縣南十二里，源出本山後之響石洞。土隄周一百十五丈，中爲一纂，灌田數十畝。

陵墓

漢

呂凱墓。在保山縣金雞村。

孟優墓。在保山縣鎮姚所南八十里，地名猛波羅。

明

陳以仁墓。在保山縣龍泉門外圓通閣後。洪武中，以户科給事中謫戍金齒，卒葬於此。

張志淳墓。在保山縣南黄竹山，嘉靖間賜葬。

薛繼茂墓。在保山縣東南三十里桃紅屯東河邊。

三忠墓。在保山縣東關坡。孫可望入滇，通判劉廷標、推官王運開及弟運閎死之，葬此。

祠廟

武侯祠。在保山縣太保山巔。舊廢，本朝康熙二十六年重修。

大官廟。在保山縣東哀牢山下。又東林中有小官廟，明傅友德、沐英平大理，擒段氏，并其二子至金陵。太祖賜長子名歸仁，授永昌衛鎮撫，次子歸義，授雁門衛鎮撫。土人懷段氏舊德，立廟祀之，以正月十六日致祀，水旱必禱。

忠毅祠。在保山縣太保山麓，祀明副總兵方政，配以同知顧勇、陳翊、侯義，僉事江洪，皆死事者。今載祀典，歲時致祭。

鄧將軍祠。在保山縣東南鎮姚所，祀明參將鄧子龍。

羅岷山神祠。在保山縣東南三十里，祀天竺僧羅岷，或曰即黑水祠也。

何公祠。在保山縣儒學南，祀明巡撫何孟春。

象山祠。在保山縣太保山麓，祀明處士楊元。

節孝婦祠。在保山縣西。明御史陰汝登建，祀閬州守妻宋氏。本朝康熙三年，改建於易羅池。後兵燹廢，四十年重修。

昭忠祠。在保山縣馬王廟内，本朝嘉慶八年建。

寺觀

法明寺。在保山縣太保山麓。蒙氏時建，明天順間重修，爲習儀之所。

法寶寺。在保山縣南法寶山，蒙氏異牟尋建。

報恩寺。在保山縣北靈鷲山。蒙氏時建，元泰定間重建，俗呼爲大寺。

名宦

漢

陳立。臨邛人。爲不韋令，蠻夷畏之。

鄭純。廣漢人。明帝時西部都尉。爲政清潔，化行夷貊，君長感慕，皆獻土珍，頌德美。天子嘉之，即以爲永昌太守。純與哀牢夷人約，邑豪歲輸布貫頭衣二領、鹽一斛以爲常賦，夷俗安之。

曹鸞。巴人。熹平五年爲永昌太守。時黨錮甚嚴，鸞上書曰：「夫黨人者，或耆老淵德，或衣冠英賢，此宜股肱王室，左右大猷，而久被禁錮，災異屢見，水旱薦臻，皆由於此。」帝怒殺之。

馮灝。廣漢人。建和間任永昌太守，多異績。

欒巴。内黄人。靈帝時坐陳竇黨謫永昌太守，上書極諫，理陳竇之寃，帝怒下獄，自殺。

三國 漢

王伉。蜀郡人。章武時爲永昌郡丞。與郡吏吕凱帥吏民拒雍闓，諸葛亮表爲永昌太守，封亭侯。

費詩。犍爲人。章武中爲牂牁太守。昭烈即位，詩上疏諫，左遷永昌從事。

霍弋。枝江人。章武末年，永昌郡夷獠恃險不賓，數爲寇害，乃以弋領永昌太守，率偏師討之，遂斬其豪帥，郡界以静。

明

葉學則。德興人。雅善詩歌，洪武間爲永平社學師，始開文教。

胡淵。定海人。洪武間掌金齒司事。初，李觀建郡城於太保山，淵拓而廣之。金滄副使林俊臣創名宦祠，淵首與焉。子深繼掌金齒使事，興學勸農，安邊勵俗，有賢聲。孫誌在鎮二十餘年，内外綏輯，人民安堵。

方政。全椒人。正統中以副將軍討麓川酋長思任發，斬首三十餘級。頃之，夷兵四集，諸軍無繼之者，乃遣其子瑛曰：

「汝即歸，我死今日矣。」瑛泣請避之，政叱曰：「無多言！將死戰，分也。」遂策馬而進，夷兵攢爲泥。贈威遠伯，謚忠毅，郡人立祠祀之。同時戰死者，都指揮同知顧勇、陳翊、侯義、江洪。

郭本。融縣人。天順間以御史遷永平主簿。剛直廉介，常言永平小邑，不宜冗員。召還後，請裁主簿，不復設。

嚴時泰。餘姚人。嘉靖二年爲永昌知府。時永昌初復，時泰立法定制，綏柔瘡痍，控制夷僰，督博士弟子勤課業，以風勵文學。所著有專城録。

戴希灝。柳州人。嘉靖中任永昌府同知。愷悌廉明，絶請託，却夷金，興水利，勤講課，在任八載，遷長史。去之日行李蕭然，士民遮道，今崇祀。

姜龍。蘇州人。嘉靖間任瀾滄兵備道，立哨設守，盜賊屏息。楊慎作蜻蛉謡頌之。

多士寧〔四〕。隆慶中宣撫緬甸。莽瑞體作亂，遣使召之，士寧宣中國威德，言中原幅員之廣，如雲南其百一，緬所轄特千一耳。瑞體頗懼。士寧歸，遇潞江安撫線貴方投緬，責其負國興釁。適指揮方謚率兵戍蠻哈〔五〕，士寧盡以瑞體之策告之。時土司惟士寧爲服順，後養子岳鳳鴆殺之。

鄧子龍。豐城人。萬曆十一年爲永昌參將。緬人犯施甸，焚掠極慘，子龍追及於攀枝樹下，大敗之。斬景宗直以靖灣甸，擒罕虔父子以開耿馬，捉莽裕以平阿坡，築建關城，多其指畫。

李材。豐城人。萬曆十四年任兵備道，正倫紀，禁掠屠。俗先恥讓，男女別途，日延紳士講修身之學。後爲御史蘇酇所誣，被逮，郡人薛繼茂訟其冤，始釋。

漆文昌。瑞州人。沈毅有謀略，爲永昌撫夷同知。萬曆十六年緬兵犯猛密，土司子思化、思豪奔蠻莫，巡撫蕭彦令文昌往撫，單騎入蠻莫，宣朝廷德意，化豪匍伏聽命。十七年，姚營兵鼓譟，所至劫掠，將爲雲梯攻城，甚危急，巡撫楊紹程按部永昌，委文昌出城散給叛兵資費，押之出境。又議屯田二十四甸，又於各險隘建八關三堡，皆親履相度，悉中機宜，緬夷不敢内窺，騰、永之民至今尸祝。

李朝。籍貫未詳。萬曆間任把總，征緬戰死，巡撫陳用賓建祠祀之。同時有目把者義〔六〕，僰人，亦力戰死，用賓作詩弔之。

祁秉忠。陝西人。萬曆末爲永昌參將，賊銀定、歹成等以二千餘騎入塞剽掠，秉忠初就任，即提兵三百拒之，轉戰兩晝夜。賊敗遁，追還被掠人畜過半。

陳錫爵。廣東人。天啓間，任永昌同知。殲叛夷，懲師巫，嚴保甲，清軍餉，獎士類，興利剔弊，質成者稱神君焉。

李選。石屏州人。崇禎間，任保山教諭。癸未三月，獄囚叛，焚府堂，選入救火，諭囚以大義，爲囚刺死。

劉廷標。上杭人。歷永昌通判。沙定洲之亂，黔國公沐天波走永昌。既而孫可望入滇，破定洲，移檄永昌，索道府印。時廷標署府印，謀守瀾滄江以拒賊。天波懼，諭廷標等以印往，廷標堅不予。士民恐及禍，咸就署力請，且以死危之。廷標笑曰：「若謂我畏死乎？」因取酒置毒，將飲，衆乃散去。是夕，監司王運開先自經，廷標聞之曰：「男子哉！我老人反後耶？」遂沐浴賦詩三章，亦自經。本朝乾隆四十一年，俱賜謚節愍。弟廷樞，賊脅以官，抗志不屈。後值兵亂，撫掌疾呼曰：「吾與兄何可二其行也。」先殺其幼子，與妻張氏自縊死。王運開之弟運閎，隨兄至永。兄與廷標殉難，偕廷樞共殯殮之。爲賊脅至潞江，手一紙付僕，躍入中流，沈丈許，復起。衆急救，揮手止之乃歿。讀其字曰：「得我骨葬於兄側，題曰夾江兄弟之墓。」數日後於沙岸得尸，顏色如生。本朝乾隆四十一年，予入忠義祠。

王應龍。工部尚書。桂王入緬，率子追之不及，同縊於永昌。

朱慈熣。吉王，明宗室。聞兵亂，與妃張氏同縊死。其時同殉難者，松滋王、瑞昌王皆失名。又有宗室朱儀漆，晉王李定國，黔國公沐天波，敘國公馬惟興，文安侯馬吉翔及弟雄飛，泰安伯竇民望，綏寧伯蒲纓〔七〕，總兵姚文相、黄華宁、熊惟賢、王自金、安朝柱、王昇、陳謙、王啓隆、龔勳，中軍姜成德，通政朱藴金，吏部尚書鄧士廉，禮部侍郎楊載，靖東將軍魏豹，御史鄔昌琦、任國璽，錦衣衛趙民鑑、王大雄、王國相、吴承應、朱文魁、任子信、張拱極、劉相、宋宗宰、劉廣凝兄弟、宋國柱、丁調鼎，太常博士鄧居詔，主客司王祖望，儀制司裴廷謨，武選司郭璘，序班尹襄，千户鄭文遠、李既白、淩雲，百户吴麻子，學録潘璜，典簿齊應選，勳戚王維恭、張宗伯，旗鼓吴承爵，司禮李國泰，秉筆李茂芳，東宫典璽楊宗華、李崇貴，内監陳德遠等十八人，又内監周、盧、曹、沈、楊五人失其名。

本朝

王家相。咸寧人。康熙間任永昌知府。時初平吴逆，整綱飭紀，摘伏如神。事關農桑風教，皆悉力舉行。入祀名宦祠。

張承賜。遼東人。康熙間任永昌知府。潔己愛民，培養士類，倡捐濟貧田二百六十畝。

蘇爾相。靈州人。乾隆三十四年，總督彰寶檄至緬促貢，緬囚之，百計誘爾相降，終不屈，至七年乃送之歸。洊升至騰越總兵。同時被羈不屈者，隴川土把總多朝相，貴州兵彭文賢、劉成龍、吴老，昭通兵馬文彩、王登科。

人物

三國　漢

吕凱。字季平，不韋人。仕郡五官掾功曹。時雍闓等降於吴，凱與府丞蜀郡王伉帥厲吏民，閉境拒闓。丞相亮南征，表凱及伉功，言「凱等執忠絶域十有餘年，臣不意永昌風俗敦直乃爾」，以凱爲雲南太守，封陽遷亭侯。會爲叛夷所害。子祥嗣，仕晉爲南夷校尉。祥子及孫世爲永昌太守。李雄破寧州，諸呂獨不肯附，舉郡固守。

明

楊元。字務本，保山人。精邵子先天數學。爲諸生，卒業太學歸，隱居不仕，甘貧樂道。當路重之，饋遺皆弗受。或封識，待其去任返之。著納甲圖、九圭數學基指南，號象山先生。

丁嵩。保山人。家貧事母孝。洪熙間，舉懷才抱德，辭不就。宣德間，詔草野直言，嵩上機務八策，一曰正心術，二曰重經筵，三曰開言路，四曰用賢才，五曰總大綱，六曰汰冗兵，七曰重守令，八曰崇節儉。上嘉納，徵之，道病卒。所著有横峯樵唱。

張昇。字德輝，保山人。通天文地理。從尚書王驥征麓川有功，授官不就。秣陵陶寧讚之〔八〕，謂爲「後學之儀表，林泉之英傑」。卒年九十二。著有地理圖説、中星圖説諸書。

張昺。字德遠，保山人。天資清俊，嗜學飭行。正統初，舉爲弟子師。嘗以千金置義田於蒲縹，以資宗族之貧者，婚葬孤孀，皆有常給。子弟有不善，責令改而後已。鄉人有貸者焚其券，周貧不欲人知，有犯不校。善行草書。所著有鈍庵稿、地理撮要。

鍾應奇。永平人。天順間，母病，姚營叛兵入其家，應奇泣涕求以身代，兵感其孝，母子俱得全。

徐訥。字敏行，保山人。年十三，父遘疾幾殆，訥稽顙籲天，願以身代，父病果愈。後父殁，廬墓三年，朝夕哀號，有青蛇遶墓之異。成化間，詔旌其門。

張志淳。字進之，保山人。成化中進士，官至南京户部右侍郎。嘗言張綵之奸，綵銜之，後竟被劾歸。兵備道劉節倡復永昌府，以除鎮守之害。志淳多所擘畫，羣奸失利，相切齒，而終不爲浮議所動。所著有南園集、西銘通、南園漫録、永昌二芳記。從弟志信，弘治中舉人，亦負重望，著有介軒、東籬二集。

胡亢。字希賢，保山人。父歿時，亢年十二，三日不食。既葬，結廬墓側，每哭泣，輒有烏雀集樹悲鳴，哭止乃散。

戈諫。金齒衛人。弘治中，以太僕丞出爲湖廣僉事，所至以廉幹稱，捕擒巨寇，賚予有加。

吴章。字廷獻，金齒衛人。嘗問學於王守仁。授長壽教諭，倡明理學，教人以致知力行，學者宗之。

張鐘。字子鳴，金齒衛人。爲岳州推官，不屈閹宦。歷南京工部郎中。以疾歸，家居五十年卒，惟圖書數卷。

張含。字愈光，金齒衛人。少隨父志淳官京師，與楊慎同學。及慎謫滇，遂爲昕夕之友。著禺山集。同郡湯琮、陶寧、張志舉、程廣、曹遇，皆有詩名，張志淳極稱之。

張合。字懋觀，含弟。嘉靖中進士，歷湖廣副使，以疾歸。時欲清查夷田，人心洶洶，合上書五千言，遂寢其事。

馬繼龍。字雲卿，保山人。嘉靖中舉人，官車駕司員外郎。著有梅樵集，尤工於七言律。金齒明詩，禺山後一人而已。

張必煥。保山人。嘉靖中舉人，知江安縣。正直無私，不畏彊禦。有老婦訴豕爲虎攫，必煥牒山神，是夜虎銜餘豕至，人服其神。著有存拙稿、延明精集。

陳一鶴。保山人。隆慶中舉人。居家孝友，置義田以助鄉鄰，設義地以埋枯骨。夜覺有盜，一鶴曰：「祗有銀二兩，可於牕外接之。」有竊其穀者，一鶴見而避之，不欲識其面。

馬葉如。保山人。萬曆中，爲貴州安平道。時貴州安、奢二酋亂，商旅不通，藩臬皆缺。葉如出都，朝列祖餞者皆曰：「公此行，與虞詡之朝歌何異？」葉如曰：「食禄死事，分也。」至黔，單騎諭其渠帥，撫綏備至，黔中大定。後制使抵黔，拊其背曰：「公一人賢於十萬師矣。」以功轉兩淮會鹾。

石應嵩。保山人。萬曆中進士，知江陵縣。操持嚴毅，遇事剛斷，豪猾斂迹。會水泛爲害，應嵩督民作隄。後調靈寶縣，有礦徒數千入其郛，應嵩登城拒之，手刃二人，指麾力戰，賊大潰。事聞，升南京兵部主事。浦口城爲南都保障，江水侵囓，南城盡圮。應嵩築石隄以防江，計石隄七百餘丈，江霧未開即視事，三面俱新，省費十餘萬。

薛繼茂。字懋敬，保山人。萬曆中進士，刻厲有大志。歷湖廣御史，上書論郊廟不親，請建國本等事。初並封之議，神宗謀於閣臣，王錫爵以爲可，及旨出，舉朝争詆錫爵，惟繼茂一疏最和平。又疏出滇臬李材獄。按黔，請增解額五人，爲怨者所中，削籍，後追録忠直，贈光禄少卿。

王國治。保山人。萬曆中知新繁縣。值奢酋叛，以全城功晋刑部郎中。有内侍獲譴，以千金求宥，力却之。

閔繼迪。保山人。萬曆中舉人，任吏部司務。漕凋賊臨城，建議主勦，施甸激變，建議主撫，皆中機宜。鄉人立祠。子仲儼，禮部右侍郎，曾忤魏璫削籍。次仲侗，皆有詩名。

趙之琰〔九〕。初名千里，保山人。萬曆中由户部郎致仕歸，遭流寇之亂，三拒僞職，救饑埋骨，建養生院，置義田，收贖被擄子女，人感其德。

符節。保山人。其友丁良病，以幼兒並白金百兩託節，節厚撫其子，且教之，比長，挈金授之，封識依然。鄰婦迫於饑寒自縊，節救之活，給衣食，歷二十年，終不見婦面。婦卒，葬之。著有坵圾堆集。

張化樞。永平人。由舉人知江南無爲州，流寇攻城，城陷被執，駡賊而死。本朝乾隆間賜謚節愍。

傭作人。永平人，姓名失傳。萬曆間爲人傭作，事母至孝。一日見逐於主人，哀求不納，哭而去曰：「母老無食，奈何？」忽夢人撫其背曰：「某山有竹，摇之可得米。」如言以往，果得米，似稻而較長，味甚美。

李君植。保山人。官瀾滄衛指揮。孫可望入滇，君植領軍赴援大理，值賊圍城，力戰死。本朝乾隆四十一年賜謚烈愍。

陸九衢。保山人。嶍峨訓導。流寇陷城，衣冠坐明倫堂，駡賊遇害。本朝乾隆四十一年賜謚節愍。

徐一中。保山諸生。事母以孝稱。母死，柩停室中，時有火災，一中抱柩哭禱，火頓息。人以爲孝德所感。

潘嗣魁。保山人。事大父孀母以孝聞。置義田，焚借券。崇禎間行保舉法，閔仲儼舉以應詔，後中舉人。

石聲和。保山諸生。崇禎間刑部郎中王國治舉應孝廉。丁亥流賊入城，聲和與子吉皆死之。

馮時可。保山諸生。尚節義，善屬文。流寇之亂，闔門死節。

王顯隆。字樂天，保山諸生。弟顯卿，字樂心，素友愛，丁亥遇兵亂，俱自焚。

馬生。保山人，失其名。丁亥流寇至永郡，惡少争焚香迎之，馬生獨閉門縱火，舉家自焚死。本朝乾隆四十一年予入忠義祠。

張登元。字文蔚，保山諸生。己亥兵至，闔門死節。本朝乾隆四十一年予入忠義祠。

劉德本。保山人。己亥兵至永昌，德本哭語其妻曰：「時事至此，吾儕小人，何以生爲？」遂積薪樓下，夫妻子女五口俱自焚死。本朝乾隆四十一年予入忠義祠。

陳正猷。保山諸生。己亥兵亂，正猷偕妻避於東山，繼而兵至，自縊死。本朝乾隆四十一年予入忠義祠。

祝維霍。保山諸生。己亥兵亂投井死。本朝乾隆四十一年予入忠義祠。

張文達。保山人。由舉人知錢塘縣，後官霸昌兵備道。時討流寇，傾家助餉，以憂去任，聞流寇北至，遂還騎入衛，京師已陷，赴驛亭自縊死。本朝嘉慶十三年恩准入鄉賢祠。同郡貢生丁運亨、沈嗣振俱明末殉難。

本朝

王弘祚。字懋自，保山人。由舉人任户部郎中。順治初擢岢嵐道，以才能召入，仍爲户部郎中。是時天下初定，圖籍散失，弘祚練習故事，奉修賦役全書，多所釐正，擢太僕卿。累遷尚書，加太子太師。上籌滇條議十餘事。改兵部尚書，致仕。卒，謚端簡。

徐崇岳。字石公，保山人。康熙中舉人，赴公車不第，樂志林泉，殫心著述。吴三桂重其名，强之仕，不屈。所著有造適軒集。

流寓

元

托克托。字大用。順帝時中書左丞。至正中伐徐州賊，破之，又破張士誠於高郵城下。哈瑪爾忌其功，嗾御史袁賽因等劾之，詔削官爵，再徙雲南之鎮西路。騰衝知府高惠欲字之女，辭曰：「吾罪人也，安敢念此。」後再徙阿輕乞之地，惠以前不受其女，發兵圍之，哈瑪爾矯詔遣使鴆之，卒年四十二。「托克托」舊作「脱脱」，「哈瑪爾」舊作「哈麻」，今俱改正。

明

范從文。字復之，崑山人，文正公十三世孫。洪武中以奉使稱旨擢御史，後謫戍莊浪，又改戍金齒，十年赦歸。著有小學章詁、後齋集等書。

高莘。山東人。洪武中以起居注謫戍金齒。時武官恣横，欲延爲館賓，免其從役，莘以守分執役辭。乃使之守門，終日執殳，會大雨，武官并其妻孥辱之泥塗，衣裳狼籍，殊無戚容，其耿介如此。

周志鉉。字元亮，永安人。洪武中以翰林謫戍金齒。精春秋，人稱「節孝先生」。

葉景和。南京人。從父母戍永昌。母有殊色，解官千户欲私之，其母不從，凌辱備至。父亡，欲置之死，景和時年十四，逃還京，撾登聞鼓，即時召入，俾盡言，千户論斬，令景和監視之。

楊慎。新都人。廷試第一。嘉靖初以諫大禮戍永昌衛。安鳳變起，圍木密所，慎戎服往援，賊敗去。安寧守欲榷民鹽牛税，慎謂此刀錐者，宜推與民。軍官言海口役爲利，督丁夫六千人下海，民苦之。慎以書告執政，俱報罷。戍永昌三十二年，放浪湖山，覃精著述，卒於滇。

劉寅。崞縣人。以罪謫金齒，賣藥授徒，著書不輟。萬曆中巡撫陳用賓祀於會城，與漢王褒、明楊慎爲「三賢」云。

刁怕文。宣撫怕舉之弟。怕舉死，罕拔爲緬招千崖，許怕文代襲其兄職，怕文拒之，與戰，緬兵大至，潰奔永昌。

列女

元

黄善妻張氏。永昌人，名藥師。年十六適善，生子定。善卒，家貧守節，撫育遺孤。大德中，定赴京，訴其母之貞操，詔旌其門。

明

李勤妻張氏。永昌人。年二十六，夫亡，孝養孀姑，苦節五十餘年卒。洪武年旌。同郡夏寧妻葉氏〔一〇〕、白浩妻閃氏、朱鑑繼妻徐氏、胡來觀妻陸氏、閃訓妻馬氏，俱夫亡苦節，詔旌其門。

李某妻季氏。永昌人。夫失名，氏早孀，有殊色，都督毛勝鎮永昌，欲强娶之，氏以死自誓，勝不能屈。同郡趙璿妻鄭氏、蔣希賢妻袁氏、劉儀妻李氏，俱夫亡苦節，歷四十餘年卒。

謝定妻任氏。永昌人。夫罷四川開縣令，僑寓不歸。翁姑年八十餘，氏紡績以養之。及卒，鬻所居小室以葬，遂不食而死。

多士寧妻罕氏。木邦女也。士寧死，緬兵攻之，罕氏懷印信，并二子，奔永昌求援。當事不應，遣之歸，亦爲岳鳳所害。

早正妻。永昌人。阿昌羅板寨百夫長早正，娶羅古寨土舍女爲繼室，正病，妻事之謹。及亡，大慟不食而死。

梁毅女。永昌衛人。年十六，父母他出，女適獨居，惡少挑之，女大怒，泣訴於母，遂自縊死。

楊椿妻張氏。金齒衛人。年二十五，夫亡子幼，家貧勵志守節，歷四十餘年卒。

宋氏。金華人。夫任閬中守，以事死獄中，仍籍其家。氏隨姑來戍金齒，長途奉姑不少懈。過盤江，題詩郵亭壁，訴其寃苦。御史陰汝登建祠永昌，刻其詩於石。

俞富妻阮氏。合肥人。富籍金齒，從征安南，與弟祥俱戰死。阮氏暨祥妻黄氏，年未二十，俱誓死無他。學士汪諧旌其門。

張思仁妻王氏。山陰人。隨夫戍金齒。年二十六夫卒，父母欲改嫁之。氏以親老子幼，矢志靡他，卒不能奪。宣德年旌。同邑梁貴妻趙氏，夫戍金齒卒，苦節撫孤，詔旌其門。

吳貴二女。鞏昌人。父任永昌指揮，卒，無子，二女間關叩闕，求爲置嗣，誓守貞以終。

弋諫妾韓氏。無錫人。諫金齒衛人，宦東昌，納爲妾，歷官僉事卒。氏守節自誓，或憐其少，欲奪之，遂自縊。

瞿爵妻朱氏。保山人。年二十三，夫卒無子，食貧守節，嘉靖間旌。同縣周科妻張氏，年二十九夫亡，一子方幼，族人利其資，迫令改適。氏以死自誓，守節四十餘年。萬曆年旌。

潘承志妻邵氏。保山人。年二十三，夫隨父任卒。氏茹苦撫孤，歷五十餘年。同縣陳謨妻田氏、劉遇曉妻張氏、周士玉妻楊氏、尹先哲妻戚氏、張士彥妻鄧氏，俱早歲夫亡，苦節五十餘年。

袁必通妻張氏。保山人。年二十九夫亡，苦節五十餘年卒。子熙早殞，媳陳氏亦苦節四十餘年。同縣劉傑妻毛氏、閃應華妻穆氏、陳大猷妻馮氏、孔宗明妻劉氏、王重光妻段氏、陳溥妻趙氏、易源鼎妻龍氏、李達妻席氏，俱早歲夫亡，食貧苦節。

王啓龍妻吳氏。保山人。夫任總兵，流寇之亂，氏與妾周氏將自縊，人見而救之，氏正色曰：「君與我夫厚，宜速我死。今反相救，欲我等爲蠻婦乎？」與周氏同時縊死。同縣朱廣運妻戚氏、邱世第妻陸氏、周運泰妻吳氏、朱統妻閃氏、丁長祐妻閃氏、王聖修妻水氏、姜承德妻楊氏、石應岷妾徐氏、田氏，俱遇賊不屈死。又趙天俊妻樊氏、左拱極妻鄭氏、潘繼善妻周氏、吳德光妻陸氏、石元鳳妻閔氏，俱入祀節孝祠。

丁列妻張氏。永平人。年十八夫亡，撫遺腹子，苦節五十餘年。與同縣吳氏、張氏同旌。

張本妻胡氏。永平人。年二十八夫亡，與妾陳氏同心守節，歷六十餘年。同縣楊廷詔妻謝氏、吳承祚妻繆氏、廖惟熺妻吳氏、鍾伯玫妻楊氏，俱早歲夫亡，終身苦節。

朱錫命妻羅氏。雲州人。錫命於萬曆間殺賊陣亡。食貧守節，撫孤成立。

盧蕙妻甯氏。瀾滄衛人。蕙任思州府經歷，銅苗作亂，氏被擄，投河死。

鄒天涯妻董氏。永平人。流寇至，被擄至玉皇閣下，投井死。同縣李煒妻董氏，李自奇兵亂，被擄不從，投井死。楊爾俊妻金氏、浩一元妻葉氏、馬吉翔女遇賊不屈，俱自盡。

陳其養妻祝氏。保山人。夫卒，孝事舅姑，撫子成立。爲流賊康勇所逼，漆面毀容乃免。己亥，被擄投河，遇救得甦。

吉王妃張氏。兵亂自縊。時有桂王貴人劉氏同縊死。松滋王妃，失其氏，顧侍妾將分娩，先令自縊，俟氣絶，乃自刎。

吴承爵妻。永平人。失其氏，兵亂，一子一女，先令自縊，曰：「與其留作蠻子，莫若與之俱死耳。」乃自縊。同時王國璽妻失其氏，亦自縊。

齊環妾。永平人，失其氏。環爲大理卿歿，妾遺腹生一子，所居狹隘，且人衆，求死不得。紿女伴河邊觀水，忽曰：「吾去矣。」抱其子投水死。

吴佩妻謝氏。佩爲保山諸生。氏孝事繼姑，流寇將至，即置酒與姑訣。以二子付其夫，善撫之，潛登樓自縊。同縣石瑜妻胡氏自縊，時年二十。

劉廷樞妻張氏。保山人。廷樞既殉節，氏先縊其二子，乃自縊。

水潔妻陳氏。潔爲保山諸生。流寇至，氏避山林被擄，至東河邊，高聲語同伴曰：「吾南門外陳氏女也。」言畢即投河死。又城東南騎龍寺有女子，年方笄，縊於寺中。尼曰：「此恐被辱而自死者。」惜其姓氏無考。

閔連城妻石氏。保山人。流寇至，被擄，解所挾奩物與夫，投河死。同縣舉人張世明妻侯氏，亦投水死。諸生王若賓女，賊欲犯之，不從，被刺死。

馮時可母王氏。永昌人。流寇亂，氏率女及媳自焚。

張登元妻潘氏。保山人。己亥兵至，氏先誘二子出，與夫舉火自焚。同縣劉得本妻失其氏，亦自焚死。

陳正猷妻石氏。保山人。兵亂，偕夫避東山。既而兵至，投水死。又祝維霍妻，失其氏，同時投井死。

本朝

吴必隆妻陸氏。保山人。未婚夫卒，守志終身。同縣侯順天妻趙氏、俞某妻王氏、吴新誥妻周氏、張應魁妻張氏，皆奔喪守貞，於乾隆間先後旌。

陸自瀚妻李氏。保山人。未嫁夫卒，泣血奔喪。旋以父老回家，歲時一省其姑，父卒乃歸。

張鳳翺妻童氏。保山人。年二十九夫亡，孝養舅姑，撫遺腹子成諸生。同縣龐德俊妻王氏，年二十八夫亡，大叔欲奪其志，氏以死拒。子早殞，撫孤孫成立。趙秉良妻楊氏，年少夫亡，翁有殘疾，氏誠心療治。鄰憫其貧，爲議婚，氏以死誓。守節撫孤，歷三十四年。又范紹文妻黄氏、白太元妻王氏、張從良妻施氏、趙宗妻楊氏、葛延相妻楊氏、張維妻宋氏、徐幹妻楊氏，均乾隆間旌。

劉秉乾妻陶氏。永平人。年少夫亡，孝姑守節，教子成名。乾隆間旌。

袁鼎妻邵氏。保山人。夫亡守節，與同縣胡經妻李氏、陳嘉言妻曾氏、周于京妻閻氏、馬存憲妻趙氏，均嘉慶間旌。

蘇爾相妻張氏。甘肅靈州人。爾相奉檄往緬甸，總督彰寶聞訛傳被執已降，氏被逮，遣新疆，大呼曰：「奉檄而出，何言執也？我夫忠貞，斷無降賊事。」遂手刃其子天德并二女，隨自刎。

仙釋

唐

無言和尚。姓李，世爲蒙氏清平官。生時掌有文曰「無言」，因名。年十五，依圓浄法師，精研律論，融貫教乘，手書大乘般若經千餘卷。死得五色舍利，遂於棲賢寺旁建塔奉之。並見雲南府仙釋門。

道超。段氏子。童蒙出家，戒行清苦。常入定巖間，有異鳥銜花、麋鹿馴卧之異。臨終謂其徒曰：「勿荼毘，三年後當葬我於西山。」及期起視，顔色如生，衆嘆異之，遂爲立塔。

明

不二頭陀。姓任。少爲永昌郡吏。素好道，嘗過一坊下，得陰府律，皆其所犯，遂棄家雲遊。至應天府，趺坐市中，巡城御史責之，命安插古寺内。寺有妖，不二趺坐，夜有蛇長數丈，口如盆，自上而下，欲吞之。不二端坐叱曰：「吾在此，不去，將誅汝。」蛇遁入廊下，人以此感動，捐萬金修德普寺居之。又常見其髮有五色。後坐化。

海闊。福建人。雲遊至永昌，居沙木和石牌寺〔一一〕，晝夜趺坐，戒行精嚴。獨居數十年，髮白轉黑，齒落重生。百三歲，圓寂於劉家庵。

祖復。號立禪。四川宗藩，棄位修道，遍歷名山，至寶臺山，創刹聚徒。常跏趺深林，虎豹潛匿。開山請藏，三十年無少怠。每於枯木下立禪，又以指燃燭，十指皆盡。及入滅，令盛以木桶，外束以三鐵箍，言箍三斷則出世，今已二斷矣。

蓬頭道者。字洞元，不知何許人。崇禎間雲遊至永，趺坐市中，無所求。與之錢，隨以給貧人。後歸東山寶鼎寺。每於盤石上静坐，山禽翔集於身，人以此異之。

土産

金。後漢書郡國志：「博南南界出金。」注：華陽國志曰：「西山高三十里，越得瀾滄水，有金沙，洗取融爲金。」

瑪瑙。出保山縣瑪瑙山巔。有紅白色相間者，曰纏絲瑪瑙，有紅如胭脂者，曰紅瑪瑙，有色白如玉面光潤者，曰白瑪瑙，有紫色者，曰紫瑛瑪瑙。其體脆而易破，製之甚難。

碁。永昌之碁，甲於天下。製法以瑪瑙石合紫瑛石研爲粉，加以鉛硝，投以藥料，合煅之。用長鐵蘸其汁，滴以成碁，其牙色深黑者最堅，次取緑者稍脆，又蠟色雜色及黑白俱有花者，其下也。

蔞葉藤。葉似葛蔓，附於樹，可爲醬，即漢書所謂蒟醬也。實似桑椹，皮黑肉白，味辛，合檳榔食之，可禦瘴癘。

時魚。出保山縣瀾滄江，即東南之鰣魚也。味極美，雷鳴始出。

茶。灣甸土州孟通山出。

芭蕉。灣甸土州出，可食。

大藥。鎮康土州出。

鮮子。鎮康土州出，大如棗。

校勘記

〔一〕浮於中溝壩　「浮」，乾隆志卷三八〇永昌府山川（下同卷簡稱乾隆志）同，雍正雲南通志卷一三水利作「滙」。

〔二〕哀牢王賢粟等率種人詣越嶲太守鄭鴻降　「賢粟」，原作「贊粟」，乾隆志同，據後漢書卷八六西南夷列傳改。

〔三〕肅宗募昆明夷鹵承等　「承」，原脱，乾隆志同，據後漢書卷八六西南夷列傳補。

〔四〕多士寧　「寧」，原作「凝」，據乾隆志及明史卷三一四雲南土司傳改。下文同改。按，本志避清宣宗諱改字。

〔五〕適指揮方謐率兵戍蠻哈　「謐」，原作「謚」，乾隆志同，據馮蘇滇考改。

〔六〕同時有目把者義　按，據滇考，雍正雲南通志卷一五祠祀及本志臨安府祠廟，把者義乃臨安府寧州土目，死於蠻莫之難。則其事跡當入臨安府，不當入永昌府。

〔七〕綏寧伯蒲纓　「寧」，原作「凝」，據小腆紀傳卷六紀改。按，本志避清宣宗諱改字。下文「劉廣凝兄弟」，「凝」似亦避「寧」字諱改。

〔八〕秣陵陶寧讚之　「寧」，原作「凝」，避清宣宗諱也，據乾隆志回改。下同改。

〔九〕趙之琰　「琰」，原作「炎」，據乾隆志及雍正雲南通志卷二一之一人物改。按，本志避清仁宗諱改字。

〔一〇〕同郡夏寧妻葉氏　「寧」，原作「安」，據乾隆志及雍正雲南通志卷二二列女改。

〔一一〕居沙木和石牌寺　「和」原作「河」，「牌」，原作「碑」，據乾隆志及雍正雲南通志卷二五仙釋改。

開化府圖

廣南府界
鳳凰山
二台坡
開化府
文山
東文山
聳翠山
交趾界
盤龍河
獅子山
天生洞
牛華箐
白馬
天生橋
交趾界

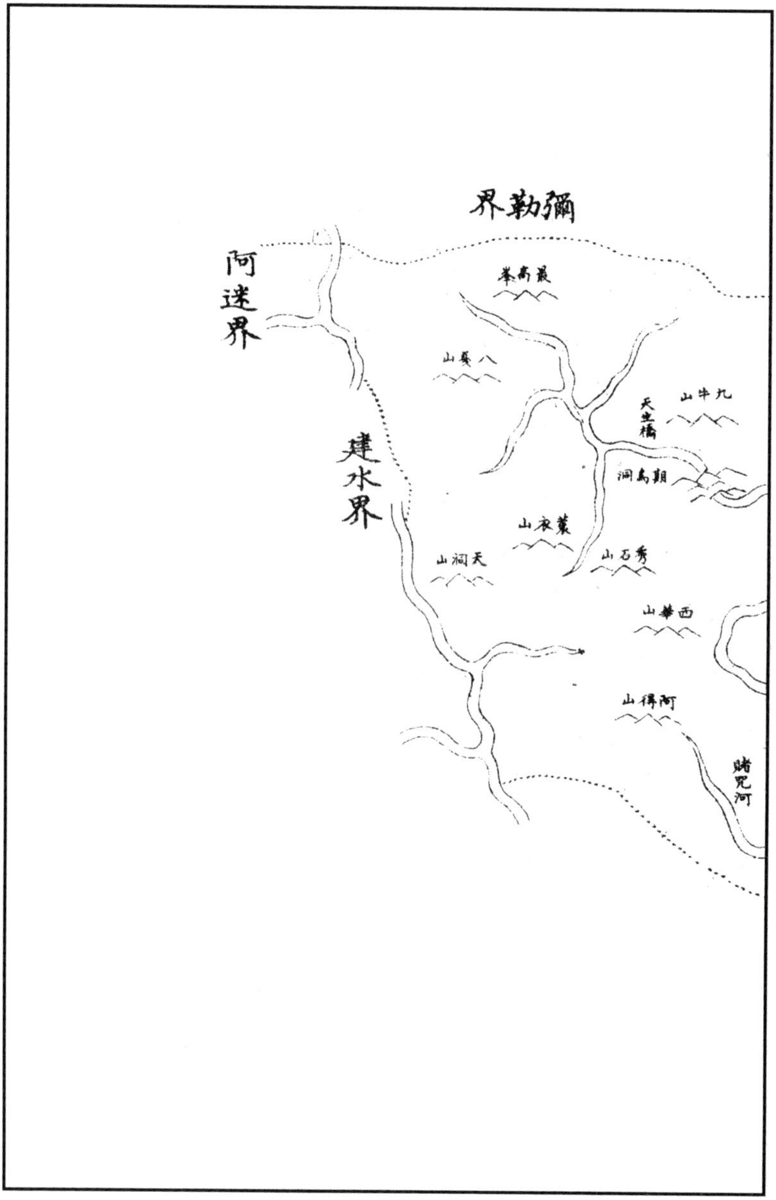
彌勒界
阿迷界
建水界
最高峯
八寶山
九牛山
天生橋
朝烏洞
蒙衣山
天洞山
秀石山
西華山
阿得山
賭咒河

開化府表

	開化府	文山縣
兩漢	句町國地。	句町國地。
三國		
晉		
宋		
齊		
梁		
隋		
唐	初屬越巂郡，後蒙氏爲强現、牙車、教化三部。	
宋		
元	仍爲强現三部，屬臨安等處宣慰司。	
明	置教化、王弄、安南三長官司，俱屬臨安府。	臨安府地。

大清一統志卷四百八十八

開化府

在雲南省治東南七百一十里。東西距一千一百四十五里，南北距四百二十里。東至交趾界四百六十里，西至臨安府建水縣界六百八十五里，南至交趾界二百四十里，北至廣南府界一百八十里。東南至交趾界二百三十里，西南至交趾界四百一十里，東北至廣南府界二百二十里，西北至阿迷州界一百八十里。自府治至京師一萬二千五百里。

分野

天文東井、輿鬼分野，鶉首之次。

建置沿革

禹貢梁州荒裔。漢爲句町國地。唐初屬越巂郡，後没於南詔，爲强現、牙車、教化三部。宋爲段氏所擾。元爲强現三部，隸臨安等處宣慰司。明初改强現三部爲教化三部，隸臨安府。本朝康熙六年以教化、王弄、安南三長官司地置開化府，隸雲南省，領縣一。

文山縣。附郭。本朝雍正八年，裁開化府通判并經歷二缺，改設縣治，賜名文山。

安平同知。附郭。嘉慶二十四年，移文山縣屬之東安、逢春、永平三里屬之。

形勢

萬山林立，帶水縈迴。控交趾之上游，爲滇南之屏障。府志。

風俗

倚山緣箐而居，支木結茆爲屋。言語不一，文字鮮通。喜鬭輕生，巫鬼是尚。改土設流以後，學校既開，習俗漸改。府志。

城池

開化府城。周四里有奇，以盤龍河爲池。本朝康熙六年築土城，乾隆十年易以甎。

學校

開化府學。在府城東。本朝康熙七年建，雍正十二年修，乾隆二十年、二十一年、二十三年累修。入學額數二十名。

文山縣學。未建。入學額數附府學内。

開陽書院。在府城西門外。本朝康熙三十三年建，雍正十二年修，乾隆十一年、二十年累修。

開文書院。在府城西。舊名文山書院，雍正八年建，並設義學。乾隆四十六年改今名。

户口

人丁無原額，今滋生男婦大小共二十五萬九千二百十六名口，計五萬五千九百二十三户。

田賦

田地八百一十二頃六十八畝八分有奇，額徵地丁正、雜銀六百二十四兩七錢六分四釐，米八千四百二十一石九斗七升六合七勺。

山川

東文山。在文山縣東。登臨其上，水光山色，映帶左右。

阿香山。在縣東八十餘里。府志：每久晴不雨，山上隱有雷聲如鳴鼓，三日而大雨降。雷女名阿香。

聳翠山。在縣東百五十里，與交趾老君山隔河對峙，南北横亘千餘里。

獅子山。在縣西南。危巒突起，其狀峥嶸。

山車山。在縣南百里，南交扼要之地。

西華山。在縣西南。横列三十六峯，層巒疊翠，連絡如屏，與東文山對峙，拱翼郡城。

龍馬山。在縣西南百四十里。府志：山嶺有石壁，可占陰晴。相傳上出龍馬，因以得名。

天洞山。在縣西南一百五十餘里。頂有石洞，瀑布懸流。

阿得山。在縣西南二百里。府志：盤旋無際，古木幽深，杳無人跡，惟見雲飛霧繞，莫測其中所有。

波些山。在縣西四十里。孤峯削出，冠於羣山。

秀石山。在縣西。四面如削，林木森蔚。

老君山。在縣西百里。府志：登之蕭然象外，輒具出塵之思。

蓑衣山。在縣西百里。山勢高峻，一重幾三十里。

化乙山。在縣西百里。府志：上有天池，雖旱不涸。

連雲山。在縣西百五十里。一名大黑山。府志：林木蒼翠，四時猿聲不絕。

六詔山。在縣西北。山形旋折，雲烟環繞。

白虎山。在縣西北。府志：昔有牧者見一物白質黑文，行動頗馴，遇牛馬不噬搏，衆奔避以爲虎。越三日復見，擬共迹之，忽不見。有識者曰：「白質黑文，似虎而馴，不踐生草，不傷畜類，考之圖經，是爲騶虞。」因名白虎山。

霧露結山。在縣西北一百二十里。蒼峯插天，雲霧沈濛。

九牛山。在縣西北一百五十餘里。九峯雄峙，勢極險絕。

八戛山。在縣西北二百餘里。削壁峭崖，俯視諸山。

鳳凰山。在縣北。形如飛鳳，郡鎮山也。

諸葛山。在縣北，迤運五十里。孤峯插天，羣峯横衛。府志：上有武侯駐兵處，城栅濠塹猶存。

最高峯。在縣西北一百五十餘里。高數百丈，土人聽猿鳴以占晴雨。

二臺坡。在縣東，延亘百餘里。

鳴舊石洞。在縣西百八十里。府志：入洞一石，扣之蓬蓬有聲。再進，石乳滴成瓔珞，下墜宛如蓮臺，土人塑大士像於上。

期烏石洞。在縣西北南安里。夾澗穿流，即儂人河源也。

猛奔河。在縣東三百五十里。來自漫江那樓，下流入交趾普牢河。

賭咒河。在縣南二百四十里，與交趾接界。舊志：係蠻夷立誓各不相侵之處。

濟熱河。在縣南東安里。烟瘴燥熱，居民浴水解毒。通志：有緑水塘在江那里，水如碧玉，可鑒毛髮。

魯部河。在舊教化三部長官司西南三十里。明統志：源自禮社江，經司境，下流入臨安府蒙自縣之梨花江。

三岔河。在縣西南。中流自安南東流至葛布山。左自永平積流成河，向西南流至葛布山下，與中流會。右自王弄里大山下流至葛布山下，與中、左二流會，故名。

盤龍河。在縣西北。源出期烏洞，流府城北開化里爲儂人河，又流經府城，繞城盤曲，縈洄如龍，因名盤龍河。

巽龍潭。在縣西，府境諸流多匯於此。本朝康熙七年，經歷李鳳昌引流灌田，民被其利。又府境龍潭甚多，此外尚有六十五所，皆資灌溉，曰茶庵，曰水磨，曰熱水寨，曰紅石崖，曰和尚莊，曰者安，曰平壩，曰杜孟，曰錫板，曰靈秀，曰牛羊，曰南坵，曰韮菜坪，曰革基，曰者莊，曰接鶯坡，曰南抽，曰召布比，曰斗嘴，曰山車，曰阿覺，曰灑戛，曰泥處，曰龍嶺，曰別革，曰腰姑，曰老梅，曰馬灑，曰以那底，曰戛迭，曰革乃，曰白果，曰革普，曰腊哈，曰灑得，曰舍迷烏，曰馬歇，曰阿黑，曰矣坡，曰革灑，曰革母，曰下寨，曰戛達，曰馬白，曰壩地，曰法支革，曰多羅，曰阿峩，曰矣額，曰布足，曰以則期，曰八寨石洞，曰霧露者，曰玀莫，曰烏木，曰耶革白，曰紅舍卡石洞，曰著租革，曰渡口，曰大窩子，曰西吐衣，曰木楚，曰猛平，曰猛耗，曰者藍。

浴龍池。在安平廳逢春里，其水一日三潮。

岐渠。在縣西。本朝康熙十年知府劉訢開濬，灌田利民。

古蹟

革灑故城。在文山縣境，明土司龍祚築。府志：其地山高箐密，人跡罕至，天陰時常聞人馬鼓樂聲。

石城。在新現阿打克山嶺。府志：山下有井，旁立石碑，字跡磨滅，不可辨識。城中碓磨軍器諸物，人或取之即中毒。其城四面石壁，惟一徑可通，不知何時所創。

阿雅城。在縣境。明土司龍上登築，即今八寨，尚有遺址。

史拱城。在縣境。明土司龍者寧築〔一〕。

女山城。在縣境。明土司龍古築。

古木城。在縣南三十五里。明副長官司龍勝全築。

鎖吕城。在縣西七十里。明土司烏志德築。

教化三部廢長官司。在今府治。唐時强現蠻居此。元爲强現三部，隸臨安宣慰司。明改爲長官司。府志：三部，教化、强現、牙車三部也。司治在瓏村，其地有衆山連絡，一山中峙，土司公署與民居皆在嶺。通志：西華山三十六峯間有教化土司舊城址，或即其處。部夷曰馬喇，曰沙人，曰玀，曰儂人，曰野蒲，曰喇記，多和泥餘種。北宋時狄青征儂智高，寓人龍海基鄉導有功，始命領其地，土名阿雅，又名謹耳，即强現部别名。明洪武初，土司和泥人蓄乍歸附，授副長官，傳至張明。本朝平滇，張長壽仍授世職。康熙四年，長壽以附逆誅，六年，即其地設開化府，七年，始築土垣。

王弄山廢長官司。在縣境。元爲大小二部。明洪武中改長官司，授阿額爲副長官。萬曆中屬沙氏，明末屬王氏。舊屬臨安府，本朝廢入開化府。

安南廢長官司。在縣西一百四十里。元捨資千户，後爲安南道防送軍千户。明改置長官司。元史地理志：捨資千户，在蒙自縣東，阿僰蠻所居地。昔名褒古，又曰部娲踵甸，傳至裔孫捨資，因爲名。内附後隸蒙自千户。至元十三年，改蒙自爲縣，其地近交趾，遂以捨資爲安南道防送軍千户，隸臨安路。通志：明洪武初改爲長官司，正德六年，省入蒙自縣。天啓二年，復給司印，以王弄長官司沙源掌管〔二〕，令阻截交州。明末，源子定洲謀叛，據會城，討誅之。其兵頭王朔遂撫王弄及安南之地。本朝平滇，仍授王朔世職。康熙四年，朔與禄昌賢等叛，官兵攻破之，朔自焚。今其地俱入開化府。

關隘

馬白關。在文山縣南賭咒河内，與交趾接壤。本朝雍正六年設。

洪衣關。在縣境。明交趾黎利叛，成山侯王通帥師還，黔國公沐晟以土司龍宜有勇略，令設關防守其地。今廢。

大窩關。在新現交岡之上。明置，今廢。

楊柳河關。在縣境。今廢。

牛羊箐。在縣南，有酋長守其地。府志：由教化三部而南，地名枯木箐，亦有酋長戍守。又南爲斗嘴三關，險固可守。自三關而南，即抵牛羊箐，與交趾接壤處也。

木底河箐。在舊王弄山司境。又有梭羅洞、銷狸城洞、黑打洞、王弄山箐，皆設險處也。

津梁

永濟橋。在文山縣南，本朝康熙九年建。

鎮西橋。在縣西，本朝康熙十一年知府劉訢建。

天生橋。有二，俱在縣境。飛石陡崖，兩山相接，盤龍河流其下，人艱於行。本朝康熙四十一年別建木橋，年久傾圮，乾隆二十一年，知府湯大賓復開舊道，以便往來。

三板橋。在縣北，本朝康熙五十二年土經歷周應龍建。

祠廟

昭忠祠。在文山縣，本朝嘉慶八年建。

寺觀

西華寺。在文山縣西。

乾天觀。在縣西。

吉祥庵。在縣西。

名宦

本朝

李道泰。福建人。康熙二十三年任知府。興學育才，臨民慈愛，賢聲茂著。

宗師祁。直隸人。康熙二十二年任府同知。剛方正直，果毅有爲。歲饑平糶，全活甚多。時里甲科派擾累，夷民難堪，師祁爲懲猾吏，民賴以濟，稱爲神明。

人物

明

龍上登。三部長官司。性嗜學，穎悟警敏。萬曆間至京師，遍訪名宿，歸至家而學問益進。始興學校，建文廟，朔望禮拜，愚夷化之。時沙定洲父沙源與上登聯姻，覘交岡武氏兵勢甚盛，屢爲邊患，約上登附武氏，上登厲聲叱之。

本朝

楊守士。郡人。性純孝，年八歲，父遘篤疾，刲股療之，母疾亦然，人咸稱異焉。

列女

王九人。郡人。任臺灣鎮左營遊擊。康熙六十年，朱一貴叛，九人斬擒一百三十餘人。及臺灣陷，躍海死。恩賜祭葬賞卹。

楊天階。郡人。任烏蒙右營守備。雍正八年禄萬福叛，力戰陣亡。

本朝

段楊氏。文山人。夫失名，病死，殮畢自縊。康熙間旌。

楊天階妻聞氏。文山人。隨夫任烏蒙守備，賊至，天階戰死，氏謂二女曰：「我命婦，義不可辱，汝姊妹宜自爲脱計。」二女泣曰：「父死，兄不知存亡，何生爲？」氏自刎，二女整衣修容，對縊於邃室中。雍正間賜祭葬，加贈恭人，乾隆十年入祠。

王大周妻李氏。文山人。夫亡自殉，以救免，撫孤守節。雍正間旌。

李良才女。名七妹，文山人。守正捐軀。乾隆間旌。

王九人妾范氏。文山人。九人於臺灣討賊殉節，時九人妻已故，遺一子曰慎，氏方欲自盡，聞曰慎哭聲，轉念曰：「此子不生，我之罪也。」於是扶柩歸，典衣鬻釵，以教曰慎承廕。乾隆間旌。

張奇彩妻楊氏。文山人。夫亡自盡，以救免，撫孤守節。與同縣董泰妻馮氏、陳顯璲妻潘氏、杜昶妻楊氏、劉淵妻陳氏，均乾隆間旌。

李英妻王氏。文山人。夫亡自縊。

馬氏。文山人。夫失名，守正捐軀。嘉慶間旌。

劉正龍妻郭氏。文山人。年十五，聞正龍死，整容自縊。

孫有富妻張氏。文山人。既受聘，夫隨征至黔，病歿。柩歸經氏門，氏心動，詢得其實，遂歸孫，事姑以孝。姑歿，哀毁成疾卒。與同縣貞女張氏均嘉慶間旌。

楊仲麟妻湯氏。文山人。夫亡自殉，以救免，撫孤守節。與同縣趙成載妻朱氏、趙成文繼妻何氏、萬啅妻張氏、汪國璸妻唐氏、王御楝妻劉氏、殷秀妻李氏、曹士英妻趙氏、盧耀宗妻郭氏、吴際昌妻張氏、李丕基妻喻氏、趙致中妻鄭氏，均嘉慶間旌。

土産

馬金囊。府境出，味甘除熱，可治瘡毒。

桄榔。鱗蛇膽。俱府境出。

校勘記

〔一〕明土司龍者寧築　「寧」，原作「凝」，據乾隆志卷三七四開化府古蹟（下同卷簡稱乾隆志）改。按，本志避清宣宗諱改字。

〔二〕以王弄長官司沙源掌管　「長」，原作「掌」，據乾隆志改。

東川府圖

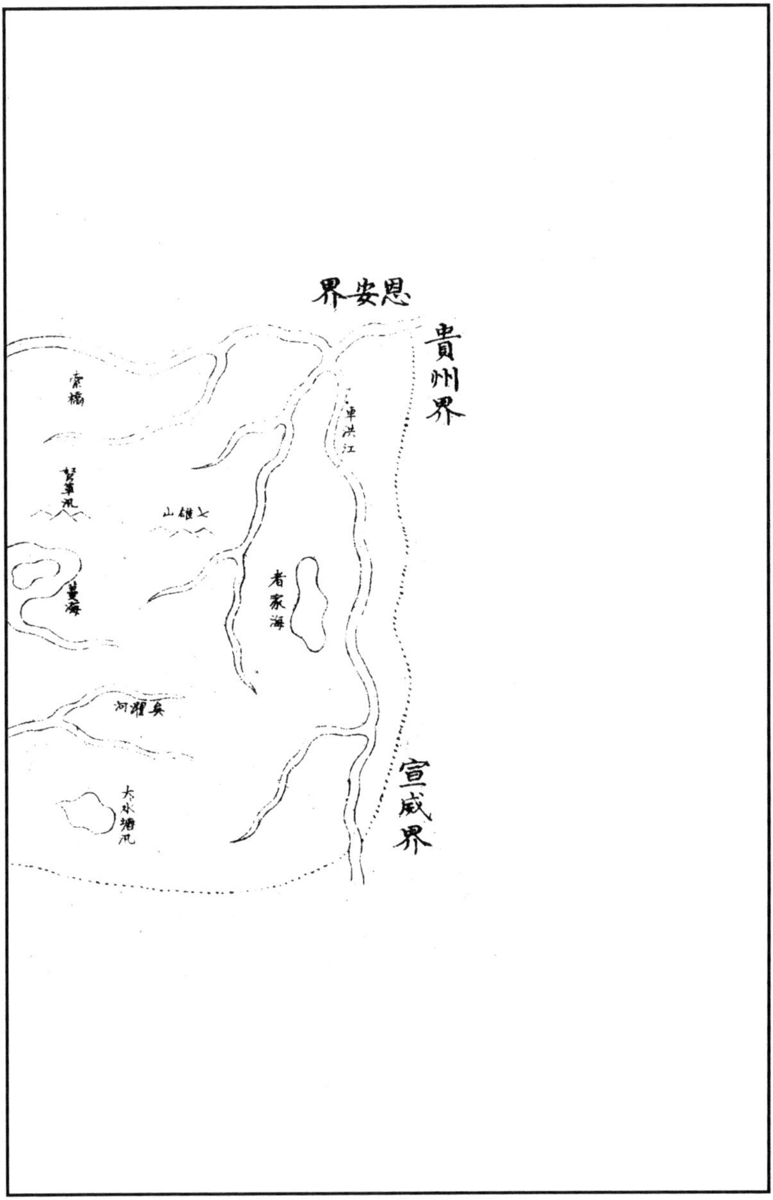
恩安界
貴州界
宣威界
索橋
車洪江
七雄山
者家海
大水塘汛

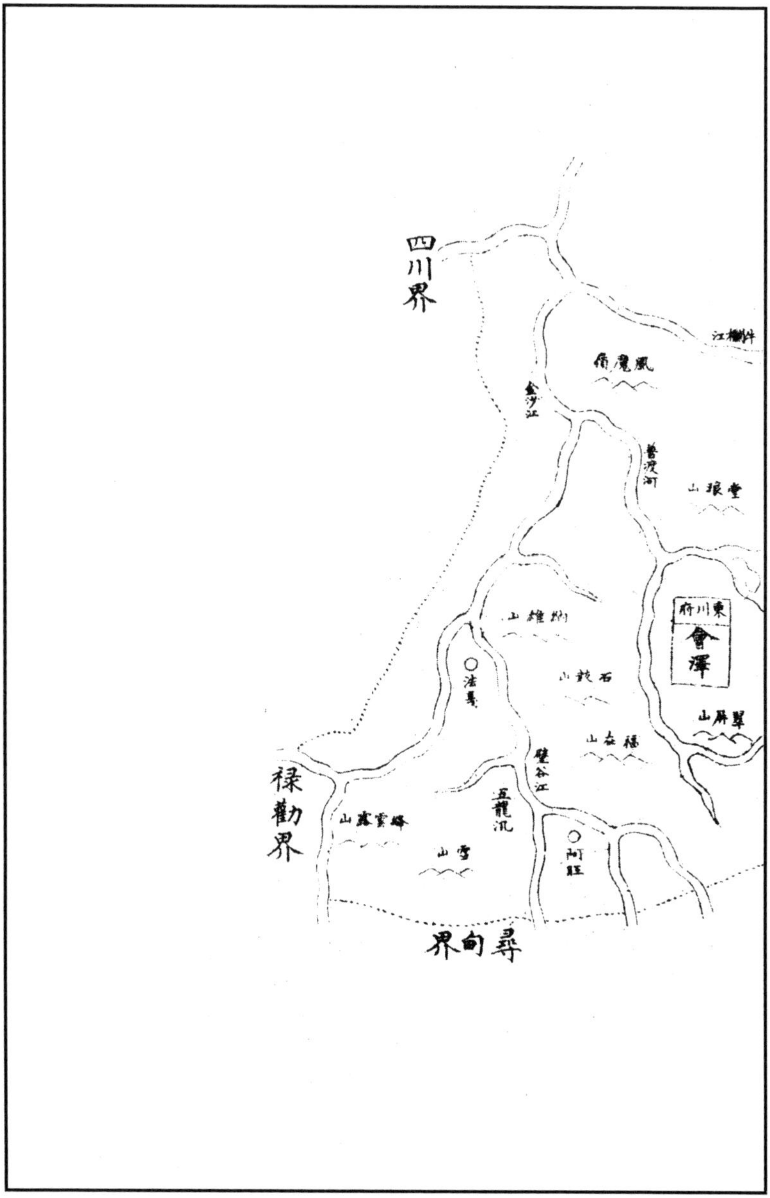
四川界
牛欄江
金沙江
普渡河
東川府
會澤
石鼓山
翠屏山
壁谷江
祿勸界
五龍汛
雪山
阿旺
尋甸界

東川府表

	東川府	會澤縣
兩漢	堂琅縣屬犍爲郡，後漢屬犍爲屬國都尉。	堂琅縣地。
三國	堂琅縣蜀漢屬朱提郡。	
晉	堂琅縣	
宋	堂琅縣	
齊	堂琅縣	
梁	廢。	
隋		
唐	南詔蒙氏置東川郡。	
宋	段氏置東川大都督，後爲烏蠻據，號閟畔部。	
元	東川路初置萬户府，至元十五年改閟畔總管府，隸烏撒烏蒙宣慰司，二十八年改爲路。	路治。
明	東川軍民府洪武十四年置東川土府，屬雲南布政司。十六年改軍民府，屬四川川南道。	府治。

大清一統志卷四百八十九

東川府

在雲南省治北五百三十里。東西距四百二十五里，南北距四百六十里。東至貴州大定府威寧州界二百里，西至四川寧遠府會理州界二百二十五里，南至曲靖府尋甸州界二百五十里，北至昭通府界二百一十里。東南至曲靖府宣威州界一百三十里，西南至武定州祿勸縣界一百七十里，東北至昭通府界一百九十里，西北至會理州界四百五十里。自府治至京師九千七百九十七里。

分野

天文參、井分野，鶉首之次。

建置沿革

禹貢梁州荒裔。漢置堂琅縣，屬犍爲郡。蜀漢分犍爲地立朱提郡，縣屬朱提。晉、宋、齊因之，後入於蠻。唐時入南詔。宋段氏時，置東川郡大都督，後烏蠻閟畔據之，號閟畔部。元初内附，置萬户府，至元中，改閟畔軍民總管府，隸烏撒烏蒙等處宣慰司，尋改東川路。明洪武十四年，開置東川土府，屬雲南布政使司，十六年改隸四川，爲東川軍民府。本朝因之，爲東川府，雍正四年仍改隸雲南省，領縣一。

會澤縣。附郭。本朝雍正五年置縣，治巧家汛，六年移治附郭。

形勢

地控金沙，臨昭通之南面；山高雲弄，綰省治之東門。内負江山之雄，外連黔蜀之勢。通志。

風俗

俗尚戰争，居多板屋。明統志。氣剽悍而性猜疑，服食婚喪，尚多夷習。通志。

城池

東川府城。周三里，門四。舊築土城，本朝雍正九年改築石城，乾隆十一年、二十五年屢修。

學校

東川府學。在府治南門外。本朝康熙四十二年建。入學額數十五名。

會澤縣學。未建。入學額數附府學内。

西林書院。在府治東門外。本朝雍正五年知府黄士傑始設義學，十年知府崔乃鏞擴爲書院。

户口

向因蠻民雜處，未經編丁。

田賦

田地二千二百四十頃四十五畝七分有奇，又地改田一頃五十七畝三分，額徵地丁正、雜銀二千四百七十九兩八分有奇，米四千九百五十九石七斗四升九合。

山川

翠屏山。在會澤縣東南一里，爲縣主山。層巒疊翠，環峙如屏。上有九峯、九箐、九龍靈泉。山嶂如璧，又名靈璧山。其東麓別名玉獸山。府志：歲豐則石現異獸狀，白如玉，近視則無。

白婆山。在縣東南。山頂有泉，四時無盈縮。

南山。在縣東南六十里。

福在山。在縣西南一百五十里。二山相連，重岡絶巘，高三十餘里。晴朗則蒼翠欲滴，四五百里皆見之。

絳雲露山。在縣西南二百里，與祿勸縣接界，延亘三百里，盡於三江口。上多積雪，一名雪山，又名烏龍山。其頂有惠娳湖。唐興元中，異牟尋僭封禪，以此山爲東嶽。

石鼓山。在縣西十里。山有大石如卧牛，叩之有聲，夷人呼爲「石鼓」。

雲弄山。在縣西三十里。府志：上有池，澄碧如鑑，弗盈弗竭。山半又有温泉。

納雄山。在縣西五十里。夜静時聞人聲。每歲五穀熟，居民必先獻焉。又名太白山。

萬額山。在縣西北三里。

堂琅山。在縣北一百五十里。府志：山多毒草，行人十里外聞藥氣，盛夏飛鳥過之不能去。晉太寧二年，寧州刺史王遜遣將軍姚岳敗成將李驤處。

七雄山。在縣東北一百二十里。石崖陡峻。

風魔嶺。在縣西北二百五十里。高數千丈，廣百餘里。路通四川寧遠府。

巖洞。在縣西雲弄山腰。闊容四五百人，相傳爲那姑修煉處。

青龍洞。在縣北十里青龍山。府志：繞山半石室，行上數武，巨石攢簇。中開大穴，梯而上，敞如夏屋，天光微露，水聲自出，石乳雲飛。中有石几、石榻、石盎諸器，皆自然天成。

架空石。在縣西北二十里以則村。徑丈餘，厚三四尺。府志：有土四股如柱，庋其下，人或鑿去一股，明日土長如故。

應聲石。在縣西北三十里璧谷江外，隔岸爲方山。府志：人在方山呼嘯，石必隔江相應，如谷響然。

飛來石。在縣東北六十里諸業村旁。長丈餘，寬二尺，若從空降，故名。

車洪江。在縣東一百二十里。源出尋甸州車湖，又受嵩明州秀嵩湖水，與牛欄、金沙二江合。

璧谷江。在縣西南一百三十里。源出尋甸州之白澤河，匯果馬、車湖、黨甸、倉溪諸水，合流爲江。陡峻深狹，土人結籐爲橋，以通往來，西北流入金沙江。

金沙江。在縣西一百五十里。自四川會理州流入，又東北入昭通府界，即古繩若水也。水經注：若水東南流，鮮水注之，一名州江。大度水出徼外，至髦牛道，南流入於若水，又逕越巂大作縣入繩。明統志：金沙江，一名納夷江，又名黑水。源自武定府，下流入濟慮部。

牛欄江。在縣北一百二十里。源出尋甸州，下流合金沙江。舊志：牛欄江，源出雲南縣楊林海子，自霑益州流入。

矣濯河。在縣南十里。受各箐溪水，流入金沙江。府志：夷名「水」曰「矣」，名「交」曰「濯」，河取水交之義。

義通河。在縣西北十餘里。源出矣濯河，匯小龍潭水，經府治西、北兩門，轉舊土城東，過石嘴、矣式、梅子箐，抵華宜寨，入中、右兩河。本朝乾隆二十一年，知府義寧建分水堰〔一〕，引以里河水注之，益資灌溉。

普渡河。在縣西北二百五十里。源出武定州，流入金沙江。

蔓海。在縣北。廣數百頃，夏秋瀦水，冬春皆涸，積年蔓草朽淤其中，故名。近歲已坌爲田。

渭齒化溪。在縣西南一百里，經絳雲露山下必枯熱甸北，流入金沙江。

會沙溪。在縣北一百里，流入東川甸中，匯爲澤，又流入託渠溪。舊志：會沙溪源出野木山，下流合麥則夷溪，名曰託渠溪，下合金沙江。又麥則夷溪，源出南山下，合會沙溪。

靈壁潭。在縣東南翠屏山下，引流入城，用資灌溉，後涸。本朝乾隆十九年，知府義寧重濬。

飲虹潭。在縣西十里。匯義通河，灌溉田畝。

龍泉。在縣西南。源出石鼓山下，有灌溉之利。

温泉。在縣西南二百里雲弄山下。水自石竇中出，熱如沸湯，清澈如鑑。又一泉在葛藤山下，水極熱，作硫黄氣。土人春時祭之以祈子。

縮泉。在縣西三十里雲弄山腰。人取之者，有銅鐵器及人聲，則收縮不流。

古蹟

東川故城。在會澤縣境。明統志：地名東川甸。唐時烏蠻仲牟由之裔闖彈得之，改曰那札那夷，屬南詔。蒙世隆置東川郡，後烏蠻閟畔强盛，自號閟畔部。至元中置閟畔部軍民官，後改東川府。府志：明洪武十四年，烏蠻路設姑歸附，令世守其地，初府治在馬鞍山後，尋移治萬額山南。

關隘

堂琅廢縣。在縣境，漢置。華陽國志：堂琅縣因山爲名。水經注：朱提郡西南二百里，得所綰堂琅縣，西北行，上高山，羊腸繩屈八十餘里。或攀木而升，或繩索相牽而上，緣陟者若將階天，南中諸郡以爲至險。南中志：朱提郡西南二百里有堂琅山，晉太寧二年，成將李驤等侵越巂，寧州刺史王遜遣將軍姚岳擊之，戰於堂琅，驤軍大敗，姚岳追之至於瀘水。

歹補巡司。在會澤縣南一百一十里。

則補巡司。在縣西北一百里。

者海汛。在縣東二十里。

大水塘汛。在縣南二百七十里，其地爲黔、蜀相通捷徑。明歹補奸目引會川野夷從此入境，傾危土府，旁出阿汪地方。又小安氏遁藏之所，最爲僻隘。

五龍汛。在縣西南八十里。又有弩革汛、巧家汛〔二〕，在縣北八十里。

津梁

璧谷江橋。在會澤縣西一百五十里。

左河橋。在縣北門外。一名新橋。

右河橋。在縣城北五里。

索橋。在縣北一百二十里牛欄江下流。江闊水急，邑人用木筩貫以籐索，繫於兩岸，人過則縛於筩，用遊索往來牽渡。

壬申橋。在縣北一百二十里牛欄江上。本朝乾隆十六年知府夏昌建。

金沙渡。在縣西一百五十里金沙江。夷人鑿大木槽以渡往來。

以里河渡。在縣西一百六十里。春冬架木爲橋，夏秋水漲，撤橋用舟，以濟往來銅觔人馬。

祠廟

東嶽廟。在會澤縣東門内。

火神廟。在縣西。

龍神廟。在縣北。本朝乾隆五十七年，因辦獲銅觔，山靈呈瑞，賜封裕源興寶礦脉龍神，五十八年御書扁曰「靈裕九圜」。

名宦

本朝

蕭星拱。南城人。康熙四十一年知東川府。勤於政事，整飭地方。以東川土地空曠難守，乃於東門截築土城，約退三十餘丈，捍衛賴之。

崔乃鏞。同官人。雍正九年知東川府。在任築城、建署、修隄、設書院，興舉廢墜。尤留心教士，離任後，猶附書至東川，諄諄訓勉諸生不倦。

張其貴。成都人。雍正間任東川守備。烏蒙禄萬福之變，戰功甚烈。時副將魏翥國爲賊所刺，衆主固守，其貴主戰議。有夷詐降，禁不納。次日賊果至，以無内應去。其貴突出重圍，殲戮甚衆，遂保孤城。賊平，讓功他人，絶口不言往事。後擢東川參將，終爲忌者中傷，被議去。

人物

明

普合。土人，以蔭補知府。撫字有功，夷人信服。

本朝

雷德溥。郡人。禄逆爲亂，城門晝閉，鎮將創爲謹守之論，掘塹自固，内外不通。德溥與弟德新作猓玀裝，乘夜縋出，抵省報急。總督鄂爾泰給德溥守備劄，德新千總劄。官兵後三日到，圍始解。提督哈元生欲敘其功，卒未果。

者沙都。者海營長。素爲别部所服，以諸生陳清、余聯甲皆傑士，嘗敬禮之。土官禄應龍爲小安氏所殺，因納陳、余二生謀，迎川撫使收葬之。以小安氏兵强，力不能敵，乃備歷艱險，求助威寧，並質其子於烏蒙，卒迎應鳳承襲。者沙都妻安氏，素賢能，小安氏來争印，氏親禦於火紅，用二生策，大敗之。沙都死，應鳳被刺，復令子禄秉忠敗小安氏於夸狼箐，卒定歸土之策。

陳慕。阿歹頭目。禄逆叛時，逼附不從。擒至魯甸，復逼之，終以不從遇害。子禄誓報父讐，從游擊韓雲鵬於七里沿一帶堵禦，殺賊甚多。復救出沙曲廠漢人被掠者，放歸。

徐起鳳。會澤人。烏蒙賊圍城急，慷慨領檄，與楊騰霄往喻利害，爲賊所殺。魚洞民張連旭繼往，亦被殺。同時被脅不從死者，可柯鄉約趙珣、劉志仁、子國泰，達德鄉約韓珍、李端士，府掾施祖遠〔三〕，郡民邵邦雄、那姑、李常雲，逵擂村畢天貴等八人。又腊利村馬增榮亦奮身往提督營告急，遇賊被殺。

禄應爵。樹革頭目。雍正八年，聞族逆良珍等附賊作亂，同弟小老率所部堵禦，擁護居民，赴軍門請兵爲嚮。

吴聯陞。會澤人。乾隆間與同縣張瑛、雷謙、尹元興俱以孝旌。

流寓

本朝

段一臣。尋甸人，寄居東川。雍正元年，烏蒙禄氏未順，王師進勦，逆目抗拒，一臣請於郡守，單身履險而入，責以大義，説降之。郡守欲詳請奏聞官之，固辭，酬以金帛，弗受，予以田土亦弗受。既復建議東川改隸雲南，庶得抗制之勢，具地圖呈於尋甸州知州崔乃鏞，爲之轉陳督撫，從其請。

列女

本朝

禄永明妾禄氏。郡人。子應龍、應鳳前後襲土知府，皆爲安氏謀殺。衆議承襲不決，氏繳印請改土歸流。雍正間旌其墓。

畢文華妻張氏。郡人。禄逆叛，氏奉姑匿戈羅箐，賊搜得，强逼不從，以銀誘之，拒益堅。逼愈甚，氏奪刀自刎。賊退，姑與鄰婦俱免。

陳英妻潘氏。郡人。賊擄至山箐，逼之，氏撞石死。與同時李端士妻何氏、李國朝妻韓氏、李常雲妻朱氏，均以被擄不辱死。雍正間旌。

劉應科女。郡人。禄逆叛，女被擄，誘之曰：「我家有藏銀，引汝去取。」行至黑水橋，投河死。

姜吉生妻木氏。郡人。禄賊叛，殺其夫與子，氏伏於林，陰識之。後賊投順，氏覓得，訴於當事，手刃之。

伍按妻錢氏。郡人。夫亡自縊，乾隆間旌。

雷開濱妻李氏。會澤人。夫亡守節。同縣牛沖漢妻李氏、張瑜妻吴氏、徐文龍妻陳氏、李正國妻楊氏、王朝貴妻彭氏、胡安妻賀氏、雷元燦妻戴氏、吴志孔妻王氏、郄希耀妻薛氏，均乾隆間旌。

楊有仁妻蔣氏。會澤人。被人强娶，自縊。嘉慶間旌。

胡景妻朱氏。郡人。未婚夫卒，自縊。

譚長姑。會澤人。未嫁守貞，嘉慶間旌。

土産

菊花葠。葉如菊花，性同人葠。

法落梅。出法戛，治心痛。

鷓雞。

校勘記

〔一〕知府義寧建分水堰　「義寧」，原作「義凝」，據乾隆志卷三七五東川府山川（下同卷簡稱乾隆志）改。下文同改。按，本志避清宣宗及雍正雲南通志卷六關哨改。

〔二〕又有弩革汛巧家汛　「革」，原作「萃」，據乾隆志及雍正雲南通志卷六關哨改。

〔三〕府掾施祖遠　「掾」，原作「椽」，據文意改。

昭通府圖

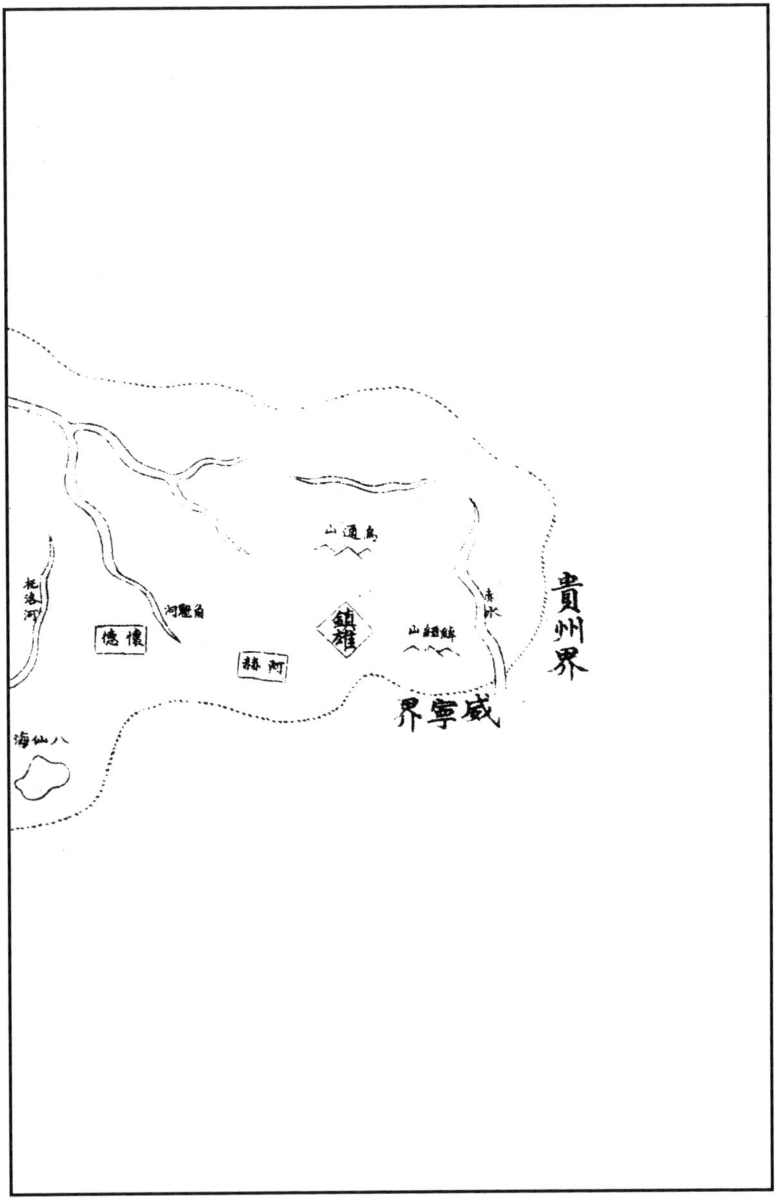
烏通山
清水
鎮雄
懷德
阿赫
八仙海
威寧界
貴州界

四川界
金鎖
豆沙
羅佐
雪山
利濟河
龍洞山
昭通府
恩安
永善
金沙江
大黑山
擦拉河
鳳凰山
牛欄江
東川界

昭通府表

	昭通府	恩安縣
兩漢	牂牁郡地。	牂牁郡地。
三國		
晉		
宋		
齊		
梁		
隋		
唐	烏蠻居此，號烏蒙部。	
宋		
元	烏撒烏蒙宣慰司至元十三年置烏撒路，十五年爲總管府，二十一年改宣撫司，二十四年升爲宣慰司，屬雲南行省。	
明	烏蒙府洪武十五年置，屬四川布政司。	府治。

續表

鎮雄州	永善縣
牂牁郡地。	牂牁郡地。
芒部路至元中置，屬烏撒烏蒙宣慰司。	烏撒路地。
鎮雄軍民府洪武中置芒部府，尋改芒部軍民府。嘉靖二年改名，屬四川布政司。	烏蒙府地。

大清一統志卷四百九十

昭通府

在雲南省治西北一千一百六十里。東西距五百八十里，南北距六百三十里。東至貴州威寧州界九十里，西至四川寧遠府界四百九十里，南至東川府界一百三十里，北至四川敘州府馬邊廳界五百里。東南至威寧州界四十里，西南至威寧州界九十里，東北至四川敘州府筠連縣界五百里，西北至四川雷波衛界四百里。自府治至京師九千八百里。

分野

天文東井、輿鬼分野，鶉首之次。

建置沿革

禹貢梁州荒裔。周名竇地甸。漢爲牂牁郡地。唐爲烏蒙部蠻所據。元初内附，至元中置烏撒路，二十四年置烏撒烏蒙宣慰司。明洪武中改爲烏蒙府，屬四川布政使司。本朝雍正五年改隸雲南省，九年改曰昭通府，今領州一、縣二。

恩安縣。附郭。東西距二百二十五里，南北距二百三十里。東至貴州大定府威寧州界六十五里，南至魯甸界三十里，北至大關界二百里。東南至威寧州界四十里，西南至東川府界一百四十里，東北至鎮雄州界一百二十五里，西北至大關界一百七十里。漢屬牂牁郡，唐、宋爲烏蒙蠻地，元屬烏撒路，明屬烏蒙府。本朝雍正六年置縣，爲昭通府附郭縣。

鎮雄州。在府城東三百四十里。東西距六百四十里，南北距三百四十里。東至四川敘永廳永寧縣界三百里，西至恩安縣界三百四十里，南至貴州大定府威寧州界三十里，北至四川敘州府高縣界三百一十里。東南至貴州大定府畢節縣界三十里，西南至威寧州界七十里，東北至四川敘州府珙縣界二百六十里，西北至大關界五百里。周爲烏蒙子芒部居此，漢屬牂牁郡，唐、宋爲烏蒙所據。元至元中置芒部路，屬烏撒烏蒙宣慰司。明設芒部府，尋升芒部軍民府，嘉靖二年改爲鎮雄軍民府，屬四川布政使司。本朝雍正五年改隸雲南，六年府降爲州，屬昭通府。

永善縣。在府城西北二百三十里。東西距三百四十五里，南北距三百二十里。東至大關界六十五里，西至四川寧遠府界二百八十里，南至恩安縣界八十里，北至四川敘州府屏山縣界二百四十里。東南至恩安縣界一百三十里，西南至恩安縣界九十里，東北至四川敘州府界七百里，西北至寧遠府界一百三十里。舊爲米貼寨，土酋世據其地。元爲烏撒路，明屬烏蒙府。本朝雍正五年改隸雲南，六年置縣，屬昭通府。

大關同知。在府城北一百八十里。東西距二百里，南北距五百五十里。東至鎮雄州界一百三十里，西至永善縣界七十里，南至恩安縣界九十里，北至四川敘州府宜賓縣界四百六十里。東南至鎮雄州界六十里，西南至恩安縣界一百三十里，東北至永善縣界二百七十里，西北至永善縣界一百九十里。本烏蒙府地。本朝雍正六年設通判駐防，九年改設清軍撫彝同知，屬昭通府。

魯甸通判。在府城西南四十里。東西距一百一十里，南北距二百五十里。東至恩安縣界三十里，西至東川府界八十里，南至貴州大定府威寧州界八十里，北至永善縣界一百七十里。東南至恩安縣界三十里，西南至東川府界二百五十里，東北至恩安縣界三十里，西北至四川雷波廳界一百八十五里。本烏蒙府地。本朝雍正九年移通判駐防，屬昭通府。

形勢

前據索橋之險，後倚雪山之高。龍洞環於左，涼山聳於右。明統志。地稱僻險，勢接川、黔。道路崎嶇，土田瘠薄。通志。

風俗

風氣剛勁，習俗兇頑。夷獠出入，佩刀相見，去帽爲禮。居多木棚，擊齒乃娶。通志。

城池

昭通府城。周四里有奇，門四，引渠爲濠。舊爲土城，本朝雍正十年改築磚城，乾隆二十六年修。

鎮雄州城。周三里有奇。舊爲土城，本朝雍正九年改築磚城。

永善縣城。周二里有奇。本朝雍正九年築，乾隆二十五年修。

大關城。周一里有奇。本朝雍正十一年築。

魯甸城。周一里有奇。本朝雍正九年築，乾隆九年、二十三年屢修。

學校

昭通府學。在府城南門内。本朝雍正六年建。入學額數十二名。

恩安縣學。附府學内。入學額數八名。

鎮雄州學。在州南門内。舊爲府學，明嘉靖中建。本朝雍正六年改爲州學，乾隆十二年修。入學額數十名。

永善縣學。在縣城内。本朝雍正六年建。入學額數十名。

昭通書院。在恩安縣東南二十里。本朝雍正九年建。

鳳池書院。在恩安縣境。本朝乾隆四十九年知府孫思庭建。

景文書院。在大關。本朝乾隆五十五年同知張曾敭建。

户口

向因蠻民雜處，未經編丁。

田賦

田地五千六百一十三頃七十九畝有奇，額徵地丁正、雜銀四千二十七兩四錢四分五釐，米一萬一千三十五石九斗五升八合。

山川

寶山。在恩安縣東五里。圓潔秀麗，諸山環拱。

我未山。在恩安縣東二十五里。蠻語「五」爲「我」，「横」爲「未」，山有五峯横列，故名。

朴窩山。在恩安縣東南三十里。四望皆平坦，蠻語「平坦」爲「朴窩」。

鳳凰山。在恩安縣南十里。連岡疊嶂，聳拔飛舞，如鳳將翔，故名。

雨公山。在恩安縣南十里。擦拉、利濟二河，會流縈繞。

馬鞍山。在恩安縣西南三十里。道狹箐深，極爲險要。

大黑山。在恩安縣西南四十里，爲擦拉河源。

博特山。在恩安縣西南五十里。山有兩峯對峙，蠻語「相對」爲「博特」。

龍峒山。在恩安縣北二十五里。爲府治主山，山下有峒，有泉從峒中出，禱雨輒應。

撒途山。在恩安縣東北八十里。其山懸崖陡峻〔一〕，蠻語「陡峻」爲「撒途」。

綽紐山。在鎮雄州東南二十里。蠻語「青氣」曰「綽紐」，謂此山青氣鬱然可愛也。

芒部山。在鎮雄州南三十里。

硌砌雄峯山。在鎮雄州南二百六十里。山半有大黑石，狀如麋鹿，其上最涼。蠻語「石」曰「硌」，「鹿」曰「砌」，「涼」曰「雄」。

烏通山。在鎮雄州北五里。蠻語「首」曰「烏」，「立」曰「通」。此山巍然獨峙，高入雲端，如人翹首特立，故名。

樂安山。在鎮雄州北二百二十里。山有數峯，路徑曲折，與四川敘州府珙縣接界。

太乙山。在永善縣西北二百七十里。上有九皇廟。

雪山。在大關同知治東南六十里。陰雲密霧，積雪不消。

犄角山。在大關同知治西二里。中多猿狖，天陰聞啼聲即晴。

梨山。在大關同知治北一百五十里。竹樹蔽翳，鳥道崎嶇，不見日色。

大涼山。在魯甸通判治西北一百五十里。複嶺危峯，人跡罕至。又境内有小涼山。

虎跳巖。在恩安縣西二十里。山勢崚嶒，狀如虎踞，爲一郡之關鎖。

金沙江。在恩安縣西北。自東川府流入境，逕永善縣城西，又東北入四川敘州府。酈道元水經注：繩水自合卑水，又東北至朱提縣西，爲瀘江水。明統志：江在府西南二百六十里。

白水江。在鎮雄州西北二百三十里。受八匡河、却佐溪、勿食料溪、黄水河諸流，入四川敘州府界。

托洛河。在恩安縣東五里。源出烏通山麓，經府治東南入苴蚪河。

擦拉河。在恩安縣南二十里。源出大黑山，南流入府治，合利濟河。

利濟河。在恩安縣西二里。又名荔枝河，源出龍峒山，繞府城入擦拉河。

灑魚河。在恩安縣西四十里。發源馬鞍山，匯昭通諸水，過大關，入金沙江。

納沖河。在鎮雄州東南，流入貴州威寧州界。明統志：在鎮雄州東十里，源出烏通山麓，經府治東南，流入苴蚪河。

苴蚪河。在鎮雄州南三十里。源出六丈山箐，流經阿赫關，合納沖河，入七星關河。

沱治河。在鎮雄州西一里。源出山澗，流入納沖河。

八匡河。在鎮雄州西八十里。明地理考：鎮雄府西有白水，亦曰八匡河，源出烏撒界，流經此，境内諸川俱流入焉。下流至敘州府入大江。舊志：八匡河，源出却佐山箐，又名却佐溪。下流六十里，合勿食料溪，又八十里入白水江。

託諾河。在鎮雄州西二百五十里，流入府界。明統志：蠻語「松」曰「託」，「沙石」曰「諾」，以此河畔有松樹及沙石，故名。

白烏河。在鎮雄州東北二十里。源出白烏地界，又南流入七星關河。

黄水河。在大關同知治東北三十里，入白水江。

勿食料溪。在鎮雄州北一百八十里。源出安樂山，西流入白水江。

龍潭。在恩安縣西四十里。澄澈净碧，瀉流不竭。

鹽井。有二，皆在鎮雄州北一百八十里。

古蹟

烏蒙土城。在恩安縣東二十里。明統志：古竇地甸，唐時烏蠻仲井田之裔曰阿統者始遷於此，至十一世孫烏蒙始强，號烏蒙部。宋時封阿杓爲王。元初歸附，至元中置烏蒙路。明洪武初改爲府。有土城在府東二十里，元初駐兵於此，所築遺址尚存。

小烏蒙城。在恩安縣北七十里。四圍皆山，中有平地，夷人於此耕種，號曰「傑紀」。

嗎里城。在恩安縣東五里。明萬曆間建，遺址尚存。

芒部城。在鎮雄州西南七里。明統志：古爲屈流大雄甸。昔阿蠻之裔阿統與其子芒布居此〔二〕，因號芒部。元至元中歸附，置芒部路。明洪武中置府，使土官隴氏世守其地。嘉靖三年，隴慰嫡子壽繼職，庶子政奪據之，官軍討平之，因改府曰鎮雄。通志：明洪武中傅友德調指揮鄭祥駐兵芒部，築土爲城，師還城廢，因名舊土城，今遺址尚存。

鼠街。在鎮雄州西南。夷人每遇子日，相聚於此貿易。

八仙海石。在恩安縣東二十里。海中有島，八石屹立如人，土人謂之八仙。世傳諸葛武侯南征，曾有記云。

仙碑。在鎮雄州北境火頭壩，篆文甚古。

石刻。在鎮雄州北羅漢村，石上鐫「芝珙古界」四大字。

關隘

羅佐關。在恩安縣北二百五十里。

阿赫關。在鎮雄州南二十五里。爲芒部烏撒地界。明洪武二十一年建。

懷德關。在鎮雄州西一百八十里。爲昭通、威寧、彝良門户，四面巉巖，中通一線。本朝雍正十年始設關防守隘。

金鎖關。在永善縣東一百四十里。山勢陡峻，林木深茂，路徑羊腸，最爲險要。

豆沙關。在大關同知治雄魁城西南一百五十五里。前臨大河，爲下方咽喉。

古寨巡司。在恩安縣西南魯甸。

鹽井渡巡司。在恩安縣北，大關同知治南。

母亨巡司。在鎮雄州西二十里。

津梁

利濟橋。在恩安縣西門外。

泰寧橋〔三〕。在鎮雄州東三十里，舊名板橋。

網袋橋。在鎮雄州北一百里。以籐繫板。

新橋。在大關同知治内。寬八尺，長五丈餘。

灑魚河渡。在恩安縣西四十里，通四川敘州大道。

黄草坪渡。在永善縣西六十里。

副官村渡。在永善縣北七百五十里。

鹽井渡。在大關同知治内，去豆沙關四十里。

祠廟

九皇廟。在鎮雄州西北太乙山上。相傳灘中浮來香杉木，上載石像九，因建廟焉。

石龍廟。在永善縣馬村。

昭忠祠。在恩安縣城隍廟内，本朝嘉慶八年建。

寺觀

壽佛寺。在恩安縣南門外。

萬福寺。在鎮雄州東北一里。

玉皇閣。在永善縣副官村。

名宦

元

李京。烏蒙道宣慰副使。時羣蠻不靖，京按行調發，周履雲南，爲志略四卷。

本朝

劉鎮寶。彭澤人。任烏蒙府通判。雍正八年，逆夷禄萬福叛，陷府城，死之。

陳天錫。本姓龐，會稽人。任烏蒙司獄。禄逆陷城，妻張氏請先死，手刃之，遂自刎。

劉懋美。金縣人。任烏蒙府知事，禄逆叛遇害。

賽枝大。山東青海衛人。署恩安縣篆，與劉鎮寶同死事。

葉祚徽。浙江人。任烏蒙魯甸巡檢，與劉懋美同死事。

李崐。昆明人。任烏蒙府教授。禄逆之變，死於學宫。

劉崐。保寧人。任東烏鎮遊擊。祿逆之叛，力禦敗之，次日賊大至，衆寡不敵，身被十餘創，腸露二三尺。衆皆泣衛至署，崐忽瞋目大呼出，又殺賊數十人，始還，書詩一首於壁而卒。

馬秉倫。寧夏人。任東烏鎮遊擊。祿逆之變，挺身擊賊，没於陣。

楊天階。開化人。任東烏鎮右營守備。祿逆叛，天階拒之，力戰陣亡。事聞，贈都司。

李發身。昆明武舉。任東烏鎮中營千總，以救劉起元陣亡。

邵士奇。陝西人。任東烏鎮千總，駐防魯甸。聞祿逆之變，即調土兵協官兵赴郡救援。土兵與逆夷通，羣起圍之，士奇力戰不支，跳巖死。

馮志英。昆明人。任鎮雄營把總，以救劉起元陣亡。

周世美。任東烏鎮右營把總，隨馬秉倫殺賊，殁於陣。

張必弘。威寧人。東烏鎮左營把總。祿逆之變，護守鎮署。賊攻圍勢急，出署衝殺，陣亡。

王國卿。威寧人。魯甸外委把總。隨千總邵士奇赴援，力戰不支，跳巖死。以上十五人，俱賜祭葬，廕卹有差。

袁天麟。籍貫失傳。與陳國枚同在金川陣亡，入昭忠祠。

人物

明

可童。鎮雄人。胡氏僕，其主爲賊所殺，可童藏幼主登魁於竹笥，負以逃。賊追及，童張弩向之曰：「我胡家窮僕也，追我何爲？」賊舍之，遂負登魁匿四川敘州府，撫之成立，卒報父仇。

列女

本朝

陳國政妻李氏。國政任烏蒙千總，禄賊圍城，氏同二女自縊。

楊天階妻聞氏。夫任東烏守備，禄賊叛，力戰死。氏聞，先令二女自縊，遂自刎死。

陳天錫妻張氏。天錫會稽人，任烏蒙司獄，禄賊之叛，氏同死難。

劉崐妻張氏。四川人。崐任烏蒙遊擊，禄賊叛，崐戰死。氏手刃兩女，同妾吴氏自刎死。以上俱同旌，並入節孝祠。

隴慶侯母禄氏。烏蒙土府禄天倫女。雍正八年，烏蒙賊叛，煽惑鎮雄諸夷。禄氏飛馳各寨，申諭大義，衆咸感悟。氏身率屬夷，環守州署，協濟軍餉，城賴以全。

陳光茂妻易氏。恩安人。遇暴自盡，乾隆間旌。

卜萬吉妻佘氏。鎮雄人。夫隨軍染疫死，氏聞，含椒自縊，乾隆間旌。

王啓文妻趙氏。永善人。遇暴捐軀，乾隆間旌。

楊元祚妻牟氏。永善人。夫亡守節。與同縣劉精臣妻馮氏、賀廷梅妻翟氏、鄒學仁妻楊氏，均乾隆間旌。

陳陸山媳易氏。大關人，夫失名。守正捐軀，乾隆間旌。

黄某妻常氏。鎮雄人。因翁逼污不從，自縊，嘉慶間旌。

王攀龍妻岳氏。鎮雄人。夫亡守節。與同州程彩章妻范氏嘉慶間旌。

李尊周妻鄧氏。永善人。夫亡守節。與同縣李茂妻吴氏、戴廷槮妻張氏、馮天稷妻周氏、楊光璞妻趙氏、馮焕昭妻祖氏、侯贊元妻倪氏、阮學仁妻何氏、徐壽祥妻李氏、周全秀妻余氏，均嘉慶間旌。

王毛妹。大關人。守正捐軀，嘉慶間旌。

楊正發妻吴氏。魯甸人。遇暴捐軀，嘉慶間旌。

土産

筇竹。方竹。俱出鎮雄山中。

校勘記

〔一〕其山懸崖陡峻 「陡」，原作「陡」，據乾隆志卷三七六昭通府山川（下同卷簡稱乾隆志）改。下文同改。

〔二〕昔阿鑾之裔阿統與其子芒布居此　「芒布」，原作「芒部」，乾隆志同，據四庫全書本明一統志卷七〇鎮雄府建置沿革及讀史方輿紀要卷七三四川八改。

〔三〕泰寧橋　「寧」，原作「安」，據乾隆志改。按，本志避清宣宗諱改字。

廣西直隸州圖

羅平界
粵西界
平彝界
廣南府界
開化府界
師宗
恩樂山
英武山
通元洞
清水江
八達河
石龍山

陸涼界
宜良界
路南界
寧州界
阿迷界
龜山
翠屏山
盧源洞
廣西直隸州
巴甸江
八甸溪
彌勒
阿欲部山
十八寨山
花山
盤江山
矣邦池

廣西直隸州表

	廣西直隸州	師宗縣	彌勒縣
兩漢	益州、牂牁二郡地。	牂牁郡地。	牂牁郡地。
三國	蜀漢興古郡地。		
晉			
宋			
齊			
梁			
隋			
唐		師宗部。	彌勒部。
宋			
元	廣西路，初隸落蒙萬户，至元十二年置路，屬雲南行省。	師宗州，初隸落蒙萬户。至元十二年立師宗千户，屬廣西路，二十七年改置州。	彌勒州，初隸落蒙萬户。至元十二年立彌勒千户，屬廣西路，二十七年改置州。
明	廣西府，洪武初改置府，屬雲南布政司。	師宗州屬廣西府。	彌勒州屬廣西府。

續表

維摩部。

維摩州　初立維摩千户，隸阿迷萬户。至元中改置州，屬廣西路。

維摩州　初建城於大維摩，後徙於丘北城，屬廣西府。

大清一統志卷四百九十一

廣西直隸州

在雲南省治東南四百里。東西距四百三十里，南北距三百八十五里。東至廣南府界三百里，西至臨安府寧州界一百三十里，南至臨安府阿迷州界二百里，北至曲靖府陸涼州界一百八十五里。東南至廣南、開化二府界三百六十里，西南至阿迷州界二百里，東北至曲靖府羅平州界二百六十四里，西北至陸涼州界一百里。本州境東西距一百五十五里，南北距一百二十里。東至曲靖府羅平州界九十里，西至彌勒縣界六十五里，南至丘北界八十里，北至師宗縣界四十里。東南至丘北界一百里，西南至彌勒縣界六十里，東北至師宗縣界三十里，西北至澂江府路南州界七十里。自州治至京師八千六百里。

分野

天文東井、輿鬼分野，鶉首之次。

建置沿革

禹貢梁州荒裔。漢益州、牂牁二郡地。三國漢屬興古郡。唐時東爨烏蠻、彌鹿等部居之，爲羈縻州，隸黔州都督府，後爲師宗、彌勒、維摩三部所據，歷蒙氏、段氏皆不能制。元憲宗七年内附，隸落蒙萬户府。至元十二年，置廣西路，隸雲南行省。明初改廣西府，隸雲南布政使司。本朝初因之，屬雲南省。乾隆三十五年改爲直隸州，領縣二。

師宗縣。在州城北八十里。東西距九十里，南北距九十里。東至曲靖府羅平州界四十里，西至曲靖府陸涼州界五十里，南至本州界四十里，北至陸涼州界五十里。東南至廣西泗城府西隆州界三百一十里，西南至本州界五十里，東北至羅平州界五十里，西北至陸涼州界五十里。漢牂牁郡地，地名匿弄甸。爨蠻師宗據之，號師宗部。元初隸落蒙萬户。至元十二年，置師宗千户總把，領阿寧、豆勿、阿盧、豆吴四千户（二），屬廣西路。二十七年改爲州。明屬廣西府，本朝因之。乾隆三十五年改爲縣。

彌勒縣。在州城西九十里。東西距一百五里，南北距一百六十里。東至本州界二十五里，西至臨安府寧州界八十里，南至臨安府阿迷州界一百四十里，北至本州界二十里。東南至廣南府界二百六十里，西南至寧州界八十里，東北至本州界三十里，西北至澂江府路南州界五十里。漢牂牁郡地。本名郭甸、巴甸、部籠之地，岁莫徒蠻之裔彌勒者據此，因名彌勒部。元初隸落蒙萬户府。至元中以本部爲千户總把，領古輪、裒惡、部籠、阿欲四千户，屬廣西路。二十七年改爲彌勒州。明屬廣西府，本朝因之。乾隆三十五年改爲縣。

丘北縣丞。在州東南二百九十里。東西距三百二十里，南北距一百二十五里。東至師宗縣界二百里，西至臨安府阿迷州界一百二十里，南至廣南府界四十五里，北至本州界八十里。東南至廣西泗城府西林縣界二百五十里，西南至開化府界一百六十里，東北至本縣界一百八十里，西北至彌勒縣界一百三十四里。元、明爲維摩州地。本朝康熙八年，省維摩州，分屬廣南、開化、師宗、彌勒四府州管轄。雍正九年于師宗州添設州同，駐舊維摩州之丘北，以歸彌勒之日者鄉及阿迷州十四寨地并屬焉。乾隆三十五年，以師宗縣丞分駐。

形勢

東瞰粵西，南距交趾，山谷幽阻，民夷富强。通志。諸山環峙爲屏，八甸縈溪爲塹。郡志。

風俗

其俗質野，民强家富。明統志。士知嚮學，民勤耕織。禮讓相尚，以訐訟爲恥。郡志。

城池

廣西州城。周四里有奇，門四。明成化十四年始築土城，隆慶五年易以磚。本朝康熙三年、雍正八年、乾隆三年屢修。

師宗縣城。周二里有奇，門四。舊有土城，明崇禎七年易以磚。本朝康熙十三年重修，乾隆七年又修。

彌勒縣城。周二里有奇，門四。明弘治中始築土城，崇禎七年易以磚。本朝康熙五十年重修，乾隆二十六年又修。

丘北城。今師宗縣丞駐劄之地。本朝雍正九年築。

學校

廣西州學。在州境東北隅鍾秀山麓。舊爲府學，明萬曆中遷建東門外，後圮。本朝康熙五年遷還舊址，乾隆三十五年改爲州學。入學額數二十名。

師宗縣學。在縣南門外。舊爲師宗州學，明崇禎三年建於城東。本朝康熙十年遷建，乾隆三十五年改爲縣學。入學額數十二名。

彌勒縣學。在縣南。舊爲彌勒州學，本朝康熙二十七年建，雍正十一年修，乾隆三十五年改爲縣學。入學額數十五名。

凝秀書院。在州治鍾秀山麓。提學道蔣洞建。

鶴山書院。在州學之右。本朝康熙五十六年提學道蔣洞建。

桂香書院。在彌勒縣。本朝乾隆元年知縣王煒建。

甸溪書院。在彌勒縣。本朝嘉慶五年貢生趙諭建。

户口

原額軍舍土丁共三百七十八，今滋生男婦大小共一十萬三千五十名口，計一萬八千一百二十五户。又屯民男婦大小共一萬九千八百九十三名口，計三千八百六十五户。

田賦

田八千一百三十頃七十一畝有奇，夷田一百二十六段，共額徵地丁正、雜銀三千六百九十九兩九錢三分三釐，米四千四百二石九斗三升七合五勺。

山川

鍾秀山。在州治内東北。學宫建於其下。

還浦山。在州城東二里。又里許曰廣福山。

吉輸山。在州城東南五里。

翠屏山。在州城南二里，爲州案山。

烟光山。在州城南五里，接紫微山，環峙州治。

阿盧山。在州城西二里，延亘四十餘里。南連彌勒，北跨師宗。舊有阿盧部。

發果山。在州城北一里。培塿相接，環繞州治。

英武山。在師宗縣東八十里。奇峯峭拔。

禄德山。在師宗縣東一百十里。明統志：孤峯秀峭，高入雲表。一名六德山。

馬者籠山。在師宗縣東二百四十里。山極高峻。旁有小山，本在縣之阿定鄉，明弘治十年一夕忽移二十餘里，止於此山之旁，山上大樹皆不動，其舊處遂爲平地。

高來山。在師宗縣東三百里。

竈山。在師宗縣西七十里。山極高大，爲苗玀之藪。明萬曆四十八年，築督捕城，通判駐劄於此，今廢。

恩榮山。在師宗縣北五里，上有三峯。榮，一作「容」。

鎖北門山。在師宗縣北十二里。兩峯高聳，對峙如門。

陀峩山。在彌勒縣東十五里。延袤一百八十里。

盤江山。在彌勒縣東南一百二十里。明統志：東西兩山，盤江流其中，東抵師宗，南界阿迷，中有石竅，深廣丈餘，濁水湧出，注於盤江。

部籠山。在彌勒縣南五里，環繞縣治。舊部籠千户所置於此。明統志作卜籠。

烟白山。在彌勒縣西南六十里。山南有法烏洞。

十八寨山。在彌勒縣西南九十里。山箐連屬，中多苗種。

洞天山。在彌勒縣西南十八寨東五里。中有石龍、石洞。

花山。在彌勒縣西南十八寨西三里。産山茶、杜鵑諸花。

阿欲部山。在彌勒縣西十里，盤亘七十餘里，東接北傾山。舊阿欲千户所置於此。舊志：北傾山在州北三十里。

獅子山。在彌勒縣西二十里，延袤數十餘里。

錦屏山。在彌勒縣北二十里。寺出林中，泉流山畔。

曲部山。在彌勒縣東北五十里。下有泉。

阿母山。在彌勒縣廢維摩州東南九十里，高千仞。又有折角山，在州東南一百五十里，其下爲折角谿。

萬年龍山。在彌勒縣廢維摩州東南一百里。下有泉，流入廣南府界。又有寶寧山〔二〕，亦在廢維摩州東北一百里，下有泉爲寶寧谿。

大維摩山。在彌勒縣廢維摩州東南二百里，高出衆山。土官世居其上。其北有小維摩山。

龍定山。在彌勒縣廢維摩州東南三百餘里。五峯屹立，遠即望見之。

丘北山。即廢維摩州治。

石龍山。在廢維摩州。

革龍山。在廢維摩州。明末沙定洲遁歸，屯田此山，李定國圍三年乃克之。今城址尚存，爲通廣西驛路。按：自丘北以下三山皆廢維摩州之歸師宗縣者，今爲丘北縣丞所轄之地。

莫治峯。在師宗、彌勒二縣之境，今爲丘北縣丞所轄。滇南遊記：山高萬仞，與安南交界。終歲雲霧不開，惟三月三日起至四月三日止，一月皎潔，遊人登其巔，望見安南宫室。

紅石巖。在彌勒縣西南二十五里。有石龍馬，相傳昔有隴馬至此化爲石，土人視其色之黑白，以卜陰晴。

瀘源洞。在州城西三里。深邃不可測。

阿盧洞。在州城西五里。宏敞幽邃，中有雕欄、寶塔、彩雲、玉柱、鐘、鼓、傘、甑、瑶牀、佛龕之異。

檳榔洞。在師宗縣東南三十里檳榔村中。

通元洞。在師宗縣西北。洞中水繞城西南，流入山箐。

觀音洞。在彌勒縣東十里。石窟玲瓏。

玉龍洞。在彌勒縣西南三十里。又名富春洞。

歹馬坡。在今丘北治所。

盤江。自臨安府阿迷州境流經彌勒縣，復東北流經州境，入師宗縣境，會山箐細流，名八達河。下流入曲靖府羅平州界〔三〕。

巴盤江。一名潘江。自澂江府東南流入師宗縣界，又東南流經州西，又西南入彌勒縣界。

清水江。源出丘北山之龍潭，東流繞師宗縣治，會諸水入八達河。

混水江。在師宗縣南一百五十里。即盤江下流，入羅平州。

巴甸江。在彌勒縣境。源出縣西北，南流數里東入盤江。

西瀘河。在州城西三里。一名西溪。源出阿羅山洞中，師宗縣諸水伏流於此。流經城西，環城南，與東溪合入矣邦池。

息宰河。在彌勒縣南九十里。明知府張繼孟招降普名聲於此。

白馬河。在彌勒縣西南十八寨東五里。

山湖。在彌勒縣境。中産巨魚。

八甸溪。在彌勒縣北。其源有三，一出舊村，一出阿欲山，一出北傾山，至縣治東合流，南入盤江。

矣邦池。在州城東南五十三里。一名龍甸海，亦謂之乾海，周三十餘里。水源有二，一出瀘源洞，一出江頭村龍潭，或云出彌勒縣吉雙鄉者誤。南流入盤江，中有小山。明李韶言府南有乾海，後有平壤，可開屯田，即此。

龍泉。在州城西。源出瀘源洞，有東西二泉流入矣邦池，民資灌溉。

河渠温泉。在師宗縣南三十里。

温泉。在彌勒縣西十里阿欲山下。

龍江灣。在州城南和穆榮村，西流入矣邦池。

彌勒灣。在彌勒縣境。自臨安府阿迷州隴希寨東流六十里，至彌勒灣。

大河口。在師宗縣南。盤江經此，迴曲爲大河。

古蹟

維摩故城。在州城東南。明統志：在府城東南三百六十里。元立維摩千户，隸阿迷萬户。至元中以爲千户總把，領維摩、屈中二千户，隸廣西路，後改維摩州。府志：維摩州城在府東。明洪武間，建土城於大維摩。交趾叛，徙於丘北城。本朝康熙八年州裁，城尚存。又州志有三鄉土城。明萬曆中土舍李應輝築於石籠山，後圮。

龍馬跡。在州城南九溪山巔巨石上，蹄跡宛然。

秀才石。在州城西二里，石形如人，傳有孝子廬墓化爲石。

元總管府。在師宗縣檳榔洞村。通志：元立千户總把于此，基址猶存。

梁王營。在師宗縣大河口及矣龍村，元梁王立營於此。

李璜石。在師宗縣阿安鄉。明李璜奏請改土設流官，龍氏欲害之，避居江外，攜一小石置道旁，祝曰：「璜如私，此石銷滅；如公，石當昂藏。」今其石巉巖特立。

夷婦石。在彌勒縣南。昔有玀夷從征交趾不歸，其婦至山頭望之，化爲石，高五尺許。

烈婦石。在彌勒縣西十里。昔有夷婦夫亡，姑逼嫁，不從，攜子撞石而死。今石上有母抱子形。

煉丹竈。在彌勒縣白瀆洞。昔有仙合丹於此，遺石釜，或徙之，旋復舊處。

關隘

湼沼關。在彌勒縣南一百二十里，通臨安路，舊設巡司。

革泥關。在彌勒縣西五十里。

十八寨。在彌勒縣西南。今蠻黨分居者，曰永安寨、石洞寨、禄慶里寨、阿營里寨、米車寨，餘或以山名，本一山而羣蠻分居其中，曰十八寨。明嘉靖元年，嘗設十八寨守禦千户所於此。

楊屋寨。在彌勒縣。自彌勒灣東踰山，有竹子箐，過楊屋、戈勒、禨舍三寨，臨俺排江，循西岸而進。江出兩山中，瘴毒不可近。江東又有大八百、小八百二寨，皆儂氏屬夷。俺排江，即盤江異名也。

烟光哨。在州城西五里。又赤喜、撒普〔四〕、山怒、圭羅、納泥、阿魯、平沙、鎮南、棕欖、阿達、永安、丘矣、永寧、方擺、龍尅、阿矣、木革等諸哨，舊皆有兵戍守。

長坡哨。在師宗縣境。又有揑龍哨〔五〕、阿古哨、鴨子塘哨、安禿勺哨，及木舌、額勒、龍闊、矣馬、矣維、興隆、平沙等哨。

新哨。在彌勒縣西南。自阿迷州之彭堡達於新哨，乃至縣治。又北出板橋，接雲南府宜良縣界，又有彌東等哨。

檳榔驛。在師宗縣東南五十五里檳榔洞。

禄德驛。在彌勒縣廢維摩州東一百里阿歹村。

津梁

吉雙橋。在州城東南四里。

晏清橋。在州城南一里。明萬曆中建。

大石橋。在州城西一里。一名環翠橋。明弘治間，知府朱繼祖重建。

金馬橋。在州城西十五里，陸涼州大路。

所普橋。在州城西三十里。

普濟橋。在師宗縣大河口。
禄生橋。在師宗縣東門外一里。
平政橋。在師宗縣南門外。
螘澤橋。在師宗縣南五十里檳榔村。
洪濟橋。在師宗縣北三十里。
玉津橋。在彌勒縣南，跨八甸溪上流。
石橋。在彌勒縣屬楊泗廟河。本朝乾隆三十九年建。
盤江渡。在師宗縣東一百六十里馬者籠鄉。
巴盤渡。在彌勒縣南一百里。兩山夾流，爲一方險要。

隄堰

廣利壩。在州城東七里，明萬曆間築。
永惠壩。在州城西四里，亦萬曆間築。
矣龍壩。在州城西三十里。

陵墓

明

李參政墓。在州城北山麓，不知何許人，以參政委勘事，卒葬於此。又建有廟。

楊繩武墓。在彌勒縣南玉枕山。

簡如英墓。在彌勒縣搆甸壩。

二勇士墓。在彌勒縣。勇士何應芳、劉國良率鄉兵禦土寇，死葬此。

段烈婦墓。在彌勒縣東葛家山。

祠廟

馬伏波祠。在州治鍾秀山行署後。

四公祠。在州城西關外。明戴時雍、蔡應科、陳忠、宮瑩皆有築壩修城功〔六〕，立祠並祀之。

昭忠祠。在州治城隍廟東。本朝嘉慶八年建。

寺觀

東寺。在州城東五里。

廣福寺。在州城東十里，有小山，寺建其上。

瀘源寺。在州城西五里瀘源洞旁，與東寺皆爲郡中名勝。

萬壽寺。在州城西九里。

禹門寺。在師宗縣東六里，有巖懸千仞、河瀉平原之勝。

報國寺。在彌勒縣西半里。

皈依寺。在彌勒縣。有受降碑記，明知府張繼孟招降普名聲於此。

致和觀。在州城東。

咸和觀。在彌勒縣城西五里。

名宦

明

賀勛。湖廣人。成化間任廣西知府，時初設流官，勛建城垣，立學校，惠政及民。升雲南参政，仍兼府事。

孫久。吉水人。弘治中任彌勒知州，按制土酋，撫安反側，民賴以安。

張佐。武昌人。正德中知彌勒州事，征十八寨，運籌有方，民不知擾。

華剛。都勻衛人。正德中知彌勒州事，彊毅明察。十八寨叛酋何勿等畏之，皆輸納逋稅，期月間法令大行。

李渾。慈谿人。嘉靖初任廣西府。時土舍昂繼先驕悍不法，渾親督民兵圍其寨縛至，撲殺之，取其子教之讀，使繼其後。

辜用琥。南昌人。嘉靖時任廣西知府，攜一僕自隨。革土司常例，省里中夫馬，靖盜息民，豪猾歛跡。

李松〔七〕。内江人。嘉靖初知師宗州。訓農興學，滌除宿弊，刻苦清介。升大理同知，民追送百里外，號泣之聲不絶於路。

戴時雍。江西人。隆慶中爲廣西知府。倡議築城，身親督役，善政尤著。遷兩淮轉運使，民爲立祠。

錢秉元。吴縣人。萬曆間任知府。捐資買彌勒古城田，資諸生膏火，多惠政。

陳忠。獻縣人。萬曆中任廣西知府。興水利，建永惠壩，開東西兩河。沙夷寇掠東山，忠率兵勦平。修築三鄉城。於沿江渡口設哨，令戍卒於廢地墾田，給以牛種，耕戰之具畢修。後高梁楷，思恩人，愛民禮士，安夏攘夷，時有「陳父高母」之稱。

張光宇。山西太平人。萬曆中由廣南調廣西知府。廣勵學校，教課耕織，增修東西二壩，量田編甲，永爲修葺。

蕭以裕。清江人。萬曆間任廣西知府。遷建學宫於三臺山，創鶴麓書院以教士。土酋普者輅侵擾江外，親帥師擒之，諸夷畏服。

張繼孟。扶風人。由御史出爲廣西知府，攝巡道篆，興文講武。院司議撫普名聲，委員悉被害，繼孟單騎至息宰河，入賊營，陳說利害，賊遂降，滇郡以安。後官四川分巡道，爲張獻忠所執，不屈死。妻賈氏殉難。

王勵精。蒲城人。崇禎中任廣西府通判，仁恕善折獄。歲荒閉糴，毁所繫銀帶，易粟減價糶，富人聞之，争出粟，價遂平。

游大勳。婺源人。崇禎中任廣西府通判。好士恤民，以才略著。普名聲叛，大勳督兵拒寇，援絶，與郡人趙定同死之。

徐道興。睢州人。崇禎末以都司經歷署師宗州事，廉潔愛民。孫可望等陷曲靖，道興集士民諭之曰：「吾死分也，若輩可速去。」出白金二錠授其僕。僕請從死，徐曰：「此俸金也。爾不去，誰收吾骨？」賊至，以械擊賊首，大駡，被殺。乾隆四十一年，賜謚烈愍。

本朝

顧焯。蘇州人。康熙年間任廣西府。禮賢尚齒，課士勸農，愛民如子，即一薪一蔬，不以煩民。

人物

明

趙通。廣西府世襲照磨。成化中，昂貴争襲府職，大肆兇虐。通不從逆，遣子瓊赴京奏聞，因改土設流，民賴以安。

李瓚。師宗人。弘治中代本州土官至京襲職。嘗謂無流官制土官，終爲民害。至京奏請設流官知州，詔如其請。師宗人重瓚之功，請祀鄉賢。

楊廷瑚。彌勒人。慷慨好義，率鄉兵助知府郭集禮討賊阿旦，力竭死之。

子洗。洽洒。皆大逸國夷民，剛直急人之難。萬曆間大旱，二人赴村後拱山頂，禱旬日不應，解衣披髮，泣烈日中。人勸之歸，不應。妻孥環泣，怒逐之，卒同曝死。鄉人重其義，收葬之，每旱祭之即雨。

孟啞子。廣西府人，失其名。夫婦織履爲生，日以填道路爲事，小石獨荷，大石共負之，傾者正，缺者補，道路稱便。後不知所終。

楊繩武。字念爾，彌勒人。崇禎中進士，由翰林改御史。出視河東鹽政，繼按河南。流寇突至，繩武潛師破賊而還。時方舉鄉試，闈中不驚。擢順天巡撫，旋晉兵部左侍郎，督薊遼師，卒於豐潤。贈兵部尚書，賜祭葬，謚莊介。

楊令聞。彌勒諸生。普名聲之亂，駡賊死。

簡如英。彌勒人。親喪，廬墓三年，虎不敢犯，特旌。

吕應乾。彌勒人。年十四，母爲流寇所掠，應乾涕泣，尋至賊巢，賊感其孝，與金帛遣之歸。

何騰龍。彌勒人。普名聲之亂，不顧家室，負母遠奔。

李章鉉。字懷庚，廣西府人。事母純孝。知蓬州時，剔弊折獄，蜀人稱以半仙。後以母老致仕。流寇至，執其弟彦章，鉉挺身出救，遇害。

楊曰進。字樹駿，廣西府人。事母以孝。任武昌同知，流寇薄城，奮勇出敵，力竭死之。

張宏抱。廣西府人。博學能文。歷任思恩、思南知府，調辰沅兵備道，皆有政績，流寇破城，不屈死之。

趙嘉鳳。字巢閣，廣西府人。英敏有器識，以慶餘令致仕。流寇至，父子祖孫四人皆殉難。

趙嘉龍。師宗人。任綦江令，有賢聲。流寇至，力屈死之。

殷仁。廣西府人。崇禎甲申歲，慨然有勤王志。赴湖南參贊軍務，回滇集兵。流寇突至，憂憤而卒。

何天衢。字升宇，維摩州人。有勇略。普名聲謀逆，招爲頭目，以銃手三百使駐三鄉，天衢盡坑其卒，反正，助守維摩。累遷都督同知。名聲死，其妻萬氏復攻，天衢援盡糧絶，自刎死。

本朝

李在恭。師宗人，游大勳孫。自家來省其父，改姓入籍，中副榜。順治間，土賊執其父，在恭傾家往贖，爲奸人所匿，賊欲殺之，在恭求以身代，弗許，遂以頭撞賊，父子皆遇害。

邢太古。廣西州人。幼失母，父之楚，太古爲人牧豕，思慕哭泣。及父歸，孝養三十年如一日。父年八十五，自言不覺鰥居之苦，以有太古能順適其意也。公舉旌表。

李佐明。廣西州人。勤學好古，嘗買藥濟人。所著有五峯詩集、萃古名言及古今人物考。

李根心。字所性，廣西州人。好善樂施。英德令張子宸孤孫爲沙夷掠賣，根心變産贖回，資助遣歸，人重其義。

列女

明

趙理妻張氏。廣西府人。年二十五，夫亡子幼，守節五十餘年。

郭尚賢妻趙氏。廣西府人。已許聘郭尚賢，父母後欲改盟，更許豪家，氏聞而自縊，以救免，乃適尚賢。兩割股以療姑病。撫按旌之，名其里曰賢孝。

暨希妻周氏。廣西府人。年二十二，夫役臨安，隨知府入覲，卒于道。氏聞訃，死而復甦，安貧守節，撫子大器成名。

羅賢英妻楊氏。廣西府人。流寇至，同家人避兵石硐中，夫出爲賊所執，翁繼出，賊逼令負所掠物，拷聲聞硐中。氏急出語賊，願代翁負，賊喜，釋其翁，氏至環翠橋，伺間投河死。

趙覺妻邵氏。廣西府人。夫卒，欲以身殉，慮親戚見阻，居喪若無戚容，衆咸異之。及將葬，夜傍夫柩自縊，衆始嘆服，遂同穴葬焉。又同府馮昌運妻楊氏，夫死於水，不得其尸，氏投水殉之。其家救起，夫尸尋出。

李章鉉妻趙氏。廣西府人。流寇至，夫被賊害，氏投井死。

鄭氏。大寨鄉民女也。許字未婚，壻亡，父母嫁之，氏藏利刃於轎中自刎。

王世修妻某氏。維摩人。既納采，世修得瘋疾，其家欲退婚。父母將許之，氏誓不從。數年後疾竟愈。同邑李某母楊氏，夫故，斷指自誓。

趙錦辰妻楊氏。路南人。夫病，刲股救之，不起，僅生一女，人勸之嫁，氏曰：「我忠臣女，誓死無他。」苦節終身。錦辰，廣西府人。

楊大謨妻段氏。彌勒人。夫歿於陣，氏撫孤守節。舅姑欲奪其志，自縊死。

本朝

趙魁淮妻袁氏。廣西府人。流寇至，氏曰：「吾家士族，宜早死，勿見賊，先投井。」娌魁環妻李氏，媳凌霄妻李氏，姪媳凌雲妻李氏，小姑適楊士達者，孫女承柱姐，爭從投井。順治間旌。

唐名顯妻高氏。廣西府人。流寇至，避阿盧洞中。賊出之，擄至西江橋，呼夫回顧，投河死。順治間旌。同府周之楨妻戴氏、黄茂栗妻楊氏，均被執投河死。又夷婦白氏，夫失姓名，夫歿，父母遣之嫁，先期投河死。

楊騰龍女。彌勒人，夫失名。順治十四年避兵山中，爲潰卒所獲，氏指背上兒曰：「吾隨汝，此兒爲累。」解以付姑，隨至溪橋，呼姑曰：「無相念也。」投河死。

黄位中妻江氏。維摩十八村人。土賊破城，投江死。

楊氏姊妹。維摩西鄉拉龍村人。流寇肆掠，同投河死。

王某妻楊氏。彌勒人。將婚夫卒，氏奔喪不歸，未幾死。

黎民和妻丁氏。師宗人。婚未逾月，民和出師永昌，陣亡，氏勤女紅以奉姑。或勸改嫁，即拔簪刺面。姑病篤，刲股以進。

連三重妻楊氏。廣西州人。夫亡守節，乾隆間旌。

嚴嶟妻楊氏。彌勒人。嶟歿六載，議婚將成，父母方使知之。氏曰：「兒枉生久矣，今日尚欲活乎？」父母勸慰，氏曰：「必欲兒活，先姑母固未婚守貞，可效也。」母激之曰：「爾姑母未獲旌獎，亦無甚名。」女曰：「人各有志，安用名爲？」取刀自截其耳。舅姑知其志，乃迎歸，撫姪武爲嗣，守貞三十餘年。乾隆間旌。

楊茂盛妻張氏。彌勒人。茂盛爲武定教諭，吴三桂叛，被害，子作梅甫七歲，饔飧不繼，氏苦志撫成。作梅急欲得官慰母，投營授千總職，即辭歸，人稱一門節孝。與同縣熊相文妻李氏、武瑆妻嚴氏、王者閲妻孫氏，乾隆間以苦節先後旌。

吴文炳妻楊氏。廣西州人。夫亡守節，與同州張恒妻田氏、饒讓妻苗氏，均嘉慶間旌。

趙章女趙氏。彌勒人。守正捐軀，嘉慶間旌。

吴琳妻周氏。彌勒人。守貞三十九年，嘉慶間旌。

楊昕妻王氏。彌勒人。夫亡守節。與同縣張松妻趙氏、徐寅妻錢氏、張爾翮妻閆氏、師斌妻樂氏，均嘉慶間旌。

土産

雞腿竹。廣西州出，每節上大下小，可爲杖。

透明魚。出瀘源洞口，其大如指，額有肉角，色白無鱗，蓄水盆中，表裏瑩然。

校勘記

〔一〕領阿寧豆勿阿盧豆吴四千户　「寧」原作「安」，「盧」原作「盈」，據明一統志卷八七廣西府及讀史方輿紀要卷一一五雲南三改。

〔二〕又有寶寧山　「寧」，原作「安」，據乾隆志改。按，本志避清宣宗諱改字。下文「寶寧谿」原亦避諱作「寶安谿」，亦據乾隆志改。

〔三〕下流入曲靖府羅平州界　「入」，原作「水」，據乾隆志改。

〔四〕撒普　乾隆志同，雍正雲南通志卷六關哨作「撒普」。

〔五〕又有捏龍哨　「哨」，原無，乾隆志同，據雍正雲南通志卷六關哨補。

〔六〕明戴時雍蔡應科陳忠宫瑩皆有築壩修城功　「陳忠」，原作「陳宗」，據乾隆志及雍正雲南通志卷一五祠祀改。「宫瑩」，乾隆志同，雲南通志作「高梁楷」。按，本志下文名宦有戴時雍、陳忠、高梁楷事蹟，無所謂宫瑩者，疑乾隆志及本志有誤。

〔七〕李松　「松」，乾隆志及雍正雲南通志卷一九名宦作「崧」。

武定直隸州圖

四川會理界
東川府界
烏蒙山
幸邱山
尋甸界
祿勸
武定直隸州
三台山
普渡河
富民界
筆架山
天馬山

大姚界
北龍川江
金沙江
姜驛
竹沙雄山
佳雄山
元謀
獅子山
馬頭山
定遠界
羅次界

武定直隸州表

	武定直隸州		
兩漢	越巂、益州二郡地。		
三國	蜀漢建寧郡地。		
晉	晉寧郡地。		
宋			
齊			
梁			
隋			
唐	姚州地。		
宋	段氏爲羅婺部。	蠻名灢甸。	蠻名叵簉甸。
元	武定路 憲宗七年立爲萬户。至元八年立北路總管府，十二年改武定路，治南甸，屬雲南行省。	南甸縣 至元二十六年置，爲路治。	和曲州 至元二十六年置，屬武定路。
明	武定軍民府 萬曆中改置府，治和曲州，屬雲南布政司。	和曲州 嘉靖末廢縣，隆慶四年移州來治。	徙廢。

續表

元謀縣	祿勸縣
益州郡地。	益州郡地。
姚州地。	
蠻名環州。	蠻名祿券甸。
元謀縣 初爲治五甸，至元十六年置縣，屬和曲州。	祿勸州 至元十六年置，屬武定路。 石舊縣 至元二十六年置，屬祿勸州。 易籠縣 至元二十六年置，屬祿勸州。
元謀縣 屬武定府。	祿勸州 屬武定府。 正德中省。 洪武中省。

大清一統志卷四百九十二

武定直隸州

在雲南省治西北二百四十里。東西距三百六十里，南北距三百二十九里。東至曲靖府尋甸州界一百二十里，西至楚雄府大姚縣界二百四十里，南至雲南府羅次縣界三十九里，北至四川寧遠府會理州界三百里。東南至雲南府富民縣界四十五里，西南至楚雄府定遠縣界八十六里，東北至會理州界三百里，西北至會理州界三百十里。本州境東西距一百九十五里，南北距五十四里。東至祿勸縣界十五里，西至元謀縣界一百八十里，南至雲南府羅次縣界三十九里，北至祿勸縣界十五里。東南至雲南府富民縣界五十里，西南至雲南府祿豐縣界一百二十里，東北至祿勸縣界十三里，西北至楚雄府大姚縣界二百里。自州治至京師八千四百四十里。

分野

天文東井、輿鬼分野，鶉首之次。

建置沿革

禹貢梁州南境。漢屬越巂、益州二郡。東北境爲犍爲郡治。三國漢屬建寧郡。晉屬晉寧郡。唐屬姚州，天寶以後入於南詔。宋段氏時爲羅婺部。元史地理志：武定路，唐隸姚州，在滇北。昔獹鹿等蠻居之，至段氏使烏蠻阿歷治納洟䏔共龍城於共甸，又築城名曰易龍。其裔孫法瓦浸盛，以其遠祖羅婺爲部名。元憲宗四年内附，七年立萬户府，至元八年置北路總管府，十二年更爲武定路，隸雲南行省。明初改爲武定軍民府，萬曆中改爲武定府，隸雲南布政使司。本朝因之，屬雲南省。乾隆三十五年改爲直隸州，以附郭之和曲州省入焉，領縣二。

元謀縣。在州城西一百九十里。東西距六十里，南北距一百五里。東至本州界二十里，西至楚雄府大姚縣界四十里，南至本州界十五里，北至本州界九十里。東南至本州界三十里，西南至楚雄府定遠縣界五十六里，東北至本州界一百里，西北至大姚縣界一百里。本漢益州郡地，唐爲姚州地，蠻名環州，又名華竹。元初爲治五甸，至元十六年改置元謀縣，屬和曲州。明屬武定府。本朝因之，乾隆三十五年屬於州。

禄勸縣。在州城東北二十里。東西距一百十里，南北距三百五里。東至曲靖府尋甸州界一百里，西至本州界十里，南至本州界五里，北至四川寧遠府會理州界三百里。東南至本州界三十五里，西南至本州界三里，東北至尋甸州界二百四十里，西北至會理州界三百里。本漢益州郡地。唐爲羈縻州，蠻名洪農禄券甸，雜蠻所居。元至元十六年置禄勸州，屬武定路。明屬武定府。本朝初因之，乾隆三十五年改爲縣，屬於州。

形勢

四維千里，削壁懸巖，水甘草茂，最宜畜牧。明統志。烏蒙東峙，僰陋西連，壯金沙之南面，控蜀道之北門。通志。

風俗

俗尚樸魯，士民勤業。府志。

城池

武定州城。周六里，門四。明隆慶四年築。本朝雍正七年重修，乾隆二十六年又修。

元謀縣城。周一里有奇，門四。明萬曆三十二年創築，天啓二年改築甎城。本朝康熙五十二年重修，乾隆二十六年又修。

禄勸縣城。周二里，門四。明萬曆七年築。本朝雍正八年重建。

學校

武定州學。在州治東北。舊爲府學，明隆慶三年建。本朝康熙十五年、雍正元年累修，乾隆三十五年改爲州學。入學額數二十名。

元謀縣學。在縣治東。明天啓三年建。本朝康熙五十四年、雍正八年累修，乾隆十二年又修。入學額數十二名。

禄勸縣學。在縣治西。舊爲禄勸州學，明崇禎三年建。本朝康熙五十一年修，乾隆三十五年改爲縣學。入學額數十四名。

文峯書院。在州南。明萬曆中建。

武陽書院。在州城内。

獅山書院。在州城内。本朝乾隆八年建。

禄勸書院。在禄勸縣。本朝乾隆二十五年建。

户口

原額人丁六百三十，今滋生男婦大小七萬九千四十五名口，計一萬六千九百一十户。又屯民男婦大小共三萬九千九百九十七名口，計六千七百一十六户。

田賦

田地四千六十頃八分有奇，夷田四十一段，共額徵地丁正、雜銀六千四百六十三兩五錢九分五釐，米四千九百一十四石三斗七升五合四勺。

山川

五峯山。在州東三里。五峯攢列如案。

天馬山。在州南二十里。相近有筆架山，連峯聳翠，爲州南案山。

鋪哇山。在州西南二十里。名勝志：山勢險隘，有懸瀑千餘尺，下注城池。蠻名鋪哇洟。

三臺山。在州西五里。高可千仞，疊起如臺。明隆慶初，鳳繼祖叛，置寨於此，爲拒守處。

獅子山。在州西八里。明統志：頂平曠，有石巖狀如獅子。滇略：壁立千仞，其頂平曠，中藏深谷，可容萬人，有泉自山巖噴出，瀦爲小池，郡郭羣山錯立，此爲最勝。

馬鞍山。在州西。旅途志：自武西歷烏龍洞、躍鷹村、高橋村，至馬鞍山七亭，村落十餘，皆枕山面流，川原平衍，廣二十餘里。有徑路涉高橋，水徑一亭，冬春乃通。

猗朵山。在州西北。有泉下流爲南甸河。又州西北八十里有雄軸龍山，形勢峭峻，林麓茂密。

佐丘山。在州北二十里。山中平坦，有澤廣五畝，水無盈縮，名洗馬池。分流東注，一爲勒溪洟，一爲東溪洟。

馬頭山。在元謀縣南。名勝志：山連亘四十里，地勢最高，東望尋甸，南見楚雄，北眺黎溪，西瞻大理，縣之鎮山也。旅途志：自府西馬鞍山達元謀縣，崇山複嶺，澗有積雪，下馬頭山始平衍。樹多木棉，其高干雲。有金剛鑽樹，碧幹蝟刺，漿可殺人，土人密種，以當籬落。

住雄山。在元謀縣西北十里。明統志：一名法靈山，俗呼環州山。壁立萬仞，西枕棘陋甸，東連諸山，環於縣境。

竹沙雄山。在元謀縣西北二百里。縣志：四面壁立，高出羣山，上多竹木，人跡罕到。

火焰山。在元謀縣西北。旅途志：自元謀北渡金沙江，初行谷中，緣溪而上，十里升火焰山，其高三十里，峯迴路轉，陡絶之處，輔以木棧。

吾梁山。在元謀縣北三十里。縣志：孤圓聳拔，登臨最勝。相近有雷應山，高三十餘里，頂有古刹，老樹參天，土人傳爲雷起處。

盤龍山。在元謀縣北七十里。連亘逶迤，勢如盤龍。

翠峯山。在禄勸縣南二十里。

法塊山。在禄勸縣北五十里。明統志：在廢石舊縣西三十里。四面峭立，惟東南有一逕可容單騎，其傍有裒阿龍山。

蛙匿歪山。在禄勸縣北，法塊山之西。山嶺凹而平，可居萬家。

幸丘山。在禄勸縣北二百里。四面陡絶，頂有三峯，可容數萬家。昔爲羅婺寨，天生之城，牢不可破。

烏蒙山。在禄勸縣東北二百里。一名絳雲露山，一名雪龍山，一名松外龍山。唐書南蠻傳：貞觀中，巂州都督劉伯英上疏：「松外諸蠻率暫附亟叛，請擊之，西洱河天竺道可通也。」太宗以右武侯將軍梁建方發蜀十二州兵進討，松外首領蒙羽皆入朝〔一〕。明楊慎雲南山川志：山北臨金沙江，有十二峯，聳秀爲一州諸山之冠。八、九月間，上常有雪，其頂有烏龍泉，下流爲烏龍河。蒙氏封此山爲東嶽。圖説：與東川、烏蒙二府接界，八九月有雪，故又名雪山。

撒擁山〔二〕。在州北撒甸之東，高出羣山。

紅崖峽。在州東北四十里。舊府志：崖如赤壁，高千尺許，東枕溪流，峻險難陟。明弘治中常平治之，以便往來。

壽胚胎洞。在州西北四十里。志勝：洞深十餘丈，中有石筍森立，石乳自巖滴筍成質如拳。又有石如壽星、盆盂、獅象形者。

武陵洞。在州北八十里夾甸西山，深不可測，内有流泉。又有三石塔洞，在武陵洞西，泉石幽邃。

金沙江。在州北三百八十里。自姚州東流，經元謀縣境，又流入州北界，又東達四川會理州界之舊黎溪州，蒙氏封爲四瀆之一。沿江多嵐瘴，行人以雨中及夜渡可無虞。元李京詩：五月渡瀘即此地，三月九月瘴霧起〔三〕。

西溪河。即楚雄府之龍川江也。一名紀寶溪。自楚雄府定遠縣北流入州界，又西北經元謀縣西入金沙江。

烏蒙河。在州治北五里。源出禄勸縣之烏蒙山，繞流經此，溉田數百頃。下流入金沙江。按：烏蒙山之泉流爲烏蒙河者非此水。

普渡河。在禄勸縣之廢石舊縣東南，即螳螂川下流也。源自雲南府富民縣流入，會掌鳩河之水，入金沙江。

鵲鴣河。在撒甸南五里〔四〕，南流入禄勸縣界。

龍橋水。在州北。流經府城，南合於掌鳩水。

勒洟水。在州東北。源自廢南甸縣，與東溪洟皆分流而東，北注金沙江。

掌鳩水。在禄勸縣廢石舊縣。元史地理志：掌鳩甸有溪繞其三面，凡數十渡。舊志：水自府境北，流入禄勸州東南，與款莊、樂宰二水合。又東入普渡河以達於江，其合處形如獅子，名獅子口。

惠娴湖。在州西北八十里。湖方五里，茂林掩映，水深不測，葉落湖中，鳥輒啣去。

應元溪。在元謀縣南。源出本州虛仁驛，流經馬頭山入縣，縣中田畝皆資其灌溉，下流合於西溪河。

香水泉。在州南二里。舊志：其泉春時則香，土人於二三月祭之，然後汲取。又州西十五里亦有香泉。

冷泉。在州西六里。其水清潔，寒氣徹骨。

温泉。在元謀縣法納禾村。其沸如湯，可燖羊豕。又禄勸縣温泉有二，一在縣南五里，一在小輯麻村，昔鳳氏所甃，今變爲寒泉。

甘龍泉。在禄勸縣城内。自石崖流出，居人汲飲所資。

石泉。在禄勸縣東一百二十里灑交營坡。不溢不涸。

蓮花井。在州東北。水頗甘洌，常清不涸。

鹽井。井有二。滇志：只舊井距州一百六十里，草起井距州二百里，俱産鹽。本朝康熙十年，二井俱封閉。

者吉村渠。在禄勸縣，有二，一在縣東北，一在縣前。又有桃源村、永平村、納吉村等渠，俱在縣境，有灌溉之利。

古蹟

和曲故城。元史地理志：和曲州在武定路西南，蠻名叵箐甸，僰、獹諸種蠻所居，蒙氏時，白蠻據其地，至段氏以烏蠻阿劚併吞諸蠻聚落，分兄弟子姪居之，皆隸羅婺。憲宗六年，改叵箐甸曰和曲。至元二十六年，升爲州。明統志：和曲州在府西南三十里。舊志：州舊治在府東十五里，後改附府城，故治遂廢。按：明統志和曲州在府治西南之十里，今州城去舊城七里，則舊和曲州或當在城南，而舊志作府東十五里，未知何據。

南甸故城。在州東。元史地理志：南甸，武定路治本縣，蠻曰瀼甸，又稱洟陬籠。至元二十六年改爲縣。通志：南甸縣本置於郭下，明嘉靖末，土酋鳳繼祖作亂，縣廢。隆慶三年賊平，移建府治于獅山之麓，即今府治也，東去舊府城七里。四年，移和曲州於郭下，遂不置縣。

石舊故城。在祿勸縣東五里。元置縣，屬祿勸州。元史地理志：石舊縣在州東，有四甸，曰掌鳩，曰法塊，曰抹捻，曰曲蔽。掌鳩甸訛名石舊。至元二十六年立縣。明統志：縣在州治東五里，明正德中省入州。

易籠故城。在祿勸縣北一百八十里。元置縣，屬祿勸州。元史地理志：易籠城在州北，地名培場〔五〕。縣境有二水，蠻語謂洟爲水，籠爲城，因此爲名。昔羅婺部大酋居之，爲羣酋會集之所。至元二十六年立縣。明史：元以蠻部洪農祿券甸置祿勸州，領易籠、石舊二縣，洪武中省易籠縣。

諸葛城。在州東二里。相傳諸葛亮曾駐兵于此，今遺址猶存。

龍隱臺。在州西八里獅山之嶺。孤峯入雲，兩石相抱，中容數人，世傳明建文帝隱此，故名。

凌泉亭。在州西獅山之頂。明巡撫劉維建，有古松二株，如虬龍形，藤蘿數百尺纏之。

懸女石。在祿勸縣，石舊廢縣南十里。俗傳古有二女牧織山下，有飛蟲來集，麾之不去，撲殺之，俄而烈風大作，吹二女懸于崖下，化爲石。

關隘

小甸關。在州南五十里，有堡。

龍街關。在州西北七十里。明永樂五年建二關，俱有巡檢司，今皆廢。

石關。在禄勸縣境。又有石門關，亦在州境。

撒甸同知〔六〕。在州城北一百九十里。本撒甸土酋地。本朝康熙五十七年，土酋常應運叛，伏誅，以其地屬武定，移同知駐焉。乾隆七年裁。

金沙江巡司。在州西二百五十里，金沙江南岸。明永樂五年建，今仍舊。又有羅摩耳巡司，在州北八十里，明弘治十九年建。乾海子巡司，在州西北六十里，永樂五年建。萬曆四十一年，二司俱裁。

普渡河巡司。在禄勸縣北一百八十里普渡河岸。明永樂五年置巡司。又有撒里巡司，在州城南二百里，明初建。後俱裁。

和曲驛。在州東門外。又州南八十里有利浪驛，州西二百九十里有姜驛，州西北五十里有虛仁驛，二百八十里有環川驛，明洪武中，俱置驛丞，後皆裁。

津梁

通會橋。在州東大路。明天啓中，遷於東城之左，以鎮水口。舊又名迎祥橋。

大營橋。在州東南一里。明弘治中建。又東南四十里冷村有濟溪橋，亦弘治中建。

惠民橋。在州西北一里，有澗極深。又二里有便民橋。俱明萬曆中建。

通遠橋。在州西北，路通元謀縣。明弘治中建。

龍潭橋。在州城東北二里。兩岸崖壁峭立，跨以木橋，下有龍潭。

大板橋。在元謀縣西一里。明正統中建，萬曆間重建。

魯虚橋。在禄勸縣西北十里。明弘治中建。

陵墓

漢冢。在州境。元史地理志：和曲州地多漢冢，或謂漢人曾居此。

元

安慈冢。在州境龍三藏，去州城三十里。

烈婦墓。在州境舊和曲州，名氏無考。

祠廟

忠烈祠。在州東門外，祀明死難僉事張澤、同知袁俸、知州秦健、吏目劉瑀、照磨張成、知事高心、巡檢俞伯官、教授常存仁、生員楊忠誨。

呂公祠。在和曲州西，祀明巡撫呂光洵。

昭忠祠。在州治，舊於忠勇祠内設牌，本朝嘉慶八年建。

寺觀

正續寺。在州西五里，元時建，明末重修。寺後有藏經閣，舊爲明建文閣，設建文遺像，旁列從亡臣十一人。

法林寺。在元謀縣東北雷應山。

西林寺。在禄勸縣南十里翠華山。

文殊寺。在禄勸縣北門外。舊廢，明萬曆中復建。

五龍寺。在禄勸縣東北五十里撒馬邑〔七〕。林木深密，石隙玲瓏，周圍出清泉數處，故云五龍。近寺田畝，賴以灌溉。

仙臺觀。在禄勸縣南十里。

名宦

元

安慈。武德將軍，與子弄積俱有功於武定。

明

董旻〔八〕。樂平人。成化中官給事中，以直言謫石舊知縣。時土酋猖獗，盜賊蜂起，旻練民兵，使遠近各爲保護，遂至萑苻絶警，土酋畏服。以循良遷去。

張敬。清江人。弘治中知和曲州，存心慈愛，政善民安，州人感戴。

秦健。廣西人。嘉靖初知禄勸州。鳳朝文叛，健分地監守，賊攻圍甚急，力不能支，遂遇害。同時武定府同知袁倖，四川人，率妻子一門盡節。又教授常存仁、禄勸州吏目劉瑀、知事高心、照磨張成、巡檢俞伯官，均死之。

鄧世彦。湖廣人。隆慶間爲武定府同知。值鳳繼祖倡亂，世彦輓運軍糈，盡心贊畫，得以次勦平。遂創建府治城垣，地方賴以保障。

金守仁。武定守禦指揮。萬曆中阿克之亂，與千户王應爵、魏守恭、張斗〔九〕、梅應時、黄桂、鎮撫金榮高、百户楊應祖、陳宰、生員董漢英，俱殉難。

王應期。湖廣人。萬曆末任武定知府。土酋沙大金作亂，應期出奇制勝，討平之。

胡其慥。湖廣人。天啓二年任武定知府。阿歹叛，其慥竭力捍禦，城賴以全。

趙紓。山西人。天啓間任武定知府。廉正自持，修學崇文，勸農息訟，教民齒讓，民懷其德，皆呼爲趙青天。去之日，有送至數百里外者。

楊于陛。劍州人。舉于鄉，歷官武定同知。建書院，教士以理學。崇禎六年，死普名聲之亂。

高其勳。以參將守禦武定，沙定洲來攻，其勳固守月餘，城陷，服毒死。

人物

明

楊堯年。和曲人。嘉靖以前，未設郡學，堯年寄學大理，發憤讀書，歸教里人。郡人知學，自堯年開之。

楊忠惠。和曲人。寄學雲南府。嘉靖中，鳳繼祖之亂，軍門議遣人招降，無敢前者。忠惠奮義請行，爲賊所害，死甚激烈。

楊春震。和曲人。萬曆中舉人，授湖廣夷陵州知州。夷陵有勢宦，挾官害民，春震除之。聞父病，即歸侍湯藥，守喪哀毀。庶母弟二人春霖、春霽，相繼卒。春霽妻辛氏守節，遺一女，春震恤之倍己出。事庶母盡禮。杜門教授，著述甚富。

楊元祐。春震子。以副貢任趙州學正。孫可望據滇，迫以官，力拒不受，士論稱之。

陳此丹。和曲人。崇禎末，奉母避兵山中，偶相失，此丹號泣追尋，不獲，渴甚，將所負米囊置道旁，覓水澗中。比反，母坐囊上。問母何以至此，母言黑夜行荆棘中，力疲暫息，不知爲己囊也。人以爲孝義所致。

藍碧，元謀人。割股以愈母疾，施穀以賑民飢。又立義倉儲穀以佐官乏。上官嘉其孝義，特旌其門。

武恬。和曲人。或稱武風子。善以火炭繪竹箸，作禽魚花鳥狀。孫可望入滇，見其箸，繫之來，命作箸，不應，以刃脅之，無懼色，遂縱之。自此佯狂市中，後不知所往。

本朝

徐升曜。元謀人，官副將。入蜀招撫王屏藩，不屈遇害。贈左都督。

流寓

明

謝秉鉉。山陰人。明末守武定，勇於爲民，不避權貴，解官後，貧不能歸，民愛之，迎居和曲西村。後卜居禄勸，尋卒。元謀令馬之鵬表其墓。

列女

明

張節妻李氏。和曲人。年十八，許聘未嫁，節死，誓不更字。嘉靖七年兵變，途遇一男子執其手，即以刀自斷其手而死。

李含英女。名五娘，和曲人。矢志養母不適人。嘉靖七年，鳳朝文叛，刎頸死。

成乃貞妻李氏。和曲人。嘉靖七年，鳳朝文之變，爲賊所執，撞地而死。州守爲之立墓。

何天相妻高氏。和曲人。萬曆中，阿克、鄭舉爲亂，天相令同走避難，氏知無所避，乃曰：「今日之事，吾與若有死而已。」抱幼女俱投井死。同邑夏某妻趙氏，同時自縊死。

楊春霽妻辛氏。和曲人。性貞静，通經史。春霽死，氏年二十一歲，守節，集古今烈女事，作小囊佩之。年八十五，有疾，却藥不進，曰：「六十四年清白，可隨夫於地下矣。」含笑而卒。

魏守恭妻胡氏。禄勸人。守恭爲千户遠出，萬曆中值阿克之變，氏聞城陷，率二子望闕叩首，自縊死。

居之敬妻趙氏。元謀人。崇禎末，土賊陷城，氏投井死。

本朝

陳璿妻李氏。武定人。年二十七，夫卒子幼，氏守節，事舅姑以孝聞。後子亦病殁，又撫孫成立，歷六十餘年。雍正間旌。

楊又清妻何氏。元謀人。夫亡，氏號泣不已，目失明。守節五十餘年，教四子成名。雍正間旌。

楊玉正妻徐氏。武定人。夫亡守節，與同州太恂妻劉氏、閻維剛妻李氏、李素衡妻禄氏，均乾隆間旌。

康藩錫妻張氏。元謀人。夫亡守節。與同縣康宏妻藍氏、楊琮妻楊氏、拜起龍妻安氏、包景運妻趙氏，均乾隆間旌。

楊多壽妻朱氏。禄勸人。苦節終身，乾隆間旌。

仙釋

明

補鍋匠。無姓名，以啞稱。永樂間，常憩獅山，往來村落間，業補鍋。有從學者，不索謝，但令負擔前行。數載人不識也。一日於南門外獅山道上，揀柴枝作三字云：「要南下。」奄然而逝。

雪舫和尚。永樂時，常於極高處朗誦咏嘆，人以爲梵典也。就探，見袖中一册，不知何書。見人至，輒貯袖中，避他處。深秋薄暮，每登眺盤陀石上，亦取袖中册讀之。住獅山或經年，後不知所往。

土産

明礬。元謀縣出。

礪石。金沙江出。

龍腦石。出獅子山，有花紋，質微脆。

五色石斛。出禄勸普渡河，紺紅者佳。

桫羅木。州境出。

巖羊。禄勸縣出。

校勘記

〔一〕松外首領蒙羽皆入朝　乾隆志卷三八四武定州山川（下同卷簡稱乾隆志）同。按，此句「皆」字無着落。查新唐書卷二二二下南蠻傳下，入朝者尚有西洱河大首領楊同外、東洱河大首領楊斂，故稱「皆」也。此省去二楊，只録松外首領蒙羽，不得謂「皆」，字當删，或前加「等」字。

〔二〕撒擁山　「撒」，原作「撤」，據乾隆志及雍正雲南通志卷三山川改。注文「撒甸」，「撒」原亦作「撤」，同據改。

〔三〕三月九月瘴霧起　按，滇略卷八及雍正雲南通志卷二九之一藝文載李京過金沙江詩作「三月頭，九月尾，煙瘴拍天如霧起。」

〔四〕在撒甸南五里　「撒」，原作「撤」，據雍正雲南通志卷三山川改。參校記〔二〕。

〔五〕地名培場　「培」，乾隆志同，元史卷六一地理志作「倍」。

〔六〕撒甸同知　「撒」，原作「撤」，注文同，據乾隆志及雍正雲南通志卷四建置改。

〔七〕在禄勸縣東北五十里撒馬邑　「撒」，原作「撤」，據乾隆志及雍正雲南通志卷一五寺觀改。

〔八〕董旻　「旻」，原作「敏」，據乾隆志及明史卷一八〇董旻傳改。按，本志避清宣宗諱改字。

〔九〕張斗　「斗」，原作「平」，據乾隆志及雍正雲南通志卷一九忠烈改。

元江直隸州圖

嶍峩界
新平
平甸河
魯奎山
盤水河
路通山
天馬山
石屏界
李仙江
交趾界
老撾界

南安界
三家坡
大江
九龍山
自樂山
㟐峨山
㟐峨河
因遠山
元江直隸州
玉臺山
鎮沅州界
嵯峨山
普洱府界

元江直隸州表

	元江直隸州	新平縣
兩漢	益州郡徼外地。	益州郡地。
三國		
晉		
宋		
齊		
梁		
隋		
唐	蒙氏置威遠瞼，屬銀生節度。	
宋	阿僰諸部據。	
元	元江路至元中置，隸雲南行省。 羅槃甸地，屬元江路。	至元中置平甸縣，屬嶍峩州，尋省入。
明	元江軍民府洪武十五年改置府，永樂四年改軍民府，屬雲南布政司。 奉化州洪武初置因遠羅必甸長官司，尋改置州，屬元江府。	新平縣萬曆十九年置，屬臨安府。

大清一統志卷四百九十三

元江直隸州

在雲南省治西南七百九十里。東西距三百里，南北距二千一百里。東至臨安府石屏州界一百里，西至鎮沅州界二百里，南至車里宣慰司界一千六百里，北至楚雄府南安州界五百里。東南至交趾、老撾界一千三百四十里，西南至普洱府界四百七十里，東北至臨安府嶍峨縣界五百里，西北至鎮沅州界四百里。本州境東西距二百十里，南北距二百五十五里。東至臨安府石屏州界一百三十五里，西至普洱府界七十五里，南至普洱府他郎界一百二十五里，北至新平縣界一百三十里。自州治至京師八千九百九十里。

分野

天文東井、輿鬼分野，鶉首之次。

建置沿革

禹貢梁州荒裔。漢益州郡徼外地。唐時蒙氏以其地屬銀生節度，置威遠瞼。明統志：南詔徙白蠻蘇、張、周、段等十姓戍之，又開威遠等處，置威遠瞼。宋時和泥蠻侵據其地。明統志：宋時儂智高之黨竄於此，和泥又開羅槃甸居之。後爲些麽徒蠻阿僰諸部所有。元初内附，尋復叛，至元中遥立元江萬户府以覊縻之，後於威遠更置元江路，隸雲南行省。明洪武十五年改爲元江府，永樂四年改爲元江軍民府，隸雲南布政使司。本朝順治十八年改曰元江府，屬雲南省。乾隆三十五年改直隸州，領縣一。

新平縣。在州北二百里。東西距四百六十里，南北距五百里。東至臨安府嶍峨縣界九十里，西至鎮沅州恩樂縣界三百七十里，南至本州界二百里，北至楚雄府南安州界三百里。東南至臨安府石屏州界一百五十里，西南至鎮沅州界九十六里，東北至嶍峨縣界五十里，西北至恩樂縣界五百里。本嶍峨部地。元初爲嶍峨千户地，至元中設平甸縣，屬嶍峨州，後改平甸鄉，仍隸嶍峨縣。明爲丁苴白蠻夷所據〔二〕，萬曆十九年討平之，置新平縣，屬臨安府。本朝因之，雍正十年改屬元江府，乾隆三十五年屬元江州。

形勢

東有禮社江，西瞰瀾滄水，北據自樂山，南距交趾界。明統志。三江合繞，諸緬遥牽。崀峩爲河，馬籠列嶂。府志。

風俗

地多瘴癘，四時皆熱，草木不凋，一歲再收。性懦氣柔，惟酋長畜使。府志。僰人能居卑濕，蒲蠻好居高山。志勝。

城池

元江州城。周九里，門四，三面瀕河。舊土城，元大德間築。本朝順治十八年、雍正七年十三年累修。

新平縣城。周一里有奇，門四，環牆爲濠。明萬曆十九年，築土牆於縣西五里，崇禎七年遷今地，爲石城。本朝康熙三十七年，接築新舊二城，使相連屬。雍正十年，又拓新城，直過舊城之東。

學校

元江州學。在州治東北。舊爲府學，寄臨安建水州學。本朝順治十七年遷建，康熙五十二年、雍正元年累修，乾隆三十五年改爲州學。入學額數十五名。

新平縣學。在縣治東北。舊寄府學，後附嶍峨縣學。本朝康熙三十一年遷建，雍正九年重修。入學額數八名。

北池書院。在州治北，明嘉靖中建。

户口

向因蠻民雜處，未經編丁。

田賦

田地三百六十一頃五十六畝三分有奇，夷田九十段，額徵地丁正、雜銀四千五百三十五兩八錢五分八釐，米四千五百二十石一斗三升四合五勺。

山川

玉臺山。在州城東五里。府志：舊名羅槃山，凡二十五峯，懸崖絶壁，險阨難登，蒼翠如玉，望之若臺。

路通山。在州城東二十五里。明統志：舊名馬籠山，北瞰禮社江，高峯千仞，虧蔽日月。通志：中有羊腸一線，路出臨安。

天馬山。在州城東南十五里。府志：秀如華峯，與嵯峩山相對，峙學宫前。

嵯峩山。在州城南二十里。中峯嵯峩，狀如卓旗。

寶山。在州城西二十里。圓如螺髻，尖若插簪，俗傳昔有蠻酋藏寶於山之麓，故名。

因遠山。在州城西四十里。山下有泉，爲仲夷溪，分流溉田，爲仲夷渠。府志：在城西北七十里，泉流瀑布，下多村落。

莽支山。在州城西北。相近又有茶山，二山接普洱界，俱産茶。

九龍山。在州城西北三百里。産鑛，名魚晃場。車里司治在山之後。

奇山。在州城北三十里。舊名龍爪山。上有涵春臺、仙人洞，怪奇萬狀。

自樂山。在州城東北十里。明統志作目樂山，懸崖峭壁，凡二十峯，狀若崆峒。蒙氏封爲南嶽。今名棲霞山。按：蒙氏封蒙樂山爲南嶽。明統志於目樂山亦云蒙氏封爲南嶽，蓋自樂山即蒙樂山，訛「蒙」爲「目」，又訛「目」爲「自」也。

魯奎山。在新平縣東南六十里。險僻高峻，連石屏、元江諸處。舊爲野寇之藪，今皆效順。

金營山。在新平縣南二十里，爲丁苴故地。

二龍山。在新平縣南。長峯兩分，矯如游龍，團山居其中。

鎮元山。在新平縣南五十里。

團山。在新平縣西南六里，形如滿月。

倚樓山。在新平縣西七十里。崇巖峻嶺，若樓閣憑虛。

五桂山。在新平縣北里許，頂有五峯。

水簾洞。在新平縣西象山之半。水自洞門流出，垂若珠簾。

大江。即摩沙勒江也。一名馬龍江，亦名鹿滄江。自楚雄府舊碍嘉縣流經州境，爲禮社江之上源。臨安府志：馬籠諸山在江之右，迤阻諸山在江之左。羣山夾江，其隘如峽。通志：明洪武中，平緬叛，結寨於馬籠、他郎甸之摩沙勒，沐英遣將擊却之。

元江。在州城東南，即禮社江也。通志：源自白崖江，合瀾滄江，流繞州城，東南經納樓、蒙自，南達於海。自新平縣之三江口流入，沿州治之南，繞東南入臨安府納樓司界。

峎峨河。在州城西四十里河南村。源出州西北峎峨山，東南流入禮社江。

平甸河。在新平縣東十里。衆流所匯。

大羅河。在新平縣東五十里。水勢洶湧。

疊水河。在新平縣南半里。源高數丈，自上流下，澎湃潺湲，霞氣上蒸，流入大江。

襟帶河。在新平縣南。自二龍山口出，會入平甸河。

温玉泉。在州城西北十五里。名勝志：石間迸出，其色清碧，其沸如湯。

洪本泉。在新平縣西一里。邑城内外，資其流灌。

瑞木井。在新平縣東一里許。其味甘洌。源出木下，其木一本三幹，花葉皆異，亦奇品也。

古蹟

奉化故州。在城西一百二十里。本名羅槃甸。元爲羅槃部。元史地理志〔二〕：古西南夷地，阿僰諸部蠻自昔據之。憲宗四年内附，七年復叛，率諸部築城以拒命。至元十三年，遥立元江府以覊縻之。二十五年，命雲南王討平之，割羅槃等十二部於威遠，立元江路。明統志：元江府附郭有因遠羅必甸長官司，舊名羅槃甸，屬元江路。洪武初置長官司。通志：因遠羅必甸，後改爲奉化州，舊亦以土官子孫分掌。本朝平滇，那嵩負固，討平之。順治十八年并爲元江府。

關隘

猛甸關。在州境。又有瓦阨關、杉木關、定南關，舊皆置戍。

結白土巡司。在州境。府志：土巡司方從化，舊係魯魁山土目。本朝康熙二十七年，總督范承勳委官招撫，從此向化，題授世職。又有水摩村巡司，在州城東北六十五里，舊有土官巡司戍守。

了味土巡司。在新平縣境。舊係魯魁山土目，至普爲善於本朝康熙二十七年歸附，授土巡司世襲。舊又有摩沙勒巡司、南崀巡司，皆土官世襲，今俱省。

阿怒甸。在新平縣廢新化州東北。其相近有喇烏得箐，爲縣境最要地。

因遠驛。在州城西因遠山下，爲往來必經之地。舊有知事一員。乾隆三十五年改因遠巡檢。

津梁

南安橋。在州城南門外。又城南德化鄉有石橋。

西城橋。在州城西十五里。

混龍橋。在州城西二十五里，跨崀峩河，長三丈，闊丈餘。

藤橋。在州城西一百里。

康濟橋。在州城北門外。

義興橋。在州城北，本朝康熙十年建。

祠廟

忠義祠。在新平縣，明騰衝參將鄧子龍建，祀陣亡將士。

昭忠祠。在州治城隍廟東，本朝嘉慶八年建。

寺觀

甘露寺。在州城東五里玉臺山，本朝康熙九年建。

妙蓮寺。在州城西南一百三十里，元時建。

名宦

明

汪輔。雲南後衛指揮同知。嘉靖間署元江知府，政務便民。有控訴至者，不加鞭朴，訓以禮讓遣之。至於軍衆，御以嚴明，毫不敢犯。

李先芬。萬曆間任新平知縣。始建縣治，築甃城池，夷民咸德之。

秦元穗。廣東人。崇禎間任新平知縣，改遷縣治，建築磚城，民祠祀之。

本朝

沈洪。浙江人。任新平縣典史。雍正十年署揚武壩巡檢，適猓賊叛，洪竭力堵禦，死之。

丁珏。浙江人。以巡檢管理青龍廠務，猓賊刦掠廠地，珏不屈，死之。

王昌。寧夏人。千總。擊猓賊於喇博坡，歿於陣。

汪自貴。華陽人。把總。擊猓賊於阿者，奮勇赴敵，死之。

洪先。開化人。把總。與賊戰於户東山，歿於陣。以上五人，事聞，贈廕有差。

人物

元

刁代。元江人。爲本路安撫使。大德五年從征八百有功，陞本路總管。智勇過人，部夷畏服。時洞蛟爲孽，代挾利劍入洞，頃之，水盡赤，代與蛟俱死。沿河之民始得耕種，歲歲祀之。

明

施大節。元江人。永樂中舉人。歷知交州、横州，慈愛廉明。宣德二年遇賊警，大節繕甲兵，聚糧餉，爲守禦計。及賊勢不可遏，城陷，力屈而死。

馬雲衢。字賡宇，元江人。天啓間由教諭遷知天河縣，有廉能聲。邑中峒番肆出刦掠，雲衢設法勸諭，皆感畏不敢犯。去任歸里，行李蕭然。

本朝

曹一彬。新平人。康熙中，土酋禄益反，圍新平，執一彬，令誘開城。一彬入，率民兵固守，賊攻不克，城得全。

李其紀。元江人。有孝行。禄益之變，其紀負母逃，一日夜不休，得免。父歿，廬墓三年，有虎伏兔馴之應。

蔣應堂。元江卒伍。刲股療母，母歿，刻木爲像，祀之如生。

康天錫。元江人。爲本營把總。雍正十年，猓賊叛，戰於他郎，先登死之。事聞，贈廕。

張文秀。新平人。新嶍營把總。分防揚武壩，猓賊至，力屈死之。賜贈廕。

馬匡周。元江人。性孝友，工書畫。任廣南守備。乾隆六十年，出師黔楚，屢著戰功。後以追賊中標亡，猶持戟不僵，有健卒負回。子廕襲。入祀昭忠祠。

流寓

明

周官。江西人。能詩，工草書，性剛直敢言。明末棄官遊滇，從臨安入元江，一時士人多所請正。後卒於郡。

本朝

鄧魁春。撫州人，號梅庵。學問綜博。順治初至元江，教授生徒，多所成就。

列女

明

馬宗範妻白氏。元江人。年少夫亡，守節五十餘年。同郡李儒妻楊氏，夫卒，欲以身殉，姑知有遺腹，曲諭之，乃拮据襄事。生子聖希，教之成名。又何源深妻曾氏、楊得先妻馬氏、王諍妻黄氏，均苦節終身。

何源清妻李氏。元江人。夫亡，服毒死。

楊氏女。名爨察，元江人。母孀居無子，女矢志養母，誓不適人。勢家欲强娶之，以死拒得免。母殁獨處，年至八十歲。

孫愈發妻雷氏。新平人。夫亡守節，與同縣黄玠妻普氏，均於崇禎間旌。

本朝

孫廷紀妻張氏。新平人。年少夫亡，撫孤成名。與同縣黄士麟妻普氏，均康熙間旌。

艾張顯妻楊氏。元江人。猓賊之變，氏挈家避入甘棠箐，聞夫被殺，夜回家，與媳及孫媳陶氏、女孫皆自縊。同時陳萬言妻車氏、媳鄧氏、女孫一，又艾國用妻陶氏，艾國樑妻林氏，艾承顯妻曾氏、媳朱氏，艾奇二女，姚春先母何氏、妻艾氏，李從龍母馬氏，馬氏二女，丁一鵬姪女，均不辱死，雍正間旌。

王德遠妻張氏。新平人。夫爲普威總兵，鎮沅夷叛，夫歿於陣，氏抱兒投火死。雍正間旌。

楊守恕妻袁氏。新平人。猓夷叛，氏與舒鳳翮女、舒鵬翮女，均不辱而死。

丁鈺妻吴氏。鈺，浙江人，以巡檢管青龍廠事務。猓逆叛，氏被擄不辱，見殺。雍正間旌。

何昌祖妻楊氏。元江人。夫亡守節，與同州吴星耀妻劉氏、吴會璘妻胡氏、董繼世妻張氏，均乾隆間旌。

魏正儒妻蘇氏。新平人。夫亡守節，乾隆間旌。

温瑞暘妻何氏。元江人。夫亡守節。與同州董惟璽妻張氏、段鳴珂妻梁氏、陳有基妻李氏、高璋妻李氏、李文沛妻陳氏、段鳴玉妻蔣氏，均嘉慶間旌。

王曙妻朱氏。新平人。夫亡守節。與同縣任佃妻盧氏、郭永新妻李氏、陳樹道妻楊氏、黄繼妻陶氏，均嘉慶間旌。

仙釋

明

月光道人。正德間，雲遊至郡，結廬金鰲山麓，兀坐不言，日啖菜根少許，如是數年。忽一日不知所在，人往覓之，見壁間書一絶句而去。

陳羽士。嘉靖間，棲東山，目光如電。郡嘗旱，延至城中，甘雨隨注。居二十年，化去。

土産

檳榔。一名仁頻。樹高數丈，旁無附枝，正月作房，四月開花，每房百餘實。

蘆子。產山谷中，夏花秋實。

蔞葉。家園遍種。葉大如掌，纍藤於樹，無花無果，冬夏長青，採葉合檳榔食之，味甘美。

降真香。

荔枝。僅數本，肉薄味酸。

蜜多羅。樹高數丈，實從幹生，大如冬瓜，色似楊梅。

抹猛果。形如木瓜，夏月熟，味酸。

蘇木。

鱗蛇膽。有黄、黑二種，長丈餘，具四足，能食鹿，春夏在山，秋冬在水。土人取食之，其膽治牙疼，解諸毒，黄者更佳。

白鸚。

矮鷄。俗名擺夷雞，足短而鳴長。

黄魚。金色，味美。

孔雀。

校勘記

〔一〕明爲丁苴白蠻夷所據　「白蠻夷」，乾隆志卷三八五元江州建置沿革（下同卷簡稱乾隆志）同，讀史方輿紀要卷一一五雲南作「白改夷」。

〔二〕元史地理志　「理」，原作「里」，據乾隆志改。

鎮沅直隸州圖

禮社江
南安界
恩樂
樓板山
烏連山
鳳山
石硐山
鎮沅直隸州
南浪江
杉木江
元江州界
把邊江
馬容山
波弄山
普洱府界

景東廳界
蒙化廳界
雲州界
天馬山
瀾滄江
阿瓦界
谷賢江

鎮沅直隸州表

	鎮沅直隸州	恩樂縣
兩漢	益州郡徼外地。	益州郡徼外地。
三國		
晉		
宋		
齊		
梁		
隋		
唐	南詔銀生府地。	銀生府地。
宋		
元	初屬威楚路，後置案板寨，屬元江路。	馬籠、他郎二甸地，隸元江路。
明	鎮沅府洪武三十三年置鎮沅州，永樂中升爲府，屬雲南布政司。	永樂元年置者樂甸長官司，隸雲南都司。

大清一統志卷四百九十四

鎮沅直隸州

在雲南省治西南一千二百里。東西距三百四十里，南北距二百九十里。東至元江州界一百里，西至順寧府雲州界二百四十里，南至普洱府威遠界二百三十里，北至景東廳界六十里。東南至普洱府界八十里，西南至普洱府界三百里，東北至楚雄府南安州界二百九十里，西北至蒙化廳舊定邊縣界三百里。本州境東西距二百八十里，南北距一百六十里。東至恩樂縣界四十里，西至雲州界二百四十里，南至威遠界一百里，北至景東廳界六十里。東南至元江州界一百五十里，西南至威遠界一百二十里，東北至恩樂縣界八十里，西北至景東廳界九十里。自州治至京師一萬二千四百五十里。

分野

天文東井、輿鬼分野，鶉首之次。

建置沿革

禹貢梁州荒裔。漢爲益州郡徼外地。唐時南詔爲銀生府地，其後金齒棘蠻奪之。宋時段氏莫能服，元時内附，屬威楚路，後改置案板寨，屬元江路。明洪武三十三年改置鎮沅州，永樂中升爲府，隸雲南布政使司。本朝初因之，隸雲南省，乾隆二十五年改爲直隸州，領縣一。

恩樂縣。在州城北六十里。東西距二百九十里，南北距八十里。東至元江州新平縣界二百四十里，西至本州界五十里，南至本州界五十里，北至景東廳界三十里。東南至新平縣界八十里，西南至本州界三十五里，東北至景東廳界一百二十里，西北至景東廳界二十五里。本漢濮洛蠻地。唐南詔時，屬銀生府地，曰猛摩，蠻名者島。宋段氏據之，後爲阿僰諸部蠻所奪。元爲馬籠、他郎二甸地，隸元江路。明洪武末内附，永樂元年置者樂甸長官司，隸雲南布政使司，尋改隸雲南都司。本朝初因之，雍正五年，改置恩樂縣，屬鎮沅府，今爲州屬。

形勢

地處夷粤，依山爲郡。明統志。緬、猛、交、撾，八百之通衢；臨、元、景、楚，四郡之接壤。人皆猓濮，屬近羈縻。通志。

風俗

信巫祀鬼，婦勤耕蠶。明統志。力弱性緩，風氣寬柔，刀耕火種，歲必易土。通志。

城池

鎮沅州城。周三里有奇。本朝雍正五年因舊土城重修，乾隆三年改築石城。

恩樂縣城。周一里有奇，門二。本朝雍正五年因舊土司城修。

學校

鎮沅州學。在州治。舊爲府學，本朝雍正十年建，乾隆三十五年改爲州學。入學額數八名。

恩樂縣學。在縣境。本朝雍正十年建。入學額數八名。

文明書院。在恩樂縣。本朝乾隆三十年，知府蕭思濬等建。

户口

向因蠻民雜處，未經編丁。

田賦

田地五百五十九頃三十一畝，額徵地丁正、雜銀一千三百八十九兩八錢二分八釐，米一千一百八十石七升七合五勺。

山川

石山。在州治東。

石羅山。在州城東一百七十五里。

波弄山。在州城東南一百里。通志：山勢起伏，重疊如波濤。

小鑾舊山。在州城東南一百七十里。

納羅山。在州城東南。山多虎豹，土人呼「藏」爲「納」，「虎」爲「羅」。

馬容山。在州城南。根盤數百里，路狹僅容一馬。自小鑾舊山以下皆故禄谷寨之地。

案板山。在州城東北。山高百餘仞，形如几案，舊寨以此名。

鳥連山。在州城東北二十里。古木參差，羣鳥争集。通志亦謂之石花山。

蒙樂山。在恩樂縣東二百里。一名無量山。高峻行一日方至其頂，中有毒泉，人畜飲之即斃。通志：山在者樂甸司東南。

鳳山。在恩樂縣南，城跨其上。

者島山。在恩樂縣北。通志：者樂甸司治在其上，峰巒聳秀，爲司治後山。

南浪江。在州東南。源出納羅山，經舊禄谷寨南，西南流入杉木江。

杉木江。在州治南。源自恩樂縣，流經州南，下流入普洱府威遠之谷寶江，江岸多産杉木。

馬湧江。在州境。源自臨安府納樓司，流經舊禄谷寨東，下流入南浪江。

景東河。在恩樂縣境，即杉木江之支流。明統志：源自景東廳，流經者樂甸司，下流入馬龍江。

南堆小河。在恩樂縣境。通志：源出者島山下，流歸新平江。

波弄鹽井。在州東南坡弄山，有六。明史：波弄山上下有鹽井六所。府志：土人掘地爲坑，深三尺許，納薪其中焚之，俟薪成炭，取井中之滷澆於上，越日成鹽，其色黑白相雜而味苦，俗呼白雞糞鹽，交易亦用之。

案板鹽井。在州東北案板山。本朝雍正三年，設鹽大使駐此，兼管州境各處土井。

古蹟

舊禄谷寨長官司。在州治東北二百五十里。明史：「鎮沅府領長官司一，曰禄谷寨，永樂十年置。

舊者樂甸長官司。今恩樂縣治，明永樂初置。明史：者樂甸，本馬籠、他郎甸猛摩之地，名者島，洪武末内附，隸雲南布政司。永樂元年，設者樂甸長官司，改隸雲南都司，其地山險瘴多，介於鎮沅、元江、景東間，兵寡而勍，諸部畏憚之。本朝雍正五年，改置縣。

關隘

新撫巡司。在州治西南二十里。本朝雍正十三年設，乾隆三年建有土堡。

祠廟

昭忠祠。在州治城隍廟内。本朝嘉慶八年建。

寺觀

廣福寺。在州治東九十里矣邦村。

名宦

本朝

劉洪度。廣濟人。雍正八年，以鎮沅同知守鎮沅。時初設流官，夷屢搆變，洪度殉焉，役某從死。土人立廟於州署後，并肖其像，筊告吉凶如響。惟刁、陶二姓登輒蹷，皆夷酋後也。

列女

本朝

游雲漢妻曾氏。鎮沅人。拒暴自盡，嘉慶間旌。

土産

鹽。

孔雀。

小雞。州志：形矮小，鳴無晝夜，與中國雞聲異。

籐。

南棗。

莎羅布。

白鷴。

景東直隸廳圖

鎮南界
鶴龍山
安定
邦泰山
景東
錦屏山
大河
景蘭
南安界
元江州界
鎮沅州界

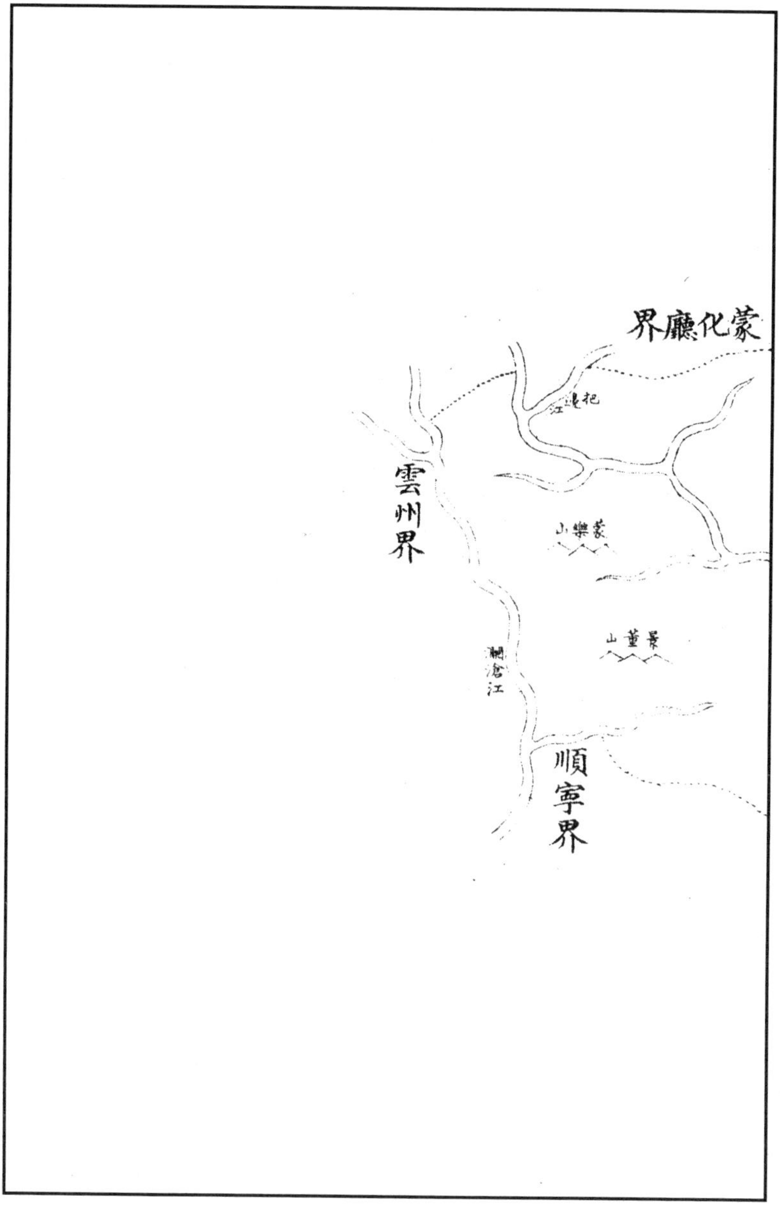
蒙化廳界
把邊江
雲州界
蒙樂山
景董山
瀾滄江
順寧界

景東直隸廳表

	景東直隸廳
兩漢	益州郡徼外地。
三國	
晉	
宋	
齊	
梁	
隋	
唐	蒙氏初立銀生府於此。
宋	
元	開南州至元十二年置，屬威楚路。
明	景東府洪武十五年改府，屬雲南布政司。

大清一統志卷四百九十五

景東直隸廳

在雲南省治西南一千一百八十里。東西距三百四十里，南北距四百二十七里。東至楚雄府南安州界一百二十里，西至順寧府雲州界二百二十里，南至鎮沅州界二百九十里，北至蒙化廳界一百三十七里。東南至鎮沅州恩樂縣界一百三十五里，西南至順寧府順寧縣界三百里，東北至楚雄府鎮南州界一百三十里，西北至蒙化廳界三百里。自府治至京師一萬一千六百里。

分野

天文東井、輿鬼分野，鶉首之次。

建置沿革

禹貢梁州荒裔。漢益州徼外地。明史：景東古柘南也，漢尚未有其地。唐時南詔蒙氏立銀生府於此，爲六節度之一，尋爲金齒白蠻所陷，移府治於威楚，白蠻遂據其地。唐書南蠻傳：羣蠻種類，有黑齒、金齒、銀齒三種，見人以漆及鏤金銀飾齒，寢食則去之。其川分十二甸，昔樸、和泥二蠻所居也。元史地理志：莊蹻王滇池，漢武開西南夷，諸葛孔明定益州，皆未嘗涉其境。至蒙氏興，立銀生府，後爲金齒白蠻所陷，移府治於威楚，開南遂爲生蠻所據。歷大理段氏莫能服。元中統三年平之，以所部隸威楚萬户，至元十二年，置開南州，仍隸威楚路。明洪武中改爲景東府，明史：洪武十五年，平雲南，土官俄陶先歸附，遂置景東府，以俄陶知府事。隸雲南布政使司。本朝初因之，屬雲南省，乾隆三十五年，改景東廳。土知府陶氏世襲。通志：府又有姜氏世襲知事，本朝康熙二十三年，姜氏襲知府。四十六年，仍令陶氏襲知府。

形勢

景東山峙其西，蒙樂山聳其北，地接極邊，控阨之所。明統志。蒙樂爲屏，屹爾崆峒之勢；蘭津若帶，儼然江漢之長。府志。

風俗

民多僰夷，田皆種秫。明統志。性本馴樸，漸習書史。府志。

城池

景東廳城。周二里，門四。舊係衛城，明洪武二十三年建。本朝康熙中修，乾隆元年重修。

學校

景東廳學。在廳城南三里錦屏山下。明萬曆十五年遷建景東衛學，二十四年改爲府學。本朝順治十七年，即徐指揮舊宅立廟學，康熙二十二年重修，二十七年改建明倫堂，乾隆三十五年改爲廳學。入學額數二十名。

新城書院。在廳治。明萬曆中建。

開南書院。在廳治。本朝乾隆二十七年，同知謝應元建。

户口

原額人丁共五百四十二，今滋生男婦大小共二萬三千五百七十六名口，計五千二百六十二户。又屯民男婦大小三萬九千六百二十四名口，計八千一百七十七户。

田賦

田地六百三頃二十畝五分有奇，夷田五百八十五段，額徵地丁正、雜銀二千九十五兩六錢七分，米二千六百九十四石八斗八合一勺。

山川

錦屏山。在廳城南一里。青翠如屏。其相接者曰孟沼山。

景董山。在廳城西。明統志：昔爲蠻寨，洪武中建景東衛城於山上。

鶴籠山。在廳城北三十里。一峯突兀，其頂盤圓。

蒙樂山。在廳城北九十里，與蒙化廳接界。一名無量山。高不可躋，連亘三百餘里。一峯突出，狀若崆峒，上有石坪。又山頂有毒泉，人畜飲之即斃。蒙氏僭封此山爲南嶽。

邦泰山。在廳城東北大河東岸。明統志：在府治東。高聳延長。明史：景東府治東有邦泰山，險甚，土官陶姓世居其麓。

石洞。有二。一在蒙樂山中，深不可測，嘗有人執火而入，遇大蝙蝠滅火而返。一在哈浦路村中，有石牀、石鼓之異。

瀾滄江。在廳城西南二百里。自蒙化廳東流入，與順寧府接界。流經廳境之西，又南流入順寧府猛緬司東界。明史：景東府西南有瀾滄江，自蘭州入境，東南流經此，下流入交趾，注於南海。或以爲即古之黑水，蒙氏封爲四瀆之一。舊志：自蒙化流至上羊街保甸入廳界，流出順寧府之猛緬司〔一〕，歸車里江。

大河。在廳城東。一名中川河。源自蒙化廳虎街東南，流經安定關西，又東南經新街西，又東南經廳城東，又東南經中所西，又東南流入鎮沅州舊者樂甸界，即把邊江之上流也。明統志：源自定邊縣阿苙村，合三岔河，流經廳治東南。

通華河。在廳城北。源出蒙樂山之南，東流入大河。

清水河。在廳城北。源自蒙樂山之北，亦東流入大河。按輿圖，大河自虎街而南，抵者樂甸〔二〕，所受共十二河，曰安定，曰沙羅，曰板橋，曰灰窑，曰大壩，曰鑾謝，曰中所塘，曰品秀，曰鑾岡，曰怕莫，曰阿薩，曰大弄，以地方推之，灰窑、大壩二河即清水、通華二水也。安定諸河，明統志、舊志及通志俱失載。

水寨渠。在廳城東十五里。又者孟渠，在廳城南五十五里。者干渠，在廳城南七十里。

龍潭。在廳城北九十里，禱雨輒應。

筧泉。在廳北衛城內。明統志：源出蒙樂山，以竹筧引入衛城，甃池瀦之，上覆以亭。

鹽井。新志：磨腊井在城南二百六十里，磨外井在城南二百八十里，大井在城西南二百四十五里，小井在城西南百四十里。以上四井俱産鹽。

古蹟

開南故城。今廳治。元志：開南州在楚雄路西南。

景東廢衛。明統志：在府城北，洪武二十三年建。府志：廳治在衛城南門外之東，洪武十一年建。通志：廳城即係衛城。本朝康熙二十六年省衛入府。

玉筆城。在廳城西景董山上。明史：景董山，蠻酋結寨於此，洪武中築城其上，又築小城於山巔，謂之月城。通志：本朝康熙九年設城守，建營於此，名曰玉筆城。

關隘

景蘭關。在廳城東南一百二十里。

母瓜關。在廳城南一百里。

安定關。在廳城北一百五十里，接壤定邊，爲郡咽喉。

保甸土司。在廳城西北一百六十里。明宣德中建，土官陶姓世襲巡檢。

三岔河土司。在廳城北七十里。明弘治中建，今因之，土官楊姓世襲巡檢。

板橋驛。在廳城東北六十里。明初置，本朝因之，土官阿姓世襲驛丞。輿程記：自定邊縣新田驛六十里至板橋驛，又六十里至景東衛。

北吉寨。在廳境。明史：洪武十八年，百夷思倫發叛，攻景東之北吉寨。即此地。

安定堡。在廳城北。

津梁

大河橋。在廳城東二里，跨大河。上覆瓦屋四十九楹，今水溢傾圮。

平川橋。在廳城南十里。

蘭津橋。在廳城西南，跨瀾滄江上。後漢永平中建，明永樂初修。廣高千仞，兩岸峭壁，飛泉急峽，鎔鐵爲柱，以鐵索繫南北爲橋，古稱巨險。

通華橋。在廳城北，跨通華河。

新橋。在廳城北八十里。水泛衝圮，往來病涉，本朝康熙九年重修。

祠廟

諸葛廟。在廳城北衛城山頂。

昭忠祠。在廳治城隍廟内，本朝嘉慶八年建。

寺觀

開化寺。在廳城南，官吏習儀之所。

玄珠觀。在廳城北二里。

名宦

明

張吉。餘干人。成化時爲景東通判。地居雲南絶徼，俗鄙戾，吉教以禮義，民有罪者薄責之，約無再犯。土知府陶氏見吉不攜家，欲爲置妾，不聽，遺以銀器，不受，心敬吉，遣其子衆就學。由是夷民嚮慕，漸有中土之化。吉益自勵，作慎獨、窮理、改過、求仁四箴，置座右，忘其身之在蠻也。

本朝

胡向極。奉天人。康熙間，任景東掌印同知。加意學校，優禮師儒。魯魁山犯順，多所營建，兵民得安。

人物

明

陶棨。土官陶洪子。成化中遣入國學，嘉靖中嗣職，以孝義著聞。

列女

明

阿曩。土知府陶瓚祖母。正統間，麓川叛寇壓境，阿曩飭孫瓚率衆禦之，斬馘無算，賊悉遁逃。總兵上其勳，封太淑人，褒賜甚厚。

本朝

王應天妻毛氏。名正瑩，景東人。許聘王應天，未嫁。雍正五年，鎮沅夷叛，應天從征至谷麻，染瘴卒，氏聞訃，投井死。

王建中女。景東人。兄妾有娠而兄殁，有謀奪其產者，女延親族至，誓終身不字，將妾移城居，出入護之。生子紹康，女竭力供讀書爲諸生。後王氏子孫繁衍，皆其力也。

劉藻妻陳氏。景東人。夫亡守節，與同廳劉大經妻陳氏，均乾隆間旌。

羊名高妻江氏。景東人。夫亡守節。與同廳李恩培妻陳氏、熊德純妻邵氏，均嘉慶間旌。

土產

鹽。

孔雀。

竹鷴。

娑羅布。

羊肚布。織文如羊肚。

苦子淨瓶蕉。布子而生，本大末鋭，儼若淨瓶。

青紙。

石風丹。

仙茅。

校勘記

〔一〕流出順寧府之猛甸司 「之」，原重出，據乾隆志卷三八九景東廳山川（下同卷簡稱乾隆志）删重。

〔二〕抵者樂甸 「抵」，原作「底」，據乾隆志改。

蒙化直隸廳圖

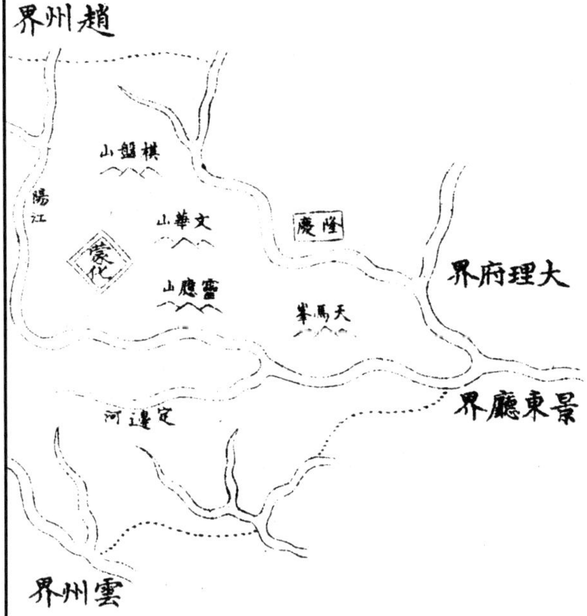
趙州界
棋盤山
陽江
文華山
隆慶
蒙化
大理府界
靈應山
天馬峯
景東廳界
定邊河
雲州界

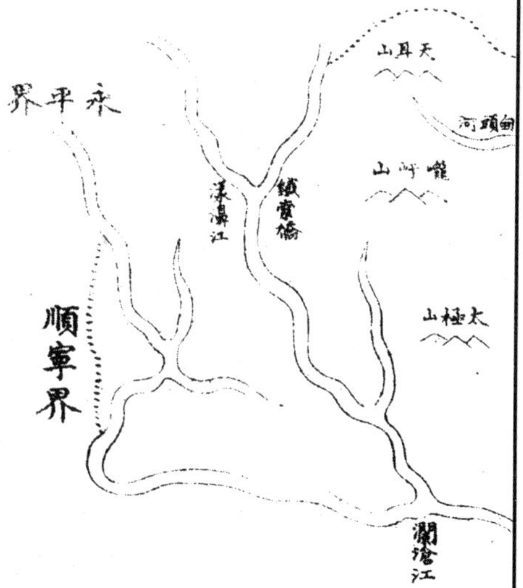
天耳山
甸頭河
永平界
漾濞江
鐵索橋
太極山
順寧界
瀾滄江

蒙化直隸廳表

	蒙化直隸廳
兩漢	益州郡地，後漢永昌郡地。
三國	
晉	
宋	
齊	
梁	
隋	
唐	陽瓜州 蒙舍詔所居，名蒙舍城，天寶中置州。
宋	段氏改爲開南縣。
元	蒙化州 憲宗七年立蒙舍千户。至元十一年改置蒙化府，十四年升爲路，二十年降爲州，屬大理路。 定邊縣 至元二十四年置，屬鎮南州，尋省入。
明	蒙化府 正統十三年升爲府，屬雲南布政司。 定邊縣 洪武十六年復置，屬楚雄府。

大清一統志卷四百九十六

蒙化直隸廳

在雲南省治西八百二十里。東西距二百十里，南北距二百九十里。東至大理府趙州界六十里，西至順寧府順寧縣界一百五十里，南至順寧府雲州界二百里，北至趙州界九十里。東南至景東廳界一百二十里，西南至雲州界一百五十里，東北至趙州界一百二十里，西北至永昌府永平縣界一百八十里。自廳治至京師九千零二十里。

分野

天文東井、輿鬼分野，鶉首之次。

建置沿革

禹貢梁州荒裔。漢益州郡地。後漢爲永昌郡地。府志：蒙化爲永昌地。唐初爲蒙舍詔所居，名蒙舍城。唐書南蠻傳：夷語「王」爲「詔」，其先有渠帥六，自號「六詔」，兵埒不能相君。蜀漢諸葛亮討定之。蒙舍詔在諸部南，改稱南詔，居永昌、姚州之間。府志：唐貞觀二十三年，建寧國王張樂進求遜位於蒙氏細奴邏，號蒙舍詔，築城居之。後又名陽瓜州。唐書南蠻傳：獨邏亦曰細奴邏，高宗時遣使者入朝。天寶中，細奴邏曾孫皮羅閤又遣使請合六詔爲一，許之，因册爲雲南王，賜名歸義。歸義死，閤羅鳳立襲王，以其子鳳伽異爲陽瓜州刺史。段氏改爲開南縣。元憲宗七年，立蒙舍千户。至元十一年，置蒙化府，十四年升爲路，尋降爲州，隸大理路。明初因之，屬大理府，正統中升爲蒙化府，屬雲南布政使司。本朝因之，屬雲南省。土知府左氏世襲。雍正七年，以楚雄府之定邊縣入焉，乾隆三十五年，改蒙化廳。

形勢

四山環堵，明統志。北距點蒼，襟帶西洱。舊志。兩江天限，重嶺墉崇，東枕文華，南倚巍寶。通志。

風俗

民善射獵，勤於耕織，冠婚喪祭，一準乎禮。府志。士安誦讀，鄉鄙輕薄，人民樸實易治，飲食服用視列郡爲儉。通志。

城池

蒙化廳城。周五里有奇，門四，池深四尺。明洪武中築，本朝康熙二十六年及三十六年累修。

學校

蒙化廳學。在廳城東南。明洪武中建，舊爲州學，景泰時改爲府學，萬曆中重建。本朝康熙二十二年、乾隆十二年累修，三十五年改爲廳學。入學額數二十名。

育德書院。在廳城南門内。本朝康熙八年建。

明志書院。在廳城外西北隅。明弘治中建。

户口

原額人丁共八千八十五，今滋生男婦大小共一十二萬六千一百二十五名口，計三萬五千六百一十七户。又屯民男婦大小共二萬九千七十二名口，計七千八百七十户。

田賦

田地二千九百五十八頃三十畝有奇，額徵地丁正、雜銀五千四百一十五兩一錢五分六釐，米六千五百四十石四斗九升四合八勺。

山川

懸珠山。在廳城東五里。列如翠屏，下有瀑布。

文華山。在廳城東十里，廳之鎮山也。通志：高出雲表，體勢尊嚴。其左爲葫蘆山，右爲繡墩山，皆以此山爲鼻祖。

巍寶山。在廳城南二十里。明統志：一作巍山，峯巒高聳，昔蒙氏細奴邏耕牧之地。

天臺山。在廳城東南一百里。峯巒峻拔，望見百里外。

甸尾山。在廳城南。下有温泉。

日遊山。在廳城南十五里甸尾山温泉之西。

靈應山。在廳城南十五里。一名圓覺山，與懸珠山並峙。

無量山。在廳城南一百五十里，接連景東之蒙樂山。蒙氏時，嘗僭封爲南嶽。

獅子山。在廳城西南十里。舊名日華山。形勢雄偉，儼若奔獅。

金牛山。在廳城西二十里。一名寨子山。林木幽深，烟雲出没，相傳蒙詔立寨於此。

巄岏山。在廳城西北三十五里。一名巄岏圖山。蒙氏細奴邏耕於巍山之麓，代張氏立。貞觀三年，遷居巄岏圖山。明統志：唐貞觀中，蒙氏龍伽自哀牢將其子細奴邏遷居其上，築巄岏圖城，自立爲奇王，號蒙舍詔。今上有浮圖。

石母山。在廳城北七十里。旱禱即雨。山産雄黄，下有泉爲睒中溪，流入羅盤江。

天耳山。在廳城北七十里。山有赤石，狀如耳。相傳城中人計事甚密，山中人輒知之。

碁盤山。在廳城東北十五里。舊府志：山頂有石，狀若棋盤，有黑白石子布列於上，樵牧者亂之，明日復如故。又名石斛山。

鳳凰山。在舊定邊縣西三十里。相傳昔有鳳鳴其上。今每至八九月間，霧氣籠罩，百鳥翔集。

太極山。在舊定邊縣西北四十里。一名竹掃山，高出羣山之表。

真武坐臺山。在舊定邊縣治後。

擁翠山。在舊定邊縣北十里。有刁斯郎營寨遺址。又北有螺盤山，山頂盤形如螺髻。舊定邊縣志：明初，西平侯沐英與刁斯郎大戰於此，下有總兵坡，即西平侯戰處。

天馬峰。在廳城東南三十五里。峯巒特立，儼如天馬。

御筆峯。在廳城東南，與天馬峯相近。一名玉峯山。

三臺巔。在廳城北八十里，往葉榆大路。通志：名旭照山，高出雲表。南蒙化，北大理，北寒南暖，風氣頓殊。其西爲花判山，陽江出焉。

石洞。在廳城東南舊定邊縣南。洞在峭壁中，有石佛像。

瀾滄江。在廳城西南一百五十里。自順寧府境東流入，經廳西南，又南流入景東廳界。

陽江。在廳城西二里。源出甸頭花判山，南流經廳境西，東南流經舊定邊縣北，又東南合定邊河，又東南流會白崖河，東流入楚雄府界。

漾濞江。在廳城西一百五十里，南入瀾滄江。舊志：其上源一自大理府太和縣之洱海流入，曰漾水。一自永昌府永平縣之碧溪江經打牛坪流入。又一源自雲龍州境之勝備江，亦經永平縣流入，爲濞水。通志：源有三，一出大理浪穹罷谷山，由洱海流入爲漾水，一出吐蕃可跋海，由雲龍州流入〔二〕，一出劍川，繞點蒼山西流入爲濞水。二水合流至府西，爲備溪江，入瀾滄，又南入順寧府境爲黑惠江。按：舊志、通志所指濞水二源，各有誤處，以圖表考之，濞水自麗江府劍川州之劍川湖南流與白石江合，又南經浪穹縣、鄧川州西，又南經太和縣、點蒼山西，又南至合江鋪，與洱水合，又南入廳境，西與永昌府永平縣東之勝備江合。勝備江源出雲龍州東北，東南流入永平縣，東會九渡、雙橋二河，達漾濞江。至碧溪江即漾濞江別名，更無二水。通志謂一出吐蕃可跋海，誤。

定邊河。在廳城南。由羅求場河東流，經舊定邊縣南，又東入陽江。

蔡陽河。在廳城南門外。源出東山，流入陽江。

甸頭河。在廳城北七十里。

阿集左河。在舊定邊縣南五十里。源出無量山，流經石洞寺，至雀田哨，入景東廳界爲大河。

白崖河。在舊定邊縣東北十五里。上源即趙州白崖瞼江，下流經白崖彌渡入廳境〔三〕，東南流經舊定邊縣東，會定邊河。

錦溪。在廳城南一里。亦曰菜園河。源出搗衣山石窟，下注陽江，兩岸多桃李，花時如錦，故名。

東溪渠。渠十有六，曰龍王廟〔三〕，曰五道，曰白塔，曰教場，曰繫馬樁，灌負郭之田；曰馬廣〔四〕，曰南莊，曰橋頭，曰盟石，曰鋪邊，曰雙橋，灌山中之田；曰甸中，曰捉馬郎，曰白地場〔五〕，曰甸頭，曰土主廟，灌甸中及甸頭之田。

西溪渠。渠十有二，曰三古盤，曰挖鐘衝，曰小衝，曰大衝，曰烏保郎，曰貝忙，曰賴郎，曰西蔡〔六〕，曰天摩牙，曰天耳山，曰龍護寺，曰麻姑衝，諸水灌西山麓附近田地。

甸頭大圩。在廳城北六十里。

壠圩大塘。在廳城西北三十五里。又有鄭家、淑人、南莊、團山諸塘，遠近不一，皆利灌溉。

温泉。在甸尾山下。相傳蒙細奴邏母疾，浴於此水而愈。

泮井。在學内。水清洌，大旱不涸。

觀音井。在廳城東五里懸珠觀内。俗傳病者飲之即愈。

古蹟

蒙舍故城。在廳城北十里。唐書地理志：白崖城又七十里至蒙舍城，自蒙舍城八十里至龍尾城。又南蠻傳：南詔有十瞼，曰蒙舍瞼〔七〕。滇載記：蒙化即蒙舍故都，唐初建寧國王張樂進求遜位於蒙氏，號蒙舍詔。其地在南，又稱南詔，尋築蒙舍城居之。通志：蒙舍故城，地名古城村，元改置蒙化州於此。

瓏圩圖城。舊志：在廳城西北瓏圩山上。周圍四百餘丈。昔細奴邏築此城以居，今山上尚有所遺石柱。又有貝忙山後城，在廳境，有十六門，制如太和城。

定邊故城。舊定邊縣治。元置縣，尋省。明洪武十六年復置，屬楚雄府。明統志：唐時濮落蠻所居地，曰南澗。宋時爲大理舊治所。元於南澗置縣。通志：縣舊有土城，明成化三年築，今僅存廢址。本朝雍正七年裁併蒙化府，其縣治添設巡檢一員。

蒙化故衛。在廳城東。明洪武二十三年建，本朝康熙六年裁。

金牛山寨。在廳城西金牛山，亦蒙氏屯營之所，遺址尚存。

蒙氏寨。在廳城北盟石上五里，孤峯陡峻，旁無支幹。有三濠，皆深丈許。今尚有瓦磵、礌石之類。

盟石。在廳城北二十里。唐時張樂進求遜國細奴邏，奴祝曰：「吾當得國，劍砍入石。」果入石三寸，今石上猶有劍痕。

凝秀樓。在廳城中央。四山環之，登覽盡諸山之秀，明萬曆二年建。

關隘

隆慶關。在廳城東。通志：高出雲表，其西有沙灘哨，東有石佛哨。兩山如峽，爲入郡咽喉。

白普關。在舊定邊縣螺盤山上。

瀾滄江巡司。在廳城西南一百二十里。明初置，本朝因之。司北二里有石箭，長七尺，徑二尺，上鋭如鏃，下圓如幹，相傳諸葛亮之遺。

漾濞江巡司。在廳城西北一百九十里。明初置，本朝因之。又舊有備溪江巡司，在城西南九十里。甸頭巡司，在城北七十里。甸尾巡司，在城南十里。又有漾濞驛，在城西北一百二十里。開南驛，在城北門外。今俱省。

迷渡鎮。舊志：在城東，明嘉靖初築城於此，與趙州交界。

津梁

嵯峨橋。在廳城東三里。又東有懸珠橋。

錦溪橋。在廳城東南一里。又名衛中橋。

濟南橋。在廳城南半里。又南有康濟橋，又南十二里有封川橋，皆跨陽江上。

永春橋。在廳城西二里，跨陽江上，爲西路要津。

漾濞橋。在廳城西北百餘里。舊志：名雲龍橋，亦曰漾濞鐵索橋。

四十里橋。在廳城西北龍尾關，舊漾濞驛之中，與大理府趙州接界。

永濟橋。在廳城北七十里，舊甸頭巡司南。明萬曆年建。

廣濟橋。在漾濞江下街子，年久因江水泛漲沖壞。本朝乾隆三十八年，在舊基之沙灘河南北各建一橋，邊關文檄，輓運銅鹽，較爲利便焉。

陵墓

明

范寅墓。在廳城北天策堡，孝子范運吉親負土石而成。

祠廟

武侯祠。在廳城西北書院前。

昭忠祠。在廳治城隍廟外，本朝嘉慶八年建。

寺觀

等覺寺。在廳城東南隅。蒙氏所建，明永樂間重修。

伏虎寺。在廳城東南五里。明統志：蒙氏時有西域僧倶盧你與南國僧道葺役二虎拽木以創寺，寺成乘虎而去，故名。

竹掃寺。在廳城東南七十里。居萬峯之中，松竹清絶。舊志：山産竹，竹梢拂石，潔浄如掃。

懸珠觀。在廳城東五里。創自蒙詔，爲近城諸刹之冠。

名宦

明

劉童。福建人。永樂間，授蒙化知州。有惠政，蒙人感慕。

胡光。徽州人。以曲靖府同知攝蒙化府事。建書院爲講學地，士民頌其惠政。

劉作沛。馬平人。萬曆間，以提舉署府事。置田養士，易里甲爲條編，蒙民便之。

閔廷桂。常德人。萬曆間，授蒙化知府。有仁政，尤多材藝，吏畏而民懷之。

許尚。陝西人。萬曆間，任蒙化同知。清慎愛民，繩奸輯吏，境内肅然。

人物

明

左伽。蒙化人。襲知州。永樂中，從征麓川，功第一，升臨安知府，仍掌州事。正統中，升州爲府，遂以伽爲知府。

丁杲。字德輝，蒙化人。成化中進士，知石阡府。先是，苗叛，學宫府治俱毁，杲以次修復，賑窮卹士，多有善政。卒官，囊無餘貲。

劉揮。字本忠，蒙化人。以歲貢任四川雅州學正。先是，迷渡人未知學，揮築館授徒，講明冠婚喪祭之禮。迷人遊泮，自揮開其始。

朱璣。字文瑞，蒙化人。生而穎異，以文行稱。成化中進士，任大理，讞獄無冤。仕至貴州按察使，持憲肅法。尋乞歸，鄉人以爲矜式。

雷應龍。字孟升，蒙化人。正德中進士。初任福建莆田知縣，政治第一，擢御史。折巨璫，鋤豪猾。嘗因災異疏八事，世宗嘉納之。其兄應揚以孝友稱，教應龍成進士有名。

朱光霽。字克明，璣之子。從父宦遊，師王守仁。正德中，歷官同知，所至以廉明稱，爲人慷慨有大節。乞歸後，家徒壁立。

張烈文。字元焕，蒙化人。嘉靖中進士。初授浙江嘉興知縣，有惠政。歷升至按察使。博通今古，長於著述。

范運吉。字用修，蒙化人。嘉靖舉人。父出不返，運吉以文行受知於巡撫應大猷，許妻以兄女。運吉誓不見父不娶。重繭求之，五年不歸。後於太和山得遺骸歸葬，廬墓三年。事聞，詔褒其門。

薛志廣。蒙化人。事親孝謹，居喪哀慕，廬墓時，芝草生其側。

周中規。字元體，蒙化人。嘉靖舉人。幼失父，勵志讀書，母紡績給之，足跡不入城市者七年。後官知縣，事母以孝聞。

范元愷。字虞賢，蒙化人。嘉靖舉人。任雄縣知縣，調名山，廉介自持，考天下清官最。告歸卒。

左重。蒙化人。萬曆舉人，灌口知縣。值奢崇明反，力戰死節，贈尚寶卿。

孫釗。蒙化貢生，知珙縣。縣新設，釗建學立師，教民紡織。歸里後，置義田，立祠堂以敦宗族，建南薰橋以便行旅。

陳於宸。字葵若，蒙化人。萬曆進士，知巴縣。致仕，值沙賊陷城，死難。本朝乾隆四十一年，賜謚節愍。

張烈。蒙化人。衛千户。沙賊陷城，衆皆奔潰，烈獨與巷戰，遂死於難。

馬逸。蒙化人。萬曆舉人。值猛廷瑞搆亂，募義勇數百，隨師出征，招撫甚衆。當事上其功，欲授以世職，辭不受。

周二南。字汝爲，蒙化人。天啓選貢。以長沙通判升岳州府，因士民遮留，以新秩還長沙。張獻忠之亂，率師殺賊，力屈而死。贈太僕卿。本朝乾隆四十一年，賜謚節愍。

宣廷式。蒙化人。崇禎舉人，任左江道。弟廷賓，以拔貢任興化府推官。皆有政聲。鼎革後，同祝髮爲僧。

左廷臯。字對揚，蒙化人。崇禎進士。沙賊破蒙化，死難。本朝乾隆四十一年，予入忠義祠。

陳懷瑾。字輯瑞，蒙化庠生。沙賊圍城，登陴守禦，城破被執，不屈死。本朝乾隆四十一年，予入忠義祠。

彭萬昌。蒙化庠生。事母克孝。蒙化被兵時，奉母避於南山，賊追及，箭射其母，昌以身翼之，賊感釋焉，負逃免難。

陳佐才。蒙化人。曾爲故黔國公部將。自孫可望入滇後，隱居不仕。鑿石爲棺，銘其上，有「明末孤臣，死不改節」之句。詩多血性語，不事推敲，自有奇傑之氣。

本朝

朱自得。蒙化人。年十三，順治三年，沙賊殺其父萬祚，自得抱父屍，罵賊甚厲，遂遇害。同郡歲貢宣大政，諸生孫繩、張藻，皆以罵賊而死。

殺之。

黄圖隆。蒙化諸生。賊擄其弟逃去，又繫其父，欲殺之。圖隆跪求，願以死代。賊釋其父，繫圖隆於西門，後竟殺之。

范悦。蒙化人。性篤孝，親没廬墓，白烏羣集其側。吴三桂反，强官之，拒不往，教授以終。同郡熊兆鎰、馬參、李北有〔八〕，俱康熙初舉人，不屈於逆藩。事平，各授以官。

危斯泰。蒙化人。父光遠覯疾，斯泰時年十二，衣不解帶，晝夜侍側。父死，一慟而絶。

李士奇。蒙化貢生。制行端方。康熙間，吴逆脅之以官，不受。

流寓

明

王汝敬。字敬夫，山西代郡人。隨父任蒙化寓此。教授生徒，崇尚四禮，俗一變。

楊慎，字用修，新都人。嘉靖初，議禮謫戍，遊寓蒙化之冷泉菴，士多從之。

曹學。字行之，四川人。嘉靖初，客遊滇中，寓居蒙化。能詩工畫，性嗜酒，日置錢與壺於驢背，遣入肆，人皆知爲曹之驢也。居蒙化數年卒。他日，驢經其墓，撞死墓側。

列女

明

趙宣奴妻楊氏。蒙化人。宣奴早殁，年幼矢志，孝事翁姑。有諷之改嫁者，舉刃自誓。撫子忠成立。景泰六年受旌。

左剛妻張氏。剛世襲蒙化土知府，早殁。氏勵志如一，二子相繼承襲。成化三年，建坊表之。

唐齡妻胡氏。蒙化人。夫任百户，早卒。氏年二十，撫遺腹子政成立，繼襲。

楊仁海妻左氏。蒙化人。沙賊破城，被執不屈，駡賊自投於井。賊復出之，猶駡不絶口。賊碎其面，釘殺之。

王繼漢妻張氏。舊定邊縣人。年二十三，遇流寇潰兵至，被執不屈，遇害。

周國輔妻陳氏。舊定邊縣人。猓賊屠城，陳被執不屈，賊剖其腹而死。

吴伯祐妻張氏。蒙化人。沙賊破城，被擄不從，殺其乳子脅之，氏怒甚，以頭觸刃，死之。

徐惟一妻劉氏。蒙化人。沙賊擄入營，氏曰：「我既歸爾，無回理，有銀藏於家，當同往取。」賊以爲實，氏乘間奮身入井，賊下石填之。同郡宣其邁妻陳氏，懼爲賊污，拜辭翁姑，自縊。

本朝

孫某妻徐氏。蒙化人。夫名失傳。氏許聘未嫁，吴逆部將孫龍韜聞其美，遣卒登門逼娶之。氏度不免，紿曰：「少待粧飾。」遂扃户，取夫家所聘布，纏身自縊，顔色如生。豎碑紀烈。

王肇興妻姚氏。蒙化人。夫亡守節。與同廳芮翊周妻楊氏、楊之蕃妻袁氏、徐奮翼妻陳氏，均雍正間旌。

王維翰妻丁氏。蒙化人。夫亡守節。與同廳芮苾妻龐氏、范逢瀾妻蘇氏、徐鳳翔妻周氏、陳煜妻饒氏、胡其高妻顧氏、李文芳妻杜氏、陳孔效妻黄氏、胡其昌妻楊氏、楊蔚妻陳氏、熊啓妻侯氏、張良臣妻劉氏，均乾隆間旌。

張天宿妻范氏。蒙化人。夫亡守節。與同廳徐宗聖妻歐陽氏、徐昌妻孟氏、曹天章妻黄氏、胡士元妻潘氏、朱瓊蕃妻王氏、彭允昇妻韓氏、張祖訓妻徐氏，均嘉慶間旌。

仙釋

明

王敏。蜀之華陽人。永樂初，寓居蒙化，遇異人授道術，能役鬼神，召致風雨。大理府鄧川州孽龍爲祟，請敏制之，敏往，龍遁去。成化甲午，預知其終，蒙人咸以爲尸解。

土産

石黄。石母山出。

棉花。

人面竹。節如人面。

雄黄。石母山出。

白鹻。舊定邊縣出，能去垢。

錦雞。

沙溝魚。大僅如指，味甚美。

校勘記

〔一〕由雲龍州流入　「州」，原作「江」，據乾隆志卷三八蒙化廳山川（下同卷簡稱乾隆志）及雍正雲南通志卷三山川改。

〔二〕上源即趙州白崖瞼江下流經白崖彌渡入廳境　「白崖瞼江下流經」七字原脱，據雍正雲南通志卷三山川白崖河條補。乾隆志「白崖瞼」作「白崖睒」。

〔三〕曰龍王廟　「王」，原作「土」，據乾隆志及雍正雲南通志卷一三水利改。

〔四〕曰馬廣　「馬廣」，乾隆志同，雍正雲南通志卷一三水利作「馮廣」。

〔五〕曰白地場　「白地」，雍正雲南通志卷一三水利同，乾隆志作「白池」。

〔六〕曰西蔡　「蔡」，乾隆志同，雍正雲南通志卷一三水利作「葵」。

〔七〕南詔有十瞼曰蒙舍瞼　「十」原作「石」，兩「瞼」字原作「睒」，據新唐書卷二二二上南蠻傳上改。按，「曰」上當有「其一」二字始句意周全。

〔八〕李北有　乾隆志作「李百有」。

永北直隸廳圖

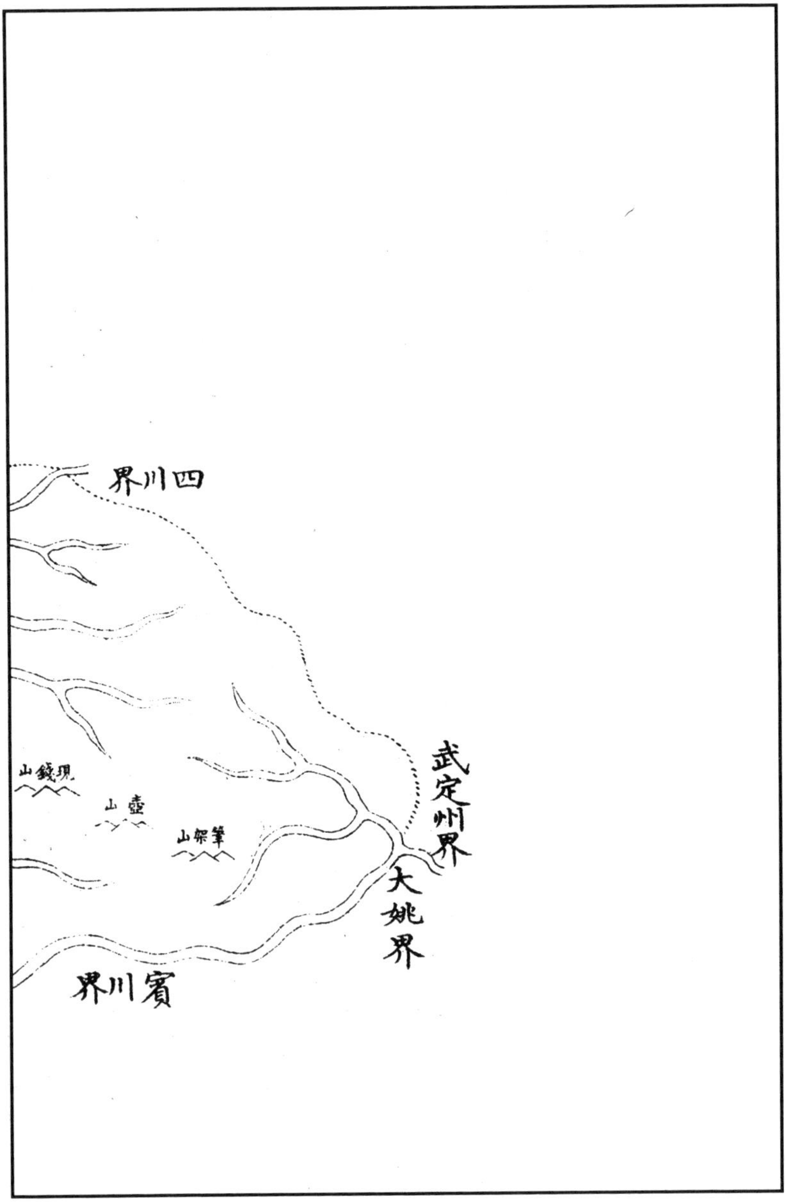
四川界
武定州界
大姚界
現錢山
壺山
筆架山
賓川界

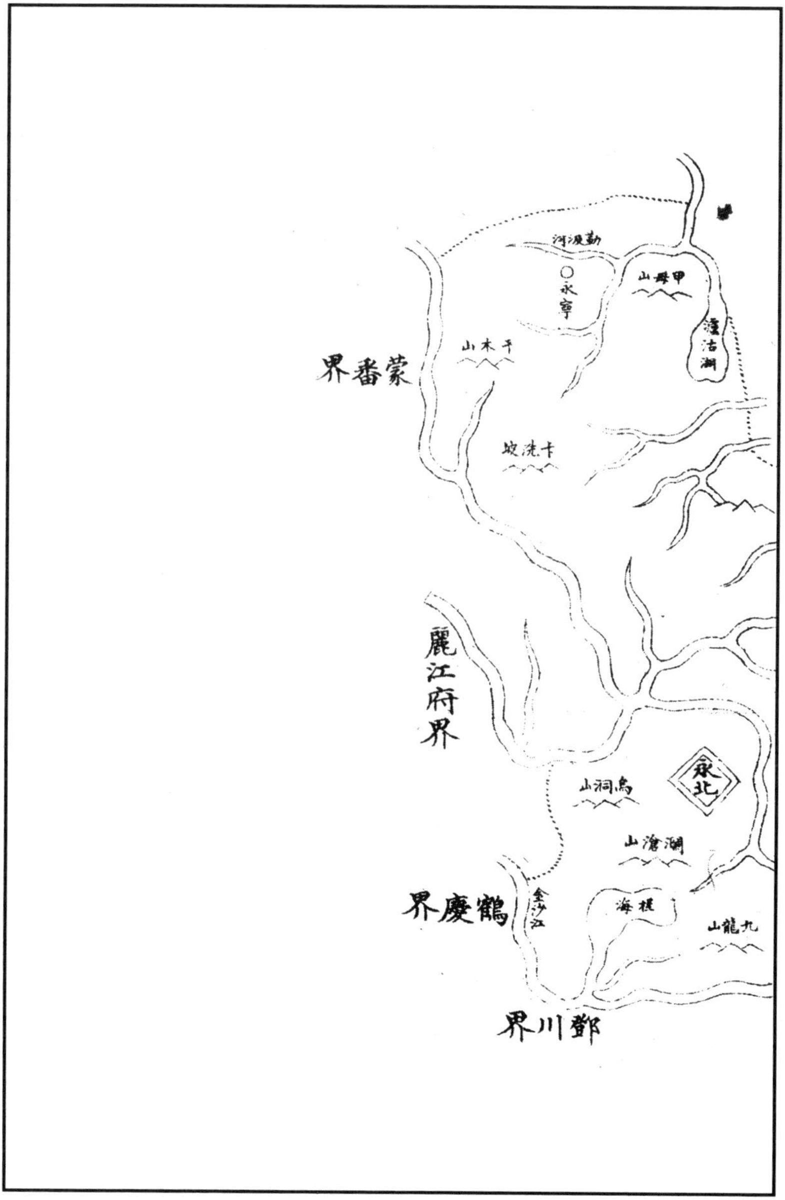
甲母山
永寧
瀘沽湖
干木山
蒙番界
卡洗坡
麗江府界
永北
烏洞山
湖滄山
鶴慶界
金沙江
程海
九龍山
鄧川界

永北直隸廳表

	永北直隸廳	
兩漢	益州郡地，後漢永昌郡地。	
三國		
晉		
宋		
齊		
梁		
隋		
唐	南詔名北方賧，又號成偈賧，尋改名善巨郡。	
宋	段氏改成紀鎮。	羅共賧。
元	北勝府 至元十五年置施州，十七年改北勝州，二十年升爲府，屬麗江路軍民宣撫司。	蒗蕖州 至元十六年置，屬麗江路。後改屬北勝府。
明	北勝州 洪武十五年降爲州，屬鶴慶府，後屬瀾滄衛。正統七年直隸雲南布政司。	蒗蕖州 洪武十五年改屬鶴慶府，二十九年屬瀾滄衛，天啓中省入北勝州。

續表

永寧土府
越嶲郡地。
永寧州初置答藍管民官，至元十六年改置土州，屬北勝府。
永寧府洪武中改屬鶴慶府，二十九年屬瀾滄衛，永樂四年升爲土府，屬雲南布政司。

大清一統志卷四百九十七

永北直隸廳

在雲南省治西北一千三百五十里。東西距四百七十五里，南北距八百二十里。東至武定州元謀縣界三百五十里，西至麗江府鶴慶州界一百二十五里，南至大理府賓川州界二百二十里，北至外域黄喇嘛界六百里。東南至楚雄府大姚縣界三百里，西南至大理府鄧川州界一百八十里，東北至四川鹽源縣界三百里，西北至麗江府麗江縣界一百五十里。自廳治至京師一萬一千七百五十里。

分野

天文東井、輿鬼分野，鶉首之次。

建置沿革

禹貢梁州荒裔。漢益州郡地。後漢爲永昌郡地。晉以後爲施蠻所據。唐貞元中，南詔異牟尋始開置，名北方睒，明史：北勝，唐南詔異牟尋始開其地，名北方睒。亦號成偈睒，又名善巨郡。元史地理志：

唐南詔時鐵橋西北有施蠻者，貞元中爲異牟尋所破，遷其種居之，號劍羌，名其地曰成偈賧，又改名善巨郡。宋段氏時，改爲成紀鎮。元史地理志：蒙氏終段氏時，高智昇使其孫高大惠鎮此郡，後隸大理。元初内附，至元中置施州，尋改北勝州，後升爲北勝府，屬麗江路。明洪武十五年，改爲州，屬鶴慶軍民府。二十九年，置瀾滄衛，以州屬之，隸雲南都司。正統七年，直隸雲南布政使司，與衛同治。本朝因之，康熙五年，改隸大理府。二十六年，裁衛入州。三十一年，仍爲直隸州。三十七年，升爲永北府。乾隆三十五年，改爲永北廳，直隸雲南省，領土府一。

永寧土府。在廳城北四百五十里。東西距一百四十里，南北距三百里。東至四川鹽井衛界六十里，西至麗江府麗江縣界八十里，南至本廳界一百四十里，北至劉卜蒙古黄喇嘛界一百六十里。漢越巂郡西境地，名樓頭賧，與吐蕃接界，又名答藍。磨些蠻祖泥月烏逐出吐蕃，遂居此賧。南詔時爲磨些蠻所據，世屬大理。元憲宗三年内附，至元間置答藍管民官，尋改置永寧州，屬北勝府。明初屬鶴慶府，後改屬瀾滄衛。永樂四年，升爲永寧府，隸雲南布政使司。正統三年，設流官同知，駐北勝州。本朝康熙三十七年，升北勝州爲永北府，以永寧土府隸之，土官阿氏世襲。乾隆三十五年，改府爲廳，土府仍隸。

形勢

枕石峽，抱金沙。列岫自畫圖而出，長江儼束帶而朝。控扼吐蕃，屹爲要地。舊府志。

風俗

氣習樸野，勤於耕織。明統志。巢處山林，人物勇厲。俗尚争競，夷有數種。通志。

城池

永北廳城。周五里有奇，門四，環以濠。即舊北勝州城。明洪武二十九年築。本朝康熙、雍正中修，乾隆三年、十五年又修。

學校

永北廳學。在廳城東北。舊爲府學，本朝康熙二十二年由舊鎮撫司署遷建，乾隆三十五年改爲廳學。入學額數二十名。

壺山書院。在廳治。本朝乾隆五十六年建。

户口

原額人丁共二千四百二十九，今滋生男婦大小共五萬八千八百七十七名口，計九千九百三十二户。又屯民男婦大小共二萬四千一百五十一名口，計三千二百九十六户。

田賦

田地一千九百四十頃一十四畝三分有奇，額徵地丁正、雜銀三千九百二十七兩三錢二分七釐，米四千二百四十九石九合。

山川

東山。在廳城東三里。

現錢山。在廳城東三里。山面亂石鋪徑，形如錢，故名。

筆架山。在廳城東南三里。三峯秀峙，爲境内勝境之一。

三泉山。在廳城東南三里。上有石崖，三泉湧出，民資灌溉。

烏鴉山。在廳城南十里。形如削玉，羣鴉時來。

九龍山。在廳城南一百里。一名九頭山，高萬丈餘。

老虎山。在廳城南一百三十里。山形如虎。州志：俗傳昔山多怪，諸葛亮南征時，斬其首分而爲三，遂絶。

瀾滄山。在廳城西南二里。名勝志：山高二百餘丈，衛與驛皆曰瀾滄以此。

金水蒼山。在廳城西南三里。

拜佛臺山。在廳城西五里。山麓有佛寺。

烏洞山。在廳城西三里。名勝志：上列五峯，下一洞，廣丈餘，深不可測。

三刀山。在廳城西三里。山徑險窄，相傳諸葛亮南征時所闢。

甸頭山。明統志：在州治北十五里。羣峯聳列，林木森蔚，土人於此牧羊，又名牧羊坪。州志：在州北三十五里。

緜緜山。在廳城舊蒗蕖州西南緜緜鄉。名勝志：緜緜，方語也。

白角山。在廳城舊蒗蕖州西南白角鄉。名勝志：鄉以山得名。

六捏山。在廳城廢剌次和長官司治西。盤亘四里，爲司之勝。

幹如山。在廳城廢革甸長官司治北。司憑以爲險。

卜兀山。在廳城廢香羅長官司治西。高聳數百丈。

剌不山。在廳城廢瓦魯之長官司東北三十里〔一〕。爲司之勝。剌不峙其東，金沙遶其西。

烏鋪山。在廳城舊順州西南十里。林木葱蒨，每至秋季，羣烏飛集。

漕峯山。在廳城舊順州北一里。其東爲楊保山，其北爲公山。峯巒聳拔，土人祈雨於此。

甲母山。在永寧土府東。巖巒蒼翠，聳入雲霄。

干木山。在永寧土府東南十五里。高二十餘丈，根盤百餘里。一名獅頭山，亦名孤山。

象鼻嶺。在廳城東一百四十四里。形如象鼻，故名。

大坡南嶺。在廳城東南一百里。高二千餘丈。其頂有龍湫，聞人聲，則風雹立至。

香爐峯。在廳城東二里。三山聳立如鼎足，故名。

紅石巖。在廳城西北三里。山崖赤色如火。

卡洗坡。在永寧土府南一百四十里，與大理府接界。

金沙江。在廳城西。源自旄牛徼外，流入廢瓦魯之長官司界〔二〕。遶剌不山，西流經卜羅村，入永寧土府界。又南流至卜脚入麗江府，由西而東，環遶州治，會四川打衝河，東流入武定州。明洪武十六年，傅友德自鄧川州過金沙江，攻北勝州，擒僞平章高生，復平麗江巨津等州是也。

羅易江。在廳城東北。其上源合數溪諸水，匯流成江。經州界，又北過舊蒗蕖州東，入永寧土府，合瀘沽湖。

三渡河。在廳城南一百四十里。旋繞三迴，故名。下流入金沙江。

桑園河。在廳城西南一百五十里。通志：自蒙番來，名五浪河，會走馬河、西卜河、西番河、站河、大松河、清水河，入金沙江。舊志云自大理府來，又云出四川，二説皆失考。

沙河。在廳城北五里。一名觀音河。逆入五浪河，歸金沙江。

白角河。在廳城舊蒗蕖州西南。名勝志：源出緜緜鄉，流經白角鄉，入西番界。

勒汲河。在永寧土府北。明統志：源出西番，流經永寧北，東入四川鹽井衛界。通志：河旁有勒汲墩，州地初近吐番，民與番雜居，常爲番人所淩，故築墩爲界。勒汲河，一名開基河。源自州轄之二角村山後番界内，流經州東北，入四川鹽井衛前所界。

陳海。在廳城南四十里，周八十里。相傳本陸地，有陳姓者居此，一夕沉爲海，故名。通志：一作程海。下流入金沙江。又有峴峨海，在州東南三十五里，下流亦入金沙江。

潘浦海。在廳城舊順州東二十里。

呈湖。在廳城南五十里。灌溉千餘畝，下流入金沙江。通志：一作程湖。

牛甸湖。在廳城舊順州東二里。

瀘沽湖。在永寧土府東三十里。周三百里，中有三島，高可百丈。其近南二島，一名羅水，一名列格。永寧土官立寨於上，名列格寨。明統志：瀘沽湖，即魯窟海子，其水流通四川打衝河。

河頭溪。在廳城舊順州東二十五里。春時温暖可浴。

九龍潭。在廳城西十五里。泉有九眼，灌田萬餘畝，下流入金沙江。又大龍潭，在州南一百四十里，有泉百眼，賴以灌田。又有小龍潭，在州南二百三十里。

温泉。有三，一在廳南枯木村，一在沙田村，一在廳西北瓦部寨，浴之皆能祛疾。

其味即易。

春水泉。在廳城西北五里赤石崖。水清味甘，每歲二月，居民宴樂泉畔，汲泉和鹽梅諸物飲之，謂之喫春水。布穀一鳴，其味即易。

古蹟

峨峨舊城。在廳城南五十里峨峨村，蒙氏所築，遺址猶存。

廢順州。在廳城西一百二十里，古南蠻地。唐時地名牛睒。南詔徙諸浪人居之，與羅落蠻雜處。元置順州。元史地理志：順州在麗江之東，俗名牛睒。昔順蠻種居劍共川。唐貞元間，南詔異牟尋破之，徙居鐵橋、大婆、小婆、三探覽等川。元憲宗三年内附，至元十五年，改牛睒爲順州。明統志：洪武十五年仍曰順州〔三〕，改屬鶴慶。萬曆二十八年，築土城，環城有濠。本朝康熙八年，省州并入鶴慶。尋以其地改屬永北土司，于姓世襲土州同，辦納錢糧。

蒗蕖廢州。在廳城北八十里。元置，隸麗江路。元史地理志：蒗蕖州治羅共睒，在麗江之東，北勝、永寧南北之間，羅落、磨、些三種蠻世居之。憲宗三年，征大理。至元九年内附。十六年，改羅共睒爲蒗蕖州。明統志：元初屬麗江，後改屬北勝府。洪武十五年，屬鶴慶。二十九年，改屬瀾滄衛，在衛城北一百八十里。滇志：土知州阿的於洪武間隨征有功，給與劄付，天啓中并入北勝州。今阿姓子孫給土舍委牌，辦納錢糧。

瀾滄廢衛。即今廳治。明統志：洪武二十九年，於北勝州南築城，置瀾滄衛軍民指揮使司，隸雲南都司。明史：洪武二十九年置瀾滄衛司，領北勝、永寧、蒗蕖三州。永樂四年，以永寧州升爲府。正統七年，以北勝州直隸布政司，衛只領蒗蕖一州。天啓中并蒗蕖入衛。本朝康熙二十六年，省衛入州，三十七年，升州爲府。乾隆三十五年，改府爲廳。

革甸廢長官司。在永寧土府西北一百二十里。今改屬永北廳。

香羅廢長官司。在永寧土府北一百五十里。今改屬永北廳。

瓦魯之廢長官司。在永寧土府北二百八十里。今改屬永北廳。

剌次和廢長官司。在永寧土府東北二百四十里。今改屬永北廳。明史：永樂四年四月，設剌次和、瓦魯之、革甸、香羅四長官司，隸雲南永寧衛，以土酋張首爲剌次和長官，阿苴爲瓦魯之長官，阿措爲革甸長官，八非爲香羅長官。通志：四司皆西番土官阿姓，正統以後屢爲鹽井土酋所侵據，四司皆廢。

祭鋒臺。在廳城南二十里。相傳諸葛亮南征時，祭劍於此。

關隘

南山關。通志：永北有南山、西山、北山三關，所云三關内固者也。

寧番巡司〔四〕。在廳城東二百里。舊有土巡檢楊姓世襲。

小吉都寨。在廳城東五里。元時土蠻高斌祥駐兵於此。

瓦都寨。在永寧土府北五十里，與四川鹽井衛接界。舊爲土酋戍守處。

瀾滄驛。在廳城東南。又清水驛，在城南九十里。明永樂二年同時建，舊俱有驛丞，今裁。

黃草坡哨。在廳境。永北志：境有三渡河、紅石崖、芊坪、深谷等哨。又有觀蘭鋪、海腰鋪及清水、羅門、片角、期納等鋪，舊有兵戍守。

津梁

來薰橋。在廳城南一里。

太平橋。在廳城南二里，爲往來孔道。

桑園橋。在廳城西南，跨桑園河。

延壽橋。在廳城西，跨四城鄉之小溪。

通川橋。在廳城北五里，通四川路。

開基橋。在永寧土府城南。其上流又有天生橋。

海門橋。在永寧王府城西，魯窟海子之水流經此，入四川打衝河。

隄堰

九龍隄。在廳城西北三十里。

觀音箐壩。在廳城東三里。

河草壩。在廳城西南三里。又盟莊壩，在廳城西三十五里。長溝壩，在城北三十里。

包家閘。在廳城南八里，爲居民畜牧之利。又海閘，在城南七十里。

祠廟

昭忠祠。在馬公廟旁。本朝嘉慶八年建。

寺觀

開化寺。在廳城東一里。

大德寺。在廳城西拜佛臺山下。名勝志：寺前有宋段氏所建鐘樓，境内每有大風雹，登樓鳴鐘即止。

必溪寺〔五〕。在永寧土府北三里必溪村，又名剌羅佛殿。

卧佛寺。在廳境西關半山中。岑樓疊架，林木森羅。舊傳洞中有卧佛，人以火炬探之，石像宛然。

名宦

元

章吉特穆爾。麗江人。從世祖征大理有功，賜名貼木兒。升北勝知府，兼管麗江宣撫司，民夷悦服。「章吉特穆爾」舊作「章言帖木」，今改正。

明

李先芬。忠州人。萬曆間知順州。性淡泊，敢任事。創建州城、社學，及墾田增户，皆爲民計久遠，有古良吏風。

本朝

李楷。奉天鑲藍旗人。康熙三十八年，知永北府事。慈惠廉明，士民懷之，建祠奉祀。

人物

明

卜各吉。永寧人。仕元爲土官。洪武中領兵歸附,授土知州。子各吉八合嗣。永樂初,率香羅、革甸、瓦魯之、剌次和四部番人入朝。上嘉之,升永寧爲府,授各吉八合爲知府,賜鍍金花帶,鐫四字曰「克篤忠誠」。

劉思善。字復吾,北勝州人。庠生,孝友誠慤。鄰人何姓家夜失火,以銀一囊約五百餘金擲過牆内,思善拾之。鄰因火災惛憒,竟忘其物,思善次日治酒寬慰,酒畢以原物還。鄰驚喜交集,願以一半酬,思善拒之,義形於色,親黨嘆服。州牧聞其事,獎以「德壽還金」額。本朝雍正六年,合郡舉入節義祠,歲時祭祀。

本朝

劉晟基。字景傳,永北歲貢生。九歲失父,孀母彭氏矢志撫孤。族人利其産者欲奪其節,奉母避之山莊,讓産族人。茹荼飲蘗,能養志承顔,積學立品。著有瓠圃堂集,爲一時推重。永郡人士多出其門。任雲州司訓十餘載,課士有方,維持名教,人咸稱頌弗衰云。

陳洪。永北人。家貧,與弟亮皆以星命營生。父殁,質子以供葬事。亮以其幼,以己子易之。母嗜酒,醉輒鞭責,叱之跪,不命不敢起。兄弟極友愛,當事每給布米奬勵之。

高暐。永北人。恩貢生。沈潛理學，性至孝。母黎氏失明幾二十年，朝夕扶持不少懈。居喪三年，不入私室，未嘗見齒。雍正元年及乾隆元年，察舉孝廉，郡守採輿論，兩次列入以應，力辭，人皆稱爲真孝廉云。

列女

明

譚本仁妻姚氏。永北人。夫亡守節，教子登科。同時李喬妻范氏，年少夫亡，守節撫孤，並膺旌獎。又生員李鍾元妻蔡氏，夫亡守節，萬曆間旌。

盧蕙妻甯氏。永北人。隨夫任思州府經歷，銅苗亂，被擄投河。

本朝

袁珮環妻阮氏。永北人。夫亡守節，康熙間旌。

楊振麟妻趙氏。永北人。夫亡守節，雍正間旌。

毛振翮妻歐氏。永北人。振翮應科試，暴歿於路，氏聞，三日不食死。

張懷恩妻胡氏。永北人。夫病，割股療之。及歿，投井死。乾隆間旌。

孫可名妻湯氏。永北人。夫亡自刎。

舒鴻勳妻蕭氏。永北人。夫亡欲殉，嫂與鄰媪守之。及葬，防稍疏，自縊。

楊大宣妻馬氏。永北人。夫亡守節。同廳楊輔妻李氏、沈泰妻楊氏、趙良佐妻彭氏、沈惟榮妻皮氏、王嗣春妻譚氏、田嘉芳妻張氏、李習傳妻楊氏、劉晟妻胡氏、譚閣妻阮氏、闞良瑞妻鄒氏、何國璠妻胡氏、張華嶽妻馮氏、陸嗣儒妻李氏，均乾隆間旌。

黄鈞繼妻蔣氏。永北人。夫亡自縊。

李廷彩妻龐氏。永北人。夫亡，投井死。

劉承運妻何氏。永北人。夫亡守節，嘉慶間旌。

土產

氂牛。舊剌次和、香羅、瓦魯之三長官司出。

鹿茸。

金。

銅。

鹽。俱永寧土府出。

攀枝花。狀似棉，可作布，亦可鋪褥。

校勘記

〔一〕在廳城廢瓦魯之長官司東北三十里　「之」，原脱，據乾隆志卷三八七永北廳山川（下同卷簡稱乾隆志）及明史卷四六地理志補。

〔二〕流入廢瓦魯之長官司界　「之」，原脱，乾隆志同，據明史卷四六地理志補。

〔三〕洪武十五年仍曰順州　「州」，原作「川」，據乾隆志及明一統志卷八七鶴慶府改。

〔四〕寧番巡司　「寧」，原作「安」，據乾隆志改。按，本志避清宣宗諱改字。

〔五〕必溪寺　乾隆志作「永寧寺」。

騰越直隸廳圖

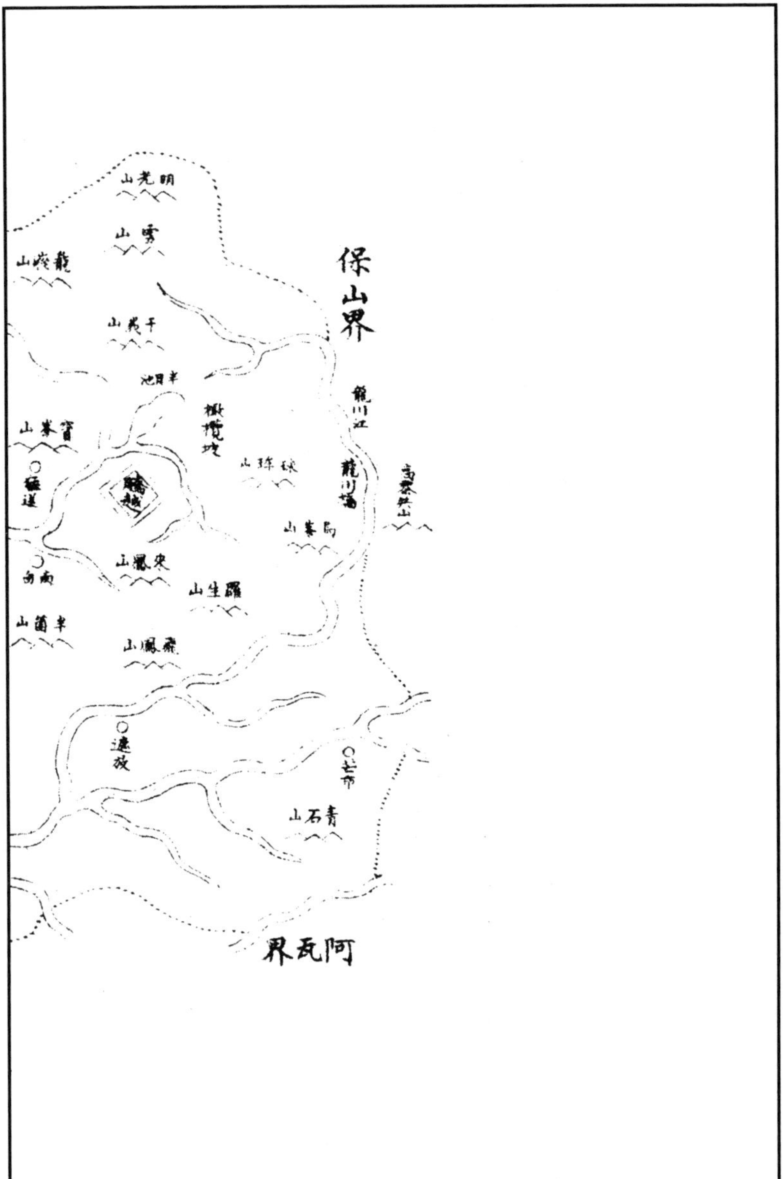
明光山
保山界
寶寨山
半日池
橄欖坡
騰越
龍川江
高黎共山
南甸
羅生山
半箇山
飛鳳山
遮放
芒市
青石山
阿瓦界

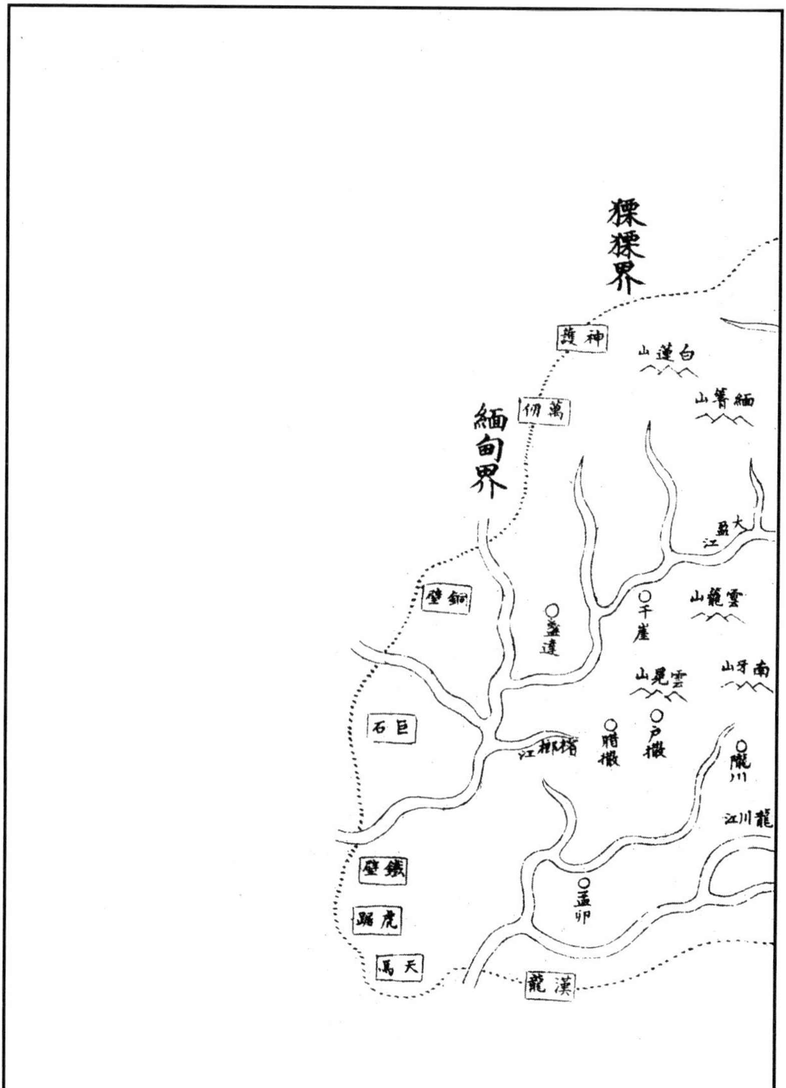
傈僳界
緬甸界
神護
萬仞
白蓮山
緬箐山
大盈江
銅壁
盞達
千崖
雲龍山
雲晃山
南牙山
巨石
檳榔江
臘撒
戶撒
隴川
龍川江
鐵壁
孟卯
虎踞
天馬
漢龍

騰越直隸廳表

	騰越直隸廳
兩漢	益州郡地，後漢永昌郡地。
三國	
晉	
宋	
齊	
梁	
隋	
唐	蒙氏置軟化府，白蠻改爲騰衝府。
宋	
元	騰衝府 至元十一年改騰越州，又置騰越縣，十四年增置騰衝府，二十五年州廢，尋又省縣入府，屬大理路。 越甸縣 至元中置，尋省。 古湧縣 至元中置，尋省。 順江州 至元中置，尋省。
明	騰越州 洪武三十一年改騰衝守禦所，屬金齒衛。正統九年升騰衝指揮使司，屬雲南郡司。嘉靖二年改置州，屬永昌府。

大清一統志卷四百九十八

騰越直隸廳

在雲南省治西一千三百二十里。東西距三百五十里，南北距二百里。東至永昌府保山縣界一百七十里，西至野人界一百八十里，南至南甸宣撫司界二十里，北至保山縣界一百八十里。東南至隴川宣撫司治一百二十里，西南至野人界一百二十里，東北至保山縣界一百十里，西北至野人界二百七十里。自廳治至京師一萬三千十里。

分野

天文東井、輿鬼分野，鶉首之次。

建置沿革

漢益州郡地。後漢永昌郡地。唐貞元中，南詔異牟尋逐諸蠻置軟化府，後白蠻居之，改騰衝府。元憲宗三年内附。至元十一年，改騰越州，又置騰越縣。十四年，增置騰衝府。二十五年，州廢，府縣如故。尋省縣入府，隸大理路。明洪武三十一年，改置騰衝守禦千户所，隸金齒衛。正統九年，升爲騰衝軍民指揮使司。嘉靖二年，改置騰越州，屬永昌府，并置騰衝衛。本朝康熙二十六年，裁衛入州，仍屬永昌府。嘉慶二十四年，升爲騰越廳，領宣撫司五、安撫司二、長官司二。

南甸宣撫司。在廳城南七十里。東至潞江安撫司界一百二十里，西至干崖宣撫司界七十里，南至隴川宣撫司界一百二十里，北至本廳界七十里。東北至省治二十三程。本漢永昌郡徼外地，曰南宋甸。元至元二十六年，置南甸路軍民總管府，領三甸。明洪武十五年，改南甸府。永樂十二年，改南甸州。正統八年，陞宣撫司。本朝因之，隸騰越廳，土官刀氏世襲。

干崖宣撫司。在廳城西南一百二十里。東至南甸宣撫司界四十里，西至盞達宣撫司界五十里，南至隴川宣撫司界八十里，北至南甸宣撫司界五十里。本漢永昌郡徼外地。舊名干賴賧，亦曰渠瀾賧，白蠻居之。元中統初内附。至元十二年，置鎮西路軍民總管府，領三甸，隸金齒等處宣撫司。明洪武十五年，改鎮西府。永樂中，改長官司。正統八年，陞宣撫司。本朝因之，隸騰越廳，土官刀氏世襲。

盞達副宣撫司。在廳城西南一百四十里。東至干崖宣撫司二十里，西至巨石關一百里，南至銅壁關一百里，北至猛臉八十里。本干崖宣撫司地。明正統中置副宣撫司，萬曆九年爲緬所滅。本朝平滇，置盞達副宣撫司。嘉慶二十四年，陞騰越州爲直隸廳，盞達屬焉，土官刀氏世襲。

隴川宣撫司。在廳城西南一百四十里。東至芒市安撫司界一百八十里，西至干崖宣撫司界八十里，南至木邦舊宣慰司界一百八十里，北至南甸宣撫司界六十里。本漢永昌郡徼外地。其地曰大布茫，曰賧頭附賽，曰賧中彈吉，曰賧尾福禄培，皆白蠻所居。元中統初内附，隸金齒宣撫司。至元十三年，置麓川路軍民總管府。明洪武十七年，置麓川平緬軍民宣慰使司。正統三年，土蠻思任發叛，六年，討平之，遂廢。十一年，復置於隴把之地，改曰隴川宣撫司，與南甸、干崖謂之三宣。萬曆間入於緬，已而復歸中國。本朝因之，隸騰越廳，土官多氏世襲。

遮放副宣撫司。在廳城南四十里。東至芒市安撫司界一百里，西至隴川宣撫司界五里，南至緬甸界八十里，北至南甸宣撫司界五十里。本隴川宣撫司地。明萬曆十二年，置副宣撫司。本朝因之，隸騰越廳，土官多氏世襲。

芒市安撫司。在廳城東南四十里。東至鎮康土州界三里，西至隴川宣撫司界五里，南至遮放宣撫司界十里，北至潞江安撫司界十里。本古蠻地，舊曰怒謀，曰大枯睒、小枯睒，即唐時茫施蠻也。元中統初内附，至元十三年立芒施路軍民總管府，領二甸，屬金齒宣撫司。明洪武十五年，置芒施府。正統九年，改置芒市長官司，隸金齒軍民指揮使司。萬曆中，轄於隴川，後加安撫。本朝因之，置爲安撫司，隸騰越廳，土官放氏世襲。

猛卯安撫司。在廳城西南一百四十里。東至遮放宣撫司界六十里〔一〕，西至緬甸界八十里，南至舊木邦宣撫司界十里，北至隴川宣撫司界四十里。本隴川宣撫司地。明萬曆十二年，析置蠻莫宣撫司，後爲緬所據，安插於此。本朝平滇〔二〕，順治六十年，改蠻莫宣撫司爲猛卯安撫司，隸騰越廳，土官衎氏世襲。

户撒長官司。在廳城西南一百九十里。東至隴川五十里，西至干崖五十里，南至腊撒三十里，北至岔旋山境。與腊撒本俱峩昌夷地。明正統間，設土司。本朝雍正二年裁，乾隆三十六年復設，隸騰越廳，土官賴氏世襲。

腊撒長官司。在廳城西南二百二十里。東至隴川八十里，西至干崖八十里，南至南灑山境，北至户撒三十里。亦於乾隆三十六年復設，隸騰越廳，土官蓋氏世襲。

形勢

孤懸天末，接壤殊方，控制麓木諸司，爲出緬之門户。《通志》。分列八關，扼諸蠻之要路；屏藩一郡，領全蜀之上游。府志。

風俗

冠婚喪祭，相尚以文。服食宴會，亦皆有節。民淳訟簡，安土重遷。通志。蠻夷錯雜，商賈叢集。風氣昔稱古樸，今則踵事增華。喪祭冠婚，與永昌略等。府志。

城池

騰越廳城。周七里有奇，門四，有濠。其西、北二面，架石以通山泉。舊無城，明正統十四年，兵部侍郎楊寧征麓川〔三〕，駐此築土城，十五年甃以磚。本朝康熙五年修，乾隆四十九年重修。

學校

騰越廳學。在舊衛治。明成化十六年，建騰衝司學於治南，嘉靖三年改爲州學。本朝康熙七年修，三十三年改建今所，嘉慶二十四年改爲廳學。入學額數二十五名。

來鳳書院。在廳治。本朝乾隆十五年，知州唐世梁建。

户口

人丁無原額，今滋生男婦大小共二十萬一千五百二十一名口，計二萬二百九户。又屯民男婦大小共六萬六千六百八十九名口，計八千六百四十一户。

田賦

田地一千五百八十六頃七十二畝三分有奇，額徵地丁正、雜銀五千四百四十五兩五錢二分六釐，米五千八百九十五石四斗五升五合一勺。

山川

球琗山。在廳城東五里。下峻上平，山頂有池，池旁有二穴，相距十餘丈，水從上穴流經下穴，注於地，謂之伽和池。明正統間，麓川賊寇邊，守禦軍官據此立寨，亦名梗寨山。又東十里爲馬峯山，一名長洞山。又東三里爲巔峻山，又東三十里有赤土山。

高黎共山。在廳城東一百二十里。一名磨盤山，又名崑崙岡，夷語訛爲高良公山，一作高黎貢山。東臨潞江，西臨龍川江。左右有平川，名爲灣甸山。東南即灣甸州。山上下東西各四十里，可望吐蕃雪山。草木四時不凋，瘴氣最惡，冬雪春融，夏秋炎熾。山頂有泉甚清洌，其泉東入永昌，西入騰越，又名分水嶺。蒙氏封爲西嶽。明永樂初平緬，諸蠻刀幹孟叛，何福討之，躋高良公山，直擣南甸，大破之。正統二年，麓川賊思任發叛，別將高遠追敗賊於高黎共山下。七年，總督王驥分軍破上江賊寨，中軍渡下江，通高黎共山道，進至騰衝。其山延袤數百里，當走集之道，戰守要地也。滇行記：越怒江二十里爲磨盤山，徑險箐深，僅容單騎，爲西出騰越之要衝。

羅生山。在廳城東南二十里。峯巒千丈，條岡百里，騰衝之名山也。

來鳳山。在廳城南四里。一名龍鳳山。每曙時有嵐氣鎖之。上有神祠，唐杜光庭卒於此，立廟祀之。去州南五里曰水尾山，七里曰飛鳳山，南去里許曰團山，形如黿，林巒相接，多產名材。

羅左衝山。在廳城南六十里。上有鎮夷關，接南甸宣撫司界。懸崖削壁，作爲華戎之限。北寒南暑，迥然各天，一名半箇山。

擂鼓山。在廳城西十里。又名寶峯山。上有攢峯寺，爲摩伽陀禪定處。相傳武侯駐兵其上，故得今名。

下干峩山。在廳城北十里。其下有池，亦名下干峩池。又二里爲上干峩山，下有池名清河，亦名上干峩池。舊志：上干峩池，周六百餘丈，花木圍遶，葉落池內，則鳥雀啣去。山北有金塔坡，相傳昔有異人修道於此，至今無蛟蚋霜雪，亦曰澄鏡。又有土山，在州北十二里，上有龍池，周五十餘丈。池旁有圓石，大丈許，傳昔異僧所遺。旱禱此石，石浸龍池內，雷雨輒至，曰「濟旱石」。

龍從山。在廳城北三十里。山極峻，雲合則雨，人以此驗陰晴。又五里爲打鶯山，春鶯多集其上。

雪山。在廳城北九十里。山有三峯，上多積雪。

小甸山。在廳城北一百三十里。山徑險絶，以木爲棧。又山北二百二十里有明光山，上有銀洞礦。南又有南香甸山。

寄箭山。在隴川司境。滇略：司有諸葛武侯寄箭山，過此盡平地，一望數千里。

摩犁山。在隴川司境。又有羅木山，俱極高大，夷人恃以爲險。

丙弄山。在南甸司東十里。

蠻干山。在南甸司東十五里。土酋憑恃其險，世居其上。

沙木籠山。在南甸司南一百里。明統志：正統中，王驥破土酋思任發於此山。元志平緬路有小沙摩弄，即此。

南牙山。在南甸司西一百八十里，延袤一百餘里。樹木陰翳，官道經之。上有石梯，夷人據以爲險。又有清泉，下流入南牙江。正統間，王驥再征麓川，遣别將陳用儀開是山，斷賊走路。

雲籠山。在干崖司東二十五里，雲籠河出此。

雲晃山。在干崖司南十五里，雲晃河出此。

刺朋山。在干崖司西一百里。林木陰森，四時蒼翠。

白蓮山。在干崖司北六十里。中挺一峰，土官居其麓，下有池。

青石山。在芒市司西南。元史地理志：唐異牟尋破羣蠻，南至青石山緬界。

永貢山。在芒市司境。與孟契山皆爲蠻酋立寨之地。

蠻哈山。猛卯司治在山下。山形若象鼻。明時嘗令守備戍守。

等練山。在猛卯司北。

布嶺。在干崖司，舊嘗築堡於此。滇附録：干崖雖冬月衣葛，猶汗如雨。又西爲布嶺，稍涼。

橄欖坡。在廳城東六十里，産橄欖。舊志：渡怒江至八灣，度高黎共山，下山爲橄欖坡驛。即此。

龍馬窩。在廳城北七里。舊傳烟霧中有物，逐馬走如飛。後生駒善驟，因以名之。明統志：有龍馬槽，在城北一百五十里，江中有石如槽，南詔時，有龍馬飲於此。

龍川江。在廳城東八十里。亦曰麓川江。流至芒市司西界，江流湍急，蠻恃以爲險。司南有西峩渡，爲麓川達木邦之路。明正統六年，王驥征麓川，遣兵守西峩渡，且通木邦之道，即此。明統志：源出峩昌蠻地七藏甸，繞越甸界，經高黎共山北。下流至太公城，合大盈江。通志：江有三源，一出屆頭甸馬鹿塘，爲瓦甸河，下流爲固東河，在廳正北。一出七藏甸爲明光河，東南合固東河爲怒石江。一出雪山麓，西南流會曲石江。三水合流，至廳東爲龍川江。蜿蜒數百里，勢若游龍，故名。按輿圖，東一源出猓猓界，南流入境，經大塘隘、馬面關西，又西南流經界頭西，又南經瓦甸西，又南至曲石街東南，與曲石河合。曲石河，一出明光山之麓，南流，一出滇灘關之西南，東南流至曲石街，西北而合南流，經街西，有小河自西南來注之。東流與瓦甸河合，名龍川江。又南經高黎共山西，橄欖坡東，分水嶺西。又南曲而西，經芒市司西北。又西南經龍川司東南，又南經遮放司西，左合芒市河。又西南經猛卯司東南，又西南流經緬甸國界上，又西經緬國界，又西經漢龍關，北合崗碗河。又西流入緬國界。通志謂瓦甸河在廳正北，似誤。

大盈江。在廳城西南一里。又名大軍江。其源有三：一出赤土山爲馬邑河；一出龍從山爲高河；一出羅生山爲羅生場河。環遶廳城，自東而北而西，合於江流，故曰「大盈」。又南入南甸小梁河，至干崖爲安樂河，西流匯檳榔江。

檳榔江。在廳城西一百八十里。源出吐蕃，南流經猓猓界，流入境，經古勇州西、神護關東，又南經干崖司西北，東會大盈江，西南流，北會蠻達河，又西南，北會曩宋河，又西南會臘撒河，又西流入緬國界。舊志：源出野人界，流入廳西境，下流會大盈江，入緬甸。

疊水河。在廳城西南，大盈江支流。山麓有石崖斷陷百尺，奔流吐注，翻雪驚雷，行人竦視。

小梁河。在南甸司東北三十里。有二源，一出騰越赤土山麓，一出緬箐山麓，至南甸合爲一，西南流經南牙山下，曰南牙江，又南經干崖東、雲籠山麓，爲安樂河，亦名雲籠河，沿至司治北，折流而西一百五十里，會檳榔江。

雲晃河。在干崖司南。源出雲晃山，流合雲籠河，灌田千餘畝。

止西河。在干崖司東北三十里。源出雲籠山，流十五里，入雲籠河。

大車湖。在廳城南團坡下。湖面廣闊，中有小山若浮，下流入比蘇蠻界。

半月池。在廳城西北七里。周五十丈，流入大盈江。

龍泉。在廳城西三十里。源出打鶯山，流於古矛山下，灌溉廳城西田畝。

馬場泉。在廳城北七里。亦名馬常河，灌大寬邑，東至大橋路。

温泉。有六：一在廳城西緬箐村，一在東南大洞村，一在南羅左衝村，一在北馬邑村，一在南甸司，一在干崖司。舊志：在隴川司境者從石罅流出，其熱如湯。

龍王塘。有三：一在廳城觀音寺，一在大寬邑，一在侍郎壩。

香泉井。在廳城東北，水甚清洌而香。

古蹟

越甸廢縣。在廳城南。明統志：元至元中置縣於越甸，尋省入府。又古湧廢縣在廳西一百里，元置縣於古湧甸，尋廢。

順江廢州。在廳城南。元至元十一年置，至正七年酋長樂孫求内附，立宣撫司，尋廢入騰衝府。

羅密城。在廳城北三十里，舊蠻酋所居，濠塹猶存。又西平原二里，有西源城遺址，相傳段氏所置。

麓川城。在隴川司南，近木邦界。舊麓川宣慰司治此，山岡險阻，周迴餘三十里，柵堅塹廣，不可驟越。東南一面傍江壁立，明正統間思任發以麓川叛，王驥等統大兵四面分攻其西中、西北及西南江上二門，又攻東、北門，及東北出象門，克之。賊遁入緬甸，驥等毁其城柵，班師而還。

廢里麻長官司。在廳城東，與茶山接。西北皆野人，有整冬、温東二山，部夷皆峩昌蠻，土酋早姓，舊屬孟養。明永樂三年孟養叛，有拒賊功，六年授世長官，萬曆中以刀思慶襲正長官，早奔副之。後刀思虎爲野人所掠，盡棄其地，與把事李廷高奔赤石坪，副長官早堪信被殺。

廢茶山長官司。在廳城西北，可五日程。東距高黎共山，南至南甸，西至里麻，北與麗江野人接。地極高寒，五穀不蒔，其人强狠喜鬭，土酋早姓，舊屬孟養。明永樂三年孟養叛，夷目早章憤其不忠，遂不附。五年詣闕，賜印綬，爲茶山長官。十五年，章舉頭目早甕爲副。後副長官早大宸所部爲野人殺掠無遺，奔入内地，阿幸正長官早鄧所部僅存。通志：本朝未經命襲。

平緬廢路。在隴川司東北。元史地理志：平緬路，北近柔遠路，其地曰驃睒，曰羅必四莊，曰小沙摩弄，曰驃睒頭，白夷居之。中統初内附，至元十三年立，隸金齒宣撫司。明大事記：麓川與緬接境，皆在金沙江之南，麓川居上，而小緬居下，通海。

通志：明洪武十七年，併入麓川宣慰司。三十年，平緬諸蠻刀幹孟作亂，逐麓川酋思倫發，明年官軍擊平緬，擒幹孟，平緬悉平。是也。

通西廢府。在隴川司西南。元置，明初廢。元史地理志：大德元年蒙陽甸酋領緬吉納款，遣其弟阿不剌等赴闕進方物，且請歲貢銀千兩，及置郡縣驛傳，遂立通西軍民府。

廢南睒。在干崖司西北。元史地理志：南睒，在鎮西路西北，其地阿賽睒、午真睒，白夷、峩昌所居。元初内附，至元十五年置南睒，隸金齒宣撫司。通志：元金齒領六路、一睒。六路：柔遠、茫施〔四〕、鎮康、鎮西、平緬、麓川。其一睒即南睒也〔五〕。明初廢。

尚書營。在廳城北三十里。明正統間靖遠伯王驥征麓川，駐師於此。

孟木寨。在猛卯司西。明統志：弘治中孟養叛，酋思禄過金沙江，奪據孟木、章貢、蠻莫諸村寨。

曩宋甸。在南甸司。明統志：司地舊名南宋，在廳南半箇山，其山界限華夷。知事謝氏居曩宋，悶氏居盞西，屬部直至金沙江，與迤西地犬牙相錯。

夾象石。在廳城東龍川江東岸。渡江而西，即高黎共山麓也。明正統三年麓川思任發叛，都督方政及別將高遠渡江逼賊於上江，重地深入，求救於沐晟，晟以少兵往，至夾象石不進，政等渡江，追至空泥，伏起，士卒覆焉。七年，王驥等以大兵征麓川，自夾象石下江，徑抵上江賊巢，大兵亦自夾象石下江通高黎共山道，至騰衝云。

羅卜思莊。在南甸司南七十里。元史地理志：平緬路有羅必四莊。明史：南甸所轄部有羅卜思莊，與小隴川皆百夫長之分地。明統志：正統七年，王驥討麓川賊，進至羅卜思莊。萬曆三年，岳鳳襲陷干崖，干崖守備李騰霄退守羅卜思莊。

龍光亭。在廳城叠水河濱。

關隘

龍川江關。在廳城東六十里，江之西岸。明正統十四年置巡司，及土驛丞李氏。本朝革驛丞，仍設巡司戍守。

鎮夷關。在廳城南六十里。正統十四年置巡司戍守，今裁。又州西古勇甸有古勇關，舊有兵戍守。

漢龍關。在廳城西南五百四十里，接緬界，當龔回要害，有公署一。控制猛尾、猛廣、猛育、壘弄、錫波要路。明萬曆二十一年緬入寇，撫臣陳用賓擊却之。城以拒緬，與天馬、虎踞、鐵壁、巨石、神護、萬仞、銅壁，共爲八關。

天馬關。在廳城西南五百四十里邦欠山，接緬界，有公署一，控制猛密、猛廣、猛曲等要路。

鐵壁關。在廳城西南五百四十里等練山，接緬界，控制蠻莫要路。

巨石關。在廳城西三十里户岡、習馬山，有公署一，控制户岡迤西要路。

神護關。在廳城西三百八十里盞西邦中山，接野人界，有公署一，控制茶山、古勇、威緬迤西等路。

萬仞關。在廳城西三十里弔橋猛弄山，接緬界，控制港得、港勒迤西要路。

銅壁關。在廳城西南五百四十里布嶺山頂，接緬界，有公署二，控制蠻哈、海木、蠻莫等要路。

滇灘關。在廳城西一百八十里，接野人界。明宣德五年，茶山長官司奏置巡司於滇灘，今裁。

黃連坡關。在南甸司南三十五里。又有小隴川關，在司東北八十里，爲西陲通衢，舊制哨於此。

南牙關。在南甸司西一百八十里。明史：南甸司最廣，其南百里有關在南牙山，立木爲栅，周一里。山甚高，延袤一百餘里。樹木陰翳，官道經之。上有石梯，蠻人據以爲險。

蠻灑岡。在干崖司境。舊志：干崖同知劉漢佐居蠻灑岡，知事管勛奇居猛語岡，皆華人以功授者。

津梁

龍川橋。在廳城東七十里，龍川江西岸。舊編籐施板，名曰籐橋。州志：籐橋有三，一在龍川江，一在尾甸，一在回石，俱跨龍川江上。蓋江水湍急，難以木石施功，編籐繫岸樹，以通人馬。明弘治中，兵備使者趙炯纜鐵爲橋。本朝順治十六年焚燬，雍正元年重建，堅緻整密，橋外爲臺，臺之外爲飛軒十九間。旁維以鐵纜五，兩端挽以鐵纜二。自是堅固逾昔，往來稱便。乾隆三十三年又焚，三十七年重加鐵纜修固。

大盈橋。在廳城西，跨大盈江上。

隄堰

侍郎壩。在廳城西北五里，明侍郎楊寧征麓川時築。

栗柴壩。在隴川司西南。明萬曆二十年，緬侵隴川，多思任奔猛卯，會官軍大戰於栗柴壩，逐緬出境是也。

沙壩。在隴川司境。明王驥再征麓川，使郭登守沙壩。

祠廟

三賢祠。在廳城東，祀明知府嚴時泰、童蒙正、秦禾。

忠義祠。在廳城外南街，明巡撫陳用賓建，祀戰亡把總李朝等。

寺觀

天應寺。在廳城東南羅生山。墀前之地，雨則暵，晴反潤，屢驗不爽，故名。

來鳳寺。在廳城南來鳳山，古爲龍鳳神祠。

忠孝寺。在廳城南三十里九龍山下。

西盟寺。在廳城西寶峯山。昔爲摩伽佗修定之所。寺燬，今建玉皇閣。

護珠寺。在廳城西北十五里，土官孟氏建。舊傳有龍以珠戲，偶失之，爲孟所得，俄而雷雨大作，孟懼，適寺成塑像，遂納珠於佛腹，故名。

名宦

明

陳昇。金齒指揮使。正統間，麓川平，調騰衝司，築城濬池，開墾田野，軍民利之。

毛福壽。元右丞相布哈之孫。景泰中，封南安伯，鎮騰衝。金齒芒市長官司刀放革潛結麓川遺孽思卜發爲變，福壽設策擒之。「布哈」舊作「卜花」，今改正。

陳鑑。成化間，任騰衝指揮同知。以騰越無學，請於巡按樊瑩建之。

賀元忠。吴縣人。弘治四年，爲金騰兵備道。將去，行李蕭然。郡人聚百金於驛亭爲贈，元忠正色却之，因相與泣下。後人目其亭曰却金亭。

王維賢。中江人。嘉靖間，任金滄僉事。從歐陽南野講學，經畫多實政。又濬築鵝籠、緬箐、侍郎三堰，騰民至今稱之。

沈祖學。餘姚人。隆慶元年，任騰越知州。建義倉、書院，均里甲，崇學校，刻州志，修高崙險道，善政頗多。

余懋學。興隆衛人。任騰越知州。撫下慈惠，嚴守邊境，州人立祠祀之。

董獻策。騰衝參將。萬曆間，隴川多安民叛，五年未平。獻策隨兵備黄文炳討之，與守備李選身先奪砦，擒其渠帥而還。

李輻。吉水人。萬曆間，知騰越州。莅事勤敏，備禦嚴整，終輻之任，守城者終日不敢弛，素爲武衛見憚。出南關閲集，市者數千人，肅然無聲。時方採寶石於猛密，蠻人素聞輻威望，對商人曰：「委官得如李公來，必不欺擾我土。」其爲遠人歸心如此。

胡心得。仁和人。萬曆五年，任金騰兵備道，不攜妻子，惟一蒼頭隨侍。緬犯南甸、干崖，刀森與武士岳大成爲之間諜〔六〕，以計擒之。

劉綎。南昌人。萬曆間，以遊擊領騰衝守備事。時木邦罕鳳、孟養思威俱殺緬使，詣綎降。綎又擒岳鳳及鳳子曩烏，隴川不傳檄而定。

許天琦。萬曆間任金騰兵備道。時諸夷盡受緬約束，天琦始立意招徠，遣使宣諭威德，孟養諸夷始復向中國。

吴顯忠。山陰人。萬曆間任騰衝參將，協贊漆文昌屯田之議，將兵平順寧、騰衝各處叛夷。

李之仁。貴州人。萬曆間任騰越知州。往時屯徵俱衛屯官解，科派甚苦。之仁察釐宿弊，條議歸州〔七〕，乃獲完額，而民免累。

陳文。萬曆間任騰衝衛指揮。衛地年久抛荒，逃糧爲民累。文建議請照安寧、易門等州除膏腴照舊承納外，凡衝壅、崩塞、乾薄之地，議爲常年災害折色，減作三錢，屯困始甦。

劉鼎臣。萬曆間任騰衝指揮僉事。建八要、六害之議，蘇屯田積困，屯軍賴之。

人物

明

汪成。字維翰，騰越人。弘治中任廣安州。平易臨民。歲旱，成露宿儀門以禱，忽夜夢雨，已而果應，士民爲作夢雨亭。

易翼之。字孔章，騰越人。正德中，由學正陞長壽知縣，爲政不事苛細。與上官不合，歸隱龍川江，爲一時師表。著有四書音義會編、春秋經傳會編、詩話類鈔、古今詩評、騰司志稿等書。

殷賢。騰越人。伯父五十無子，命賢應世襲，堅辭之。力勸伯父娶妾，生弟，弟卒，又出資助姪成立，襲祖職。

陳夢熊。騰越人。官指揮。孫可望據滇時，爲楊武所迫，不屈見殺。子世培懇以身代，亦遇害。夢熊，本朝乾隆四十一年賜謚節愍。

流寓

明

祝瓘。德興人。性耿介，善易。以罪戍騰衝，尋宥歸。學者留之講易，遂家焉。

易恒。長沙人。正統中，自滇徙騰衝。積學篤行，時騰地無學校，舉以爲師，人賴其薰陶者甚衆。

周東華。不知何處人。明甲申之變，自燕京遁至騰越。嘗數月辟穀，輒與人言儒理。所著有雪山集。

列女

明

磉飄。孟養思氏之女，嫁宣慰俸罕姪思義。劉綎兵至，思氏率衆歸順，擊殺莽兵，復歸故土密堵、送速二城。已而莽應鯉徵兵於二城，不應，引兵攻孟養。思義戰敗自縊。磉飄聞之，亦縊死。其母思氏，堅守以待中國，金騰道李材遣兵救之。

黄桂妻梁氏。騰衝衛人。年二十四夫卒，苦節四十餘年。同衛林鳳妻閻氏、吴璽妻張氏，俱夫亡苦節，詔旌其門。

華松妻林氏。騰衝衛人。夫任後所千户，早卒。氏年十七，撫遺腹子復春襲職。復春尋卒，再撫遺孤，以存華氏。同衛張晟妻鄭氏、陸緒妻王氏、趙萬善妻陳氏、鄧文妻黄氏、譚惟光妻沈氏，俱夫亡苦節，歷四五十年。

谷天生妻楊氏。騰衝衛人。思任寇邊，夫從征，中嵐瘴死。氏痛哭，自縊柩旁。同衛張榜妻頓氏、常應學妻梁氏、吴宗堯妾原氏、劉氏，俱夫亡自盡。

趙善萬妻陳氏。騰越人。夫卒自縊，家人救活之，遂割耳以見志。

李允達妻劉氏。騰越人。夫亡，舅姑欲奪其志，氏引刀自刎，救之甦。子殞，撫孫成立。

尹氏女。騰越人。孝於事親，堅不肯字，州守旌其門。

張校妻頓氏。騰越人。校病篤，氏割股救之。及卒，服毒，親隣救之，復自縊死於夫柩側。

林某妻段氏。騰越人。年十四，許聘未嫁，夫卒，守節不字，歷七十年。事聞旌表。同州左衛劉秉璧妻陳氏、王仲妻陳氏，皆未嫁守貞。

本朝

王之霖妻徐氏。騰越人。之霖病，奉事惟謹。及卒，隨自縊。與同廳李誠妻尹氏，俱嘉慶間旌。

仙釋

唐

李賢者。大理人，又名買順。戒律精嚴。南詔建崇聖寺，蒙化問以何佛爲尊，賢者曰：「我爲中尊。」蒙化怒其不遜，流於騰越之南甸。主家有婦難產，賢者摘一念珠使吞之。珠在兒手中出，棄之於地，叢生珠樹，每苞百八枚。後坐化。

黃甬。騰越人。入祐聖觀，驅邪治疾屢驗。弘治間旱，兵憲趙烔延術士禱雨。甬對曰：「不必懸旛驅雷，顧竭誠必有感也。」烔率屬齋戒數日，天雨，甬自此戒行益嚴，人呼爲松溪錬士。

本朝

德潤。字香谷，姓俞氏。隨父宦於滇。每有出世想，遂於騰越雲峯山出家。行頭陀行，建刹接衆，募緣施粥以濟饑民，掩埋枯骨以免暴露。後遊昆明，坐化於長樂寺。

土産

銅。騰越出者佳。

琥珀。産緬甸夔諸西夷地。松脂入地千年所化。又云松木精液凝成，其中亦有蚊蟻等形者。以火珀及紅杏爲上，血珀、金珀次之，蠟珀最下。又其下者供藥餌而已。後漢書郡國志「博南」注：廣志曰：「有虎魄生地中，其上及旁不生草，深者四五八九尺，大者如斛，削去外皮，中成琥珀，如桃膠凝結成也。」

濮竹。高黎共山出，節甚長。

竹鼲。大如兔而肥，出干崖司。杜詩所謂「筍根稚子」也。

香櫞。廳境多有，比安南之産尤大。

紅籐。南甸司出，蠻婦用之飾腰。

孔雀。

叫雞。俱南甸出。

五色錦。明史：干崖四時皆蠶，以錦貢。

白氎布。干崖出。

橙。

橄欖。

芋。

蔗。皆芒市出。

校勘記

〔一〕東至遮放宣撫司界六十里　「遮」，原作「遊」，據乾隆志卷三八〇永昌府建置沿革（下同卷簡稱乾隆志）及本志上文改。

〔二〕本朝平滇　「本」上原有「插」字，蓋涉上文而衍，據乾隆志删。

〔三〕兵部侍郎楊寧征麓川　「寧」，原作「凝」，據乾隆志及雍正雲南通志卷六城池改。按，本志避清宣宗諱改字。下文同改。

〔四〕茫施　原作「范施」，乾隆志同，據元史卷六一地理志改。

〔五〕其一睒即南睒也　上「睒」字，原無，乾隆志同，據讀史方輿紀要卷一一九雲南七及文意補。

〔六〕刀森與武士岳大成爲之間諜　「諜」，原作「謀」，據雍正雲南府志卷一九名宦改。

〔七〕條議歸州　「條」，原作「調」，乾隆志同，據雍正雲南通志卷一九名宦改。

徼外附見

舊鈕兀長官司。在雲南省治南十六程。東至元江州界，西至威遠界，南至車里宣慰司界，北至思陀甸長官司界，古蠻地名也。兀民皆倭泥、蒲類蠻，自昔未通中國。明宣德七年，始來歸附，置鈕兀長官司，土官任氏世襲。本朝平滇爲羈縻地。

舊猛密宣撫使司。在雲南省治西南三十三程。東至木邦宣慰司界，西至緬甸界，南至猛卯安撫司界，北至蠻莫安撫司界。漢永昌西南裔地，後爲羣蠻所據。明初爲木邦宣撫司部落。成化十九年，始析置猛密安撫司，屬灣甸州。嘉靖中附緬，其後來歸。萬曆十三年，升爲宣撫司，土官思氏世襲。本朝平滇，爲荒外地。

舊木邦軍民宣撫使司。在雲南省治西南三十五程。東至八百大甸宣撫司界，西至緬甸界，南至連克剌蠻界，北至芒市長官司界。古蠻地，本名孟都，又名孟邦。元至元二十六年，立木邦路軍民總管府，領三甸。明洪武十五年，改爲木邦府。永樂初改爲宣慰使司，土官罕氏世襲。司於六宣慰中，分地最廣。永樂、正統間，數以從征軍功益地。隆慶二年，土舍罕拔叛附緬，萬曆十年，爲緬侵奪，明年討却之。立罕欽守其地，其叔罕袪約暹羅攻緬，緬恨之。三十三年，緬圍木邦，立猛密思禮領其地，官軍不能討。本朝平滇，爲荒外地。

舊孟養軍民宣慰使司。在雲南省治西南三十七程。東至金沙江，西至大古喇宣慰司界，南至緬甸界，北至干崖宣慰司界。漢永昌西徼地，俗名「迤西」，有香柏城。元置雲遠路軍民總管府。明洪武十五年，改爲雲遠府，又分置孟養府。永樂初，改孟養軍民宣慰使司，土官刁氏世襲。本朝平滇，爲羈縻地。

舊孟艮土府。在雲南省治西南三十八程。東至車里宣慰司界，西至木邦宣慰司界，南至八百大甸界，北至孟連長官司界。古蠻地，名孟揑，又號怕詔，自昔未通中國。明永樂四年，始來歸附，置孟艮府，隸雲南都司，土官刁氏世襲。後爲木邦所併。嘉靖間附於緬，與景邁莽應龍相表裏，然亦未敢背也。本朝平滇，爲羈縻地。乾隆三十一年，設土司指揮使駐此。

山川

南牙山。在猛密司北。詳見「南甸司」。

慕義山。在木邦司北。通志：明萬曆二十二年，隴川、猛卯酋多淹叛附緬，負嵎於木邦境内之慕義山，木邦酋罕欽奉檄擒淹，淹奔古喇，欽追至雷聳茂斬之。按：雷聳茂在司西北境。

鬼窟山。在孟養司東。極險隘，蠻人據爲硬寨，又訛爲鬼哭山。

芒崖山。在孟養司東。明王驥征思機，攻芒崖山寨，拔之。

金沙江。在猛密司南，與磨勒江俱環司治，流入緬甸。此江達南海，與麗江之金沙江名同而流異。

喳哩江。在木邦司西。詳見永昌府。自芒市流入境，又西南入緬甸界。

寶井。在猛密司西南。滇程記：由隴川十日至猛密，又二日至寶井，又十日至緬甸。明史：猛密據寶井之利，資爲結納，朝廷每以嬖臣出鎮，司採辦。通志：其地有金礦。

古蹟

廢蒙憐路。在木邦司北。元史地理志：至元二十七年，從雲南行省請，以蒙憐甸爲蒙憐路軍民總管府，蒙萊甸爲蒙萊路軍民總管司。

密堵城。在孟養司南。又有速送城，皆孟養別部所居，距孟養十餘程，瀕金少江，近緬甸之阿瓦城。

關隘

孟炎甸。在木邦司北。通志：明萬曆十一年，官軍討緬，緬酋莽應禮西會諸路兵於猛卯，東會車里、八百、孟艮、木邦兵於孟炎，合犯姚關，尋敗還。舊志：自姚關渡喳哩江，十二程至其地也。

孟乃部。猛密北界別部也。

孟廣部。亦猛密東北別部，近隴川界，相近有猛哈部。明萬曆十六年，爲緬所併。

戞撒部〔一〕。在孟養司南，道出緬甸，至爲險隘。明萬曆四年，緬人來寇，孟養酋思箇潛遣軍至阿瓦河，絶緬糧道，自督大兵塞戞撒，斷其歸路，亟請援於官軍。緬兵大困。久之援不至，隴川叛目岳鳳援緬，導之由間道逸去。

猛別部。在孟養司西南，近緬甸界。萬曆十一年，官軍敗，緬酋應禮追至境。緬酋還守阿尾河，又分守洞吾、猛別、雍會諸地。猛別蓋與雍會相接，近大古喇境。

孟礦部。在孟養司西南。又司西南有戞里，孟養別部也。又有哈喇杜諸蠻，皆近孟養、緬甸之境。通志：司北又有阿昌諸蠻。

地羊寨。在猛密司東。明史：其屬有地羊寨，在猛密東，往來道所必經。有地羊鬼，短髮黄睛，奸狡嗜利，出没不常，工幻術。採辦人有强索其飲食者，多腹痛死，乘馬亦斃，剖之則馬腹皆木石也。

土産

濮竹。圍三尺餘，大可受一斛。

丁香。有高五六丈者。

翠鳥。有大如鷹者，取其皮可以點翠。

山呼。鸚鵡之小者。

青石。可爲碑碣。

校勘記

〔一〕戛撤部　「撤」，讀史方輿紀要卷一一九雲南七作「撒」。